정호일의 민의 소리

한국 사회 대개혁을 위한

# 애민·애국의 담론 2

**정호일의 민의 소리**
**한국 사회 대개혁을 위한**
**애민·애국의 담론 2**

초판 1쇄 인쇄 2026년 3월 6일
초판 1쇄 발행 2026년 3월 13일

지 은 이 정호일
펴 낸 이 정연호
편 집 인 정연호
디 자 인 이가민

펴 낸 곳 도서출판 우리겨레
주    소 서울시 은평구 연서로 304-1 3층
문의전화 02.356.8417
F A X 02.356.8410
출판등록 2002년 12월 3일 제 2020-000037호
전자우편 urikor@hanmail.net
블 로 그 http://blog.naver.com/j5s5h5
인스타그램 instagram.com/urikor0927
페이스북 facebook.com/urigyeorye

Copyright ⓒ 정호일 2026

ISBN 978-89-89888-40-6 (03340)

정호일의 민의 소리

# 한국 사회 대개혁을 위한
# 애민·애국의 담론 2

정호일 지음

도서
출판 우리겨레

머리말

# 민 자체의 힘으로 애민·애국의 시대를 개척하자

윤석열의 내란 사태 발생과 처리 과정은 한국 사회의 민낯을 그대로 보여주고 있습니다. 몇몇 사람의 단순한 작당 행위로 끝난 것이 아니라 한국 사회의 구조 전반과 관련된 사안이었다는 것입니다. 한마디로 행정부와 입법, 사법, 검찰, 국정원, 국방, 외교, 언론 등에 걸쳐 기득권 세력의 공고한 카르텔이 형성되어 있을 뿐만이 아니라, 한국 사회 전체가 총체적으로 곪아 있다는 사실을 명확히 드러내 주었다는 것입니다.

분명 한국의 민은 내란 범죄가 발생하자마자 이를 막기 위해 맨몸으로 나섰으며, 마침내 내란 세력 청산과 사회 대개혁을 위해 이재명 정권을 탄생시켰습니다. 그러면 이재명 정부는 민의 요구에 따라 그 곪은 부위를 철저히 도려내야 할 것인데, 지지부진한 모습을 보여주고 있습니다.

여기서 안타까운 일이지만, 주권을 제대로 행사하지 못하는 한국의 현실을 떠올리지 않을 수 없습니다. 주권을 행사하지 못하면 만사가 불통입니다. 이것은 군사독재 세력이 맥을 추지 못하게 된 이후, 지금껏 등장한 한국의 역대 정권 중 이명박, 박근혜, 윤석열 반동정권은 따져볼 필요도 없겠지만, 또 다른 축인 김영삼, 김대중, 노무현,

문재인 배신정권에서 한국 사회를 바로잡겠다고 개혁의 목소리를 높였지만, 왜 끝내 실패로 귀결되었는지를 생각해 보면 쉽게 이해할 수 있습니다.

김영삼 정권은 군사독재 세력과 야합했다는 비난 속에서, 결국 미국의 요구를 추종해 세계화 정책을 밀어붙이려다가 한국 경제를 IMF 사태에 빠지게 하였습니다. 그 결과 뒤이어 출범한 김대중 정권은 IMF 지배 통치에 손발이 묶여 그 자신의 소신인 대중경제론과 전혀 배치되는 세계화 정책을 집행하게 되었습니다.

세계화는 미국의 세계거대독자본의 이익을 실현하기 위한 정책인 관계로, 오히려 한국 민의 이해·요구와 배치될 수밖에 없었습니다. 그러니 민과 대립되는 방향으로 간 이상, 개혁은 성공할 수 없었습니다. 그런데 노무현과 문재인 정권 또한 이러한 세계화 정책을 계속 이어받아 집행했을 뿐만이 아니라, 노무현 정권은 미국에 할 달을 다 하겠다고 해놓고선 한미동맹에 갇혀 끝내 미국의 요구에 굴복해 이라크에 군사를 파병했고, 문재인 정권 역시 성주에 사드 배치를 이어 나갔습니다. 이것은 나라의 주권을 행사하는 것과 정반대의 길이었습니다. 그러니 개혁은 실패로 돌아갔던 것입니다.

이런 현상은 내란 세력 청산과 사회 대개혁의 열망에 따라 출범한 이재명 정부에서도 나타나고 있습니다. 바로 그것이 한미동맹현대화와 관세 협상입니다. 트럼프는 심지어 한국에 대한 약탈과 수탈을 강요한 관세 협상에 대해 입법 처리할 것까지 요구하고 있습니다. 그런데 그런 날강도적인 관세 협상을, 민의를 대표하는 국회에서 통과시키면 어떻게 되겠습니까? 이것 자체가 이재명 정부의 고삐로 작용할 것입니다. 그러면 역대 정권의 모습에서 보았던 것처럼, 이후 상황전개는 보지 않아도 추측할 수 있을 것입니다. 한마디로 한국에 대한 미국의 족쇄를 끊어내지 않고서는 한국의 사회 대개혁은 성공할 수 없다는 것입니다.

이런 역대 정부의 실패 과정을 우리는 언제까지 반복해야 하겠습니까? 여기에서 벗어나야 합니다. 그러자면 어떻게 해야 하겠습니까?

그 길은 바로 애민애국의 기치로 민이 스스로 일어서는 것밖에 없습니다. 미국의 족쇄를 끊어버릴 힘은 민밖에 없기 때문입니다.

애민·애국의 기치는 우선 사회 통합의 원리에 기초하고 있음으로써 승리를 확고히 담보해 줍니다. 민을 하나로 모아내어 단합시키면 이 세상에 못 해 낼 일이 없습니다. 그 때문에 사회 역사의 지배자들은 민이 단합하지 못하도록 분열과 대결 책동을 일삼아 왔습니다. 한국 사회에서 여야와 보수·진보 진영 간의 극단적 대립·대결을 불러일으키는 것도 그런 모습입니다. 이런 대립 구도로 가면 한국 사회는 바뀔 수 없습니다. 이것은 지금껏 수차례 정권 교체가 이루어졌지만, 개혁이 좌절되었다는 데에서 증명됩니다. 더욱이 사회와 역사가 발전하자면 분열과 대립이 아니라 통합과 단합의 사회가 되어야 할 것입니다.

바로 여기서 애민·애국의 기치는 민이 개인과 집단, 나라와 민족 단위의 모든 차원에서 주인의 권리를 누리고 살아야 하고, 이를 실현하자면 우선 일치된 지점인 주권부터 제대로 행사해야 한다고 주장합니다. 이것은 한국의 민이 일차적으로 무엇을 중심으로 뭉쳐야 하는지를 명확히 밝힘으로써, 애민·애국의 기치가 한국 사회에서 정말로 통합, 단결할 수 있는 원칙적인 방안임을 제시하는 것이라고 볼 수 있습니다.

그뿐 아니라 애민·애국의 기치는 한국 사회의 분열과 대립을 획책하고 사회 대개혁을 가로막는 세력의 실체를 명확히 드러냅니다. 아무리 단합하려고 해도 분열과 대립을 획책하는 세력을 그대로 놔두고서는 단합할 수 없습니다. 단합하려면 이를 가로막고 있는 세력을 청산해야 합니다. 그러자면 그들의 실체를 알아야 합니다. 실체를 모르는 상황에서 가로막고 있는 세력과 싸워서 이길 수는 없습니다.

바로 여기서 애민·애국의 기치는 그들의 실체가 외세와 매국노라는 것을 명확히 드러내 줍니다. 그 때문에 애민·애국의 기치를 들고 나섰을 때, 분열과 대립을 극복하고 민을 하나로 모아내어 한국의 제반 문제를 해결할 수 있다는 것입니다.

한마디로 지금 한국 사회가 또다시 개혁 실패의 길을 반복할 것인가, 아니면 참다운 개혁의 길로 나아갈 것인가의 기로에 처해 있고, 또 미국이 이재명 정부에 족쇄를 채우며 또다시 실패의 과정을 강박하고 있는 이 시점에서, 이를 극복하는 길은 민이 스스로 애민·애국의 기치를 들고 애민시대의 길을 개척하는 것밖에 없다는 것입니다.

그렇다면 애민애국의 기치를 추상적 구호 수준으로 멈출 것이 아니라 현실적 과제로 구체화시켜야 할 것입니다. 그러자면 애민·애국의 기치로 한국 사회를 어떻게 바로잡을 것인지 그 총체적 개혁의 상을 명확히 정립해 가야 합니다. 개혁의 원칙과 방향, 실현 방도를 비롯해 사회의 제반 분야의 개혁 내용이 더욱 풍부화되고 구체화되어야 한다는 것입니다. 그래야만 그 누구에게 의지하거나 대신해 주기를 기대하지 않고 민 스스로의 힘으로 풀어갈 수 있다는 것입니다.

이런 점에서 우리겨레연구소 카페(https://cafe.naver.com/u=i1993) 〈정호일의 민의 소리〉로 올렸던 글을 책으로 펴내게 되었습니다. 이 글은 시시각각 돌아가는 한국 사회의 현실을 보면서, 그때마다 애민·애국의 기치로 어떻게 풀어가야 할 것인지를 나름 고민한 내용입니다. 이번 책은 2025년 2월 3일부터 2025년 12월 1일까지의 글을 모아 엮은 것입니다. 앞서 2021년 8월 24일부터 2025년 1월 27일까지의 글은 이미 『한국 사회 대개혁을 위한 애민·애국의 담론』이란 제목으로 2025년 3월에 발행되었으며, 이 책은 그 성과를 잇는 두 번째

〈정호일의 민의 소리〉 모음집입니다.

하여튼 이번 책을 내면서 하나의 편집 체계를 새로 구성하는 방안도 고려해 보았으나, 그 당시 상황에서 왜 그렇게 판단했는지를 떠올려 보며 각 글을 읽는 방식도 이해를 높이는 데에 도움이 될 수 있을 것 같아 그대로 인용하였습니다. 그러다 보니 글마다 접근은 달라도 내용이 겹치는 대목이 있고, 글 전개상 피치 못하게 내란 사태 등을 거듭 언급하는 부분도 발생하게 되었습니다. 이 점 너그러운 양해를 부탁드립니다. 아무쪼록 이 책이 애민시대를 개척하고, 민이 참답게 주인의 권리를 누리고 사는 데에 조금이나마 보탬이 되었으면 합니다.

2026. 3. 1.
정호일

차례

# 1부

## 애민·애국의 기치

# 1장 | 애민·애국의 담론

## 1. 왜 애민·애국의 담론인가?

2025. 4. 16.

### 1) 애민 · 애국의 기치는 승리의 담보다

한국 사회에서 민이 주인의 권리를 누리며 살아가기 위해서는 개혁을 성공적으로 이루어내야 합니다. 그런데 그리하자면 한국 사회의 실태가 어떻게 되어 있고, 그것을 극복할 대안을 제시하며, 그 대안을 중심으로 어떻게 광범위한 사람을 모아가야 하는지가 분명해야 할 것입니다. 한마디로 승리의 관건은 실태를 극복할 수 있는 대안을 중심으로 거기에 광범위한 사람을 단합시켜 내면 된다는 것입니다.

그러면 한국 사회의 실태를 어떻게 파악할 수 있을까요? 이 질문은 한국 사회가 어떤 기본적 작동 원리에 의해서 돌아가고 있느냐의 문제입니다. 그 작동 원리의 기본 틀을 살펴보면 반북, 반공, 친미로 요약됩니다. 그 외에도 여러 부분이 있겠지만 나머지는 사실상 미사여구에 불과하거나 반북, 반공, 친미를 정당화하기 위한 수사에 지나지 않습니다. 이것은 대한민국이 미군정의 지배를 받으면서 분단 체제를 거쳐 수립된 한국 현대사 과정을 떠올려 보면 쉽게 이해할 수 있습니다. 한국 사회에서 민주주의, 민생, 통일이라는 말이 언급되고 있기는 하지만, 사실상 반북, 반공, 친미를 견지해야 하기에 내용 없는 빈 껍데기의 말 잔치로 끝나는 데서도 명확히 확인됩니다. 한마디로 반북, 반공, 친미라는 명목으로 그 모든 주장이 제약받고 사문화된다는 것입니다.

그렇다고 한다면 반북, 반공, 친미의 주장을 극복해 가야 할 것입니다. 그런데 지금껏 남북 관계는 6·25 전쟁의 아픔도 겪었을 뿐만 아니라 아주 오랜 기간 서로 적대하고 살아왔습니다. 물론 화해하고 단합하기 위한 노력이 이루어지지 않았던 것도 아닙니다. 하지만 그런 애타는 노력도 아주 오랜 기간의 대결과 적대 관계의 상존으로 인해 도돌이표의 과정을 겪었습니다. 이런 상황에서 한국 사람에게 북과 친하게 지내야 한다는 주장과 북의 침략에 대항해 맞서 싸워야 한다는 주장이 서로 맞부딪칠 때 어디가 이기겠습니까? 상식적인 이치로 본다면 서로 싸우지 말고 친하게 지내면서 화합하는 방향으로 나아가자는 주장이 타당할 것입니다.

하지만 현실은 그렇게 되지 않는다는 것입니다. 서로 화합하고 협력하자면 서로 간의 엄청난 노력이 필요하지만, 적대적 관계는 단 한 번만으로도 대립·대결의 분위기가 형성되면 바로 그 방향으로 흘러가 버린다는 것입니다. 게다가 남북은 직접 전쟁도 겪었고, 또 휴전선을 사이에 두고 군사적으로 대치까지 하고 있습니다. 그러니 얼마든지 대결적 분위기를 조성할 수 있는 조건이 형성되어 있습니다. 그렇다고 한다면 한국에서 살고 있는 이상, 남북 간의 대결적 분위기가 형성되면 화해와 협력보다는 일단 이기고 봐야 한다는 판단이 앞서는 건 너무나 당연한 이치일 것입니다.

이런 판단으로 북으로부터 한국을 지켜내기 위해서는 무조건 미국과 동맹을 맺어야 한다는 주장이 나오게 되는 것입니다. 이 동맹을 반대하면 한국의 안위를 걱정하지 않는 사람으로 지탄받는 식이 되어 버립니다. 이로부터 미국과 불평등한 조약과 협정을 맺고 사실상 식민 지배를 받고 있는데도 정당화되는 현상이 발생하게 됩니다. 다시 말해 반북, 반공, 친미로 인해서 한국 사회가 외세와 매국노가 주인 행세하는 사회가 되어 버렸다는 것입니다.

그렇다면 이러한 한국 사회를 실질적으로 개혁하기 위해서는 이 반북, 반공, 친미의 논리를 넘어서야만 합니다. 그렇지 않으면 사회 개혁이 이루어지기는커녕 본질적인 상황이 절대 바뀌지 않습니다. 어떤 주장을 펼쳐도 반북, 반공, 친미를 위해서 허구화될 것이 뻔하기 때문입니다. 그 때문에 한국 사회는 지금껏 대통령도 바뀌고 정권교체도 이뤄졌으며, 심지어 대통령을 탄핵하고 파면까지 했는데도 별반 달라지지 않았던 것입니다.

그 때문에 한국 사회를 개혁하자면 반북, 반공, 친미의 논리를 극복할 수 있는 대안을 찾아야 합니다. 그것이 승리할 수 있는 길이라는 것입니다.

이를 극복하는 대안으로서 반북, 반공, 친미에 반대되는 주장을 떠올려 볼 수 있습니다. 즉 친북, 친공, 반미입니다. 허나 이것은 반북, 반공, 친미 주장처럼 하나의 상대적 입장에 불과하기에 아무리 잘한다고 하더라도 비등비등할 수밖에 없습니다. 압도적 우위를 점할 수 없다는 것입니다. 지금껏 아주 오랜 기간에 걸쳐 남북은 서로 대립, 대결을 벌여왔기에 상대적 입장을 극복하는 것이 결코 만만치 않을 것이기 때문입니다. 그 때문에 불가능하다고 단정할 수는 없으나 거의 압도적으로 이길 수 없는 구도라고 할 수 있습니다.

그렇다면 이 반북, 반공, 친미의 논리를 어떻게 해야 극복할 수 있는 길이 열리겠습니까? 그것은 바로 원리적으로 접근하는 것입니다.

그것이 바로 애민·애국의 기치입니다. 반북, 반공, 친미이든 아니면 친북, 친공, 반미이든 그것은 영원불변한 진리가 아니라 애민·애국의 기치에 의해 언제든지 바뀔 수 있는 상대적 입장에 불과하다는 식으로 접근되어야 한다는 것입니다. 다시 말해 애민과 애국의 기치에 반하는데도 계속 그런 주장을 고집한다면, 그것이야말로 나라와 민족의 이익이 아니라 외세의 앞잡이 역할을 하는 매국노에 다름 아닌 입장임을 명확히 밝혀야 한다는 것입니다. 한국 사회에서의 대립 관계를 애국과 매국의 구도로 바꿔야 한다는 것입니다. 애국과 매국의 대립 관계로 되면 필승의 구도가 됩니다. 매국 행위임이 밝혀지면 매국노들이 한국 사회에서 설 땅이 없어지게 될 것이기 때문입니다.

실상 주권을 제대로 행사하지 못하고 있다면 주권을 찾으려고 노력하는 게 애국 행위일 것이고, 민족이 분단되어 있다면 조국통일을 이룩하려고 노력하는 게 애국일 것입니다. 그런데 어떻게 미국과의 동맹을 위해 주권의 행사는커녕 식민 지배를 받아야 한다는 것이 애국이 될 수 있다는 말입니까? 마찬가지 이치로 남북은 통일되어야 하는데, 남보다도 못하고 서로 대립하여 싸우는 것만이 애국이 될 수 있겠습니까?

이처럼 애민·애국의 기치는 외세와 매국노가 주인 행세하는 사회의 부당성을 가장 직접적으로 드러낼 뿐만이 아니라, 외세와 매국노가 자신들의 지배 행위를 정당화하는 반북, 반공, 친미의 논리를 극복할 수 있는 정당한 대안으로 됩니다. 한마디로 민이 나라와 민족 단위로 살아가고 있는 조건에서, 애민·애국의 기치를 내걸어야 반북, 반공, 친미의 논리를 넘어서서 왜 외세의 부당한 지배에서 벗어나야 하는지, 왜 매국적인 행위가 단죄되어야 하는지가 가장 명확하게 드러날 수 있게 된다는 것입니다.

애민·애국의 기치는 또한 한국 사회를 질적으로 바꿔낼 수 있는 계선을 명확히 제시합니다. 지금껏 한국 사회에서는 6월항쟁과 촛불항쟁에서 보듯 광범위한 세력을 모아냈습니다. 하지만 한국 사회는 본질적으로 변화되지 못했습니다. 그 이유는 이때의 단결 계선이 질적인 변화를 담보하는 기준선으로 명확하게 설정되지 못했기 때문입니다.

외세와 매국노가 주인 행세하는 한국 사회를 질적으로 바꾸어 개혁하자면, 외세와 매국노를 응징하는 기준선을 명확히 드러낼 수 있어야 합니다. 바로 여기서 애민·애국의 기치는 그들을 응징하는 그 기준선을 명확히 제시한다는 것입니다.

한국 사회의 실태에 대한 파악과 함께 그것을 고쳐갈 수 있는 질적 계선이 제시되었다고 한다면, 이제 광범위한 사람들을 하나로 모아내야 합니다. 어차피 세상을 바꾸는 실질적인 행위는 사람이 하지 그 무엇이 대신해 줄 수는 없습니다. 그 때문에 세상을 바꿔 가는 준비를 실질적으로 갖춰가느냐는 결국 얼마나 광범위한 사람들을 단합시켜 내느냐에 달려 있게 됩니다. 바로 여기서 애민과 애국의 기치는 광범위한 세력을 단합시킬 수 있는 기초가 됩니다.

단합의 기초를 세우는 문제가 중요한 이유는, 이 문제를 어떻게 해결하느냐에 따라 단합을 공고히 하느냐, 그렇지 못하고 또다시 분열의 길로 나가느냐를 가름하는 역할을 하기 때문입니다. 흔히 단결은 서로가 합의한 사항을 잘 지키기만 하면 손쉽게 이뤄질 것이라고 여기는 경향이 있습니다. 한마디로 합의 사항을 지키지 않기에 단결이 되지 않는다고 바라보는 식입니다. 하지만 이것은 매우 낭만적인 생각입니다. 왜냐하면 현실을 보면 합의한 사항을 안 지켰기에 협력관계가 깨지는 것이 아니라, 합의되지 않은 사항에 대한 입장 차이가 크기 때문에 서로 갈라진 경우가 대부분이기 때문입니다.

이것은 서로 간의 협력관계가 깨지지 않게 하자면 절충의 형태로 전개되어서는 안 된다는 이치를 밝혀줍니다. 물론 절충하지 말라는 것은 자기의 사상과 이념, 주장을 견지하지 말라는 의미가 아닙니다. 자기 입장을 견지한다고 하더라도 미래의 예측할 수 없는 변수가 생길 때 하나의 통일된 입장을 내올 수 있는 부분만큼은 명확하게 단합의 기초로 확립해야만 한다는 뜻입니다.

그렇다면 한국 사회를 질적으로 바꾸어 낼 수 있는 일치된 지점을 명확히 드러내 주면서도, 동시에 광범위한 세력들의 다양한 입장과 요구를 실현해 줄 수 있는 전망성을 갖춘 기치를 확고한 단합의 기초로 삼아야 할 것입니다.

그런데 애민·애국의 기치는 민이 나라와 민족 단위로 살아가고 있는 조건에서 우선 주권을 찾아야 하고, 그러기 위해서는 매국 행위는 용납하지 않아야 한다는 점에서 일치된 지점을 제시합니다. 그뿐 아니라 주인의 권리를 누리고 살자면 현실 상황에 안주하지 않고 계속 그 권리를 확대 강화해 가야 합니다. 바로 여기서 애민·애국의 기치는 다양한 입장을 가진 광범위한 세력들에게 자신들의 요구를 실현할 수 있는 전망성을 보여줍니다. 그 때문에 애민·애국의 기치를 내건다면 외세와 매국노를 반대하는 모든 세력을 포괄할 수 있고, 또다시 분열의 길로 나아가는 것이 아니라 애민·애국의 기치를 더욱 풍부화하면서 공고화하는 방향으로 나아갈 수 있습니다.

결국 애민·애국의 기치는 한국 사회의 실태를 명확히 파악하게 하면서 이를 고쳐갈 수 있는 질적 기준을 제시함과 동시에, 실질적으로 해결할 수 있는 주체, 즉 광범위한 세력들을 하나로 모아낼 수 있는 기초가 됩니다. 그래서 이 기치를 중심으로 단합해 간다면 개혁과 변혁을 성공적으로 완수할 수 있고, 그런 의미에서 애민·애국의 기치는 승리의 담보라고 할 수 있습니다.

## 2) 애민·애국의 기치는 민의 주체적 요구에 화답한 과학적 체계에 근거하고 있다

애민·애국의 기치가 정당한 위력을 발휘하느냐는 그 기반이 얼마나 과학적 체계에 근거하고 있느냐에 달려 있습니다. 그런데 애민·애국의 기치는 철두철미 민의 주체적 요구에 화답한 과학적 체계에 기반하고 있습니다. 사회의 개혁과 변혁운동은 자연발생적이거나 우연에 의해서는 성공할 수 없습니다. 치밀한 과학적 타산하에 진행되어야만 승리를 이뤄낼 수 있습니다. 그 때문에 그에 기반한 사상과 이론, 방법이 얼마나 과학적 체계를 갖추고 있느냐는 그 우월성을 가르는 결정적 기준으로 됩니다. 이 대목에서 애민·애국의 기치는 민의 주체적 요구에 화답한 과학적 체계에 근거하고 있다고 할 수 있습니다.

애민과 애국의 기치는 민을 사회 역사의 주체로 상정하는데, 그것도 주체적 요구에 기초하여 민의 개념을 도출해 낸다는 점에서 그 특징이 있습니다.

주체에 대해 노동자, 시민, 국민, 민중, 민족 등이 사용되고 있습니다. 노동자는 자본주의적 사회에서 사회 경제적, 계급적 처지를 반영해서 사용한 개념이라고 할 수 있고, 시민은 어떤 지역이나 국가에 사는 사람을 지칭하고 있기는 하지만, 그것이 등장하게 된 역사적 배경을 보면 신분제 사회의 붕괴기에 새롭게 등장한 부르주아지를 의미하기에, 주되게 부르주아적 시민의식을 함유한 사람이라는 뜻으로 사용한다고 볼 수 있습니다. 국민은 일제 식민 시기의 잔재인 황국신민이라는 의미를 사상한다면 주되게 국가 단위의 소속원을 범칭해서 사용되고 있습니다. 그리고 민중은 계급적 처지를 반영해서 연대와 동맹관계를 형성하는 기층 세력을 지칭하고, 민족은 핏줄과 언어, 지역과 문화의 공통성을 토대로 타민족과 구분되는 집단 개념으로 사용되고 있습니다.

여기서 시민의식은 일정하게 사람의 주체적 측면을 일부 반영하는 개념으로 볼 수 있지만, 오늘날 자본주의의 구조적 문제점이 노출되면서 이를 극복하는 것이 사회적 과제로 되는 조건에서는 시대적 한계를 지닌 개념이라 할 수 있습니다. 반면에 국민이나 민중, 민족은 분명 그 의미는 다르지만 주되게 객관적 조건과 처지를 중심으로 놓고 살펴보는 개념들이라고 볼 수 있습니다.

그런데 사회의 개혁과 변혁은 주체적 요구에 의해 추진되고 실현되는 과정인데, 이렇게 시대에 뒤떨어진 의식이나 단지 객관적 처지의 단순한 반영에 머무른다면 어떻게 주체의 적극적인 활동을 기대할 수 있겠냐는 것입니다.

이런 개념의 맹점은 거의 똑같은 환경과 교육을 받고 자랐다고 해도, 왜 서로 다른 계급의식과 사회적 의식을 갖는지를 제대로 설명할 수 없다는 데에서 드러납니다. 실상 노동자라면 노동자의 이해와 요구를 대변하는 정당을 지지해야 하는데 그렇지 않은 현상이 나타나고, 같은 민족인데 도리어 외세의 앞잡이 역할을 하는 매국노 행위를 한다는 점은, 객관적 처지의 반영이라는 각도에서는 도무지 이해할 수 없는 현상이 된다는 것입니다.

물론 계급적, 민족적 처지라는 객관적인 토대가 실재하는 것은 사실입니다. 하지만 그것이 사회적 의식과 계급의식으로 저절로 반영되지 않는다고 한다면 이제 주체에 대한 의미를 새롭게 정립해야 합니다. 한마디로 객관적 토대를 고려해야 하겠지만, 그보다는 주체의 지향과 요구를 더 중시해야 한다는 의미로 해석되어야 한다는 것입니다.

바로 이 점에서 민은 객관적 측면을 고려하기는 하지만 주체적 요구를 더 중심에 놓고 설정된 개념이라고 할 수 있습니다. 한마디로 민은 사회 계급적 처지를 고려하기는 하지만 그보다는 주체적 지향과 요구를 더 중시한다는 것입니다. 그래서 특정 계급이나 집단에 한정되지 않고, 사회와 역사의 발전에 조금이라도 이바지하려는 모든 세력을 포괄하는 의미로 사용합니다.

이렇게 주체적 요구를 중시하게 되니 철학적 범주에서 사용하는 사람이라는 개념도 그저 사람 일반을 지칭하지 않습니다. 사람다운 사람, 즉 민을 의미하는 것으로 바라봅니다. 다시 말해 민이 있기에 철학적인 개념인 사람이라는 범주가 설정된 것입니다. 다름 아닌 민이 철학적 범주의 사람입니다. 사람 일반, 즉 모든 사람이 저절로 민으로 되는 것은 아니라는 것입니다. 사람다운 사람, 즉 민이 사람이고, 사람다운 사람이 아니면 진짜 사람이 아니라 짐승 같은 사람으로 여깁니다. 이런 입장에 서 있기에 매국노는 민족 문제를 해결하는 주체가 될 수 없고, 응징의 대상이 됩니다. 한마디로 주체적 요구는 철두철미 민의 요구로 보고, 이런 민을 상정해서 사회 역사의 주체로 본다는 것입니다.

그러면 이렇게 민의 주체적 요구를 중심으로 해서 바라보아야 하는 근거와 이유는 어디에 있겠습니까? 그것은 민이 자기 운명을 주인답게 실질적으로 개척하는 역사적 단계로 진입했기 때문입니다. 그래서 철학사에 있어서도 이런 민의 주체적 요구에 화답하기 위한 합법칙적인 발전 과정이 수반되었습니다.

주체적 요구 문제를 철학적 과제로 삼게 되자면 세계가 어떻게 합법칙적으로 변화, 발전하는지에 대한 과학적 이해가 선행되어야 했습니다. 객관세계가 어떻게 발전하는지도 모르는 조건에서 주체적 요구를 실현한다는 것은 허무맹랑한 소리에 불과하기 때문입니다.

여기서 세계가 어떻게 변화 발전하는지를 이해하기 위한 근본문제는 물질(존재)과 의식 간의 관계 문제였습니다. 세계가 무엇으로 구성되어 있고, 어떻게 변화 발전하는지에 대해 제대로 인식할 수 있는가의 문제를 존재론과 인식론의 영역에서 따져보게 될 때, 존재와 의식이 가장 기초적인 범주로 되기에 그 관계를 통해 규명할 수밖에 없기 때문입니다. 아무리 사물의 형상이 천차만별이더라도 존재(물질)라는 개념보다 더 기초적인 범주는 성립할 수 없고, 또 수많은 생각과 관념이 존재하더라도 그것은 결국 의식으로 표현될 수 있습니다.

결국 이 문제 해결의 관건은 결국 물질(존재)과 의식과의 관계에서 무엇이 선차적이고, 또 인간은 과연 이 세계를 옳게 인식하는 것이 가능하냐에 대해 그 해답을 내리는 것이었습니다. 의식과 물질과의 관계에서 선후차의 문제가 발생하는 이유는 결국 무엇을 선차적으로 보느냐에 따라 그것에 의해 세상의 변화 발전이 좌우되기 때문입니다. 물질, 즉 존재가 선차적이라면 물질에 의해서 세상이 움직일 것이며, 의식이 선차적이라면 의식에 의해서 세계가 변화 발전하는 것으로 규정되기 때문입니다. 또 인식의 가능성을 따지는 문제는 이 세상을 인간의 요구에 맞게 개조 변혁할 수 있는가와 관련되었습니다. 인간이 이 세상의 변화 발전 과정을 옳게 인식할 수 없는 조건이라면 어떻게 세상을 개조하고 변혁해 나갈 수 있겠습니까?

이 문제에 대한 해답으로 세계는 물질로 통일되어 있고 합법칙적으로 변화 발전하며, 인간은 능히 여러 실천 과정을 통해 인식할 수 있다는 점이 과학적으로 밝혀지게 되었습니다. 이것은 철학사의 과정에 큰 진전을 가져왔습니다. 객관적 토대와 근거가 명확히 세워짐으로써 무엇이 옳고 그른가를 판별할 수 있는 잣대를 세워즈었기 때문입니다.

허나 물질과 의식의 관계로만 보면 분명 물질의 반영을 통해 인식할 수 있다는 논리는 성립하지만, 의식 자체의 문제로 들어가면 상황은 복잡해집니다. 인간의 의식은 그저 수동적으로 반영하는 차원에서 머물지 않기 때문입니다. 처지와 조건이 노동자라고 해서 저절로 노동자의 계급의식을 형성하지는 않습니다. 주체가 어떤 지향과 요구를 갖고 있느냐에 따라 달라집니다. 그래서 한편에서 의식의 능동적 역할을 강조하는 현상이 나타납니다. 심지어는 의식의 중요성을 너무 강조한 결과, 의식 자체에 의해서 세상이 바뀌는 것처럼 여기는 주장마저 나타났습니다. 여기서 의식이 갖는 역할을 명확하게 규명할 필요성이 제기됩니다.

그런데 인간 의식의 역할을 파악하자면 사람과의 관계에서 살펴보고, 사람의 주체적 특성을 파악하자면 세계와의 관계에서 따져보아야 합니다.

동물도 감정을 갖기에 사람만 의식을 갖는다고 말할 수는 없습니다. 하지만 인간인 이상 인간의 의식을 다룰 수밖에 없습니다. 그리고 인간의 의식 문제를 풀려면 사람과의 관계에서 그 해답을 찾아야 합니다. 그러나 사람의 주체적 특성을 파악하자면 사람과 세계와의 관계 문제를 따져보아야 합니다. 사람과 세계와의 관계가 어떠하냐에 따라 사람의 주체적 특성이 나타나기 때문입니다. 사람을 일방으로 하면서 가장 기초적이고 일반적인 범주는 세계이기에 사람과 세계와의 관계를 살펴보아야 한다는 것입니다.

여기서 물질과 의식이라는 가장 기초적이고 일반적인 개념이 이미 설정되어 있는데, 왜 사람과 세계라는 관계 범주를 또 설정하냐고 물을 수 있습니다. 하지만 물질(존재)과 의식의 관계로서는 이 세상이 물질로 통일되어 있고, 합법칙적으로 변화 발전하며, 인간이 이를 인식함으로써 세상을 개조 변혁할 수 있다는 점은 설명해 줍니다. 하지만 인간이 이 세상에서 어떻게 살아가는 존재인가에 대해서는 제대로 설명해 주지 못합니다. 인간이 어떤 존재인지를 알아야 그에 맞게 세상을 개척해 갈 수 있습니다. 그런데 인간이 사회적 존재로서 어떻게 살아가야 하는지와 같은 주체적 요구의 질문은 인간과 세계와의 관계에서 밝혀진다는 것입니다. 인간이 세계를 어떻게 대하고 살아가고 있는가가 밝혀져야 인간의 주체적 특성이 전면적으로 드러나게 됩니다. 그런데 인간이 세계를 어떻게 대하고 살아가고 있는지를 파악하자면 먼저 세계가 무엇으로 통일되어 있고 변화 발전하는지를 알아야 할 것입니다. 알지 못해서는 세계를 대하는 입장 자체, 즉 주체적 요구를 세울 수 없습니다.

이를 보면 물질과 의식의 관계를 철학의 근본문제로 놓고 살펴보았던 과정은, 인간이 세계와의 관계에서 어떻게 살아가야 하는지, 즉 주체적 요구가 무엇인지에 대한 해답을 풀기 위해 필히 겪으면서 먼저 해결해야 할 선행 과제였음을 알 수 있습니다. 그러나 이 문제가 일정하게 해결된 조건에서는 계속 거기에 머물러 있을 수는 없습니다. 이제 본격적으로 인간은 세계 속에서 어떻게 살아가는 존재인지에 대해 대답해야 합니다. 인간의 주체적 요구에 대해 화답해야 한다는 것입니다. 여기서 인간과 세계와의 관계 문제가 이 질문에 대한 해답을 내려주는 철학의 근본문제로 등장하게 됩니다. 한마디로 민이 사회 역사의 주체로 등장하고, 여기서 주체적 요구가 제기되자, 이 문제에 화답하기 위한 노력이 이뤄짐으로써 또 한 번 철학사의 획기적인 진전을 이룩하게 되었던 것입니다.

사람과 세계와의 관계에서 제기되는 근본문제를 해결하자면 인간의 주체적 지향과 요구를 반영해야 합니다. 그런데 인간이 세계와 관계를 맺으면서 나타나는 주체적 특성의 최상의 경지는 세계의 모든 구속과 억압에서 벗어나 자신의 삶을 주인답게 풀어가며 살아가는 데에 있습니다.

인간과 세계와의 관계 문제 해결은 결국 인간의 주체적 특성과 관련되니만큼 주체의 요구를 최상의 경지로 끌어올리는 측면을 완벽하게 해명해 내는 일이 그 핵심이라고 할 수 있습니다. 여기서 인간의 주체적 지향과 요구는 수많이 제기될 수 있지만, 그 모든 요구들은 인간이 세계의 모든 억압과 구속에서 벗어나 자신의 삶을 주인답게 개척하며 살아가려는 지향에 귀결된다고 말할 수 있습니다. 이보다 더 높거나 완벽한 경지는 없다는 것입니다. 왜냐하면 어떤 존재의 지위와 역할을 설정하는 데에서 주인이라는 개념보다 더 높은 범주는 없기 때문입니다.

물론 인간이 세계 속에서 자기 삶을 주인답게 살아가려는 주체적 요구는 인간이 세계의 중심이라거나 주인의 지위와 위치를 차지한다는 뜻이 아닙니다. 실상 어떻게 인간이 세상의 중심이고, 주인의 지위와 위치를 차지한다고 말할 수 있겠습니까? 물질세계는 물질 자체의 합법칙성에 의해 변화 발전할 뿐입니다. 물질세계에서는 중심이나 주인이 있을 수는 없습니다. 다만 인간은 세계 속에서 자기 삶을 주인답게 풀어가면서 살아가려는 주체적인 지향과 요구를 가진다는 것입니다.

여기서 주체적인 지향과 요구라고 표현할 수밖에 없기에 주관적 측면이 존재한다고 말할 수 있습니다. 실상 주체적인 지향과 요구라는 것 자체가 벌써 가치관을 내포합니다. 하지만 여기에서의 주관성은 인간으로서의 운명을 안고 살아갈 수밖에 없는 존재로서의 주관성입니다. 인간 개개인이 이렇게 저렇게 생각해도 된다는 식의 주관주의적 이해가 아닙니다. 이렇듯 주체적 요구라고 할 때의 주체는 민이고, 일정하게 가치관을 함유하고 있다는 점에서 주관적이기는 하나, 이 또한 인간으로서의 운명을 안고 살아갈 수밖에 없는 사회적 존재라는 의미에서 주관적이라고 말하지 않고 주체적 요구라고 표현합니다. 그 때문에 주체적 요구는 그 자체로 객관성을 담보하게 되어 주체성과 객관성이 하나로 통일된 입장 그 자체라고 할 수 있습니다.

인간이 세계와의 관계 속에서 자기 삶을 주인답게 개척하며 살아가려고 하는 것이 주체적 요구의 최상의 경지라고 한다면 인간 존재의 주체적 특성 또한 이 측면에서 살펴보아야 할 것입니다. 만약 다른 데서 찾게 된다면 인간이 세계 속에서 자신의 삶을 주인답게 개척할 수 없다는 뜻이 되어 버리기 때문입니다.

이 측면에서 살펴볼 때 인간은 자주성과 창조성, 의식성을 갖는 사회적 존재임이 명백해집니다. 자주성은 인간이 주인답게 살아가려고 하는 지향과 요구를 가진다는 것이고, 창조성은 인간이 세상을 개조하고 변혁하는 능력을 발휘한다는 것이며, 의식성은 인간이 자신과 세계를 인식하고 파악할 수 있다는 것을 뜻합니다. 인간이 자주성과 창조성, 의식성이라는 주체적 특성을 갖춘 존재라고 말할 수밖에 없는 것은, 인간이 자신의 삶을 주인답게 개척할 수 있으려면 그런 지향과 요구를 지녀야 할 것임과 동시에, 그럴 수 있는 능력을 갖추어야 하고, 아울러 이를 담보할 수 있는 것이 확인되어야 하기 때문입니다. 이런 주체적 특성을 갖추었기에 인간은 주체적 요구를 실현할 수 있게 된다는 것입니다.

의식의 문제를 옳게 해결하자면 인간의 주체적 특성 속에서 인간의 의식이 어떤 역할을 하는가를 살펴보아야 합니다. 그런데 인간의 주체적 특성이 자주성과 창조성, 의식성이라고 하였으니, 인간의 의식이 어떤 역할을 하는가는 결국 의식성이 자주성과 창조성에 대해 어떤 영향을 받고 미치는가의 문제로 귀결된다는 것을 알 수 있습니다. 그래서 이 관계 문제에 대해 해답을 찾게 되면 인간에게 있어서 의식이 어떤 역할을 하는지가 명확하게 파악될 수 있습니다.

의식성은 자주성과 창조성을 담보하고 지지해 주는 관계에 있습니다. 자주성과 창조성이 세계 속에서 인간이 주인답게 자기 삶을 개척해 가는 데에 있어서 현재 수준 상태의 위치와 능력을 나타내고 있는 것이라고 한다면 의식성은 이를 고무 추동해 주는 역할을 합니다.

물론 모든 의식이 그 역할을 수행하는 데서 다 똑같은 것은 아닙니다. 의식의 종류에 따라 수준과 역할에 차이가 납니다. 의식에는 크게 세 가지 부류로 나눌 수 있는데, 하나는 감각으로 감지하면서 감정 등을 느끼는 감각적 지각이고, 또 하나는 세계를 과학적으로 인식하고 판단하는 과학적 지식이고, 나머지 하나는 사람의 이해관계 및 지향과 요구를 직접적으로 반영하여 표현하는 사상의식입니다. 여기서 가장 큰 영향을 미치는 것은 사상의식입니다.

감정이나 과학적 지식도 영향을 주는 것은 사실이나 사람의 이해관계 및 지향과 요구를 직접적으로 반영하는 사상의식에 비할 수는 없습니다. 이것은 정치적 입장에 따라 사람의 행동이 달라지는 것에서 확인됩니다. 정치라는 것이 원래 사람을 조절 통제하는 기능을 수행하는데, 이것이 사람의 이해관계를 가장 직접적으로 반영하고 있기 때문입니다. 그래서 자주성과 창조성을 고무 추동하는 데에 있어서 사상의식이 결정적 역할을 수행한다고 말하는 것입니다. 다른 말로 표현하면 사람의 품격과 능력의 수준을 드러내는 것은 자주성과 창조성인데, 이를 고무 추동해 주는 원동력이 사상의식이라는 것입니다.

특히 자주적인 사상의식은 주체적 특성을 견지하도록 하는 결정적 담보입니다. 물론 모든 사상의식 자체가 자주성과 창조성을 고무 추동하는 것은 아닙니다. 다른 사람을 지배 통치하려는 사상을 품었다면 어떻게 주인답게 살아가려는 지향과 요구를 품겠습니까? 그래서 정말로 자주성과 창조성을 고무 추동하는 사상의식은 자주적인 사상의식이라고 말하는 것입니다. 한마디로 사람의 품격과 수준을 고무 추동하는 원동력은 사상의식인데, 참다운 자주성과 창조성을 담보해

주는 것은 자주적인 사상의식이라는 것입니다.

이는 결국 사람으로 하여금 참다운 주체적 특성을 견지하도록 하는 결정적인 담보는 자주적인 사상의식에 달려 있다는 뜻이 됩니다. 이것은 세계와 인간 의식의 관계로 놓고 파악하는 것이 아니라 인간과 인간 의식과의 관계 속에서 사상의식의 역할을 해명한 데에 따른 것입니다. 자주적인 사상의식이 이런 역할을 하기 때문에 세상을 개조 변혁하여 주인답게 자기 삶을 개척하려면 자주적인 사상의식을 형성하기 위해 노력해야 합니다. 사상을 앞세워서 일을 풀어나가야 하는 이유가 여기에 있습니다.

이렇듯 애민·애국의 기치는 철두철미 민의 주체적 요구에 대한 해명에 기초하고 있습니다. 다시 말해 민이 사회 역사의 전면에 등장한 시대적 흐름을 반영하고 있을 뿐만 아니라, 사람과 세계와의 관계 문제를 철학의 근본문제로 설정하고 주체적 특성을 해명한 과학적 체계에 근거하고 있음으로써 그 정당성이 확증되고 있다는 것입니다.

### 3) 민은 개성을 가진 존재로서 집단을 구성하여 나라와 민족 단위로 살아간다

민의 주체적 요구를 실현하자면 민이 어떤 방식으로 존재하고 살아가고 있는가를 살펴보아야 합니다. 민이 어떻게 살아가는지를 모르는 조건에서 주체적 요구를 실현하겠다고 하는 것은 허상에 불과하기 때문입니다.

그러면 왜 민이 어떤 존재 방식으로 살아가고 있는가의 문제가 제기되었을까요? 그것은 바로 한국 사회에서 6월항쟁 이후 군사독재 세력이 더 이상 맥을 못 추면서 개인과 집단, 나라와 민족 단위의 모든 방면에서 제반 요구가 분출되었기 때문입니다. 노동자와 농민, 민족 문제 등은 물론이고 환경 문제나 성폭력 문제 등 인간의 삶과 관련된 제반 요구가 다양하고 광범위하게 분출되었다는 것입니다. 바로 이 모든 것을 해결하려는 과정에서 결국 인간이 삶을 살아가는 존재방식과 활동방식을 떠올리지 않을 수 없었습니다. 왜냐하면 인간이 살아가는 존재방식과 활동방식의 문제가 명확히 정리되면 결국 인간의 제반 문제를 어떻게 해결할 수 있는지에 대한 해답을 찾을 수 있게 되기 때문입니다.

이처럼 어떤 문제에 대한 해답을 찾는 경우를 보면 이론 그 자체에서 나오는 것이 아니라, 인간에게 제기된 당면 문제를 풀려고 하는 실천 과정에서 확립된다는 사실을 알 수 있습니다. 자본주의 사회의 빈익빈 부익부의 비참한 현실을 보고 어떻게 하면 여기에서 벗어나게 될까를 찾아보려고 하니 물질세계의 합법칙적 발전 과정을 설명하는 변증법적 유물론이 나오게 된 것이라든가, 민이 사회 역사의 전면에 등장하게 되니 세계와 사람 관계를 놓고 사람의 주체적 특성을 해명하는 사상이 제시된 것도, 이런 시대적 요구와 다 관련되어 있다고 할 수 있습니다. 마찬가지 이치로 인간의 제반 문제를 어떻게 하면 전반적으로 해결할 수 있을까에 대해 그 해답을 찾으려고 하다 보니 사회 역사의 주체인 민이 살아가는 존재방식과 활동방식을 보게 되고, 그로부터 민은 누구나 다 개성을 가진 존재로서 집단을 구성하여 나라와 민족 단위로 살아가고 있다는 것이 밝혀지게 되었습니다. 그래서 이 모든 부분에서 주인의 권리를 누리고 사는 것이 참다운 애민·애국의 기치로 된다는 것입니다.

물론 인간이 개인으로 살아간다는 것이나 계급 계층으로 존재하고 나라와 민족 단위로 특징지어진다는 주장이 없었던 것은 아닙니다. 하지만 동시에 총체적으로 하나로 연결되어 살아가고 있다는 것을 명확하게 견지하지 못했습니다.

이런 동시적 연관성을 확고하게 견지하지 못하게 되니 각 부분의 파악도 온전하지 못하고 일정한 한계를 가지게 되었습니다. 개인으로 파악할 때는 개성을 가진다는 것과 다양성의 관계가 어떠한지, 계급으로 파악할 때는 계급의식과 자주의식 및 집단과의 관계는 어떠한지, 나라와 민족으로 파악할 때는 민족과 민은 어떤 관계에 있는지를 명확히 해명하지 못하고 일정하게 제한적인 이해에 머물게 되었습니다.

이것은 철저히 민을 중심으로 살펴보지 않았기 때문입니다. 거듭 말하지만, 주체의 요구는 사회와 역사의 주체로 등장한 민을 떠나서 성립될 수 없습니다. 그래서 주체적 요구는 다름 아닌 민의 주체적 요구라는 것을 항상 명확히 해야 합니다.

민의 주체적 요구를 중심으로 파악할 때 개성을 가진 존재라는 것은 그 자체로 유일한 존재로 대접받아야 한다는 뜻입니다. 즉 가장 귀하고 소중한 존재로 대접받아야 한다는 뜻입니다.

개성의 유일성은 남으로부터 자기 권리를 침해받지 않고 주인답게 자기 삶을 개척하며 살아가려는 주체적 요구로부터 기인합니다. 실상 주인답게 자기 삶을 개척하며 살아가려고 하는 것은 독특한 개성을 가진 그 당사자이지 그 누가 아닙니다. 만약 대신해서 살아줄 수 있다면 그토록 개성을 강조하고, 심지어 개성의 유일성까지 거론할 필요가 없을 것입니다.

이처럼 개성의 유일성은 철저히 민의 주체적 요구, 즉 남으로부터 권리를 침해받지 않고 주인답게 자기 삶을 개척하며 살아가려는 주체적 요구를 전제한 조건에서만 가능합니다. 이 전제가 망각되면 어떤 것이 참다운 개성의 실현인지가 애매모호하게 됩니다. 민적 풍모와 품성을 저버리면서도 개성의 실현이고, 다양성의 보장이라고 주장한다면 어떻게 되겠습니까? 이것은 필연코 인간을 도구와 수단으로 전락시키기 때문에 참다운 개성의 실현을 가로막고 말 것입니다.

그 때문에 개성을 가진 존재라는 의미를 다양성의 보장이라고 설명하기보다는 개성의 유일성을 공인받는 측면으로 바라보는 것이 더 적합하다는 것입니다. 주체적 요구를 전제로 하면서 개성의 유일성을 공인받는 측면으로 철저히 바라보지 못할 경우, 다양성이라는 명분으로 개인주의를 조장하는 현상이 나타나게 됩니다. 그러나 개성의 유일성이 존재한다고 해서 공통의 이해관계가 부정된다는 것도 아닙니다. 오히려 서로 협력하여 사회의 당면 과제를 해결해 나간다면 그만큼 개성을 꽃피워가는 데에도 이바지하게 될 것입니다.

또한 개성의 유일성을 보장한다는 것은 사람마다 수준의 차이가 있다는 것을 부정하는 것도 아닙니다. 어차피 개성을 꽃피우려고 하는 것은 주체적 요구입니다. 그래서 주체적 요구를 실현하려고 각자가 얼마나 노력하느냐에 따라 그 결과는 달라집니다. 만약 수준의 차이가 없다면 뭣 때문에 민적 품성과 풍모를 갖추고 참답게 개성을 꽃피우려고 노력하겠습니까? 주체적 노력 여하에 따라 영웅이 탄생하기도 합니다. 그래서 누구나 참답게 개성을 꽃피워 영웅이 되자고 말하는 것입니다. 이렇게 누구나 영웅이 되어 참답게 개성을 꽃피워간다면 인간은 누구나 다 주인답게 자기 삶을 개척하며 살아가는 존재가 될 것입니다.

인간은 개성을 가진 존재이면서 동시에 집단을 구성하고 살아갑니다. 인간이 집단을 구성하여 살아갈 수밖에 없는 이유는 사회를 구성해 살아가는 데서 비롯됩니다. 사회는 집단적인 힘으로 돌아가는 것이지, 고립된 한 개인의 힘으로는 움직여지지 않습니다. 그래서 사회를 말할 때 집단을 떠나서는 논할 수 없습니다.

물론 집단을 구성하여 살아간다고 해서 누구나 다 똑같은 지위를 차지하고 똑같은 역할을 하는 것은 아닙니다. 인간이라면 누구나 다 개성의 유일성을 가지고 있지만, 그것을 얼마나 참답게 꽃피우느냐는 주체의 노력 여하에 달려 있다는 이치와 마찬가지입니다. 여기서 개성의 평가는 한 개인의 주체적 측면이 주되는 부분을 차지하지만, 집단에서는 집단 자체가 평가의 단위가 됩니다. 어떤 집단 자체가 사회에서 위력한 힘을 행사하면 그 집단의 사회적 지위와 역할이 높아집니다. 그 때문에 주인답게 자기 삶을 개척하자면 어떤 집단을 형성하고 강화할 것인가에 대해 적극적인 관심을 가져야 합니다.

인간이 집단을 구성하여 살아가는 측면에서 계급과 계층이 존재합니다. 하지만 집단을 계급, 계층으로만 환원하려고 해서는 안 됩니다. 만약 계급적 지배와 억압이 폐지되면 어떻게 되겠습니까? 계급이 존재하는 이상 계급적 지배와 억압이 없어지지 않을 것이지만, 그 지배와 억압이 폐지된다면 계급이 존재하지 않게 되었다는 뜻이 될 것입니다. 그러면 그때는 집단을 구성하고 살아가는 것이 없어지는 것일까요? 계급이 철폐되어 없어지더라도 주체적 요구를 실현하기 위해서는 여전히 집단을 조직해서 발전시켜 가야 합니다. 사회와 역사의 발전은 집단적인 지혜와 힘을 통해서만 가능하기 때문입니다. 그래서 주인답게 자기 삶을 개척해 나가는 미래 사회를 포괄적으로 설명하는 데에서도 집단을 놓고 바라보는 것이 더 합리적이라는 것입니다.

물론 계급적 지배와 억압이 이뤄지는 조건에서는 계급의식의 관점을 확고히 견지해야 합니다. 하지만 계급의식 또한 주체적 요구에 의해서 형성된다는 점에서 볼 때 자주의식은 계급의식보다 훨씬 더 포괄적이고 핵심적인 내용을 담고 있습니다. 계급적 지배와 억압에서 벗어나려는 근본 목적은 다름 아닌 주인답게 자기 삶을 개척하며 살아가려는 자주의식에 기반하고 있습니다.

아울러 계급의식에 의해 설명되지 못하는 부분도 자주의식어 의해 해명할 수 있습니다. 예컨대 과학기술을 이용해 자연을 어떻게 개조할 것인가는 계급의식과 일정한 관련을 맺고 있지만, 과학기술을 발전시키는 것 자체는 계급의식과 직접적으로 연관되지 않습니다. 하지만 자연의 구속에서 벗어나 주인답게 살아가기 위해서는 과학기술을 적극 발전시켜야 합니다. 자기 삶을 주인답게 개척하며 살아가기 위해서 필수적으로 요구되기 때문입니다.

물론 자주의식과 계급의식은 서로 배치되는 관계가 아닙니다. 당연한 게 주인답게 자기 삶을 개척하며 살아가려고 하는데, 계급적 지배와 억압을 허용한다면 어떻게 그것이 가능하겠습니까? 그래서 자주의식은 계급의식을 자체로 포함하면서도 모든 구속과 억압으로부터 벗어나 주인답게 자기 삶을 개척하며 살아가려는 주체적 지향과 요구를 포괄하게 됩니다. 이런 자주의식을 근간으로 바라보는 관점이 바로 인간은 집단을 구성하여 살아가는 존재라는 것입니다. 주체적 요구를 집단의 힘으로 풀어가야 한다는 입장은 주체적 수준에 맞게 수많은 조직 결성을 추동함과 동시에, 주체적 수준과 능력을 더욱 끌어올리게 만듦으로써 주체 역량의 확대 강화에 확고한 밑천으로 작용할 것입니다.

사람은 개성을 가진 존재로서 집단을 구성하여 살아가면서도 동시에 나라와 민족 단위로 살아갑니다. 나라와 민족 단위로 살아간다는 것은 이것을 삶의 단위로 해서 운명공동체 집단이 공고하게 형성되었다는 것을 의미합니다. 운명공동체 집단이 형성됨으로써 나라와 민족 단위로 사회가 운영되고 관리됩니다.

운명공동체 집단으로서의 권리가 보장되자면 대외적 관계에서 주권이 철저히 보장되어야 합니다. 대외적 관계에서 주권을 행사하느냐, 못 하느냐는 그 삶의 단위에서 사는 사람들의 권리를 인정받느냐, 인정받지 못하느냐와 직결됩니다. 그래서 그 삶의 단위에서 사람의 권리를 인정받으려면 대외적 관계에서 필연코 주권을 행사할 수 있어야 합니다. 그뿐만 아니라 침략전쟁은 물론이고 지배와 억압적인 정책이 추진되도록 허용해서는 안 됩니다.

여기서 특히 중요한 것은 나라와 민족을 이해함에 있어서 민과 분리하여 파악해서는 안 된다는 것입니다. 국제적인 대외관계에서 국가의 이익이라는 명분으로 침략과 약탈 행위가 수시로 벌어지게 되는 근원적인 이유가 어디에 있겠습니까? 지배계급이 자신들의 이익을 추구한다는 데에 일차적인 원인이 있겠지만, 그것을 명백히 이해하지 못하고 국가적 이익이라는 명분이 왜 사회 속에서 통용되느냐 하는 것입니다. 그것은 나라와 민족을 민과 떨어뜨려 파악하기 때문입니다. 그러다 보니 나라와 민족이 그 자체로 존재할 것처럼 이해하는 경향이 나타났습니다. 그런 관계로 국가적 이익이라는 명분이 통용될 수 있었던 것입니다.

그러나 나라와 민족은 민을 떠나서는 성립될 수 없습니다. 민이 나라와 민족 단위로 삶을 살아가고 있다는 것입니다. 지금 현실에선 한 민족이 하나의 나라를 형성하지 못해 꼭 일치하는 형태는 아니지만, 삶의 단위에서의 나라와 민족 속에서 민의 특성이 대체로 민족성으로 나타나는 것은 그 때문입니다. 민의 특성이 민족성으로 나타나는 것이지 민과 무관하게 나라와 민족성 자체가 존재하는 것처럼 생각해서는 안 된다는 것입니다. 그렇지 않으면 나라와 민족성 자체가 독립적으로 실재하는 것처럼 여겨지고, 그것이 곧 지배계급이 자신들의 이익을 위해 국가적 이익이라는 명분을 내거는 토대로 작용하여 대외침략이 벌어지게 된다는 것입니다. 그래서 나라와 민족성을 철두철미하게 민과 결부시켜 이해해야 합니다.

나라와 민족성을 민과 결부시켜 파악하면 나라와 민족에 대한 이해에서도 주체적 요구가 중요합니다. 나라와 민족은 민이 주체적 요구를 실현하면서 형성된 하나의 공고한 운명공동체 집단입니다. 나라와 민족성을 민과 결부시켜야 하는 것은 민이라는 개념 자체가 객관적 토대에 근거를 두면서도 주되게 주체적 요구의 반영이라는 점에서 당연한 이치입니다.

흔히 민족을 핏줄과 언어, 지역과 문화의 공통성에 기초해서 성립된 사회 역사의 공고한 집단체로 설명합니다. 이것은 민족 형성의 객관적 측면을 밝힌 것으로써 민족을 이해하는 데에 큰 진전을 가져다주었습니다. 하지만 여기서 멈출 수는 없습니다. 객관적 토대가 주체의 형성에 일정한 영향을 주는 것은 사실이지만, 그보다 더 결정적인 것은 주체적 요구이기 때문입니다. 그 때문에 민족이라는 이해도 주체적 측면을 위주로 놓고 살펴보아야 합니다. 이로 볼 때 매국노는 핏줄과 언어, 지역과 문화의 공통성이 있다고 하더라도 민족 구성원으로 바라볼 수 없다는 것입니다.

매국노에 대한 응징은 민족의 분열이 아니라 도리어 민족적 특성을 참답게 세워가는 길입니다. 민족성이라는 것 자체가 저절로 확립되는 것이 아니라 민이 주체적 요구를 실현하는 과정에서 공고하게 형성되기 때문입니다. 주체가 민적 품성과 풍모로 빛내어 나가려고 노력해야만 참답게 민족성이 발화될 수 있다는 것입니다.

나라와 민족 단위에서 운명공동체 집단으로서의 민족성을 전면적으로 빛내기 위해서는 우선적으로 애민·애국의 정권을 세워내야 합니다. 나라와 민족 단위에서의 주권 행사는 사실상 정권이 담당합니다. 그래서 정권을 올바르게 세워내지 못하면 주권도 제대로 행사하지 못하고, 심지어 외세의 침략과 약탈을 수반하게까지 합니다. 이것은 민이 주체적 요구를 실현하는 데서 심대한 타격으로 됩니다.

그뿐만이 아닙니다. 정권은 나라와 민족 단위로 살아가는 구성원을 적극적으로 동원하고 통솔하는 기능을 수행합니다. 그래서 어떤 정권이 등장하느냐는 민의 주체적 요구를 실현하는 데에서 중대한 영향을 미칩니다. 여기서 민의 지향과 요구를 실현해야 하니만큼 애민정권을 세워내야 합니다. 애민정권을 세워내면 강력한 무기를 손에 쥐게 되어 주체적 요구 실현에 획기적인 전변을 가져올 수 있습니다.

민의 존재방식과 활동방식이 개인과 집단, 나라와 민족 단위로 존재하며 살아가는 것으로 밝혀진 조건에서, 이 모든 영역에서 주체적 요구가 실현되면 민은 주인답게 자기 삶을 개척할 수 있습니다. 바로 여기서 애민·애국의 입장에 의해 민이 개성을 가진 존재토서 집단을 구성하여 나라와 민족 단위로 살아가고 있다고 밝힌 것의 의의가 있다고 할 수 있습니다.

### 4) 애민·애국의 기치를 실현하기 위한 방도

애민·애국의 입장으로 볼 때, 민은 개인과 집단, 나라와 민족 단위로 살아가고 있기에, 이 모든 부분에서 주인의 권리를 실현해야 합니다. 한마디로 민이 주인의 권리를 누리고 살자면 인간이 삶을 살아가는 존재 방식의 모든 영역에서 그 내용이 관철되어야 한다는 것입니다.

이 모든 영역에서 주인의 권리를 누리고 살자면 그리할 수 있는 기본 원칙이 마련되어야 할 것입니다. 바로 그것이 자주, 민주. 통일입니다. 그럴 수밖에 없는 게 그 모든 영역에서 주인의 권리를 누리고 살자면 그리해야 한다는 주장이 당연시되어야 할 것이고, 그다음에는 그 주장을 실현할 수 있는 제도와 질서 체계를 세우는 과제가 제기될 것입니다. 그리고 이것이 그저 공허한 선언으로 그치지 않게 하자면 그런 정치적 역량을 담보하는 과제가 제기될 것이기 때문입니다.

이런 이치로 해서 자주는 민족 자주에 한정되지 않고 개인과 집단까지 포함하여 주인의 권리를 누리고 살아야 한다는 것으로 확장됩니다. 마찬가지 이치로 민주 또한 반독재 민주화에 그치지 않고 개인과 집단, 나라와 민족 단위의 모든 부분에서 주인의 권리를 실현하기 위한 제도와 질서 체계를 세우는 것으로 풍부화됩니다. 통일 또한 한국의 정치적 역량을 담보하는 것은 물론이고 한반도 차원에서 민의 권리를 실현하기 위한 정치 역량의 단합으로까지 확대됩니다.

　　그러면 자주와 민주, 통일의 과제가 이렇게 풍부화되고 심화되는 내용을 갖추게 된 연유가 어디에 있을까요? 그것은 한국 사회에서 군사독재가 더 이상 맥을 추지 못하게 되면서 형식적인 자유와 평등이 아니라 실질적인 자유와 평등을 누리고 살아야 하는 단계로 발전하고 있기 때문입니다. 그런데 실질적인 자유와 평등을 누리고 살자면 자유와 평등 차원으로 접근해서는 풀리지 않고, 어떻게 하면 주인의 권리를 누리고 살 것인가의 문제로 접근해야 합니다. 왜냐하면 주인의 권리를 누리고 살 수 있어야 실질적인 자유와 평등이 이루어지기 때문입니다.

　　이런 각도에서 보면 자주, 민주, 통일을 풍부화시키는 입장은 민이 개인과 집단, 나라와 민족 단위의 모든 부분에서 주인이 권리를 누리고 살아야 하는지에 대한 완벽한 해답으로 됩니다. 인간해방, 계급해방, 민족해방까지 다 포괄하게 되기 때문입니다. 개성의 영역은 인간해방과 연결되고, 집단의 영역은 계급해방, 나라와 민족 단위는 민족해방과 연결된다는 것입니다. 그뿐만 아니라 이런 논리적 구조에서는 낮은 차원뿐만이 아니라 아주 높은 차원까지 다 포괄하게 됩니다. 한마디로 어떤 합법칙적인 발전 과정을 통해 민이 개인과 집단, 나라와 민족 단위의 모든 부분에서 주인의 권리를 실현해 가는지가 총체적으로 결부되어 설명된다는 것입니다.

바로 여기서 자주와 민주, 통일의 과제를 풀어가는 데 있어서 합법칙적인 발전 과정에 대한 이해가 필요합니다. 다시 말해 민이 주인의 권리를 전면적으로 누리고 살자면 먼저 그것을 가로막는 최대의 세력부터 먼저 청산해야 할 것입니다. 그다음엔 억압과 착취를 없애는 부분으로 나가야 할 것이고, 그 이후엔 전면적으로 누구나 다 주인의 권리를 실현하는 단계로 나아가야 할 것입니다. 이처럼 자주와 민주, 통일의 과제는 민이 주인의 권리를 실현해 가는 합법칙적 발전 과정의 전 부분을 다 포함하게 된다는 것입니다.

그렇다고 한다면 자주와 민주, 통일의 과제를 해결하자고 할 때 어떻게 해야 풀릴 수 있겠습니까? 각 단계마다 해결해야 할 핵심적 기치가 요구될 것입니다. 바로 여기서 현시기에 가장 중요한 과제는 외세와 매국노가 주인 행세하고 있는 사회이기에 그들에게 제일 먼저 화력을 집중해서 청산하기 위한 목표를 내거는 것입니다. 그 실현의 담보가 바로 애민·애국의 기치입니다. 민이 개인과 집단, 나라와 민족 단위의 모든 부분에서 주인의 권리를 누리고 사는 세상을 실질적으로 만들자면 외세와 매국노가 주인 행세하는 세상부터 먼저 바꿔야 한다고 말하는 것입니다.

애민·애국의 기치로 개인과 집단, 나라와 민족 단위의 모든 부분에서 주인의 권리를 누리고 살기 위해서는 일치와 입체, 통일의 방법론을 구사해야 합니다. 개인과 집단, 나라와 민족 단위로 살아가고 있는 상황에서 각기 다양한 수준의 주체적 요구를 모두 반영할 수 있는 길은 일치와 입체, 통일의 방법론으로 집약될 수밖에 없기 때문입니다. 일치는 이해관계의 동일성 속에서 질적 계선을 찾는 문제이고, 입체는 일치의 지점을 전제로 하면서도 각기 자신들의 요구를 적극 풀어가도록 보장하는 문제이고, 통일은 일치와 입체로 진행하여 참다운 꿈이 실현될 수 있도록 총체적인 전망을 내세우고 그것을 확고히 담보해 주는 문제입니다.

민의 힘을 한데 모아서 당면 과제를 해결하자면 일치의 계선이 필요할 것이고, 각기의 요구가 차이가 있고 다양한 조건에서 일치의 지점만 확고히 견지해 가겠다고 한다면 나머지 차이는 각자의 요구를 적극 실현할 수 있도록 보장해야 하니 입체가 요구될 것입니다. 그런데 이런 일치와 입체는 궁극적으로 인간이 주인답게 자기 삶을 개척하며 살아가기 위해서입니다. 여기서 그렇게 되도록 총체적인 관점에서 그 실현의 전망성을 확고히 담보해 주는 통일의 지점이 요구될 것입니다.

다시 말해 일치의 문제가 주되게 당면 과제를 해결하는 데에서의 최대 방해 세력과 관련되어 있다면 입체의 문제는 일치된 지점을 철저히 견지하는 것을 전제로 한 조건 속에서 성립합니다. 그리고 통일의 문제는 개인과 집단, 나라와 민족 단위의 각 부분에서 총체적 전망을 담보해 주면서도 주되게는 나라와 민족 및 정권과 관련시켜 바라보아야 한다는 것입니다.

민이 개성을 가진 존재로서 집단을 구성하여 나라와 민족 단위로 살아가고 있다는 근거에 기초하여 일치와 입체, 통일의 방법론이 제시된 것은 이 모든 방면에서 주체적 요구를 전면적으로 실현할 수 있는 확고한 무기를 손에 쥐게 된 격이라고 할 수 있습니다. 이 무기를 확고하게 손에 틀어쥐고 일치와 입체, 통일의 방법론을 구사한다면 주체세력은 통일 단결된 역량으로 더 이상 우왕좌왕하지 않고 흔들림 없이 주체적 요구를 전면적으로 실현할 수 있는 길을 확고하게 열어 갈 수 있을 것입니다.

## 5) 현시기 애민·애국의 기치로 한국 사회의 대전환을 이룩하기 위한 4대 핵심 과제

애민·애국의 기치에 의해, 민은 개성을 가진 존재로서 집단을 구성하여 나라와 민족 단위로 살아가고 있고, 그 때문에 이 모든 부분에서 주인의 권리를 누리고 살아가자면 자주, 민주, 통일의 돛표를 기본 원칙으로 견지할 것과 일치와 입체, 통일의 방법론을 통해 풀어가야 한다는 것이 명확히 밝혀지게 되었습니다. 그렇다고 한다면 이를 한국 사회에 적용해 풀어가야 할 것입니다.

그런데 한국 사회는 외세와 매국노가 주인 행세하는 사회입니다. 한마디로 개인과 집단, 나라와 민족 단위의 모든 부분에서 주인의 권리를 가로막는 최대의 세력이 외세와 매국노라는 것입니다. 그래서 한국 사회의 개혁과 변혁, 통일운동을 성공시키자면 우선적으로 외세와 매국노를 반대하고 응징해 가야 합니다. 다시 말해 개혁과 변혁, 통일운동의 주체는 민이고, 그 대상도 외세와 매국노로 똑같다는 것입니다.

여기서 특히 중요하게 고려해야 할 것은 외세에 대한 싸움만이 아니라 매국노에 대한 투쟁을 전개하지 않으면 안 된다는 점입니다. 왜냐하면 매국노들이 외세의 매개자가 되어 식민 지배를 받고 살아가도록 앞장서서 획책하고 있기 때문입니다. 게다가 매국노들이 외세의 지배에서 벗어나기 위한 싸움을 내부에서 가로막고 있습니다. 그 때문에 외세와의 싸움이 힘있게 전개되지 못한다는 것입니다.

이것은 오늘날 한국 사회가 식민 지배를 받고 있기는 하지만, 지난날 일제 식민 시기처럼 총독부의 직접 지배 통치 방식이 아니라 형식적인 독립을 인정하면서 불평등한 조약과 협정을 통해 지배하는 신식민지 통치 방식을 통하고 있기 때문입니다. 단적으로 한국의 대통령은 미국이 어떤 공작을 벌이든 간에 결국 한국 사람이 투표를 통해 선출한다는 사실입니다. 게다가 미국과의 불평등한 조약과 협정을 파기하여 식민 지배에서 벗어나자면 정권을 통해 진행할 수밖에 없습니다. 그런데 매국노에 대한 응징이 이루어지지 않는다면 어떻게 이들을 정권에서 몰아낼 수 있겠습니까? 이들을 정권에서 몰아내지 못하면 식민 지배에서 벗어날 길이 없다는 것입니다.

따라서 매국노들을 응징하는 투쟁을 기본 원칙으로 삼아야 하는데, 여기서 특히 주목해야 할 점은 매국노 중에서도 배신 세력을 명확히 청산하지 못함으로써 식민 지배에서 벗어나지 못하고 있다는 사실입니다. 군사독재 시기에는 군사독재 세력이 매국노의 핵심 세력이었습니다. 하지만 군사독재 세력이 청산된 이후에는 배신 세력이 매국노의 한 축으로 등장하게 되었습니다. 이런 배신 세력은 김영삼 정권 시기에서부터 본격적으로 전개되어 김대중, 노무현, 문재인 정권에까지 지속적으로 나타나고 있습니다. 여기서 배신 세력이란, 한때는 민과 함께했지만, 결국 민을 배신하고 민의 진출을 가로막으며 탄압에 나선 세력을 말합니다. 민이 주인의 권리를 실현하자면 도도한 대하의 물결처럼 계속 전진해야 하는데, 처음에는 같이하다가 결국 자신들의 기득권과 정치적 야망을 위해 민의 전진을 가로막는 길로 돌아선다는 것입니다.

다시 말해 민이 주인의 권리를 실현하는 과정에서 처음엔 형식적인 자유와 평등의 보장에는 함께했지만, 실질적인 자유와 평등을 누리며 살고자 하는 데에는 결국 저지하고 탄압하는 행동으로 나왔다는 것이고, 독재정치에 반대하는 데에는 함께했지만, 나라와 민족의 주권을 확립하는 차원에서는 또다시 외면하며 반대하고 나왔다는 것입니다. 그 때문에 이들 배신 세력을 청산하지 않고서는 실질적인 자유와 평등을 누릴 수 없을 뿐만 아니라 식민 지배에서도 벗어날 수 없습니다.

그뿐 아니라 이들 배신 세력은 자신의 존립 근거를 독재 세력 내지는 그 잔당과의 대립 대결에서 찾고 있기에 독재 세력 내지는 그 잔당이 철저히 청산되지 못하게 방해합니다. 실상 독재 세력의 잔당이자 후신이라고 할 수 있는 반동 세력이 등장하게 된 내막도 따지고 보면 이들 배신 세력의 역할이 매우 컸습니다. 이것은 이명박과 박근혜, 윤석열 정권 같은 반동 세력이 등장하게 된 과정을 보면 이해할 수 있습니다.

게다가 지금 시기는 독재 세력과 그 후신이라고 할 수 있는 반동 세력은 충분히 제압할 수 있을 정도로 민의 힘은 성장하였습니다. 이것은 여러 우여곡절을 겪었지만, 박근혜와 윤석열에 대한 탄핵과 파면을 성공적으로 이루었다는 사실에서 확인됩니다. 그 때문에 지금 시기는 배신 세력을 청산하는 문제가 핵심 과제로 등장하고 있습니다. 한마디로 배신 세력을 청산하느냐가 외세와 매국노가 주인 행세하는 사회를 끝장내고 민이 주인의 권리를 누리고 살 수 있게 하는 관건적 문제로 등장하고 있다는 것입니다.

실상 배신 세력을 극복한다는 것은 이제야말로 민이 주인의 권리를 누리고 살 수 있는 단계로 진입했다는 것을 의미합니다. 그럴 수밖에 없는 게 처음부터 민을 억압해 온 독재자를 몰아낸 조건에서, 그다음으로 민의 권리를 가로막고 나오는 억압 세력은 한때는 같이했지만 결국 배신의 길을 가는 세력일 것입니다. 그런데 이들 배신 세력마저 청산한다면, 민이 주인의 권리를 누리고 살게 될 것은 자연스러운 귀결이기 때문입니다. 이른바 수박 문제가 제기되고 비판적 여론이 형성되고 있는 것 또한 배신 세력을 청산하는 과제가 본격적인 궤도에 진입했음을 보여준다고 할 수 있습니다.

그렇다고 한다면 형식적인 자유와 평등이 아니라 실질적인 자유와 평등을 실현하는 단계로 나아가야 하고, 단지 독재정치와 반동 세력에 반대하는 수준에 멈출 것이 아니라 주권 문제를 전면에 제기하여 식민 지배에서 벗어나기 위한 방향으로 나아가야 할 것입니다. 그리하여 배신 세력이 사실상 매국노에 다름 아님을 명확히 드러내면서 이들을 청산하는 방향으로 나아가야 한다는 것입니다.

그 때문에 애민·애국의 기치로 외세와 매국노를 응징하고 한국 사회의 대전환을 이룩하기 위해서는 4대 핵심적 요구를 내걸어야 합니다. 그것은 첫째 주권 문제의 해결, 둘째 차별적 억압 질서를 폐지하고 누구나 차별받지 않도록 보편적 권리 보장, 셋째 각종 대중단체에 대한 국가적인 지원 체계를 세워내면서 이들의 요구를 국가 정책에 반영할 수 있는 제도와 질서 체계의 수립, 넷째 빈부격차의 해소입니다.

현시기 윤석열이 파면된 조건에서 대통령 선거가 치러지는데, 여기서 4대 핵심적 요구를 명확히 제기하고 이를 대선 후보가 핵심 공약으로 내걸도록 하여 압도적인 다수로 당선되게 한 다음, 이후 행정부와 국회의 협력을 통해 이에 부합하게 헌법을 개정한 후 사회 대개혁을 본격적으로 추진해 가야 할 것입니다.

4대 요구를 대선 공약으로 내걸고 나서게 한다면 애민·애국의 기치에 따라 한국 사회를 어떻게 개혁할지에 대한 전반적인 방향이 확립되는 계기로 작용할 것입니다. 물론 개혁의 내용이 이것만 존재하는 것은 아닙니다. 하지만 제한된 대선 국면에서 총체적인 방향을 확립한다는 차원에서 이런 원칙적 입장을 대선 후보가 핵심 공약으로 내세우게 한다면 이 성과를 기반으로 대선 이후 이 요구에 맞게 헌법을 새롭게 개정하여 한국 사회를 명실상부하게 대개혁하는 방향으로 올려세울 수 있을 것입니다. 즉 애민·애국의 기치에 의해 민이 개인과 집단, 나라와 민족 단위의 모든 부분에서 주인의 권리를 누리고 사는 방향으로 나아가게 할 수 있다는 것입니다.

## 2. 사회를 개혁하려면 왜 원칙을 지켜야 하는가?

2025. 11. 17.

사회생활을 하는 데 있어서 원칙을 지키려고 하면 융통성이 없고 고리타분하다고 여기는 경향이 있습니다. 그렇게 생각하는 이유는 세상사를 살다 보면 수많은 문제가 야기되는데 그때마다 원칙을 내세우면 지금까지 잘못되어 이뤄져 왔던 관행과 파열음이 생기고, 그러면 사람들과의 관계가 불편해지게 되기 때문입니다. 한마디로 세상사는 지금까지 굴러온 관성의 법칙이 있는데, 그것을 부정하니 껄끄럽게 된다는 것입니다. 그러니 "분란을 조성하지 말고 적당히 넘어가자", "좋은 게 좋은 것 아니냐?"라는 식의 접근이 쉽게 통용됩니다.

하지만 간과해선 안 되는 것은 사회를 개혁하자면 지금까지 사회가 돌아가는 관성적 법칙을 부정해야만 한다는 것입니다. 그렇지 않으면 여전히 옛날과 똑같은 방식으로 사회가 돌아간다는 것인데, 그러면 세상이 달라질 이유가 없기 때문입니다. 그래서 사회를 개혁하려다면 관성적 법칙을 부정하고 새로운 원칙적 입장을 확고히 세워 견지해야만 합니다.

이런 이치에서 한국 사회를 바꾸자면 다른 문제는 차치하더라도 적어도 핵심적 사안에 관계된 부분만큼은 관성적 접근 방식에서 벗어나 원칙적 입장을 견지해야 합니다. 여기서 물러서거나 양보하면 지난날의 사회 방식을 묵인하고 그대로 돌아가게 하는 꼴이 되기에 절대 세상이 바뀌지 않는다는 것입니다.

지금 한국 사회에서 제기되는 핵심적 사안은 내란 세력 청산과 주권을 고수하는 문제입니다. 내란 세력 청산과 주권 고수의 문제가 핵심 사안으로 되는 이유는 바로 이것이 한국 사회를 개혁할 것인가, 말 것인가의 근본 계선과 직결되어 있기 때문입니다.

한국 사회를 개혁해 바로잡자면 나라의 주인인 민의 권리가 어떤 경우에도 부정되어서는 안 됩니다. 민의 기본적 권리가 부정되면 그때로부터 민을 짓밟고 억압하려는 잘못된 행위가 처벌되거나 비판받을 근거가 사라집니다. 그렇게 되면 잘못된 것을 옳게 고칠 수 있는 길이 없습니다. 그 때문에 자신의 집권과 권력 유지를 위해 민의 권리를 짓밟는 방식으로 나타난 내란 범죄만큼은 철저히 청산되어야 한다는 원칙이 지켜져야 합니다.

그뿐만 아니라 민이 주인의 권리를 누리기 위해서는 어떤 경우에도 주권을 고수하고 행사해야 합니다. 주권을 고수하고 회복하지 못하는 조건에서는 모든 개혁이 다 불가능합니다.

결국 한국 사회에서 개혁을 지향하는가의 여부는 내란 범죄 세력을 철저히 청산하는가, 주권을 고수·회복하는가에 따라 그 입장이 갈라집니다. 바로 여기서 내란 세력 청산과 주권의 고수·회복은 개혁의 향방을 가르는 계선이 되기에 실질적인 개혁을 바란다면 이 두 핵심 사안만큼은 확고히 견지되어야 한다는 것입니다.

흔히 모로 가도 서울만 가면 된다고 생각하기 쉽습니다. 하지만 서울에 가려면 그 방향이 맞아야 합니다. 방향이 틀리거나 정반대라면 아무리 앞으로 나아가도 서울에 도착하기 어렵습니다. 지금껏 한국 사회에서 여러 번의 정권 교체가 이뤄졌음에도 실질적인 개혁이 이루어지지 못했던 것은 그 방향이 근본적으로 잘못 설정되어 있었기 때문입니다.

그래서 진실로 개혁의 목표를 달성하자면 그 방향이 맞아야 할 것인데, 그것은 결국 민이 주인의 권리를 직접 행사하고 누리도록 하는 것임과 함께 주권부터 되찾는 것입니다. 바로 이 점에서 민의 기본적 권리를 억압하고 짓밟으려고 했던 내란 세력 청산과 주권의 고수·회복은 참다운 개혁을 진행하기 위한 방향타를 옳게 제시하는 것이라고 할 수 있습니다.

내란 세력 청산과 주권 고수의 원칙을 확고히 견지해야 하는 이유는 또한 이 입장이 바로 사회 정의의 기준을 세우는 기초가 되기 때문입니다. 사회 개혁은 저절로 이뤄지는 것이 아니라 새롭고 정의로운 질서 기준을 마련하고, 그 기준에 맞게 제도와 질서를 세워가는 과정에서 진행됩니다. 그 기준을 마련하지 못하거나 흔들리게 되면 한국 사회를 어떻게 개혁할지에 대한 논란만 분분하고 혼란을 겪을 수밖에 없습니다.

단적으로 어떤 사안에 대해 이현령비현령으로 상황에 따라 그 대응이 달라진다면 거기에서 어떻게 정의가 세워지겠느냐 하는 것입니다. 조삼모사식으로 처리될 게 뻔한데, 그런 상황이라면 힘과 권력을 가진 자들에 의해 민에 대한 기만과 조롱이 공공연하게 일어나게 될 것입니다.

이렇게 교언영색하고 조삼모사식으로 한국의 민을 기만하고 조롱하는 행위가 반복적으로 벌어진다면 어떻게 정의로운 질서가 세워질 수 있겠습니까? 정의의 원칙이 양보되고 사회를 바로 세울 수 있는 기준과 원칙이 무너졌는데, 그 무엇으로 한국 사회를 옳게 개혁할 수 있는 질서 체계가 세워질 수 있겠냐는 것입니다.

사회 개혁을 이룩하자면 그 기준을 마련해서 그에 맞게 정의로운 사회질서 체계를 세워가야 합니다. 그 때문에 내란 범죄 세력 청산과 주권의 고수·회복은 개혁을 실현하는 정의로운 사회질서 체계를 세우는 근간이 되는 만큼 철저히 견지되어야 합니다. 그래야만 이런 원칙에 기반하여 사회질서 체계의 기초가 마련되면서 실질적으로 개혁이 이루어지는 과정으로 나아가게 된다는 것입니다.

결국 한국 사회를 개혁하자면 내란 세력 청산과 주권의 고수·회복이라는 두 가지 문제를 동시에 해결해야 합니다. 그럴 수밖에 없는 게 이 두 가지 문제는 서로 떨어져 있지 않기 때문입니다.

실상 윤석열이 내란 범죄를 일으키게 된 근원을 따져보면 미국의 앞잡이 역할만 하다가 한국 민의 저항에 직면해 집권 위기에 처하자, 내란 범죄를 저지르고 나왔던 것입니다. 그러니까 내란 범죄와 주권의 고수 문제는 똑같은 차원의 문제는 아니지만 그 본질적 내막을 보면 서로 밀접히 연결되어 있습니다.

그 때문에 내란 범죄 청산과 주권의 고수·회복의 문제를 서로 떨어뜨려 살펴볼 것이 아니라 밀접하게 결부시켜 동시에 풀어가야 합니다. 한마디로 애민·애국의 기치 아래 외세의 침략과 침탈에 반대하는 투쟁과, 외세의 앞잡이 역할을 하며 민을 짓밟고자 하는 매국노 응징 투쟁을 하나로 결합시켜 싸워 가야 한다는 것입니다. 그래야만 그 싸움들이 분산되지 않고 하나로 결합됨으로써 더욱 위력한 힘을 발휘할 수 있습니다. 그 위력한 힘으로 외세와 매국노를 극복해 나갈 때 한국 사회의 실질적인 개혁은 비로소 현실의 과정으로 전개될 수 있을 것입니다.

## 3. 정의와 진리를 희화화하는 주장은 민주적 권리가 아니다

2025. 02. 10.

윤석열을 탄핵한 이후 한국 사회는 정의와 진리가 희화화되는 이상한 현상이 나타나고 있습니다. 물론 지금만 그런 것은 아닙니다. 지난날에도 그런 현상은 발생했습니다. 매국 세력이 애국을 도용하고, 반개혁 세력이 개혁을 들고나온 것이 그런 모습입니다.

하지만 윤석열의 탄핵 이후에는 그 정도가 너무 지나쳐 도대체 정의와 진리가 존재하기는 한가에 대한 의문마저 일으킬 지경입니다. 이렇게 되는 이유는 윤석열이 내란 범죄를 저질렀으니 자연스럽게 그 죗값을 받는 상황으로 흘러가야 하건만, 이중권력 상태가 되다 보니 내란 범죄자와 공범들이 제대로 처벌받지 못하고 그런 상황을 악용해 자신들의 정치적 욕심만 채우면 된다는 식으로 접근하고 있기 때문입니다. 그러다 보니 도무지 상식적으로 이해할 수 없는 이상야릇한 요설이 난무하고 있습니다.

지금 한국 사회에서 정의와 진리 자체가 얼마나 희화화되고 있는지는 다음과 같은 모습에서 확인됩니다. 민에게 총부리를 겨누는 내란 범죄 행위를 저질러놓고는 법치를 거론하고, 또 빈부격차를 심화시키는 정책을 펴고서는 민생 안정을 운운합니다. 그리고 한국의 대통령으로서 주권을 제대로 행사하려고 노력하기는커녕 미국의 입장만 앞장서 수행하여 한반도의 전쟁 위기만 격화시킨 매국노 짓거리를 벌여놓고도 애국을 얘기합니다.

게다가 민의 저항으로 내란 범죄가 실패하자 아무 일이 일어나지 않았다고 강변합니다. 지금도 민은 내란 범죄 행위로 인해 추위에 떨면서 거리로 나와 항의할 수밖에 없는 절박한 상황인데 말입니다. 심지어 기득권 세력인 권력자와 결탁해 내란 범죄자들의 처벌을 가로막는 행위를 하면서도 마치 그것이 (국)민의 저항권의 행사인 것처럼 포장합니다. 그런데 어떻게 권력자와 결탁한 행위가 (국)민의 저항권이라고 할 수 있단 말입니까? 더욱 가관인 것은 내란 범죄자들과 공범들은 이렇게 정의와 진리 자체를 다 희화화시켜 도저히 화합하고 통합할 수 없는 상황을 만들어놓고서는 마치 자신들이 정말로 (국)민의 화합과 통합을 바라는 것처럼 틈만 나면 이를 운운한다는 사실입니다.

그래 놓고는 이 모든 상황의 책임이 집권당과 행정부의 탓이 아니라 야당 이재명 대표에게 책임이 있다는 식으로 전가합니다. 그런데 대통령제에서 국회보다는 행정부와 집권당의 권한이 더 크지, 어떻게 야당의 힘이 더 세다는 것입니까? 단지 국회는 견제하는 역할을 할 수 있을 뿐입니다. 지금껏 야당이 국회에서 통과시킨 그 모든 법안에 대해 거부권을 행사하여 무용지물로 만들었던 것이 행정부와 집권당이었습니다.

이와 같은 비정상적 상황이 계속 벌어지다 보니 한국 사회는 어떻게 수습될지 큰 가닥을 잡지 못하고 혼란만 거듭하고 있습니다.

이런 혼란 상황을 하루빨리 극복하고 수습하자면 정의와 진리를 희화화시키는 주장을 더 이상 방치해서는 안 됩니다. 단호히 응징하는 조치를 취해가야 합니다. 그럴 수밖에 없는 이유는 사회적 혼란을 수습하자면 서로 합의할 수 있는 기준과 원칙이 있어야 하는데, 정의와 진리의 희화화는 그 기준과 원칙의 마련 자체를 불가능하게 하기 때문입니다. 기준과 원칙이 없는데, 무엇을 근거로 하여 사회적 혼란을 수습할 수 있겠습니까?

정의와 진리를 희화화하는 수법을 사용하는 자들은 그런 자신들의 주장이 마치 민주적 권리에 기반한 정당한 표현 행위인 것처럼 포장합니다. 하지만 그러한 주장은 민주적 권리가 아니라 민주적 질서 수립 자체를 방해하는 행위이기에 결코 용인되어서는 안 됩니다.

물론 누구나 다 자기의 이해와 요구에 근거하여 주장을 펼칠 수는 있습니다. 또 그런 권리는 보장되어야 합니다. 하지만 자신의 의견과 주장을 펼칠 수 있다고 하여 아무 주장이나 다 보장된다는 뜻은 아닙니다. 남의 의견과 주장을 펼칠 수 없게 하거나 사회의 법질서 확립을 방해하는 주장은 결코 허용되어서는 안 됩니다. 그리되면 모든 사람의 민주적 권리 행사가 보장되지 못할 뿐만이 아니라 사회 질서 자체가 세워지지 못하고 혼란만 겪게 되기 때문입니다. 이것은 자유를 보장하자면 남의 자유를 억압할 자유가 허용되어서는 안 된다는 것과 같은 맥락입니다.

그런 점에서 정의와 진리를 희화화하는 현상을 용인하지 않으려면 현시기에 맞는 정의와 진리의 기준 잣대를 명확히 마련해야 할 필요성이 절박하게 요구되고 있습니다. 그러면 어떻게 해야 현시기에 맞는 정의와 진리의 기준 잣대를 마련할 수 있을까요?

물론 정의와 진리의 기준은 시대에 따라 다를 수 있고, 또 그 수준도 천양지차일 수 있습니다. 하지만 지금 한국 사회는 윤석열의 내란 범죄 행위로 인해 정의와 진리 자체가 희화화되며 심각하게 위협받고 있습니다. 그렇다면 이런 희화화되는 현상을 막자면 우선적으로 내란 범죄자들과 공범들을 단호히 응징하는 것이 일차적으로 요구된다는 것을 알 수 있습니다.

게다가 오늘날 한국 사회에서 나라의 주인이 민이라는 점은 폭넓게 합의되어 있습니다. 그런데 민은 개성을 가진 존재로서 집단을 구성하여 나라와 민족 단위로 살아가고 있습니다. 그 때문에 민은 개인과 집단, 나라와 민족 단위의 모든 영역에서 주인의 권리를 누리고 살 수 있어야 합니다. 하지만 그렇게 되자면 남의 자유를 억압할 자유를 허용해서는 안 되듯 남의 권리를 억압할 주장을 허용해서도 안 됩니다. 그래야만 민주적 권리가 제 방면에서 보장될 수 있다는 것입니다.

아울러 국제사회에서는 나라와 민족 단위로 주권을 행사할 수 있다는 점에서, 주권을 되찾는 것은 한국인이라면 공통된 요구입니다. 그 때문에 매국적인 주장은 허용되어서는 안 됩니다. 매국적인 주장이 허용되면 주권을 찾을 길이 없고, 그러면 주권이 부정되는 조건에서 민의 민주적 권리 행사는 불가능하게 되기 때문입니다.

이를 종합해 볼 때, 현시점에서 정의와 진리에 기초한 법질서를 세워가자면 윤석열의 내란 범죄자들과 공범들을 응징하는 것과 함께, 남의 민주적 권리를 억압하는 주장을 허용하지 않는 것, 아울러 한국의 주권을 회복·고수해야 한다는 것은 일차적으로 일치되는 지점이 된다는 것을 알 수 있습니다.

물론 이것만 일치점이 된다고 말할 수는 없습니다. 사회가 발전함에 따라 더욱 광범위한 사람들이 서로 합의할 수 있는 부분이 형성되면 추후 더 많은 요구가 포함될 수 있습니다. 하지만 정의와 진리 자체를 희화화하는 현 상황을 하루빨리 수습하기 위해서는 누구나 받아들일 수 있는 가장 기본이 되는 원칙부터 수립해야 합니다. 그런 점에서 이 세 가지 원칙만은 반드시 견지되어야 합니다. 정의와 진리의 희화화는 광범위한 사람들이 받아들이면서 사회적으로 합의할 수 있는 정의와 진리의 기준 잣대를 명확히 제시하고 견지했을 때 극복되는 것이지 절충이나 타협을 통해서는 해결될 수 없습니다.

타협과 협상은 무엇이 옳은지 그른지를 분명히 갈라볼 수 있는 정의와 진리의 기본 원칙이 확립되어 있고, 또 그것을 지키겠다는 전제 아래에서 이루어져야 하는 것이지, 그 원칙이 부정되거나 저버리는 상황에서는 제대로 된 타협과 협상 자체가 불가능하게 되기 때문입니다. 정의와 진리를 수립한다는 원칙 자체가 마련되지 않거나 부정당하는 조건에서 무엇을 근거로 하여 타협하고 협상할 수 있을 것이며, 그러면 거기에서 혼란스러운 사회적 상황을 수습할 방안이 제대로 도출될 수 있겠느냐 하는 것입니다.

지금껏 한국 사회에서 타협과 협상을 통해 정의로운 사회 질서 수립 방안을 만들어내지 못했던 것은 타협과 협상을 하지 않으려고 해서가 아니라, 타협하고 협상할 수 있는 원칙 자체가 부정되거나 확립되지 못했던 데에 큰 원인이 있었습니다. 기본 원칙을 확립하지 못한 조건에서 타협과 협상을 하게 되면 또 다른 방식에서 정의와 진리의 희화화만 가져올 뿐이었다는 것입니다. 한국 사회에서 여러 번 정권 교체가 이루어졌는데도 제대로 개혁되지 못했던 것은 바로 여기에 이유가 있었던 것입니다. 정의와 진리의 기본 원칙을 세워내겠다는 입장 없이 타협하고 협상하려고 하여 정의와 진리의 희화화만 가져오는 우를 또다시 되풀이할 수는 없습니다.

지금 정의와 진리를 희화화하는 세력들은 삼인성호三人成虎라고 하여 목소리만 높이면 마치 없는 호랑이도 만들어낼 수 있는 것처럼 행동하고, 또 닭 모가지를 비틀면 새벽이 오지 않을 것처럼 위협하고 있습니다. 하지만 거짓과 위선은 반드시 드러나게 마련이고, 새벽은 아무리 막으려고 해도 의연히 찾아올 수밖에 없습니다. 이런 신새벽을 맞이하자면 이제부터라도 정의와 진리의 기초를 세워갈 수 있는 기본 원칙부터 마련하고 이를 수립해 간다는 입장을 확고히 견지해야 합니다. 바로 여기서 최소한 이 세 가지 기본 원칙을 일관해서 견지한다면 정의와 진리의 기준 잣대가 분명해진 관계로 확고하게 자리 잡을 수 있을 것이고, 그러면 그에 따라 혼란스러운 한국의 상황도 점차 수습될 것이며, 마침내 한국 사회는 일치와 입체, 통일의 방법론을 통해 실질적으로 대개혁하는 방향으로 나아가게 될 것입니다.

## 4. 정의를 원칙으로 견지하는 길과 중도층의 포용은 모순되는가?

2025. 2. 3.

정의의 원칙을 견지하는 길과 중도층 포용 전략은 서로 배치되거나 모순되는 것일까요? 다시 말해 정의의 원칙을 견지하면 중도층을 포기하게 되어 지지율이 떨어져야만 하고, 중도층을 포용하여 지지율을 높이려고 하면 정의의 원칙을 포기해야만 하는 것일까요? 만약 이런 관계가 사실이라고 한다면 이 세상에서 정의를 세우는 것은 사실상 불가능하다고 봐야 할 것입니다. 왜냐하면 정의는 광범위한 사람들의 지지를 받아 그 힘으로 사회에 정의로운 법질서를 세워냈을 때 실현되는데, 정의의 원칙을 고수하면 다수의 지지를 받을 수 없다는 격이 되니 어떻게 정의를 사회에 구현해 낼 수 있겠느냐는 것입니다.

하지만 지금껏 인류사는 물론이고 한국의 역사는 끊임없이 정의가 확립되는 과정으로 진전되어 왔습니다. 그것도 나라의 주인이 민이기에 개인과 집단, 나라와 민족 단위의 모든 영역에서 주인의 권리를 직접적이고 전면적으로 누리고 살아가야 한다는 요구가 시대의 흐름으로 정착되고 있습니다. 이렇게 된 이유는 다른 데에 그 원인이 있는 것이 아니라 정의에 기초했을 때 가장 광범위한 사람들이 함께할 수 있었고, 또 그런 압도적인 지지에 힘입어 정의로운 사회 질서 체계가 점차 확립되어 왔기 때문입니다. 이것은 정의에 기초했을 때 가장 광범위한 사람들을 포용할 수 있다는 주장으로 이해할 수밖에 없게 합니다.

그러면 정의에 기초해야 중도층은 물론이고 가장 광범위한 사람들을 끌어들일 수 있다는 게 되는데, 왜 현실에서는 이와 달리 중도층을 포용하려면 정의의 원칙을 저버리거나 포기해야 한다는 식으로 이해되는 기이한 현상이 나타나느냐는 것입니다. 이런 왜곡된 현상을 명확히 파악해야만 광범위한 세력을 하나로 모아내어 압도적인 역량으로 내란 범죄의 가담자들과 공범들을 철저히 응징하면서 정의롭게 사회 대개혁을 추진할 수 있게 될 것입니다.

이런 기이한 형태가 일어나는 이유의 실상은 한국의 정치가 정의에 기초하지 않고 정쟁의 논리로 이뤄지고 있기 때문입니다. 논의의 기준이 정의의 옳고 그름에 있지 않고, 패거리 집단의 이해관계와 득실 유무에 따라 접근되어 논쟁이 벌어지고 있기 때문입니다. 국민의 힘은 내란 사태의 주범 윤석열이 처벌받게 되면 대통령 선거가 진행되어 정권을 빼앗길 것이라고 보고 한사코 윤석열의 탄핵과 처벌을 방해하고 있습니다. 그리고 더불어민주당의 이재명계는 윤석열을 탄핵하고 처벌하기만 하면 정권을 되찾아 집권할 것이라고 보고, 정작 탄핵에 동참했던 여러 세력을 한데 모으기 위해 광범위한 연대 연합을 구축하려고 계속 노력하기보다는, 이젠 대선 과정에서의 지지율을 높이기 위해 실용적인 입장을 들고나오고 있습니다. 반면에 더불어민주당의 반이재명계는 이재명계가 권력을 잡아 싹쓸이하게 되면 자신들의 정치적 입지가 좁아질 것을 우려하며 이재명에 대한 비판을 강화하고 있는데, 이런 형태들은 다 자기 패거리 집단의 정략적 이해관계에서 나온 모습들이라고 볼 수 있습니다.

이렇게 한국의 정치권이 다 자기 패거리 집단의 이해관계에서 살펴보니 정략적인 주장만이 난무하게 되고, 결국 이런 정쟁 관계의 구도에 따라 여론이 형성됩니다. 이러니 정의는 실종되고 여론이 왜곡되는 현상이 발생하게 되는 것입니다. 그 때문에 이를 극복하려면 다른 뾰족한 방법이 없습니다. 자기 패거리들의 득실 관계로 정략적·정쟁적 논쟁을 벌이는 현상을 막아내면서 내란 사태를 본보기로 정의의 원칙을 확고히 세워 해결하겠다는 입장을 견지하도록 만들어가야 합니다.

물론 정의의 원칙을 세워 풀어나간다고 해서 무조건 원칙론만 들먹이라는 것은 아닙니다. 융통성을 발휘해야 합니다. 당연한 게 윤석열의 내란 범죄에 대해 응징하고 처벌해야 한다는 데에는 공감하지만, 그것을 어떤 방식으로 어느 수준에서 해결할 것인가에 대해서는 차이가 있을 수 있기 때문입니다. 그래서 내란 범죄에 대해 죗값을 받게 한다는 원칙을 견지하되, 그것을 실행하는 방식에서는 광범위한 사람들을 끌어안을 수 있는 융통성이 요구됩니다.

융통성을 발휘하면서 정의를 세워간다는 원칙을 저버리지 않기 위해서는 연합전선을 확고히 구축해 가야 합니다. 연합전선의 형태야말로 광범위한 세력을 하나로 모을 수 있고, 그럼으로써 사회에 정의를 세울 수 있게 하는 길이기 때문입니다.

그런데 연합전선을 확고히 구축하자면 우선 그 계선을 잘 설정해야 합니다. 그럴 수밖에 없는 게 정의라는 것 자체가 다양한 층위가 있기 때문입니다. 낮은 수준에서부터 높은 수준까지 있을 수 있습니다. 그래서 우선 서로 일치되는 지점을 찾아야 합니다. 그래야 서로 단합할 수 있는 지점이 형성되기 때문입니다.

그 일치되는 지점은 윤석열이 내란 범죄를 일으킨 사실에서 찾을 수 있습니다. 우선 내란 범죄는 대역죄이고 국가 반역죄이니만큼, 내란 사태를 일으킨 내란범들과 그 공범들은 응당한 죗값을 받게 해야 한다는 것입니다. 또한 남의 권리를 억압하려는 행위가 허용되어서는 안 된다는 점입니다. 이것은 윤석열이 내란 범죄를 일으킨 목적 자체가 자기 패거리들만 권력을 행사하고, 다른 사람이나 다른 집단의 기본적 권리는 철저히 억압하고 탄압하려고 했기 때문입니다. 아울러 나라의 주권을 제대로 행사하도록 주권을 회복해야 한다는 점입니다.

이 세 가지의 일치되는 지점은 연합전선을 구축하기 위한 기본전제 조건을 마련하는 것이라고 볼 수 있습니다. 하지만 연합전선이 구축되어 실질적으로 작동하게 하자면 이에 함께하는 세력이 서로 강력히 단합할 수 있는 부분까지 해결해야 합니다. 여기에서 중요한 것 중의 하나는 각기 세력이 그 역량에 맞게 권리를 행사할 수 있는 자리 배치에 대한 안배가 명확하게 이루어지는 것입니다. 어떤 한 패거리가 홀로 권력을 독점하겠다고 한다면 실질적인 연대 연합이 이루어질 수 있겠습니까? 서로의 역량과 역할에 맞게 합의해서 동등하게 참여할 수 있어야만 소외되지 않고 실질적으로 협력할 수 있게 된다는 것입니다.

정의의 원칙에 기초하면서도 융통성을 발휘하여 연대 연합전선을 강력히 구축하자는 것은, 과거의 개혁 실패 과정을 되풀이하지 말고 이번에야말로 한국 사회를 실질적으로 개혁하는 길로 나아가자는 문제의식에서 비롯된 것입니다. 지금껏 정권교체가 여러 번 이루어졌지만 한국 사회는 실질적으로 개혁되지 못했습니다. 그 이유는 정의로운 사회 질서를 확립해 개혁하자는 목적과 원칙을 꿋꿋이 견지하지 못하고, 도리어 권력과 정권만 잡으면 된다는 식의 몇몇 패거리들의 정쟁 논리에 휩쓸리거나 이용되었기 때문입니다.

이번 윤석열 내란 사태에 직면하여서도 이런 패거리 집단의 정략적이고 정쟁적인 목적에 또다시 휘말린다면 한국 사회의 대개혁은 물 건너가게 될 것입니다. 그 때문에 내란 사태를 정략적·정쟁적 목적으로 이용하려는 시도를 기필코 막아내면서, 앞서 얘기했던 일치되는 지점에 의한 정의로운 사회 질서의 확립을 통해 한국 사회를 개혁해 나간다는 대원칙 아래 연합전선을 확고히 구축해 가야 합니다. 그리 한다면 중도층은 물론이고 광범위한 세력을 포괄한 압도적인 역량을 구축할 수 있으며, 이를 통해 한국 사회를 실질적으로 개혁할 수 있는 길이 열리게 될 것입니다.

# 5. 애민·애국의 담론을 확보해야 사회 대개혁이 가능하다

2025. 2. 26.

## 1) 애민·애국은 사회 통합 원리

애국의 참뜻을 바로 세워야만 민이 실질적으로 주인의 권리를 누리고 살 수 있다는 것은, 무엇보다 나라와 민족의 운명을 개척하는 데에서 애민·애국이 어떤 위치를 차지하고 있는가를 살펴보면 이해할 수 있습니다.

나라와 민족의 운명을 좌우하는 데에는 여러 요인이 있습니다. 그렇지만 사회가 나라와 민족 단위로 구성되어 운영되는 이상 거기에서의 핵심적 요인은 애민·애국의 기치가 될 수밖에 없습니다. 그럴 수밖에 없는 이유는 사람이 사회적 존재로 살아갈 때 그 삶의 단위가 나라와 민족일 수밖에 없고, 인류사에서 주권을 행사할 수 있는 단위가 나라와 민족 단위로 형성되어 왔기 때문입니다. 그 때문에 나라와 민족 단위의 삶을 유지하자면 여기서 꼭 불가피하게 제기되는 요소로서 삶의 단위를 통합할 수 있는 핵심적 운영 원리와 원칙이 있어야 합니다. 그렇지 않으면 나라와 민족이 유지되지 못하기 때문입니다.

그러면 그 통합 원리는 뭐가 되겠습니까? 그것은 나라와 민족 단위로 살아가는 사람들을 하나의 운명공동체로 결속시킬 수 있는 통합 원리가 있어야 할 것인데, 그것은 결국 나라와 민족을 사랑하는 애민·애국이 될 수밖에 없습니다. 인류사의 발전 과정에서 각 단계마다 차이가 있더라도 나라와 민족을 통합하는 원리는 피할 수 없다는 것입니다. 그런데 노예제나 신분제, 자본제 사회가 운영되는 기본 원리는 사회 구성원을 통합시키는 것이 아니라 갈등과 대립을 해결할 수 없는 상황으로 만들어 갑니다. 하지만 애민·애국은 사회적 대립과 갈등을 잠재우고 통합해 갈 수 있는 기치로 됩니다.

노예제 사회에서 노예와 노예주로 나뉘어 사람을 인간으로 취급하지도 않고 동물이나 도구로 여기며 학대하고 부리는데, 거기서 그 무슨 통합 원리가 나올 수 있겠습니까? 마찬가지로 신분제 사회는 물론, 자본주의 사회에서도 노동자와 자본가로 서로 대립하여 싸우는데 거기서 어떻게 서로 통합할 수 있는 원리가 나오겠느냐 하는 것입니다.

하지만 애민·애국의 기치는 다릅니다. 애민·애국은 나라와 민족 단위에서의 운명공동체라는 소속감을 요구하는 것이기에 그 자체가 벌써 사회적 통합 원리가 됩니다.

애민·애국이 나라와 민족 단위에서의 통합 원리로 작용한다는 것은 외부 세력의 침략을 받았을 때 가장 직접적으로 드러납니다. 노예제 사회이든, 신분제 사회이든, 자본주의 사회이든 관계없이 운명공동체 소속원이라면 외부 침략 세력에 대항하여 싸웁니다. 노예로서, 상놈으로서, 노동자로서 싸우는 것이 아니라 그 나라와 민족 단위에서 살아가는 운명공동체 성원으로서 외부 세력에 대항해 싸우는 것입니다. 단지 노예이고, 상놈이고, 노동자라고 생각한다면 외부의 세력이 침략해 온들 어차피 노예이고, 상놈이고, 노동자일 것인데, 외세에 대항해 싸워야 할 이유가 어디에 있냐는 것입니다. 그 때문에 노예제 사회나 신분제 사회, 자본주의 사회의 운영 원리로서는 외부의 침략 세력에 대항해 싸울 수 있는 합당한 이유가 나올 수 없습니다.

그런데 지금껏 인류사는 외부 세력이 침략해 오면 싸웠습니다. 그것은 다른 데에 있었던 것이 아니라 나라와 민족 성원들을 통합하는 원리인 애민·애국의 기치가 있었던 것이고, 그 기치에 의해서 서로 간의 계급적, 계층적 차이가 설사 있었다고 해도 서로 힘을 합쳐 싸웠던 것입니다. 바로 여기서 인류사의 발전 과정에서 드러나듯 나라와 민족을 통합하는 원리의 핵심적 기치가 애민·애국이었다는 것을 알 수 있습니다.

사회가 운영되는 데에 여러 원리가 있지만 나라와 민족이 유지되게 하는 근간이 애민·애국이라고 한다면 결국 사회를 이끌어가는 주된 세력은 이 애민·애국의 기치를 움켜쥐어야 합니다. 그러지 않고서는 사회 운영은 고사하고 사회 자체를 유지할 수도 없다는 것입니다. 인류사에는 수많은 나라와 민족이 있었고, 한때 번영과 영화를 누렸던 족속도 있었지만, 지금에 이르러서는 있는지조차 모르게 사멸했던 것은 자신들의 독자성을 견지하면서 통합할 수 있는 능력을 제대로 갖추지 못했기 때문입니다.

## 2) 사회 통합 원리의 담론을 장악한 세력이 국가 권력을 장악한다

결국 어떤 사회이든 간에 그 사회의 지배층 행세를 하려면 애민·애국을 움켜쥐어야만 가능했다는 것입니다. 이것은 노예제든, 신분제든, 자본주의 사회든 관계없이 그 사회의 기득권과 지배층을 형성했던 세력은 나라와 민족 단위에서의 애민·애국적 기치를 장악하고 움켜쥐었다는 것입니다. 노예제 사회에서는 노예주들이, 신분제 사회에서는 양반들이 애민·애국을 움켜쥐었고, 자본주의 사회에서도, 심지어 파시즘이나 군국주의, 내지는 군사파쇼 세력들도 애국을 움켜쥐었습니다. 한마디로 인류사의 과정은 애민·애국의 기치를 움켜쥔 세력이 권력을 장악했다는 것을 보여줍니다. 바로 여기서 애민·애국의 기치가 나라와 민족 단위에서 어떤 역할을 하는지가 명확하게 드러납니다. 애국의 기치를 장악하는 그 세력이 사회의 향방을 결정할 수 있게 된다는 것입니다.

그러면 어떤 세력이든지 애민·애국의 기치만 움켜 취면 권력을 장악할 수 있다는 것인가요? 장악할 수만 있다면 그렇다고 보는 게 맞겠지만, 중요한 점은 그럴 만한 능력을 갖추어야 한다는 것입니다. 노예제, 신분제, 자본주의 사회에서 왜 노예나 상놈, 노동자들이 사회 통합 원리인 애국을 장악하지 못했을까요? 그만한 능력을 갖추지 못했기 때문이고, 그 당시에는 주되게 지배층들이 그런 능력을 갖추고 있었다는 것입니다. 그래서 지배층들은 자신들의 사회 체제에 부합하는 방식으로 애국의 담론을 유포하며 사회를 통합했고, 그 통합을 토대로 지배를 정당화하고 군림해 왔던 것입니다.

## 3) 자본주의 시기에 와서 벌어지는 애국에 대한 담론 투쟁

사회적 통합 원리를 논하려면, 인간이 인간으로 대접받을 뿐만이 아니라 그것도 차별받지 않고 누구나 평등하게 자유를 누릴 수 있는 단계에 이르러야 합니다. 인간이 아니라 동물 내지는 도구로 취급당하는 노예제 사회에서 그 무슨 사회 통합 원리를 논할 처지가 되겠습니까? 그러니 노예주들이 말하는 애민·애국의 주장을 따를 수밖에 없었습니다. 이런 이치의 연장선상에서 신분적으로 차별받는 속에서도 사회적 통합 원리를 논할 수 없었고, 양반이나 귀족, 영주들이 거론하는 애민·애국의 담론을 불가피하게 추종할 수밖에 없었습니다. 하지만 인간이 누구나 평등하게 자유를 누리는 시대에 와서는 상황은 달라졌습니다. 이제 스스로 판단할 수 있는 단계에 이르렀으니 사회 운영 원리도 살펴보고, 통합 원리도 따져보는 것은 어찌 보면 너무 당연하다고 할 수 있을 것입니다.

그 때문에 자본주의 사회에서는 기존 사회와는 달리, 무엇이 애국인지를 놓고 본격적인 논쟁이 전개될 수 있는 전환적 계기가 되었습니다. 하지만 자본주의 초기 사회에 이르러서도 애국은 그 참뜻에 맞게 사용되지 못했습니다. 인간은 누구나 평등하게 자유를 누리고 산다고 했으나 그것은 단지 형식적인 선언에 지나지 않았고, 그마저도 부정되기 십상이었습니다. 그 때문에 제국주의와 파시즘, 군국주의 세력은 자신들의 이익을 실현하기 위해 나라와 민족 단위에서의 사회 통합 원리인 애국을 도용하여 다른 나라에 대한 침략과 지배를 정당화하는 데 이용했던 것입니다.

이렇게 제국주의와 파시즘, 군국주의 세력이 애국의 참뜻을 자신의 입맛에 맞게 변질시킨 것은 자신들이 기반하고 있는 사회적 운영 원리가 자본의 법칙에 기반하고 있었기 때문입니다. 말로야 누구나 평등하게 자유를 누리고 사는 존재라고 하였으나, 실상 자본의 법칙에 따라 운영되었기에 인간은 자본의 소유 여부, 즉 인간 외적 조건에 따라 좌우되는 존재로 전락하게 되었습니다. 그래서 자본이 없는 사람은 노동력을 팔아 자신의 생계를 유지해야 했는데, 자본가는 자본의 소유를 근거로 노동자를 고용해 맘대로 부려먹게 되었던 것입니다. 그 때문에 자본주의 사회에서 인간은 누구나 평등하게 자유를 누리고 살 수 있다고 하였으나, 형식적인 것에 지나지 않았을 뿐 실질적으로 누리고 살 수는 없었습니다.

인간이 자유와 평등을 실질적으로 누리고 살지 못하는 조건에서 지배와 억압이 이뤄지는 것은 너무나 당연했습니다. 바로 여기서 자본가들은 자신들의 지배와 억압을 위해 애국을 도용하고 변질시켜 사회 통합의 수단으로 사용하였습니다. 이것은 노예제와 신분제에서 노예주와 국왕이 다른 나라를 침략하고 지배하려고 할 때 자신들의 명령에 따르는 게 애국이라고 포장했듯이, 자본가들 또한 자본의 지배와 억압을 실현하고자 다른 나라와 민족을 침략·지배하려는 행위에 동참하는 게 애국이라고 호도했던 점은 그 맥락이 똑같다는 것입니다.

더욱이 자본주의 사회는 노예제와 신분제와는 또 다른 특이한 측면이 존재합니다. 노예제와 신분제에서는 왕이나 지배자의 패권적 지배 욕망 자체가 얼마나 크냐, 작냐에 따라 다른 민족에 대한 침략성이 주되게 결정되었으나, 자본주의 사회에서는 자본의 특성 자체가 다른 나라와 민족에 대한 침략성과 약탈성을 내포하게 된다는 점입니다. 왜냐하면 자본의 속성 자체가 이윤 추구이니만큼 그것을 실현하자면 국경을 넘는 것을 당연시해야 했기 때문입니다. 끝없는 이윤 추구를 위해서는 물건을 만들어서 팔아야 하고, 그 과정은 치열한 경쟁을 유발합니다. 바로 여기서 상품을 만들어 낼 수 있는 원료, 자원이 필요했고, 또 그 상품을 팔아야 했습니다. 이를 해결할 수 있는 가장 좋은 방식이 식민지의 경영이었습니다.

그 때문에 자본주의 사회에서 산업자본을 지나 독점자본을 형성하면 그에 따라 식민지를 경영하는 길로 나아갔습니다. 그리그 식민지 쟁탈전을 놓고 벌이는 제국주의 전쟁이 일어나게 되었던 것입니다. 여기서 제국주의 국가들은 식민 지배를 통해 약탈하는 것은 물론이고 타 제국주의를 제압하는 것이 애국인 양 호도하였습니다. 타 제국주의에 제압당하면 제국주의적 욕망이야 당연히 물거품이 되겠지만, 자기 나라와 민족 단위로 살아가고 있는 모든 사람마저 지배와 간섭을 받게 되기에 이를 막는 것이 급선무로 되면서 자신들의 침략 정책에 합류하는 것이 애국이라고 주장했던 것입니다.

여기서 노예제나 신분제 사회 같았으면 그에 대항하는 세력이 없이 당연하게 서로 간에 싸우는 것이 애국이라고 받아들였을 것입니다. 하지만 이미 자본주의 사회는 형식적이기는 하지만 누구나 평등하게 자유를 누리고 사는 존재라고 선언된 이상, 그들의 주장에 대해 반론을 제기할 수 있었습니다. 게다가 인간이 누구나 평등하게 자유를 누리고 사는 것이 인정되는 조건에서 착취와 억압이 없는 인류의 이상향을 떠올려 보는 것도 허망한 꿈으로만 치부될 수 없었습니다. 바로 여기서 억압과 착취가 없는 세상을 만들려면 결국 계급적 지배와 억압을 없애야 한다는 주장이 제기되었습니다. 이들이 바로 사회주의, 공산주의자들이었습니다.

그런데 인류가 염원한 꿈을 실현하자면 계급적 지배와 억압을 없애야 한다고 바라보는 입장에서는, 다른 나라를 지배하고 억압하기 위해 애국의 이름이 도용되는 행태는 인정할 수 없는 것이었습니다. 어차피 제국주의 전쟁이 벌어졌을 때 누가 이기든, 지든 상관없이 이긴 세력에 의해 계급적 지배와 억압이 계속 유지될 것이기에 인류의 꿈을 실현하자면 이를 막아야 했습니다. 그래서 레닌은 제국주의 전쟁 시기에 노동계급을 포함한 민은 전쟁에 동참할 것이 아니라 내전으로 전환하자는 입장을 표명하였고, 그리고 이를 러시아에 적용하여 사실상 차르를 붕괴시키고 사회주의 국가를 수립하였습니다.

바로 여기서 참다운 애국이 무엇인지를 놓고 세계사적인 논쟁이 벌어지게 되었던 것입니다. 기존의 역사 과정에서는 나라와 민족 단위에서 지배층과 권력자들이 다른 나라를 지배하고 침략하는 것도 당연하게 애국적 행위라고 받아들이는 격이었지만, 전쟁도 없고 지배와 억압도 없는 사회를 지향하는 입장에서 비로소 어떤 것이 애국적 행위인지를 놓고 새로운 주장을 펼치고 나왔던 것입니다. 한마디로 지배와 억압이 없고 누구나 자신의 꿈을 실현하고 사는 인류의 이상향을 실현하자면 다른 나라에 대한 침략과 약탈이 이뤄져서는 안 된다는 것이었고, 그렇게 하기 위해서는 자국 내부의 사회적 관계부터 억압과 지배가 형성되는 사회가 되지 않게 만드는 것이 참다운 애국적인 행위이자 내용으로 된다는 것이었습니다.

하지만 이런 레닌의 주장은 대부분의 서구 사회에서 받아들여지지 않았습니다. 당장 전쟁이 벌어지는 상황에서, 패전은 곧 승전국의 간섭과 지배를 받는 것이 현실적 조건이 되다 보니, 제국주의 각 진영의 사람들은 타국의 군대와 싸우게 되었습니다. 인류사에서 억압과 지배가 없어지게 하자면 타국에 대한 침략 자체를 반대하는 것이 마땅하건만, 현실적으로 자기 나라만 그런 길로 갈 경우, 패전으로 인해 다른 나라의 지배를 받을 수밖에 없다는 이유였습니다. 한마디로 세계 각국의 노동자와 농민을 포함한 민은 서로를 믿을 수가 없었던 것입니다.

여기서 서로를 신뢰할 수 없었던 사실을 그저 단순한 우려로 보아서는 안 됩니다. 그럴 수밖에 것이 당시의 현실적 상황이었다는 것입니다. 한마디로 사람은 누구나 평등하게 자유를 누리고 살아야 한다고 했지만, 현실에선 형식적인 빈말에 그쳤고, 실질적으로는 구현되지 못했던 것입니다. 그러니 이치에서는 맞다고 하더라도 그것이 현실에 그대로 적용될 것이라고 믿기 어려웠던 것입니다.

이런 사회적 환경이 참다운 애국적 기치가 적용되지 못한 첫 번째 요인이라고 한다면, 또 다른 측면은 나라와 민족 단위에서 애민·애국의 기치가 제대로 작동하려면 다른 나라의 침략을 받지 않을 만큼의 힘이 있어야 하고, 만약 침략을 받았을 때 그에 반격하고 격퇴하는 것이 기본 원칙으로 될 수밖에 없기 때문입니다. 이것은 너무나 자명한 이치로써, 어떤 정책을 실시할 때 그저 소망에만 기초할 것이 아니라 실질적인 물리적으로 뒷받침되어야만 해결할 수 있습니다.

바로 이런 측면에서 1차 제국주의 전쟁은 제국주의 간의 식민지 쟁탈전을 벌이는 과정으로 진행되었습니다. 그래서 제국주의 전쟁에서 승리한 승전국은 패전국을 사실상 간섭하고 지배했을 뿐만 아니라, 승전국이 지배하고 있던 식민지는 민족 자결권이 인정되지 않았고, 단지 패전국의 식민지 국가만 인정되었을 뿐이었습니다. 이것은 패전국의 식민지를 사실상 승전국이 빼앗아 지배하기 위한 노림수였습니다. 한마디로 1차 세계대전인 제국주의 전쟁에서는 식민지 해방이 이뤄진 것이 아니라 그야말로 제국주의 간의 전쟁 양상으로 전개되었고, 여기에서 제국주의 전쟁에 적극 뛰어드는 것이 애국인 양 호도되었다는 것입니다.

하지만 2차 세계대전은 다른 양상으로 전개되었습니다. 이 또한 제국주의 전쟁이었지만 단지 제국주의 간의 전쟁으로만 되지 않았고, 사회주의 국가인 소련은 물론이고 식민지 나라에서의 민족해방 세력도 동참하게 되었습니다. 그렇게 되었던 것은 독일의 나치와 이탈리아의 파시즘, 일본의 군국주의 세력이 자기 나라와 민족의 우월성을 내세워 세계 모든 나라와 민족을 지배하겠다는 극악한 파시즘적 정책을 내걸었기 때문입니다. 이들은 전 세계에 대한 침략과 지배를 애국으로 포장하며 전면적인 전쟁 정책을 추진하였습니다.

이것은 1차 세계대전과 다른 양상을 띠게 했습니다. 한마디로 파시즘 세력에 의해 세계 모든 나라가 이들의 식민 지배를 받을 수 있다는 위기의식을 불러일으켰습니다. 그래서 우선적으로 이들 파시즘 세력에 대항해 싸워야만 했습니다. 그래야 세계의 모든 나라가 극악한 지배와 억압을 막아낼 수 있다는 것이었습니다. 그래서 사회주의 진영인 소련은 물론이고 세계 모든 나라가 동참하여 반파시즘 연합전선을 형성하기에 이르렀습니다. 한마디로 파시즘 세력이 애국을 도용하여 세계적 차원에서 침략과 전쟁을 감행하는 데 맞서 반파시즘 연합전선을 형성하는 것이 세계 인류가 지향해야 하는 참다운 애국이라는 주장이었습니다.

반파시즘 연합전선이 애국이라고 주장하는 조건에서 식민지 나라에서도 이에 함께하는 것이 요구되었고, 바로 여기서 제국주의 국가나 사회주의 국가에서는 반파시즘 연합전선을 형성하였지만, 식민 지배를 받는 나라에서는 이와 동격으로 민족해방전선이 형성되었습니다. 당연히 민족해방전선에서는 이들 파시즘 세력에 대항하여 조국을 해방하고 독립을 쟁취하는 것이 애국으로 규정되었습니다.

이렇게 반파시즘 연합전선과 민족해방전선의 공동 투쟁을 통해 파시즘 세력에 승리를 이룩하였고, 이런 승리를 기반으로 소련은 동구권을 포함한 세계 곳곳에 사회주의권을 형성해 나갔습니다. 그리고 식민지의 나라들은 민족해방을 이룩한 성과를 기반으로 해서 독립의 길로 나아가고자 하였습니다.

하지만 반파시즘 전쟁과 민족해방전쟁은 어디까지나 파시즘에 대한 대항이 주된 것이었지 제국주의 자체에 대한 반대 투쟁이 아니었습니다. 바로 여기서 2차 세계대전을 통해 절대적, 상대적 우위에 선 미국은 제국주의 국가로서의 속셈을 드러내기 시작했습니다. 한마디로 사회주의권의 확산은 물론이고 민족해방 세력이 등장하여 주권을 실질적으로 행사할 경우, 제국주의적 지배와 수탈이 제약될 수밖에 없다고 판단한 미국은, 사회주의와 민족해방 세력을 억제하며 자신들의 지배권을 행사하기 위한 방향으로 나아갔던 것입니다. 그것이 바로 미국이 현대제국주의 국가로 등장하는 길이었습니다.

### 4) 현대제국주의와 세계제국주의 시기의 애국에 대한 담론 변화

현대제국주의는 2차 세계대전 이후 사회주의권과 민족해방 세력이 강화되고, 제국주의 국가들이 상호 전쟁을 치르면서 약화된 상황에서, 오로지 미국만이 절대적, 상대적 우위를 지닌 강력한 제국주의 국가로 남으면서 성립되었습니다. 이런 조건에서 미국은 세계를 자신들의 지배를 실현하기 위한 방향으로 재편해 나갔습니다. 먼저 제국주의 세력의 역량을 회복·강화하는 데 힘을 돌렸습니다. 제국주의 국가의 힘이 약화되면 사회주의권과 민족해방 세력에 밀려날 수밖에 없기에 제국주의 세력의 단합을 이룩하려고 했던 것입니다. 그래서 먼저 제국주의 국가를 하나로 모아내고자 했고, 그 일환으로 승리한 제국주의 국가뿐 아니라 패전한 나라도 다시 끌어들여 모든 제국주의 국가의 우두머리로서 권한을 행사하려고 한 것입니다. 한마디로 현대제국주의는 미국이 제국주의 우두머리 국가가 되어 사회주의권과 민족해방 세력을 제압하고 제국주의적 지배와 억압을 유지·확대하려는 체제라고 할 수 있습니다.

그래서 현대제국주의 국가로 등장한 미국은 자신들의 사회 통합 원리로 반공과 반소를 기본 정책으로 제시했습니다. 한마디로 사회주의와 공산주의에 반대하는 것이 자국 민에게 애국이라고 강요하는 격이었습니다. 이것은 지난날의 식민지국에도 마찬가지였습니다. 한마디로 반공, 반소의 냉전체제의 성립이었습니다. 이런 반공 냉전체제를 기초로 구식민지를 신식민지라는 새로운 지배 방식의 형태로 전환하였습니다. 식민지국에서의 독립 열망을 전면 부정할 수 없었기에 형식적으로는 주권을 인정하는 척하나, 실질적으로는 불평등한 조약과 협정을 통해 지배하는 방식으로 탈바꿈한 것이었습니다.

한마디로 사회의 통합 원리로 반공과 반소를 내세웠고, 그것이 사실상 애국인 것처럼 도용하였던 것입니다. 이렇게 미국이 사회 통합 원리로 애국을 직접적으로 내세우지 않고 반공과 반소를 전면에 내건 것은 미국이 현대제국주의 국가의 우두머리로서 세계를 억압·지배할 수 있는 원리를 내세워야 했기 때문입니다. 직접적으로 자기 나라만의 애국을 거론하게 되면 세계적 차원에서 통합 원리가 나오지 못하고 현대제국주의 사상적 기반이 무너지기 때문이었습니다.

그런데 현대제국주의 세력인 미국은 물론이고, 그와 결탁한 제국주의 세력들에게는 반공과 반소를 내세워 다른 나라를 지배하고 침탈하려는 것이 애국적인 행위로 보일 수는 있었지만, 미국이나 다른 제국주의 국가와의 불평등한 협정과 조약으로 신식민지 지배를 받는 나라들에게는 반소와 반공을 애국으로 받아들이기 어려웠습니다. 애국이라고 했을 때 무엇보다 주권을 행사하는 것이 기본일 터인데, 주권도 행사하지 못하면서 반소와 반공을 주장하면 애국으로 된다는 것이 가당치 않게 보일 수밖에 없었던 것입니다. 신식민지 국가에서는 반소와 반공이 실질적인 주권 행사를 제약하고 식민 지배를 받아야 하는 미끼로 작용하니 매국적인 행위로 보일 수밖에 없게 되어 서로 처지가 달라 보였던 것입니다. 그 때문에 신식민지 국가에서 반발이 나올 수밖에 없었고, 그 과정에서 비동맹운동이 활발하게 전개되었습니다.

상황이 이렇게 되었다면 사회주의권과 비동맹 및 민족해방 세력이 승리해야 하건만, 역사는 도리어 1990년대에 이르러 사회주의권의 붕괴로 귀결되었습니다. 그 결과 현대제국주의의 우두머리 국가였던 미국은 이를 계기로 세계제국주의 국가로 변모하여 세계 유일의 패권적 지배 체제를 구축하고자 하였습니다. 한마디로 세계적 차원에서 무차별적이고 직접적, 전면적 지배 방식을 추구하는 방향이었습니다.

그런데 세계적 차원에서 직접적이고 전면적인 유일적 지배 체제를 형성하기 위해서는 자본이 국경에 영향을 받지 않고 자유롭게 이동될 수 있어야 했습니다. 여기서 자본이 자유롭게 유통될 수 있는 상황이 되려면 세계적 차원에서 자유와 평등이 형식적으로 인정되어야 했습니다. 이것이 바로 지난날 현대제국주의와 다른 측면이었습니다. 현대제국주의에서는 형식적인 자유와 평등이 수사적으로 언급되었을 뿐, 세계적 차원에서는 그 형식적인 것조차 부정되는 상황이 비일비재했던 것입니다.

미국은 세계제국주의 길로 나아가면서 세계적 차원에서 형식적인 자유와 평등이 이뤄지는 차원으로 나아갔습니다. 그러고는 이를 실현하기 위한 사회 통합 원리로 인권과 자유, 민주 내지는 독재 반대를 전면에 내세웠습니다. 세계적 차원에서 지배와 억압을 시행하려고 하니 보편적인 원리를 제시해야 했고, 그 보편적인 원리를 핑계삼아 자신의 말을 듣지 않는 나라를 침략하여 제압하려는 전략을 구사하려고 했던 것입니다.

여기서 미국이 인권과 자유, 민주의 기치를 내건 것은 미국이 세계적 차원에서 지배 체제를 완성하기 위해 형식적인 차원에서 자유와 평등을 보장해야 했던 배경이 작용했습니다. 지난 현대제국주의 시기에는 어떤 국가이든 간에 형식적인 차원에서의 자유와 평등이 보장되는가, 보장되지 않는가가 중요하지 않았습니다. 그저 반공과 반소 정책을 추진하느냐가 핵심 기준이었습니다.

하지만 세계제국주의 단계에 이르러서는 형식적인 자유와 평등이 이뤄지도록 해야만 자본의 유통이 자유롭게 보장될 수 있었고, 그래서 이를 실현하기 위해 세계적 사회 통합 원리의 명분으로 인권과 자유 보장, 민주를 내걸던 것입니다. 국경의 제약 없이 자본의 유통을 원활하기 위한 명분으로 인권과 자유 보장, 민주라는 담론을 이용하였던 것입니다. 그것이 단지 자본의 자유로운 유통을 보장하며 지배하려는 방편에 불과했다는 것은, 미국이 세계제국주의 국가로 등장하여 인권 유린과 자유 억압, 독재정치라는 미명하에 수많은 나라들을 침략했던 사실에서 드러납니다. 수많은 나라들을 침략한 것 자체가 벌써 인권 유린이자 자유 억압이고 민주를 부정하는 행위입니다.

이러한 모순을 가리기 위해 세계거대독점자본은 인권과 자유, 반독재라는 명분을 더욱 강화하는 한편, 애국 담론을 패권주의·국수주의·폐쇄주의 사상으로 매도하며 시대에 뒤떨어지는 이념으로 깎아내리기까지 하고 나왔습니다. 패권주의는 나치즘과 군국주의, 파시즘이 애국을 도용했던 것에 대한 비판이었고, 국수주의나 폐쇄주의는 자본의 세계 지배에 저항하여 주권을 지키려는 움직임을 비난하기 위한 것이었습니다. 허나 패권주의나 국수주의, 폐쇄주의가 비판의 대상이 될 수는 있어도, 한 나라와 민족이 운명공동체로서 주권을 행사하며 살아가려는 애국 자체가 부정될 수는 없습니다. 이것은 한 개인이 자기 삶의 방향을 스스로 판단하고 결정하듯, 나라와 민족의 지향 역시 주권 행사에 의해 결정된다는 당연한 이치에서 비롯된 것입니다. 그 때문에 아무리 애국에 대해서 비난하고 매도한다고 해서 사라질 수는 없었습니다.

그런데도 인권과 자유, 독재 반대라는 명분이 일정 정도 통용될 수 있었던 것은 어차피 인류가 세계적 차원에서 서로 교류하고 협력하며 평화롭게 사는 것이 당연한 요구로 될 수밖에 없었기 때문입니다. 하지만 그것이 말로만 인권이요, 자유요, 독재정치에 반대한다면서 다른 나라를 침략하고 지배하려는 순간 그 정당성은 상실될 수밖에 없었습니다. 다시 말해 현대제국주의의 시기에는 제국주의 우두머리 국가의 위상 속에서 반공과 반소를 제시했고, 세계제국주의에 이르러서는 유일적 패권 체제를 형성하고자 보편적 사회 통합 원리로 인권과 자유, 독재에 반대한다는 주장을 제시하면서 그것이 인류사의 지향인 양 포장하였으나, 미국과 그 동맹 세력 내부에서는 먹혔을지라도 이들의 지배와 간섭을 받는 나라들에서는 통할 수 없었고, 여전히 애국은 한 나라와 민족 단위에서 주요한 가치로 남아 있을 수밖에 없었던 것입니다. 그 이유는 인류가 서로 교류하고 협력하면서 평화롭게 살자면 나라와 민족의 주권이 보장되어야 하는 것이지, 그렇지 않고 주권이 제약받을 때 그런 평화적 관계 자체가 깨질 수밖에 없는 게 너무도 당연한 이치로 되기 때문입니다. 그 때문에 신식민지 국가에서는 주권을 찾기 위한 움직임이 계속 전개될 수밖에 없었고, 이는 필히 애국의 담론에 기댈 수밖에 없었던 것입니다.

그 때문에 미국은 세계 유일의 패권 국가가 된 시기에 이르러서 하루도 쉴 날이 없이 다른 나라를 침략하기 위한 전쟁에 매달렸습니다. 그 과정에서 국고의 낭비는 엄청났습니다. 게다가 자본의 투기적 침탈로 돈을 쉽게 벌게 되는데 구태여 제조업으로 이윤을 추구할 필요가 없게 되었습니다. 그 결과로 미국의 제조업은 공동화되었고, 지난날 미국이 세계 경제에서 차지하였던 절대적, 상대적 우위는 무너지게 되었습니다. 수많은 전쟁이 전개되어 국고는 낭비되고 제조업은 공동화되었는데, 나라와 민족의 운명공동체로 살아가려는 세계 각국은 더욱 미국의 침략 행위에 대항해 나오고, 여기에다가 지난날과 다르게 중국이 급성장하여 미국에 버금가는 나라로 등장하자, 미국의 유일 패권적 지배 체제는 위기로 치닫게 되었습니다.

## 5) 세계제국주의가 위기에 처한 상태에서 애국의 담론

미국은 세계 유일적 지배 체제가 위기에 봉착하자 이를 타개하기 위한 방안을 모색했습니다. 그런데 그 핵심은 자신을 넘볼 수 있는 나라를 붕괴시키는 것이었습니다. 그것이 반중 전선이었습니다. 초기엔 중국을 자기의 입맛에 맞게 길들이려고 하였으나, 중국이 미국의 통제를 벗어나 독자적 국력을 축적하며 자신의 지위를 넘볼 수 있는 국가로 부상하자, 어쩔 수 없이 제압하기 위한 싸움의 길로 나가지 않을 수 없었습니다. 그렇지 않으면 세계 유일적 지배 체제가 붕괴될 수밖에 없다는 위기의식을 느끼게 되었던 것입니다.

그런데 유일적 지배 체제가 공고했을 때도 중국을 제압하지 못했는데, 위기에 처한 상태에서 지난날의 방식이 통할 수는 없었습니다.

바로 여기서 극단적인 방식을 취하게 되는데, 중국과의 대결을 불사하는 것이었고, 그러자면 미국 자신의 힘을 우선적으로 키워야 했습니다. 그 과정에서 불가피하게 동원된 것이 미국 사회 내부의 애국 담론이었습니다.

실상 미국은 현대제국주의 시기에선 반소와 반공 정책을 기본으로 삼았지만, 그래도 그 길이 애국이라고 주장하는 방식을 취하기도 했습니다. 하지만 세계제국주의에 이른 상태에서는 아예 애국이라는 것 자체를 거론할 수가 없었습니다. 세계를 무차별적이고 즈 접적, 전면적으로 지배하려는 상황에서 이를 실현하기 위한 명분을 미국만의 애국으로 제시할 수는 없었고, 오히려 애국을 부정해야만 하는 상황으로 치닫게 되었습니다. 그러다 보니 미국 사회 내부에서 운명공동체적 소속감을 형성할 사회 통합 원리가 약화되기에 이르렀습니다. 그런 관계로 백인과 흑인 간의 갈등, 빈부격차에서 오는 갈등, 이민자를 수용하는 데서 오는 갈등 등 사회 전반적으로 대립과 대결의 양상이 가중되었습니다.

이렇게 자국 사회 내부가 분열하는 가운데 유일적 지배 체제를 유지하기 위해서는 기존과 같은 방식으로서는 해결할 수 없다는 인식이 싹트게 되었습니다. 그렇게 해서 나온 것이 트럼프의 국익 우선주의 정책이었습니다. 한마디로 미국식의 애국심을 감성적으로 불러일으키는 것이었습니다. 그런데 이것은 미국이 세계 유일적 지배 체제를 형성하기 위해 인권, 자유, 반독재를 보편적 원리로 내세워 온 것과는 완전히 배치되는 것이었습니다. 그런데도 국익 우선주의 내지는 자국의 애국적 감성에 기대어 미국의 힘을 키워서 유일적 지배 체제의 위기를 극복하겠다고 나온 것을 보면 그만큼 애국이 사회 통합의 원리로서 강력한 기반이 된다는 것을 증명해 준 것이었습니다. 다시 말해 나라와 민족 단위에서 운명공동체로 살아가는 사회 통합 원리로서 애국은 그 어떤 것도 대체할 수 없음이 드러나게 되었던 것입니다. 트럼프 1기의 국익 우선주의 정책은 이런 사회 통합의 원리에서 나온 산물이지, 단순히 미국의 주류 세력이 아닌 트럼프 개인의 특이성에서 들고나온 정책이 아니라는 것입니다.

하지만 오로지 미국의 힘을 키워 중국을 제압하겠다는 트럼프의 발상은 지금까지 미국과 행보를 같이해왔던 동맹국들의 일방적 희생을 강요하는 것이었습니다. 그 때문에 모든 동맹국들과 힘을 합쳐도 세계 유일적 지배 체제가 유지되기 힘든 상황에서, 만약 여기서 동맹국들이 일방적 희생을 강요하는 미국의 형태에 불만을 품고 이탈하게 된다면 더더욱 세계 유일적 지배 체제는 위기에 처하다 붕괴될 가능성이 더욱 커지게 되었습니다.

이런 연유로 트럼프 1기 정부는 정권 연장에 실패하였고, 이후 등장한 바이든 정부는 트럼프 정책을 수정하고 다시 동맹국들과의 동맹을 강조하게 되었던 것입니다. 바이든 정부에게 중요하게 요구된 과제는 동맹국들이 미국을 이탈하여 발을 뺄 수 없도록 반중과 반러 전선에 가담시키는 것이었습니다. 그 때문에 우크라이나와 러시아 간에 전쟁이 발발하게 되었고, 여기서 EU는 확고히 반러 전선에 서서 싸울 수밖에 없게 되었습니다. EU가 반러 전선에 선 결과 그 타격은 EU에게 돌아갔습니다. EU는 러시아로부터 가스와 석유를 들여왔는데, 이것을 차단한 결과 미국에 더욱 의존하게 되었습니다. 바이든 정부에서 트럼프 1기와 다르게 반중, 반러 전선을 형성하며 세계적 차원에서 전쟁이 일어나고 3차 세계대전을 걱정할 정도로 대결과 대립이 격화된 배경에는, 이렇게 미국이 국익 우선주의 정책을 펴더라도 동맹국들이 이탈하지 못하도록 대립전선을 구축하고자 했던 미국의 전략적 계산이 자리 잡고 있었던 것입니다.

이렇게 동맹국들이 미국을 이탈하지 못하게 만들어 놓고선 다시 트럼프 2기 정부가 출범하여 재차 국익 우선주의 정책이 추진되기에 이르렀습니다. 미국이 자체의 힘을 키워 유일적 지배 체제를 형성하려는 것이 트럼프의 정책인데, 1기에서 중국을 포함해 세계 여러 나라에 무차별적으로 적용하여 국익을 우선하다가 역풍을 맞았던 상황에서, 트럼프 2기 정부는 1기와 똑같은 방식으로 나아갈 수는 없었습니다. 이제는 미묘하게 다른 방식으로 나아갔습니다.

그것은 중국과 러시아 등의 적대 국가를 비롯해 동맹국들 모두에게 무차별적으로 대하는 것이 아니라, 이제는 자신의 국익을 추구할 수 있는 선택적이고 계산된 방식으로 진행하는 것이었습니다. 현재 미국의 힘을 타산한 국익 우선주의 정책의 추구였습니다. 그것은 먼저 미국과 적대 관계에 놓여 있는 국가들에겐 중국을 제외한 나라들과는 서로 타협하고 협력하는 방식을 취해 반중 전선을 형성하도록 하고, 이를 통해 어떻게든 중국을 고립 약화하는 방향으로 나아가려고 한다는 것입니다. 그만큼 자신들을 대체할 수 있는 중국을 현실적 위협으로 인식하고 있다는 것입니다.

반면에 동맹국들에 대해서는 호구로 생각하고 철저히 빼앗아 미국의 힘을 키우는 방향으로 나아간다는 것입니다. 적대 세력과의 대결은 직접적 충돌을 수반하기에 미국의 힘을 소모시키는 방향으로 귀결될 가능성이 컸지만, 동맹국들은 그렇지 않았습니다. EU는 벌써 반러 전선에 붙잡혀 유럽의 경제적 기반은 약화되었고, 미국에 더욱 의존하는 상태가 되어 버렸습니다. 이런 상황에서 미국은 동맹국에 대한 압박을 강화하고, 그 희생을 통해 자국의 힘을 회복하려 하고 있습니다. 만약 트럼프 1기 때에 이리했다면 EU는 자신들의 이익을 지키기 위해 러시아와의 전면적 대립과 전쟁을 선택하지 않았을 것이며, 러시아와 중국과의 협력을 통해 독자적인 길을 모색하고 나섰을 것입니다. 실상 트럼프 1기 때에 EU는 그런 방향을 일정 부분 모색하고 있었습니다. 하지만 바이든 정부 때에 러시아와 우크라이나 간의 전쟁에 빠져들면서, EU는 단기간에 독자적인 노선을 선택하기 어려운 상황에 빠지게 되었습니다. 바로 이런 상황을 이용해 트럼프는 동맹국들의 희생을 볼모 삼아 미국의 힘을 키워 다시금 세계 유일의 패권적 지배 체제를 유지하고자 획책하고 있는 것입니다.

미국이 이렇게 세계 유일의 패권적 지배 체제의 유지를 위해 다른 어떤 나라보다도 앞장서 국익 우선주의와 애국을 들고나오게 되면 어떻게 되겠습니까? 결국 세계 각국은 좌충우돌의 혼란된 상황을 맞이하게 될 것입니다. 그 이유는 미국의 국익 우선주의라는 게 참다운 애국에 기초한 것이 아니라 세계거대독점자본의 이익을 보장하는 방식으로 작동되는 것이기에 미국 민의 실질적 이익과는 큰 상관관계가 없기 때문입니다.

그 때문에 세계 각국은 자국의 이익을 추구하는 방향으로 나오게 될 것이지만, 한편으로 그 방향이 미국의 압력에 대항해서 싸우는 것이 국익에 부합한다고 보는 입장이 나올 수 있고, 다른 한편에선 미국의 요구에 합류하는 것이 현실적 이익이라고 주장하는 쪽도 나오게 될 것입니다. 자신들의 이해관계에 따라 서로 다른 입장이 나오게 된다는 것입니다. 하지만 주된 흐름은 자국의 이익을 강조하는 입장일 것이고, 그것도 미국이 국익 우선주의라고 하면서 패권적 행보를 강화하는 것이니만큼, 일정한 국력을 지닌 국가들 사이에서는 침략과 패권 추구를 국익으로 포장하며 애국을 도용하는 움직임이 다시금 확산되어 갈 분위기가 무르익게 될 것입니다. 유럽에서 극우세력의 약진 현상은 이를 보여준다고 할 수 있습니다. 한마디로 미국의 세계제국주의가 위기에 처하면서 애국은 또다시 침략과 패권 행사의 명분으로 도용되는 국면에 접어들고 있으며, 이것은 국제 질서 전반의 불안정성을 한층 심화시키는 요인으로 작용하고 있다는 것입니다.

## 6) 참다운 애국의 담론을 확보해야 시대적 과제가 해결될 수 있다

지금까지의 역사 전개 과정은 애국이 어떻게 변질되어 도용되었는가를 명확히 보여주고 있습니다. 그러면 애국은 사회 역사 발전에 도움이 되지 못하고 해악을 주는 개념일까요? 그래서 애국을 내걸면 안되고 폐기해야만 하는 것일까요? 하지만 분명한 사실은 나라와 민족 성원을 하나로 통합시키는 사회 원리는 여전히 애민·애극의 담론이라는 것입니다. 그 이유는 민이 나라와 민족 단위로 살아가고 있는 조건에서 주권 또한 그 단위로 행사되고 있다는 현실에 있습니다. 이것은 한 인간의 삶을 자기 자신이 결정하듯, 나라와 민족의 지향 역시 이를 하나로 통합시킬 수 있는 원리인 애민·애국의 내용에 의해 결정된다는 것입니다. 한마디로 어떤 나라와 민족이든 간에 애민·애국의 담론을 결정할 수 있는 세력이 국가 권력을 장악하고 사회의 향방을 결정하게 된다는 것입니다. 그럴 수밖에 없는 이유는 나라와 민족 단위로 살아가는 데에서 애국이 그 어떤 것에 앞서 일치되는 지점으로 작동되기 때문입니다.

그래서 지금까지 잘못된 애국의 내용을 바로잡아야지 애국 자체를 버릴 수는 없습니다. 애국 자체를 버리게 되면 애국을 도용하여 변질시키는 세력이 권력을 장악한 관계로 민이 주인의 권리를 누리고 사는 세상은 결코 실현되지 않는다는 것입니다.

그러면 애민·애국의 참내용을 확립하는 길은 가능할까요? 과연 애국이 오용되는 현실을 극복할 수 있느냐는 것입니다. 답은 그렇다고 말할 수밖에 없습니다. 왜냐하면 이제 지배층들이 애국을 도용하는 시대가 떠나가고 있기 때문입니다. 이것은 인류사가 발전하여 지금의 시대사적 발전 단계의 위치가 어디인지를 놓고 살펴보면 이해할 수 있습니다.

지금의 시대사적 요구는 자유와 평등을 형식으로가 아니라 실질적으로 누리고 사는 것입니다. 여기서 자유와 평등을 실질적으로 누리자면 주인의 권리를 행사하고 누리고 살아야 합니다. 그런데 민이 나라의 주인이라는 것이 명백해졌고, 여기서 민은 개성을 가진 존재로서 집단을 구성하여 나라와 민족 단위로 살아가고 있기에, 이 모든 부분에서 주인의 권리를 누리고 살아야 한다는 것이 시대의 흐름으로 자리 잡고 있습니다. 그 때문에 기만적인 형태로 애국을 도용하는 것이 불가능하게 되었고, 이제 나라의 주인인 민이 참답게 애국의 내용을 정립할 시기가 도래하고 있다는 것입니다.

　그 때문에 시대적 요청에 맞게 애국의 내용을 바로잡는 것이 불가피한 과제로 제기되고 있는바, 민이 개인과 집단, 나라와 민족 단위로 살고 있는 조건이라면 이 모든 삶의 영역에서 주인의 권리를 누리고 살아야 한다는 것이 당연할 것이고, 그래서 이 과제를 해결하는 것이 결국 현시기에서 요청되는 애민·애국의 담론이라고 할 수밖에 없다는 것입니다.

　이런 시대사적 과제를 해결하자면 일치와 입체, 통일의 방법론을 견지할 수밖에 없습니다. 일치된 지점은 서로 지켜야 할 전제 조건이기에, 이를 지킨다는 전제하에 서로를 존중하여 입체적으로 해결하면서, 주인의 권리를 누릴 수 있는 통일적인 전망을 세워 풀어가야 하기 때문입니다.

　그렇다면 먼저 일치된 지점을 찾아야 할 것입니다. 그것은 먼저 나라와 민족 단위로 주권을 행사해야 한다는 점에서 주권이 철저히 보장되어야 합니다. 한마디로 나라와 민족 단위에서 민의 생명과 재산을 지켜내며 권리를 행사할 수 있어야 한다는 것입니다. 그렇다면 주권을 제약하는 패권과 침략, 간섭 등은 철저히 배격되어야 합니다. 자기 나라와 민족이 소중하다면 다른 나라와 민족 또한 소중한 것은 당연한 이치로 되기 때문입니다. 바로 여기서 참다운 애민·애국의 담론은 첫째로 다른 나라와 민족의 주권을 제약하는 패권과 침략 행위를 철저히 반대하는 것으로 되어야 합니다.

나라와 민족 단위에서 주권의 행사가 첫째의 일치점으로 되었다면, 그다음은 모든 사람이 자신의 이해와 요구를 제기하고 풀어갈 수 있는 방식이 되어야 할 것입니다. 그렇다면 그 전제 조건은 당연히 다른 사람과 다른 집단의 권리를 억압할 자유가 없다는 점을 분명히 하는 것입니다. 자신의 권리가 소중한 만큼 다른 사람의 권리도 당연히 소중합니다. 그 때문에 다른 개인과 다른 집단의 권리를 억압하는 제반 사항은 다 폐지하고 철저히 보장되는 방향으로 나가야 합니다.

따라서 주권 행사를 제약하는 패권과 침략 행위 반대, 그리고 다른 사람과 집단의 권리를 가로막는 온갖 악법들의 폐지는, 애민·애국 담론의 전제 조건이자 일치되는 지점으로 우선적으로 견지해야 합니다. 하지만 사람이 개인과 집단, 나라와 민족 단위로 살아가고 있는 조건에서 이 모든 영역에서 주인의 권리를 누리고 살자면, 이를 전제 조건으로 지키면서 입체적으로 적용하고 통일적인 전당성 속에서 풀어가야 합니다. 바로 이것이 지금 시대사적 요구에 부합하는 애민·애국의 참다운 담론이라는 것입니다.

그 때문에 패권을 행사하기 위해 다른 나라의 주권을 제약하는 행위는 결코 애국적 행위가 될 수 없습니다. 그뿐만 아니라 다른 사람이나 집단의 권리를 제약하면서 독재를 행하거나 패거리 집단만의 이익을 꾀하면서 폭압적 행위를 일삼는 행위는 결코 허용되지 않는다는 것입니다.

지금 세계적 상황에서 벌어지는 현상을 보면 비록 애국의 탈을 쓰고 있지만, 자기 나라의 패권을 위해 다른 나라의 침략을 부추기고 행하는 행위는 물론이고, 자기 패거리들의 이익을 도모하기 위해 다른 집단의 권리를 짓밟고 유린하는 행위는 사실상 애국의 참내용이 아니라는 것입니다.

애국이 이런 내용을 담게 된 것은 앞에서 말했듯, 사회 역사의 주체인 민이 개인과 집단, 나라와 민족 단위의 모든 부분에서 주인의 권리를 누리고 살아야 한다는 시대사적 요청에서 기인합니다. 그 때문에 이제야말로 애민·애국의 담론을 제대로 담아냄으로써 지금껏 변질되고 오염된 상태로부터 바로잡아야 합니다. 이를 바로잡지 않고서는 한 나라의 문제도 해결되지 않을 뿐만이 아니라 세계 인류도 평화롭게 살아갈 수가 없습니다.

한 나라와 민족을 하나로 통합시킬 수 있는 기본 원리가 애국인데, 이 애국을 침략과 패권의 행사로 도용하고 다른 사람이나 집단을 억압하는 것으로 여기면서 이를 관철하려는 자들이 있는데, 어떻게 한 나라가 진실로 통합되는 방향으로 나아갈 것이며, 각 국가 간에 분쟁이 없이 모든 인류가 평화롭게 살 수 있는 길이 열리겠습니까? 그 때문에 이 모든 것을 해결하는 근본 대책이 애민·애국의 담론을 바로 세우는 데에 있다고 할 수 있습니다.

## 7) 한국 사회에서는 매국노가 애국을 참칭하는 것을 극복해야만 개혁이 가능하다

특히나 한국 사회에서 애국의 변질은 매우 심각합니다. 다른 나라에서 애국을 사용할 때는 자국 중심으로 생각해 패권적 형태를 보이기라도 하는데, 한국에서 사용되는 애국은 이런 것 자체를 찾아보기 어렵습니다. 도리어 타국의 식민 지배를 받는 것이 애국이라고 말하고, 같은 민족 간에 대립 일변도를 넘어 심지어 전쟁을 못 해 안달 나는 정도입니다. 게다가 애국의 이름으로 자국 민만 억압하고 탄압하는 데에 이용합니다. 세상에 이런 애국이 어디 있다는 말입니까?

미국이 반공과 반소를 내세웠던 것은 세계적 패권 전략의 일환이자 세계 약소국가들을 신식민지로 지배하려고 하는 목적에서 비롯된 것인데, 이에 추종하여 같은 민족끼리 싸운다는 것이 도대체 무슨 애국이 된다고 말할 수 있겠습니까? 게다가 미국과 입장이 같더라도 군사적 주권도 제대로 행사하지 못하고 있다면 우선 군사적 주권부터 찾는 것이 당연한 애국이지 않겠습니까? 그런데 군사적 주권도 없으면서 그것을 동맹이라고 주장한다면 도대체 이것을 뭐라고 해야 하겠습니까?

더욱이 애국의 이름으로 행하는 것이, 4·3항쟁과 광주민주항쟁에서 보여주었듯이, 자국의 민을 학살하고 탄압하는 것이라면 이것이 무슨 애국이라는 것입니까? 이렇게 애국이 잘못 변질되어 사용되는 상태라면, 사회 통합 원리 자체가 근본적으로 잘못되어 있다는 것인데, 이를 인정한 조건에서 어떻게 한국 사회를 고칠 수 있겠습니까?

사람이 나라와 민족 단위로 살아가기 때문에, 애민·애국의 담론이 어떻게 설정되느냐에 따라 사회의 기본 방향이 결정됩니다. 그런데 이렇게 애국이 변질되어 잘못 사용된 조건에서 그 무엇을 바로잡을 수 있겠습니까? 지금껏 한국 사회를 개혁하겠다고 수많은 목소리가 나왔지만, 그 성과를 내지 못했던 근본적 원인 역시 애국의 내용이 변질되고 잘못 사용되는 데 있습니다.

미국으로부터 주권도 행사하지 못하고 있는데도 동맹이라고 주장하는데 거기서 어떻게 주권을 회복하려는 움직임이 나오겠습니까? 같은 민족끼리 화해하고 단합해서 통일해야 하는데, 서로 대립·대결해야 하고 전쟁 위기마저 불러일으킬 지경이니 거기서 어떻게 통일을 위한 길을 찾을 수 있겠습니까? 조국을 통일하고 주권을 되찾아야 한다고 요구하면 북을 이롭게 하는 것으로 몰아붙여 탄압하고, 자신들의 권력과 욕망을 위해서 자국 민에게 총칼을 들이대며 내란 범죄를 일으키는 것이 애국이라고 한다면, 어떻게 민을 위한 정치가 나오겠느냐 하는 것입니다.

이제 한국 사회를 참답게 개혁하려면 이렇게 애국을 잘못 사용하고 있는 것부터 바로잡아야 합니다. 그것은 바로 미국으로부터 주권을 찾으려고 하지 않고 동맹만 강조하면서 미국의 식민 지배를 받아야 한다고 주장하는 자들은, 어떻게 보든지 간에 매국노이기에 단호하게 매국노라고 지칭해야 합니다. 또한 민족 간에 화해와 단합을 통해 통일을 이룩하려고 하는 것이 아니라, 대립·대결을 불러일으키면서 전쟁을 기도하는 자들 또한 민족 반역자로서 매국노로 불러야 합니다. 아울러 미국과 불평등한 조약과 협정을 파기하여 주권을 찾자는 요구를, 북을 이롭게 하는 주장으로 몰아 자국 민을 학살하거나 탄압하는 자들도 매국노라고 불러야 합니다. 그리하여 매국노들이 애국을 참칭하지 못하도록 만들어야 한다는 것입니다.

더욱이 미국의 트럼프 정권은 지난 1기 때와는 달리 국익 우선주의 정책을 실시하면서도 우선적으로 동맹국들을 호구로 보고 빼앗는 방식으로 나오고 있습니다. 이런 상황에서 미국을 추종하는 것만이 애국인 양 변질된 상태가 극복되지 않는다면 한국은 더욱 어려운 환경으로 빠져들 것이 분명합니다. 이것은 벌써 주한미군 주둔비로 연간 100억 달러를 말하는 데에서 드러나고 있습니다. 탄핵이 이루어져 대선이 치러지게 되는 상황에서, 한국 민을 자극하지 않기 위해 대선이 끝날 때까지는 거론하지 않겠지만, 대선 이후에 이를 다그치고 나올 것은 분명합니다. 이런 트럼프의 강도적 침탈을 막아내기 위해서라도, 매국노들이 애국을 참칭하지 못하게 만들 필요성이 매우 절실하다고 할 수 있습니다.

하여튼 시대사적 요청을 받아들여 애민·애국의 담론을 올곧게 세우자면 우선적 일치 지점인 주권을 제약하는 패권과 침략 행위에 반대하는 것과, 다른 사람이나 집단의 권리를 억압하는 것을 허용하지 않는 계선을 지키는 가운데, 입체와 통일의 방법론으로 풀어가야 합니다. 그런데 이를 실현하자면 우선적으로 한국 사회에서 매국노가 애국을 참칭하는 모습부터 막아야만 한다는 것입니다. 매국노가 애국을 참칭하는 조건에서 참다운 애민·애국의 담론이 나올 수 없기 때문입니다. 애민·애국의 담론이 올바르게 확립되지 않는 조건에서는 민이 개인과 집단, 나라와 민족 단위의 권리를 실현하는 것은 고사하고 조그마한 개혁 자체도 불가능합니다. 그 때문에 한국 사회를 참담하게 개혁하자면 무엇보다 선행해서 매국노들이 애국을 참칭하는 행태를 용인하지 말고, 단호하게 매국노라고 지칭하면서 엄정하게 응징해야 합니다. 바로 이 길이 한국 사회를 대개혁할 수 있는 참다운 방식이라는 것입니다. 그래서 매국노들이 응징되어야, 모두가 단합할 수 있는 통합 원리인 애민·애국의 기치가 바로 정립되는 길이라고 거듭 강조해서 주장하는 것입니다.

**2부**

# 보수·진보를 넘어 애국과 매국의 구도로

# 2장 | 보수·진보와 개혁 세력의 재정립

## 1. 참다운 보수와 진보 단체, 개혁 세력에게 드리는 호소

2025. 2. 17.

'극우보수'라는 용어를 사용하지 말고 정명에 맞게 매국노라는 표현을 사용해야 합니다.

한국 사회의 기본적 대치 전선은 애국과 매국입니다. 한마디로 애민·애국의 기치를 견지하느냐, 그렇지 않으면 외세와 매국노의 입장에 서느냐의 문제입니다. 그래서 개혁과 반개혁의 대치 전선도 사실 따지고 보면 애국과 매국의 대립 관계입니다. 이것은 한국에서 개혁을 방해하는 세력이 외세와 매국노이고, 또 이번 윤석열의 내란 사태 발생 과정에서도 그 계선이 여야 간이나 진보와 보수의 대결로 된 것이 아니라, 나라의 주인인 민을 중시하는 애민·애국의 기치를 견지하느냐, 그렇지 않으냐에 따라 갈라졌던 것에서 드러납니다. 한마디로 애민·애국의 기치를 견지하려는 세력은 내란 범죄자들의 책동을 막아내면서 처벌하려고 하였으나, 매국노들은 자기 패거리들의 이익을 위해서라면 나라와 민족은 어떻게 되든 안중에 두지 않고 내란 범죄자들의 처벌도 가로막으면서 공범의 역할을 자임하고 나왔다는 것입니다.

이것은 결국 한국 사회의 대치 전선이 개혁과 반개혁이기도 하지만, 동시에 애국과 매국의 대립 관계이기도 하다는 것을 보여줍니다. 이 둘의 관계가 따로따로 떨어져 노는 게 아니라 서로 일치되어 하나로 연결되어 있다는 것입니다.

그런데 한국 사회에서는 애민과 애국의 기치가 확산되지 못할 뿐만이 아니라, 매국노에 대해 매국노라고 정명에 맞게 말하지 못하고 극우보수라고 표현합니다. 게다가 더욱 한심한 것은 매국노들이 신성한 애국의 이름을 참칭하면서 손에 들고 나온 깃발이 성조기라는 사실입니다.

도대체 이런 기가 막힌 현상이 언제까지 한국 사회에서 통용되어야 하겠습니까? 매국노가 매국 행위를 애국이라고 강변하고, 애국하겠다고 하면서 성조기를 들고나오는 현상이 계속 용인된다면 한국 사회는 개혁은 고사하고 사회적 혼란조차 수습할 길이 없게 될 것입니다. 한 사회가 유지될 수 있는 가장 기본적이고 기초적인 정의의 원칙 근간이 부정당하고 있는데, 그 무엇으로 사회적 혼란을 수습할 수 있는 법질서를 세워낼 수 있겠느냐 하는 것입니다. 윤석열의 내란 사태가 장기간 수습되지 못하고 있는 것도 바로 여기에 그 원인이 있습니다. 본질적으로 매국노를 매국노라고 부르지 못함으로써 지금의 모든 혼란이 비롯되고 있다는 것입니다.

그러면 매국노를 매국노라고 정명에 맞게 사용하지 못하고 '극우보수'라고 표현하는 현상이 나타나는 원인은 어디에 있을까요?

그것은 먼저 애국이라는 단어에 대해 일정 부분의 불신을 넘어 혐오와 배척, 공포심을 갖고 있기 때문입니다. 이것은 사이비 세력들이 애국이라는 단어를 심히 오독시키고 변질시켜 놓았기 때문입니다. 단적으로 애국이라는 단어를 사용했던 대표적인 세력이 바로 독일의 나치즘, 일본의 군국주의 등 파시즘 세력이었습니다. 그래서 애국을 사용하게 되면 이런 파시즘 세력이 다시 대두할까 봐 불신을 넘어 혐오와 두려움을 가지게 되었던 것입니다. 하지만 이것은 파시즘 세력이 애국이라는 단어를 도용해 왜곡시켜서이지 애국의 참뜻이 원래 그렇기 때문이 아닙니다.

애민과 애국의 기치는 나라의 주인이 민이라는 데서 필연적으로 도출됩니다. 나라의 주인인 민은 누구나 개성을 가진 존재로서 집단을 구성하여 나라와 민족 단위로 삶을 살아가고 있습니다. 그래서 이 모든 부분에서 주인의 권리를 누리고 살아야 하는데, 그러자면 그리할 수 있는 전제 조건을 구축해야 합니다. 그런데 그것은 개인과 집단, 나라와 민족 단위의 모든 부분에서 주인의 권리를 누리고 살 수 있는 일치점을 견지하는 것입니다. 그 일치점은 나라와 민족 단위에서 운명공동체로 존립하여 살아갈 수 있는 애민·애국의 기치가 될 수밖에 없습니다. 나라와 민족 단위에서 주권을 제대로 행사하지 못하면 각각의 영역에서 주인의 권리를 누리고 살기는커녕 식민지 노예의 처지에 빠지게 되기 때문입니다.

마찬가지 이치로 애민·애국의 기치는 민이 개인과 집단, 나라와 민족 단위의 모든 부분에서 주인의 권리를 누리고 살아야 한다는 목적에서 도출되었기 때문에 독재자나 패거리 집단의 패권과 압제를 원칙적으로 반대할 수밖에 없습니다. 독재자나 패거리 집단의 압제와 폭정이 이루어지면 개성이 부정당하는 것은 물론이고, 집단적 권리도 억압되고 나라와 민족성 자체도 왜곡되기 때문입니다.

이것은 히틀러의 나치즘과 일본 군국주의 모습을 보면 알 수 있습니다. 나치와 일본의 군국주의는 먼저 독일과 일본의 민족성을 왜곡하였습니다. 독일과 일본 민의 특성이 민족성으로 나타나는 것인데, 히틀러와 일왕에 충성하는 게 독일과 일본의 민족성인 것처럼 왜곡했습니다. 그리고 그들의 욕망을 실현하기 위해 타민족까지 침략함으로써 다른 나라의 민족성마저 유린하였습니다. 자기 나라와 민족이 소중하다면 다른 나라와 민족도 소중한데, 이런 기본적 원칙을 짓밟았다는 것입니다.

그뿐만이 아닙니다. 나치와 군국주의 세력에 충성하지 않는다면 개인은 물론이고 집단의 권리까지 철저히 가로막았습니다. 사상과 양심, 언론의 자유 같은 인간의 초보적 권리는 물론이고, 각종 대중단체의 활동마저 철저히 억압하였습니다. 암흑의 세상이 되어 버린 것입니다. 그래서 이에 반대해 나서는 게 지극히 자연스러운 흐름이 되어야 할 것입니다. 그러면 나치와 일본 군국주의 세력은 자국 내의 반대 세력에 의해 자연스럽게 무너져야 했을 것입니다. 하지만 그렇게 되지 않았습니다.

그렇다면 독일과 일본에서 나치와 군국주의를 극복할 만큼의 반대 세력이 나오지 못했던 연유가 어디에 있었겠습니까? 그것은 애국의 단어를 도용해 변질시켰던 데에 원인이 있습니다. 한마디로 참다운 의미로 애국을 사용한 것이 아니라, 그들에게 걸림돌이 되는 대상들을 적대 세력으로 설정하고, 이에 반대하는 것이 애국인 양 호도시켰다는 것입니다. 바로 이 대목을 명확히 이해해야 합니다. 참다운 애국과 사이비 애국을 갈라 보는 가름선이 되기 때문입니다.

애국은 민이 나라의 주인이고, 그 민이 개인과 집단, 나라와 민족 단위로 살아가고 있다는 것을 기초로 해서 나온 기치입니다. 그런데 나치와 군국주의 세력은 애국을 민에서 찾지 않고 적대 세력과의 관계에서 찾았다는 것입니다. 적대 세력과의 관계에서 찾으면 애국을 견지하는 것으로 보이지만 실상은 참다운 애국을 부정하는 것으로 귀결됩니다. 왜냐하면 애국의 주체가 민이라는 것을 부정하는 논리이기 때문입니다. 애국은 민이 주체로서 주인의 권리를 실현하기 위한 입장에서 나온 것인데, 거꾸로 민이 적대 세력과 싸우기 위해서 존재하고 살아야 한다는 식으로 전도시켜 버렸기 때문입니다.

오늘날에도 사이비 세력들은 적대 세력과 적대 국가를 만들어내면서 거기에 싸우는 것이 애국 행위인 양 호도하고 있습니다. 미국이 패권적 지배 질서를 세우기 위해 과거에 반소와 반공을 내걸다가, 오늘날에 이르러서 자신들의 유일 패권적 지배 체제의 가장 큰 걸림돌이 되는 상대가 중국이라고 보고 반중 적대 정책을 펴나가는 것도 이런 연장선상에 서 있습니다.

한국에서 반북, 반공을 애국인 것처럼 호도하는 것도 이런 모습이라고 볼 수 있습니다. 하지만 한국의 민은 반북, 반공을 위해 살아가지 않습니다. 한국의 민은 한국 땅에서 주인의 권리를 누리고 살아가고자 합니다. 바로 여기에서 주인의 권리를 누리고 살아가는 데 걸림돌이 되면 반대하며 싸우는 것이지, 그 누구와 싸우는 것 자체를 목적으로 삼지 않습니다. 그 누구와 싸우는 것을 목적으로 삼는다면 그것 자체가 민을 주인으로 보지 않는다는 것이기에 참다운 애국이 될 수 없다는 것입니다. 사회적 관계는 사회 역사의 주체가 주인의 권리를 실현하는 데 유리한가 불리한가에 따라 극복하는 대상이지, 주체가 사회적 관계 자체의 유지를 위해서 존재하거나 살아가는 것은 아닙니다. 만약 주체가 사회적 관계 자체에 종속된다면 그 사회적 관계가 깨지게 되면 그 주체 또한 사라지게 된다는 논리인데, 어떻게 사회 역사의 주체인 민이 이 세상에서 사라질 수 있다는 말입니까? 바로 여기서 애국이 사회적 관계의 산물로 오해하게 되니, 그 사회적 관계가 사라지면 애국이 필요 없는 것으로, 다시 말해 나치와 파시즘과의 관계가 사라지니 애국도 필요 없고, 도리어 애국을 거론하면 파시즘 체제가 재등장하게 된다는 식의 왜곡된 현상이 나타났다는 것입니다.

이에 대해 한국 사회의 기본 전선을 애국과 매국의 대치 상태로 보고 매국노를 응징하자는 것도, 실상 사회적 관계 문제로 본 것 아니냐고 질문할 수 있습니다. 하지만 애국과 매국은 사회적 관계 문제로 설정해서 나온 것이 아닙니다. 민이 나라와 민족 단위로 살아가고 있으므로, 이 부분에서 주인의 권리를 실현하자면, 매국 행위는 용납해서는 안 된다는 본질적 이유에서 도출된 것입니다. 그래서 애민·애국은 민이 사회 역사의 주체로 된 이상, 인류 사회가 존속하는 한, 계속 심화 발전시켜야 할 기치가 됩니다.

하지만 반북, 반공은 물론이고 반미, 반일은 그 자체가 목적이 될 수 없습니다. 한국 민이 나라와 민족 단위에서 주인의 권리를 실현하는 데에 방해가 되면 반대하고, 그렇지 않으면 견지할 필요가 없습니다. 반미와 반일의 입장을 견지하는 이유는 이들 나라가 한국의 참다운 주권 행사를 가로막고 방해하기 때문입니다. 한국 민이 주권을 행사하여 주인의 권리를 누리고 살아가려는 노력을 감히 훼방하지 않는다면 반미와 반일을 벌일 이유가 없지 않겠습니까?

그러면 나치와 군국주의는 본질적으로 애국의 길을 부정하는 것임에도 불구하고 왜 애국을 도용했던 것일까요? 그것은 바로 애국이 민의 정서에 맞을 뿐만이 아니라, 나라와 민족 단위에서 가장 광범위한 세력들이 함께할 수 있는 기치가 되기 때문입니다. 그래서 사이비 세력은 광범위한 사람들로부터 지지를 얻어내기 위해 애국인 양 도용했던 것입니다. 그 양태가 바로 자신들의 사이비 애국을 교묘히 숨기고자 적대 세력을 설정하여 공격하는 방식이었습니다. 그리고 이에 동참하지 않으면 애국이 아닌 것처럼 호도하였던 것입니다.

이처럼 사이비 세력조차 도용할 만큼 애국은 민의 정서에 맞고 광범위한 사람들의 지지를 끌어낼 수 있는 기치가 됩니다. 그런데 왜 애국의 기치를 포기해야 한단 말입니까? 물론 나치와 군국주의 세력은 애국을 도용하여 수많은 사람들을 가혹하게 탄압하고 학살하였습니다. 그 후과는 실로 엄청납니다. 하지만 그렇다고 하여 애국의 기치를 포기할 수는 없습니다. 이것이야말로 구더기 무서워 장 못 담그는 격입니다.

게다가 민이 주인의 권리를 누리고 살려면 필연코 애민·애국의 기치를 내걸어야 합니다. 개인과 집단, 나라와 민족 단위의 모든 부분에서 주인의 권리를 실현하는 데에 있어서 일차적으로 일치되는 지점이 애민·애국의 기치로 될 수밖에 없기 때문입니다. 그런데 애국의 기치를 통째로 내버리고서 어떻게 사회적 문제를 풀 수 있다는 것입니까? 더욱이 사이비 애국의 극복은, 애국의 기치를 회피한다고 해서 해결되는 것이 아니라 애국의 참다운 내용을 확보했을 때 풀어질 수 있습니다. 애국의 기치를 회피했을 때 사이비 세력들은 계속 애국을 도용하고 나올 터인데, 그러면 그런 잘못된 현상을 어떻게 극복할 수 있겠느냐 하는 것입니다.

나치와 일본 군국주의 세력이 애국을 도용해 수많은 사람들을 탄압했기 때문에 애국의 깃발을 사용하지 못하고, 이런 세력들에 대해 극우보수라고 지칭하면서 반대하고 있습니다. 하지만 이것은 독일이나 일본, 미국의 패권 세력들에 대해서는 맞는 말입니다. 하지만 한국 사회에서는 결코 어울리지 않습니다.

독일의 나치와 일본 군국주의, 미국의 세계 유일 패권주의는 자기 내부의 적대 세력을 탄압하기도 하였지만, 또 다른 한편에서 다른 나라를 침략하여 지배하는 길로 나아갔습니다. 그런데 한국에서 극우보수라고 지칭되는 세력들은 이와 다릅니다. 철두철미 한국의 민은 물론이고 같은 동족에 대해 탄압하고 대결하는 길로 나왔습니다. 그것도 미국의 지배를 받는 게 당연하고, 또 일본의 식민 지배 고통도 한국의 근대화에 이바지했다는 식입니다. 그런데 이것을 어떻게 극우보수의 논리라고 말할 수 있다는 것입니까? 극우보수의 논리가 되려면 최소한 만주 땅을 찾아야 한다거나 대마도를 찾아야 한다고 주장해야 할 것입니다. 그런데 그런 주장을 하기는커녕 하나같이 미국과 일본의 지배를 받고 살아야 한다는 격이니, 나라와 민족의 존엄을 비하하고 짓밟는 매국노의 태도가 아니라면 뭐라고 말해야 하겠습니까?

그러면 한국 사회에서 이렇게 매국적 행위를 하는 세력들을 매국노라고 지칭해야 하건만, 극우보수라고 지칭하는 이유는 어디에 있을까요? 그것은 한국 민에 입장에 서서 이들의 행태를 살펴브아야 하건만, 서구의 입장에 근거한 논리와 이론을 그대로 차용하는 사대주의적 사고방식에 기인합니다. 서구의 진보적 입장에서 볼 때, 극우보수는 다른 나라를 침략하고 지배하자면서 인간의 초보적 권리마저 허용하지 않고 탄압하고 폭정을 가했으니, 애국이 도용되면 지난날의 참상을 겪게 될 것이 두려워서 애국의 단어에 대해 극도의 경계심을 보이는 건, 어쩌면 일면적으로 이해할 수도 있습니다. 하지만 그렇더라도 사이비 애국을 극복하자면 참된 애국의 내용을 확보해야 하니만큼, 이 또한 애국의 기치를 옳게 사용하는 방향에서 풀어야 합니다. 그래야 나라와 민족성을 옳게 세워낼 수 있을 뿐만 아니라. 개인과 집단 단위에서의 억압과 폭정을 막아낼 수 있기 때문입니다.

오늘날 서구에서도 극우세력들이 나타나고 있는 조건에서 이를 극복하자면 애국의 참된 길을 찾아가는 것이 중대한 과제로 나서고 있는데, 주권도 제대로 행사하지 못하는 나라에서야 더 말할 나위도 없을 것입니다. 게다가 한국에서 극우보수라고 지칭되는 세력은 형태적으로 미국과 일본의 극우보수의 논리를 차용하고 있지만, 그 주장의 결론은 결국 미국과 일본의 지배를 받아야 한다는 것이고. 그것을 실현하기 위한 방식으로 자국 민만 탄압하고 동족 간에 대립. 대결을 일으키는 방향으로 나아가고 있다는 것입니다. 이것은 다른 나라에 대한 지배와 패권을 추구하는 것이 아니라 철두철미 미국과 일본의 앞잡이 역할을 하는 매국노 행위에 다름 아닙니다. 그런데도 이 차이를 바라보지 못하고 극우보수라고 사용한다는 것은, 서구식의 입장과 이론에 빠져 있는 사대주의적 근성에서 발로하는 것이라고 볼 수밖에 없을 것입니다.

한국 민의 권리를 실현하자면 한국 민의 입장에 서서 바라보아야 합니다. 그런데 이렇게 서구적 입장과 이론에 빠져 극우보수라고 지칭한다면 어떻게 한국 민의 권리를 실현할 수 있겠습니까? 이런 점에서 서구 사회에서는 침략과 패권을 일삼은 세력들을 극우보수라고 일컬을 수 있지만, 한국 사회에서는 극우보수라고 지칭해서는 안 됩니다. 매국노를 정명에 맞게 매국노라고 사용하는 것은 한국 민의 주체성을 확립하면서 주체적 역량을 키워내기 위해 결코 양보할 수 없는 표현이라는 것입니다.

극우보수라는 지칭이 한국 민의 주체성과 주체적 역량을 키우는 데에 얼마나 심각한 후과를 가져다주느냐는 애국과 매국으로 계선이 그어지지 않는 데에서 단적으로 드러납니다. 극우보수라고 지칭하니 사회적 대립 양상이 진보와 보수 간의 대결 내지는 여야 간의 정쟁인 것처럼 여겨지는 현상이 나타납니다. 하지만 한국 사회의 대치 전선은 진보와 보수의 대결도 아니고, 여야 간의 정쟁 대결도 아닙니다. 참다운 보수라면 나라의 주권을 찾자는 주장을 왜 거부하거나 외면한다는 말입니까? 마찬가지 이치로 여당이든 야당이든 간에 참다운 정치인이라고 한다면 왜 주권의 확보를 당리당략에 따라 판단하는 문제로 여길 수 있단 말입니까? 나라와 민족 단위에서 주권을 제대로 행사할 수 없다면 보수 정책은 물론이고 참다운 정치를 펼칠 수 없다는 것은 너무도 명백한 사실인데 말입니다.

여기서 참다운 보수와 진보 단체, 개혁 세력에게 정중하게 호소합니다. 이제부터라도 매국노를 정명에 맞게 매국노라고 불러야지 극우보수라는 표현을 사용하지 말자는 것입니다. 매국노를 매국노로 부르지 않고 극우보수라는 명칭으로 에둘러 표현하는 한, 한국 사회를 개혁할 수 있는 가장 기본적인 근간이 주권을 회복하는 문제인데, 이 과제를 외면하게 되기 때문입니다. 그 이유는 한국 사회가 주권을 찾으려면 주권을 제약하는 외세와의 불평등한 조약과 협정을 파기해야 하는데, 극우보수라고 표현하게 되면 이 문제가 무슨 정책적 차이인 것처럼 왜곡되기 때문입니다. 매국노들이 외세의 앞잡이 역할을 하면서 주권 회복을 가로막고 있는데, 그 가당치 않은 행동이 무슨 정책의 차이인 것처럼 호도되어 매국노가 제대로 응징되지 않는다는 것입니다. 매국노가 응징되지 않으면 주권을 찾을 길이 없습니다. 매국노들이 나라와 민족은 안중에도 없이 자기 패거리 집단의 이익을 위해 주권을 찾는 길을 끊임없이 방해하고 나오기 때문입니다.

　지금 한국 사회에서 내란 사태가 신속히 수습되지 못하는 것도 그 핵심적 본질이 매국 행위인데 그 무슨 극우보수의 정치적 행위인 것처럼 여겨지고 있기 때문입니다. 그래서 보수와 진보 내지는 여야 간에 정쟁인 것처럼 잘못 이해되어 애민·애국의 기치로 광범위한 세력이 결집되지 못하고 있습니다. 내란 사태의 초기에, 나라의 주인인 민을 중시하는 애민·애국의 기치가 형성되었을 때는 여야와 진보, 보수를 떠나 비상계엄의 선포를 반대하고 탄핵에 동참하였습니다. 그런데 극우보수라는 명칭이 계속 사용되다 보니, 내란 사태가 그 무슨 정책 차이인 양 호도되어 혼란스러운 상황을 계속 걷게 되었는데, 그 내막을 따져보면 애국과 매국의 계선이 명확히 형성되지 못한 데에 기인했던 것입니다. 이런 혼란을 한시바삐 수습하기 위해서라도 매국노는 매국노라고 정명에 맞게 사용해야 합니다.

매국노를 극우보수가 아니라 정명에 맞게 매국노라고 명확히 규정할 때, 그동안 잘못 호도되고 왜곡된 애국의 참뜻과 내용을 바로 찾을 수 있게 될 것입니다. 그러면 매국노가 감히 애국을 참칭하지 못하게 되고, 정의로운 사회 질서를 세우는 데에 가장 기초이자 기본이 되는 애민과 애국의 참 내용이 바로잡히게 될 것입니다. 그에 따라 광범위한 사람들이 애민·애국의 기치에 합류하게 될 것이며, 그렇게 형성된 압도적인 역량으로 매국노를 응징할 수 있을 것이고, 그러면 내란 사태로 혼란스러운 한국 상황도 점차 수습되어 갈 것입니다. 아울러 지금껏 한국 사회를 개혁하는 데에 커다란 걸림돌이 되었던 주권 문제도 해결할 수 있을 것이고, 주권 문제가 해결된 조건에서는 일치와 입체, 통일의 방법론을 통해 한국 사회를 참답게 개혁할 수 있는 길도 열리게 될 것입니다.

## 2. 참다운 보수의 길

2025. 3. 17.

한국의 보수 세력이 참다운 보수로 바로 서기 위해서는 반헌법·반국가적인 내란 세력이자 매국노들과 단호히 절연하고, 이들에 대한 엄정한 응징을 요구하는 입장을 분명히 해야 합니다.

윤석열이 내란 범죄를 일으킨 지 벌써 115일이 되어가고 있는데도 사태가 해결되지 못하고 장기화되고 있습니다. 상식적인 이치로 보면 내란 범죄는 국가의 안위와 관련된 만큼 그 어떤 사건보다도 시급성을 요하기에 신속히 처리되어야 할 것입니다. 그런데 그렇게 되기는커녕 더욱 혼란이 가중되고 있으며, 심지어 내전으로 번져갈 우려마저 야기되고 있습니다. 이로 인해 나라의 주인인 민은 하루하루 불안에 떨며 거리로 뛰쳐나와 윤석열 파면을 외쳐야 하는 엄중한 상황으로 치닫고 있습니다.

이렇게 된 것은 내란 세력과 공범들이 사실상 나라와 민족의 미래는 생각하지 않고, 오직 자기 패거리들만의 이익을 추구하면서 그 무슨 여야 간이나 진영 간의 대결인 것처럼 요설을 퍼뜨리며 사기극을 벌이고 있기 때문입니다.

가당치 않은 요설로 사기극을 벌이고 있다는 것은 계엄 선포의 목적이 "민을 계몽시키기 위한 것"이라며 계몽령이라고 주장하는 데에서 드러납니다. 나라의 주인이 민이기에 민 앞에 복종하는 것이 당연하건만, 민주공화국인 한국 사회에서 왕정 시대에서나 통하는 소리를 지껄이고 있으니, 이들의 사고방식이 얼마나 시대착오적이며 반민주적인지 여실히 알 수 있습니다. 계엄은 내란과 외환에 준하는 비상사태에서만 예외적으로 허용되는 조치라는 점은 상식에 속합니다. 그런데 이런 법적 요건을 무시한 채 계엄을 선포했음이 드러나자, 법 자체를 부정하며 폭력을 선동했고, 급기야 서부지법까지 난입하고 폭력 사태를 유발했습니다.

자기들에게 불리할 때는 법 자체까지 부정하더니, 이제 법원과 검찰의 희한한 요설, 즉 구속 기간을 날짜가 아닌 시간으로 계산하여 구속 취소를 하니, 이제는 법의 준수를 주장하고 나옵니다.

법적 질서가 지켜지자면 누구에게나 예외 없이 통용되도록 해야 한다는 것은 상식일 것입니다. 그런데 법원과 검찰은 윤석열의 구속 취소를 위해 날짜가 아닌 시간으로 계산하더니, 그 무슨 법적 질서의 혼란을 우려한다는 듯, 나머지 사람들에게는 여전히 관행처럼 날짜로 하겠다고 하니, 이것이 희한한 요설이 아니고 무엇이겠습니까?

더욱이 법적 질서가 제대로 지켜지게 하자면 권력자는 일반 사람들과 달리 더욱 엄격히 적용해야 합니다. 왜냐하면 권력자는 권한이 크니만큼 그에 상응하게 처벌해야 하기 때문입니다. 그런데 도리어 엄격하게 적용해야 할 자인 윤석열에게만 희한한 요설로 구속을 취소했으니, 이렇게 해서 법질서가 제대로 자리 잡겠느냐는 의문이 들게 되는 것입니다. 헌법재판소에서 파면 결정이 나와야 한다는 것은 법적 판결로 볼 때 너무도 당연하게 여겨지건만, 이런 희한한 요설이 통용되니 나라의 주인인 민이 불안한 마음에 거리로 뛰쳐나오는 것은 어쩌면 불가피한 반응일 것입니다.

이렇게 내란 세력과 공범들이 자기 패거리들의 이익과 유불리에 따라 법적 질서를 부정하다가, 이제는 법의 준수를 외치는 희한한 요설이 난무한다면 어떻게 사회적 혼란을 수습할 수 있겠습니까? 그 때문에 사회 혼란을 수습하자면 이런 요설들이 난무하는 것을 깔끔하게 정리해 가야 합니다. 그런데 이렇게 반헌법·반국가적이며 매국적인 범죄 행위를 저질러 놓고 이를 정당화하는 근거로 내세우는 요설을 보면, 그 무슨 여야와 진영 간의 대결인 것처럼 교묘히 치장하는 데에서 성립되고 있습니다. 한마디로 반중, 반북, 반러, 친미, 그리고 반이재명만 내걸면 여야 간이나 진영 간의 싸움이 되기 때문에 모두 정당화될 수 있는 것처럼 주장하는 식입니다.

허나 반중, 반북, 반러, 친미, 그리고 반이재명의 주장은 목적 자체가 될 수 없습니다. 이런 주장은 민의 이해와 요구, 사안에 따라 얼마든지 그 입장 자체가 바뀔 수 있는 것입니다. 게다가 반중, 반북, 반러, 친미, 그리고 반이재명이라고 주장한다고 해서 모든 행위가 정당화되는 것도 아닙니다. 나라의 주인인 민을 억압·지배하려고 하거나, 나라와 민족의 주권을 고수해 민의 생명과 재산, 권리를 지키지 못하고, 도리어 나라와 민족의 안위를 위태롭게 하는 반헌법·반국가적인 매국 행위는 결코 용납될 수 없습니다.

내란 범죄의 가담자들과 공범들이 어떤 요설을 부리든 간에, 민을 억누르며 나라를 혼란과 위기로 몰아넣은 행위는 진정한 보수의 모습이 될 수 없습니다. 사실상 이들은 자기 패거리들의 기득권만을 지키기 위해 나라와 민족을 위태로운 지경에 빠뜨린 헌법 질서의 파괴자, 반국가적 세력이자 매국 행위를 저지른 매국노들에 다름 아닙니다.

그 때문에 이들의 요설 행위들을 막아내기 위해서는 이제 참다운 보수가 이들과 단호히 절연하고 이들의 응징을 요구하고 나서야 합니다. 이들의 요설 행위가 정당화되는 근거가 바로 여당 내지는 보수라는 식의 진영 간의 대립, 대결인 것처럼 허울을 쓰고 나타나고 있기 때문입니다. 그래서 이들은 보수나 여당의 일부 세력이 아니라, 반헌법·반국가적 세력이자 매국노들임을 분명히 해야 한다는 것입니다. 이들과 분명하게 갈라서지 않으면 참다운 보수가 설 자리가 없습니다. 그 때문에 참다운 보수를 지향하는 세력은 헌법과 나라와 민족의 안위를 수호하기 위해 이들과 갈라서서 응징을 요구하고 나서야 한다는 것입니다.

참다운 보수라고 한다면 무엇보다 법적 관점은 물론 안보관과 조국관이 투철해야 할 것입니다. 그런데 어떻게 자기들의 사적 욕망과 패거리들의 이익만을 위해 나라와 민족의 안위도 외면한 채, 민을 향해 총칼을 겨누는 반헌법·반국가적 세력이자 매국노들과 같이할 수 있겠느냐 하는 것입니다. 다시 말해 이들과 갈라서는 것만이 참다운 보수가 살 수 있는 길이자 한국 사회의 잘못된 정치 지형을 바로잡는 출발점이기도 하다는 것입니다.

참다운 보수가 내란 세력이자 매국노들과 갈라서서 이들의 응징을 요구하면서 하나의 정치 세력으로 자리를 잡게 되면, 이들이 내세운 요설은 한국 사회에서 더 이상 통하지 않게 될 것입니다. 그러면 이들의 행위는 반헌법·반국가적 행위이자 매국 행위임이 분명해지면서 이들이 설 땅이 사라지게 될 것이고, 자연스레 한국 사회는 혼란이 극복되는 상황으로 나아가게 될 것입니다. 그렇다고 한다면 참다운 진보와 개혁 세력은 참다운 보수가 반헌법·반국가적인 내란 세력이자 매국노들과 절연하고 스스로 목소리를 내면서 하나의 정치 세력으로 자리 잡도록 적극 도우며 협력해 가야 할 것입니다. 왜냐하면 참다운 보수와 진보, 개혁 세력들은 비록 의견 차이가 있다손 치더라도, 헌법적 질서를 수호하고 나라와 민족 단위에서 주권을 지켜 민의 생명과 재산, 권리를 보호해야 한다는 점에서는 결코 다를 수 없기 때문입니다. 진보와 보수, 개혁에 대한 입장 차이는 헌법적 질서가 수호되고 나라와 민족의 안위가 담보되는 토대 위에서 의미를 가질 수 있기 때문입니다.

이렇게 참다운 보수가 새롭게 일어서서 정치 세력을 형성하고, 또 참다운 진보와 개혁 세력이 이들을 적극 지지하고 연대 협력해 애민·애국의 기치를 함께 들어 올린다면, 내란 세력과 매국노들은 한국 사회에서 고립되어 갈 것입니다. 그러면 참다운 보수와 진보, 개혁 세

력은 압도적인 역량으로 반헌법·반국가적인 내란 세력과 매국노들을
철저히 응징할 수 있을 것이며, 이를 토대로 한국 사회는 참다운 대
개혁의 길로 나아가게 될 것입니다.

## 3. 극우의 본질은 반민과 매국이다

2025. 7. 28.

전한길의 국민의힘 입당을 계기로 극우를 둘러싼 논쟁이 격렬하게 불붙고 있습니다. 이로 인해 한국 사회에서 극우를 용인할 것인가, 아니면 극우는 사실상 반국가 세력이니 용인해서는 안 된다는 입장까지 다양하게 전개되고 있습니다. 전한길이 주장하는 내용을 보면 단순한 정치적 의견 개진 차원을 넘어, 사실상 반헌법적이고 반민주적일 뿐만 아니라, 철두철미 반민적이고 매국적인 주장에 다름 아니기 때문입니다.

전한길은 중국인들이 한국 선거에 대거 개입해 부정선거가 이뤄지고 있다고 단언합니다. 중앙선거관리위원회를 비롯한 공식 기관들이 그런 일이 이뤄질 수 없다고 밝혔음에도, 아무런 실증적 증거도 제시하지 못하면서 계속 자기주장만 되풀이합니다.

이것은 단순한 의혹 제기 수준이 아닙니다. 한 사회가 유지되자면 기본적으로 정당성이 확보되어야 하는데, 그것 자체를 부정해 버리니 사회가 합리적으로 유지될 수 있는 근원을 허물어버린 것이기 때문입니다. 그것도 주장에 그치지 않고 자기 세력을 모아 직접적 행동으로 표출하고 있으니 바로 반헌법적이고 반민주적인 행위가 되는 것입니다.

또한 전한길은 한미동맹만이 한국 사회를 구원해 줄 것처럼 믿고서는, 마치 자기 뒤에는 미국이 지지하고 있는 것처럼 말하면서, 한국보다는 미국의 이해와 요구를 대변하고 있습니다. 세계 역사에서 영원한 적도, 영원한 동지도 없다는 것은 상식인데, 어떻게 한국사를 강의했다고 자처하는 자가 이런 기본적인 상식도 외면하는지 도무지 알 수 없는 노릇입니다.

민이 나라와 민족 단위로 살아가고 있는 조건에서, 민의 생명과 재산, 권리를 지키기 위해서는 주권부터 찾아야 한다는 것은 너무도 당연한 상식입니다. 그래서 미국과의 불평등한 협정과 조약으로 인해 사실상 식민 지배를 받고 있다면 이를 고치는 것이 당연할 것인데, 어떻게 이를 방해하면서 한미동맹이라는 미명하에 미국의 식민 지배를 계속 받아야 한다고 강변할 수 있느냐 하는 것입니다. 이것이 바로 반민적이고 매국노적 주장이 아니고 뭐겠습니까?

더욱이 전한길은 민에게 총부리를 겨눈 윤석열의 내란 행위가 정당했다고 주장하면서 윤석열의 법적 처벌을 방해하고 나왔습니다. 그러면 윤석열이 민의 충복이 아니라 민 위에 군림해야 하는 존재라도 된다는 말입니까? 이것이야말로 반민적, 반헌법적, 반민주적일 뿐만 아니라 독재 정치의 찬양자가 아니고 뭐겠습니까?

그러면 이런 말도 안 되는 극우의 입장이 한국 사회에서 감히 주장되는 이유와 배경이 어디에 있는 것일까요? 그것도 식민지에 처해 있는 나라에서는 감히 등장하지 못하리라고 여겨졌는데, 그렇지 않고 한국뿐만이 아니라 세계적 차원에서 나타나는 이유와 배경이 어디에 있느냐는 것입니다. 이 물음에 정확히 대답해야만 이들의 정체가 무엇인지 명확히 파악하면서 극복할 수 있는 길이 열리게 될 것입니다.

아시다시피 2차 세계 대전까지만 해도 일명 극우세력은 몇몇 소수 국가에 불과했습니다. 그 대표적인 나라가 독일의 나치즘, 이탈리아의 파시즘, 일본의 군국주의였습니다. 그런데 90년대 이후에 극우세력은 점차 확산되었으며, 심지어 극우의 기치를 내건 세력이 국가 권력까지도 장악하고 있고, 많은 나라에서 그 세력이 더욱 확대되고 있습니다.

그러면 왜 이렇게 되었느냐 하는 것입니다. 그것은 인류사가 자유와 평등을 형식적으로만이 아니라 실질적으로 구현하려는 단계로 진입하면서, 개인과 집단, 나라와 민족 단위의 모든 영역에서 주인의 권리를 누리고 살려는 흐름이 본격화되었고, 이런 시대적 높이로 발전하고 있는 단계에서 역사의 반동 세력이 최후 발악하고자 극우의 기치를 들고 가로막아 나서고 있기 때문입니다.

신분제 사회에서 자본주의 사회로 이행하면서 인간은 누구나 평등하게 자유를 누리고 살아야 한다는 원칙이 선언되었습니다. 이것은 인간 자체를 가지고 탄압하고 억압해서는 안 된다는 것을 확인했다는 점에서 인류사의 발전에서 큰 전환을 가져왔습니다. 하지만 자유와 평등을 누리려면 인간 외부 조건의 문제도 풀어야 해결됩니다. 하지만 그것을 곧바로 해결할 수 없었습니다. 그러다 보니 자유와 평등은 그저 형식적인 선언에 그쳤습니다.

형식적인 선언에 그쳤다는 것은 사실상 자유와 평등이 무참히 유린당했다는 뜻입니다. 이것은 자유와 평등이 선언되었음에도 여성과 노동자가 오랫동안 투표권도 가지지 못했다는 사실에서 확인됩니다. 이처럼 선언한 것과 달리 실질적으로 자유와 평등을 유린하며 자본주의적 억압적 질서를 정당화하자면 나라와 민족적 차원에서의 지배와 억압 질서를 구축해야 합니다. 왜냐하면 개인과 집단, 나라와 민족 단위의 관계에서 가장 중요한 부분은 주권의 행사이고, 그래서 이 일치된 지점이 사회 구성원들에게 가장 큰 영향을 미치는 부분으로 나타나기 때문입니다. 이것은 왜 제국주의 세력이 약소국들을 침략하여 식민지화하는 길로 나아가는지를 설명해 줍니다.

이런 전개 과정이 제국주의의 일반적인 모습입니다. 그런데 문제는, 후발 제국주의 국가들은 선발 제국주의 국가들과 달리 약소국들을 침략하여 식민지화하는 길로 갈 수 없었다는 것입니다. 이미 선발 제국주의 국가들이 약소국들을 침략하여 분할하고 있었기 때문입니다.

이런 상황에서 후발 국가가 제국주의 길로 가는 방법은 선발 제국주의 국가들이 차지하고 있는 식민지를 뺏는 길밖에 없었습니다. 이런 상황이었으니 후발 제국주의 국가들은 기본적으로 대외관계에서 싸워 뺏어야 하는 침략 정책을 극악하게 내밀고 나갈 수밖에 없었습니다. 당연히 대내 정책도 이와 연계되어 인간의 기본적인 권리도 인정하지 않고 유린하는 정책이 전개되었습니다. 그 과정에서 이들 나라들은 다른 제국주의 세력과의 싸움에서 이기기 위해서뿐만 아니라 자신들의 대외 침략 정책을 정당화하기 위해서 애국심을 도용하는 길로 나왔습니다.

하지만 인류사에서 이런 파시즘과 군국주의 정책은 승리하지 못했습니다. 이들의 반인륜적이고 극악한 침략 정책에 대항하여 반파시즘 연합전선과 민족해방전선이 형성됨으로써 이들의 극악한 대외 침략 책동은 파탄되기에 이르렀습니다. 이로써 인류 역사의 과정에서 또 한 번의 중대한 변화를 맞이하게 되었습니다. 자유와 평등이 단지 선언에만 그치지 않고 형식적으로나마 인정되는 상황에 이르게 된 것입니다. 그에 따라 나라와 민족 단위에서도 주권은 공식적으로 인정되었습니다.

하지만 자유와 평등은 형식적으로만 인정되고 실질적으로 누리지 못하면 별반 의미가 없습니다. 실질적으로 누리지 못하면 인정받지 못한 것과 별반 다르지 않기 때문입니다. 그래서 세계 각국에서 자유와 평등을 실질적으로 구현하기 위한 투쟁이 광범위하게 벌어지게 되었습니다. 자유와 평등의 영역이 제 방면에서 더욱 확장되어 간 것은 이를 반영합니다.

마찬가지로 나라와 민족 단위에서도 형식적인 독립만 인정받고 실질적으로 주권을 행사하지 못하면 별반 의미가 없습니다. 그래서 식민지 국가들은 실질적인 주권 행사를 위해 투쟁에 나섰습니다. 그 과정에서 외세의 앞잡이 역할을 수행하던 군사독재 세력을 청산하며 민주화의 길로 나아갔습니다.

이런 흐름이 세계사적으로 벌어진 가운데 자유와 평등, 주권의 실질적인 실현은 더 이상 부정할 수 없는 시대적 요구로 자리 잡게 되었습니다.

이런 상황에서, 현대제국주의의 우두머리 역할을 하던 미국은 소련과 동구권의 붕괴를 계기로 세계유일패권을 행사하고자 획책하였습니다. 그리하여 국가라는 장벽조차도 무력화하면서 직접적이고 전면적으로 수탈하는 체계를 구축하고자 하였습니다. 이를 가능하게 한 핵심 수단이 바로 세계화 정책이었습니다. 세계적 자본의 자유로운 유통이 유일 패권 형성에 유리했기 때문입니다.

미국이 세계유일패권을 실현하기 위한 세계화 정책을 추진한 결과, 세계적 차원에서 억압적 지배 체계가 구축된 국제카르텔이 형성되기에 이르렀습니다. 즉 세계유일패권을 행사하는 미국을 꼭대기로 하는 세계제국주의 세력, 그다음에 미국의 유일패권을 인정하는 속에서의 제국주의적 수탈과 약탈을 추진하려는 제국주의 세력, 그리고 세계유일패권과 제국주의 수탈과 약탈을 허용하는 속에서 대외 정책을 추진하는 매국 세력의 카르텔이 유기적이고 총체적인 체계로 연관되어 수립된 것입니다.

세계적 차원에서 국제카르텔이 형성되면 겉으로는 세계 경제가 효율적으로 작동할 것으로 여기기 쉽지만, 실상은 그렇지 못합니다. 왜 그러냐 하면 세계유일패권을 형성하기 위한 국제카르텔이니만큼 그 기생성과 반동성이 세계적 차원에서 나타날 수밖에 없기 때문입니다. 그것이 바로 세계 경제 질서의 왜곡이고 빈부격차의 극대화입니다.

세계적 차원에서 경제 질서가 왜곡되었다는 것은 국제카르텔 체계에 맞는 방식으로 경제 질서가 재편되어 국내 경제가 망가진다는 것에서 드러납니다. 본래 미국은 세계에서 가장 자립적인 경제 구조를 갖춘 국가 중 하나였습니다. 그런데 세계유일패권을 행사하는 방식으로 국제카르텔을 형성하다 보니 제조업은 거의 붕괴되기에 이르렀습니다. 이런 현상은 미국에 국한되지 않고 여러 나라에 파급되었습니다. 이것은 한국에서 반도체와 조선, 자동차 등 몇몇 특화된 부분으로 발전하게 되었던 것에서 확인됩니다.

물론 이렇게 특화된 부분으로 발전되었다고 해도 그렇게 벌어들인 자본을 가지고 사회에 골고루 나눠지도록 분배하고, 또 자국에서 붕괴되어 가는 산업을 발전시키는 방향으로 나갔다면 문제는 심각해지지는 않았을 것입니다. 하지만 이미 국제카르텔을 형성하는 것 자체가 그들만의 이익을 극대화하기 위한 목적일 터인데, 그에 반한 행동을 한다는 것 자체가 모순일 수밖에 없습니다.

그 때문에 필연적으로 나타나는 현상은 빈익빈 부익부의 극대화입니다. 그것도 세계적 차원에서뿐만이 아니라 세계 각국의 국내적 차원에서도 동시에 나타나게 됩니다. 이것은 미국이 세계화 정책을 펴면서 지난날의 그 어떤 시기보다도 세계적·국내적 차원 모두에서 빈부격차가 더욱 극심해지고 있는 것에서 확인됩니다. 그런데 빈부격차의 극대화는 소수 몇몇 사람들을 제외하고는 대다수 사람이 인간다운 삶을 살아가지 못하고 생활난에 직면하게 된다는 것을 의미합니다. 한마디로 중산층의 몰락이 이뤄진다는 것입니다.

이런 상황이 되면 사회 체제 전반에 대한 불만과 저항이 형성되게 됩니다. 한마디로 현 사회 체제를 유지할 수 없는 상황으로 이르게 된다는 것입니다.

이러한 상황을 극복하자면 다른 방법이 없습니다. 그것은 빈부격차를 완화하는 방향으로 나아가야만 합니다. 그러자면 세계적·국내적 차원에서 빈부격차를 심화시키는 근원이 세계 유일의 패권적 지배 질서를 형성하고 있는 국제카르텔이니만큼 이 구조를 해체해야 하고, 나아가 각 국가가 온전히 주권을 행사하는 속에서 빈부격차를 해소하는 방향으로 나아가야 할 것입니다.

하지만 세계유일패권을 형성하는 세력들은 이러한 전환이 자신들의 지배 질서의 붕괴로 이어지기에 결코 이를 받아들이려고 하지 않습니다. 오히려 자신들이 보유한 유일 패권적 힘을 행사해 풀어가는 방식으로 나아가고자 합니다. 트럼프가 동맹국들을 수탈하면서 "미국을 다시 위대하게 만들겠다"고 외치는 국익 우선주의 방식이 바로 그것입니다. 이런 트럼프의 방식은 철저히 세계거대독점자본의 이해와 요구에 근거한 것이라고 할 수 있습니다.

바로 여기서 트럼프의 반민적·매국적인 성격이 적나라하게 드러납니다. 세계거대독점자본의 이익을 실현하려는 것이야 새삼스럽지 않지만, 그것을 정당화하는 방식이 주되게 미국의 백인 노동자를 상정하면서 복고주의적 기독교 세계관에 기초한 전통적 가치를 지키겠다고 하고 있으니 말입니다. 바로 이 부분을 명확히 이해해야 합니다.

실상 사회의 지배 통치 세력은 본질적으로 항상 그들 통치 세력의 이익을 추구하지만, 겉으로는 대다수 사람의 요구인 양 치장해 왔습니다. 그래야 자신들의 통치 질서의 정당성을 확보하면서 지배할 수 있었기 때문입니다. 그런데 트럼프는 그런 방식조차 취하지도 않고, 주되게 백인 노동자와 특정 종교·문화 가치에 한정시키고 있다는 사실입니다. 그리고서는 여기에 반대하는 세력으로 이민자와 성소수자 등을 지목하며, 배제하고 차별하는 방식으로 나오고 있습니다. 바로 여기서 트럼프의 정책이 지난날의 어떤 지배 통치 세력보다도 훨씬 더 반민적이고 매국적인 특성을 가진다는 것을 알 수 있습니다. 그것은 바로 세계거대독점자본이 자신들의 지배와 통치의 정당성 근거를 어떤 보편적인 원리가 아니라 차별에 기초해서 찾고 있기 때문입니다.

그러면 왜 정당성의 근거를 보편적인 원리가 아니라 차별에 근거한 데서 찾느냐 하는 것입니다. 바로 여기서 시대의 높이를 알 수 있습니다. 앞에서 말했듯이 자유와 평등은 형식적으로 인정되는 것은 의미가 없고 실질적으로 누리고 살아야 하는데, 그러자면 민이 주인의 권리를 누리고 사는 것으로 접근해야만 풀어집니다. 그런데 민은 개성을 가진 존재로서 집단을 구성하여 나라와 민족 단위로 살아가고 있는 관계로 이 모든 영역에서 주인의 권리를 누리고 살아야 합니다. 어느 한 부분만으로 전개되어서는 해결되지 않는다는 것입니다.

그런데 이 모든 영역에서 주인의 권리를 누리자면 결국 각 부분에서 정체성을 확립하여야 합니다. 정체성이 확립되지 않고서는 도대체 누구의 권리이기에 인정되어야 하는지 명확하게 성립되지 않기 때문입니다. 그래서 개인의 영역에서 정체성을 확립하자면 개성의 다양한 특성이 확립되어야 합니다. 남성과 여성의 구분을 넘어 각각의 개성적 특성이 나타날 수 있는데, 바로 이 부분에서 설사 성소수자라고 해도 그 특성이 명확히 인정되고, 그런 속에서 개성의 권리가 침해받지 않고 주인의 권리가 보장되어야 한다는 것입니다.

마찬가지로 집단의 권리 실현에 있어서도, 각각의 특성에 맞게 정체성이 확립되고 보장되어야 합니다. 예전의 자본가와 노동자의 관계 방식만으로는 설명할 수 없는 새로운 집단이 등장하고 있는 조건에서 이것은 매우 절실한 요구라고 할 수 있습니다. 일명 플랫폼 노동자라든가 비정규직 노동자처럼 불안정한 위치에 놓인 집단일수록 이들의 정체성을 확립하고, 이들 또한 당연히 집단의 권리가 보장되는 방향으로 나아가야 합니다.

나라와 민족 단위에서의 권리 또한 마찬가지입니다. 나라와 민족의 주권이 확립되자면 각 나라와 민족의 고유한 특성과 정체성 또한 당연히 인정되고 권리가 보장되어야 합니다. 특히 세계유일패권 체제가 형성되면서 직접적이고 전면적인 수탈 체계가 추구되어 나라와 민족의 특성 또한 거의 붕괴되어 왔습니다. 이를 해결하자면 각 나라의 민족적 정체성을 다시 확립하고, 그런 토대 속에서 실질적으로 주권을 행사하는 방향으로 나아가야 합니다.

바로 여기서 개인과 집단, 나라와 민족 단위의 모든 영역에서 주인의 권리를 실현하는 것은 우선적으로 각 부분에서 정체성의 확립이 이뤄져야 하고, 그 권리가 보장되는 길로 나아가야 한다는 것을 알 수 있습니다.

여기에서 세계유일패권을 유지하려는 세력은 이런 시대적 흐름과 정반대되게 그 정체성을 부정해야 할 필요성이 제기됩니다. 그런데 그리하려면 세계거대독점자본의 이해와 요구에 맞는 정체성을 제외하고는 다 부정해야 한다는 것입니다. 정체성을 인정하면 바로 그때로부터 그 정체성을 가진 세력의 권리를 인정해야 하기 때문입니다. 바로 여기서 세계거대독점자본의 이해와 요구를 추구하는 세계제국주의의 역사적 지위가 밝혀집니다. 한마디로 개인과 집단, 나라와 민족 단위의 모든 영역에서 주인의 권리가 실현되는 것을 가로막는 인류 역사의 가장 마지막 단계의 착취와 억압 세력이라는 것입니다. 인류사의 마지막 단계에서의 착취와 억압적 질서를 유지하기 위해서, 이 세계거대독점자본 세력은 정체성의 확립을 가로막고자 가장 힘없고 약자인 세력에 차별을 가해 탄압하는 방식으로 나오는 것입니다. 가장 힘없고 약자인 세력이 탄압받게 되면 바로 그때로부터 차별적 억압 질서 체계가 정당화되기 때문입니다.

세계거대독점자본 세력이 가장 힘없고 약한 세력의 정체성을 부정하는 것은, 또한 민의 단합을 막고 서로 대립, 대결을 불러일으키기 위해서도 필수적으로 요구되는 전략입니다.

민이 개인과 집단, 나라와 민족 단위의 모든 부분에서 주인의 권리를 실현하자면, 그 방법은 서로 일치시켜 입체적이고 통일적으로 풀어가야만 합니다. 상대방의 권리를 침해하지 않는 것을 일치된 지점으로 견지하는 가운데, 서로의 차이를 입체적으로 존중하여, 서로 모순되거나 혼란스럽지 않게 통일적인 전망성을 세워 풀어가야 한다는 것입니다. 민이 모든 영역에서 주인의 권리를 누리고 살려는 인류사의 과제는 일치와 입체, 통일의 방법으로서만 풀어진다는 것입니다.

그런데 이렇게 일치와 입체, 통일의 방법으로 풀어가자면 민의 확고한 단합이 이뤄져야만 합니다. 서로 분열하고 대립, 대결을 벌이게 되면 일치와 입체, 통일의 방법은 거의 불가능하게 될 뿐만이 아니라, 방해 세력의 책동을 극복하지 못하고 모두 각개 격파되고 말 것입니다. 바로 여기서 민의 단합을 방해하기 위해 차별을 가해 탄압하는 것입니다. 서로 차별이 이루어져 탄압이 가해지면 민의 단합이 이뤄질 수 없는 것은 불을 보듯 뻔합니다.

바로 이런 맥락에서 트럼프의 극우적인 정책은, 세계 민이 단합하여 개인과 집단, 나라와 민족 단위의 각 부분에서 정체성을 확립하여 주인의 권리를 실현하려는 인류 역사의 시대적 흐름을 정면으로 가로막고, 오직 세계거대독점자본만의 이익을 추구한다는 점에서, 철두철미 나라의 주인인 민에 반하는 반민적이고 매국적인 특성을 지니게 된다는 것입니다.

트럼프의 극우 정책이 이런 특성을 가졌다면 세계의 모든 민은 이에 반대하여 싸워야 할 것입니다. 하지만 세계는 이미 국제카르텔이 형성되어 있는 상태입니다. 여기서 그 카르텔에 포획된 세력 또한 각자도생하기 위한 움직임을 보이지 않을 수 없습니다. 하지만 이들은 감히 미국의 세계유일패권 세력에 정면으로 맞서 대결하는 방식으로 나오기가 어렵습니다. 만약 그리한다면 미국 세계유일패권 세력의 제재와 압박을 피할 수 없을 것이기 때문입니다. 그래서 극우세력이 90년대 이후 미국의 유일 패권이 형성되는 때로부터 등장하기는 했으나, 국제카르텔에 소속해 있는 유럽이나 일본, 다른 여타의 국가에서 지배적 세력으로 성장하지 못했던 이유가 바로 여기에 있었던 것입니다.

그런데 미국이 유일 패권적 지배 체제가 위기에 처하면서 앞장서서 극우적 정책을 들고나오자, 국제카르텔에 편입된 세력들 또한 이 길로 나오지 않을 수 없게 되었습니다. 트럼프의 극우 정책이 본격 실시되면서 유럽이나 일본, 다른 여타의 나라에서, 극우 세력이 도처에서 등장하고 국가 권력에까지 영향을 미치게 된 것은 이런 이유였습니다.

하지만 이들 국제카르텔 세력이 추구하는 것 역시, 자신들의 억압적 지배 질서를 형성하고 유지하고자 하는 것이기에, 그 큰 틀은 미국의 극우 정책을 추종하는 것으로 귀결될 수밖에 없습니다. 한마디로 나라의 주인인 민이 개인과 집단, 나라와 민족 단위로 살아가기에 그 모든 영역에서 주인의 권리를 누리자면, 각 부분에서 우선적으로 정체성을 확보하고 서로의 권리를 인정해야 하는데, 이들은 오히려 자신들의 억압적 지배 질서를 받아들이는 것만이 정체성에 맞고, 나머지 사람은 차별과 억압의 대상으로 여기고 나온다는 것입니다. 유럽이나 일본 등에서 극우 세력이 반이민 정책을 내세우고, 재일조선인들과 사회적 약자들의 정체성을 부정하며 차별과 억압의 방식으로 나오는 모습이 바로 그것입니다.

한국의 상황 또한 다르지 않습니다. 한국의 극우세력은 일명 전한길의 예에서 보듯, 민족 전체에 대한 인식 자체가 결여되어 있습니다. 단지 한미동맹을 맹목적으로 추구하고, 반공 이념을 절대화하며, 북과 중국, 러시아에 무조건 반대하는 것이 민족의 정치성인 양 강요합니다. 이를 받아들이지 않는 사람들을 모두 다 척결의 대상으로 간주하는 태도 역시 그런 사고방식에 연유합니다.

이처럼 한국의 극우는 한국 민의 단합을 추구하기는커녕 철저히 차별과 분열, 대립과 대결을 획책합니다. 그러니 한국의 극우들은 미국이나 유럽, 일본에서와는 달리 다른 민족에 대한 침략과 약탈은 언감생심 꿈도 꾸지 못하고, 오로지 미국과 일본의 식민 지배를 미화하고 계속 지배 받아야 한다고 주장한다는 점에서, 미국과 유럽, 일본에서보다 더더욱 그 반민성과 매국성이 적나라하게 드러납니다.

이런 점에서 한국의 극우는 매국노에 다름 아니라는 것을 명확히 해야 합니다. 미국의 세계유일패권이 형성되는 가운데 확립된 국제카르텔 체계 속에서, 극우 정책이라는 것 자체가 원래 반민적이고 매국적이기는 하지만, 한국 사회에서의 극우 주장은 더더욱 반민적이고 매국적인 특성이 명확히 드러난다는 것입니다. 그래서 개국노로 규정해야만, 극우세력이 그 무슨 국가와 민족을 위한 것처럼 혼란을 가져다주는 현상을 극복하고 단호히 청산하는 방향으로 나아갈 수 있습니다.

# 3장 | 매국의 구조와 정치 구도의 전환

## 1. 매국의 개념을 어떻게 정의할 것인가?

2025. 7. 14.

　주권을 고수하자면 애국정권을 세워야 하고, 애국정권을 수립하자면 애국 행위를 고무하는 동시에 매국 행위를 단호히 단죄하는 사회적 기풍이 확립되어야 합니다. 그런데 한국 사회에서는 성조기와 태극기를 흔들기만 하면 애국 행위인 양 잘못 인식된 현상이 팽배해 있습니다.

　물론 참다운 동맹관계라고 하면 상호 존중과 연대, 협력의 상징으로 그리할 수 있습니다. 하지만 형식상 동맹일 뿐, 불평등한 협정과 조약을 통해 사실상 식민 지배하고 있다면 이는 매우 잘못된 관계로써 바로잡아야 합니다. 단적으로 미국은 동맹을 내세우면서 관세 인상과 방위비 분담금의 증액 등을 요구하며 자기 나라의 국익을 위해 한국의 일방적 희생을 요구하고 있습니다. 그런데 이것을 어떻게 참다운 동맹관계에서 나온 모습이라고 할 수 있겠습니까? 그런데도 미국의 일방적 요구에 굴복하며 성조기와 태극기를 들고나온다면 애국이 아니라 매국 행위로 봐야 마땅할 것입니다.

이런 혼란을 바로잡자면 무엇이 매국 행위인지 명확하게 개념을 정의해야 합니다. 물론 매국 행위의 개념을 명확히 규정하는 목적은 애국 행위를 고무하기 위해서입니다. 그러면 애국 행위를 정의해야 할 것인데, 그렇지 않고 매국 행위를 규명하는 방식으로 나아가는 이유는, 애국 행위가 매우 광범위하기 때문입니다. 한마디로 애국 행위는 나라와 민족을 사랑하는 실천으로서, 일상적 헌신에서부터 생명을 바치는 수준에 이르기까지 매우 광범위하게 존재합니다.

이런 조건에서 애국을 협소하게 정의하게 되면 도리어 애국 행위를 제약할 수 있습니다. 그래서 광범위한 애국 행위를 보장하자면 용납될 수 없는 매국 행위를 명확히 규정하고 그것만큼은 행하지 못하게 만들어야 합니다. 그뿐만 아니라 광범위한 애국 행위가 펼쳐지지 못하는 것은 사회 전반에 매국 행위가 만연해 있는 데에 그 원인이 있습니다. 그래서 매국 행위를 막아야만 애국 행위가 사회 전반에 광범위하게 확산될 수 있습니다.

아울러 매국 개념에 명확한 규정을 내리는 것이 절실히 요구되는 이유는, 매국노가 매국 행위를 자행하면서 애국인 양 참칭하고 있기 때문입니다. 실상 사회에서 애국할 것이냐, 매국할 것이냐 물어본다면 대부분 매국이 아니라 애국하겠다고 대답할 것입니다. 한마디로 애국 행위는 존중받고, 매국 행위는 단죄되는 것이 사회의 상식적 질서라는 것입니다. 그렇다면 애국 행위는 고무받고 매국 행의는 단죄되어야 할 것인데, 왜 한국 사회에서는 도리어 매국 행위가 비일비재하게 벌어지느냐는 것입니다. 그 이유는 매국노들이 매국 행위를 하면서도 애국이라는 외피로 포장하며 참칭하고 있기 때문입니다. 그래서 어떤 행위가 매국에 해당되는지를 명확히 규정짓는 것이 절실히 요청된다는 것입니다. 그래야 매국노가 매국 행위를 벌이면서 애국 행위인 양 참칭하지 못하게 만들 수 있습니다.

그러면 매국을 어떻게 규정해야 할까요? 그것은 우선 나라와 민족 단위에서 외세의 침략과 침탈이 이뤄지고 있는데도 이에 맞서 싸우려고 하지 않고, 도리어 그 앞잡이 역할을 하는 행위라고 할 수 있습니다.

　매국 행위인가, 아닌가를 따지는 기준선을 나라와 민족 단위로 설정하는 이유는, 민이 나라와 민족 단위로 자신의 권리를 행사하기 때문입니다. 한마디로 주권을 행사하는 단위가 나라와 민족이라는 것입니다. 그래서 주권을 행사하지 못하면 인간으로서의 기본적 권리조차 누릴 수 없게 됩니다. 이런 상황에서 벗어나자면 주권을 행사하는 것이 당연한 요구로 됩니다.

　그런데 이 당연한 요구가 짓밟힌 상황이 발생하는데, 그것이 외세의 침략과 침탈입니다. 바로 여기서 심각하게 나타나는 문제가, 외세의 침략에 맞서기는커녕 도리어 앞잡이 역할을 하는 놈이 내부에서 나타난다는 것입니다. 이들로 인해서 외세의 침탈이 정당화되면서 나라와 민족 단위의 주권이 유린당하는 현상이 발생하게 됩니다.

　그뿐만 아니라 외세의 침입 방식은 그들과의 협정과 조약에 의해서 이루어지는데, 일단 불평등한 조약과 협정이 맺어지면 그때로부터 단지 대외 정책만으로 끝나지 않습니다. 국내 정책에도 영향을 받아 불평등한 지배 구조와 억압이 고착화됩니다. 한마디로 사회와 역사의 주체인 민이 주인의 권리를 누리며 살지 못하게 만드는 공고한 장벽이 형성되게 한다는 것입니다. 그래서 이를 막자면 외세의 앞잡이 역할을 하는 놈을 우선해서 단죄해야 한다는 것입니다.

　물론 매국의 기준선을 나라와 민족 단위로 놓고 규정한다고 해서, 민이 나라와 민족 단위로만 살아간다고 말하는 것은 아닙니다. 당연히 민은 개성을 가진 존재로서 집단을 구성하여 나라와 민족 단위로 살아가고 있습니다. 그래서 나라와 민족 단위만이 아니라 개인과 집단의 방면에서도 주인의 권리를 누리고 살아야 합니다.

그런데 개성의 실현과 집단의 권리 실현은 몇몇 개인 간, 집단 간의 관계 문제의 해결로는 풀어지지 않습니다. 이 부분이 풀어지게 하자면 사회적 내지는 국가적 차원으로 접근해야 합니다. 몇몇 개인이나 특정 집단 사이에서 맺어지는 합의는 그들만의 관계에서는 효력을 가질 수 있지만, 다른 개인과 집단을 포함한 사회 전반적 관계에서는 통용되지 못하기 때문입니다. 개인 간, 집단 간의 관계 전반이 올바르게 통용되게 하자면 사회적, 국가적 차원에서 법적 질서 체계가 마련되어야 한다는 것입니다.

바로 여기서 정권의 문제가 등장하게 됩니다. 왜냐하면 개인과 집단, 나라와 민족 단위에 관한 사회적, 국가적 질서와 체계를 세우는 법적 장치의 마련은 결국 정권 담당자가 수행하게 되기 때문입니다. 그래서 어떤 정권이 등장하느냐에 따라 개인의 권리 보장 수준, 집단의 권리 인정, 나라와 민족 단위에서의 주권 행사는 근본적으로 달라질 수밖에 없습니다.

그런데 중요한 점은 개성의 실현, 집단의 권리 보장, 주권의 고수는 분리된 관계가 아니라 서로 밀접하게 연결되어 있기에 상호 일치되어 풀어진다는 것입니다. 즉 개인과 집단의 영역에서 주인의 권리를 보장하지 않고 지배와 억압을 추구하는 방식으로 나아가면 대외관계도 지배와 패권을 용인하는 방식으로 귀결되고, 개인과 집단의 권리를 존중하고 보장하는 길로 나아가면 대외 정책도 주권을 고수하고 실현하는 방향으로 전개된다는 것입니다. 개성의 실현과 집단의 권리 보장은 나라와 민족 단위에서 주권을 고수하느냐의 문제와 서로 떨어질 수 없는 불가분의 관계를 형성한다는 것입니다.

개인과 집단, 나라와 민족 단위의 권리가 서로 밀접히 맞물려 일치해서 풀어질 수밖에 없는 이유는, 미국이 세계 유일의 패권을 행사하고자 세계화 정책의 추진을 강요하면서, 현 시기 국제질서가 사실상 국가적 장벽조차도 무력화되어 직접적이고 전면적으로 수탈하는 체계가 조성되었고, 그로 인해 세계적 차원의 카르텔이 공고하게 형성된 상황으로 변해 있기 때문입니다.

그 결과 세계거대독점자본의 이해와 요구이든, 이 억압적 질서를 수용하는 속에서 제국주의적 지배와 침탈을 실현하려고 하는 방식이든, 아니면 세계거대독점자본과 제국주의적 지배와 침탈을 허용하는 속에서 그에 근거하는 대외 정책을 추구하는 길이든, 한편에서는 패권적이고 다른 한편에선 식민지적이냐의 형태상의 차이가 있기는 하지만, 그것은 필연코 반민적이고 매국적인 정책으로 귀결되고 있다는 것입니다.

민이 개인과 집단, 나라와 민족 단위의 모든 부분에서 주인의 권리를 누리고 살아야 하는데, 이렇게 이들의 관계가 서로 일치되어 풀어진다고 하는 것은, 매국노에 대한 개념을 정의하는 데에서 바로 이 부분을 새롭게 포함시켜야 한다는 것을 말해줍니다.

그럼, 이 부분을 포함하자면 매국의 개념을 어떻게 확장해야 하겠습니까? 그것은 매국노들이 어떤 방식을 통해 개인과 집단, 나라와 민족 단위의 모든 영역에서 민이 주인의 권리를 누리지 못하게 방해하고 있는가를 살펴보면 알 수 있습니다. 그런데 그 방식을 보면, 매국노들이 이 모든 영역에서 공통적으로 분열과 대립, 대결의 방법을 구사하면서 자신들의 억압적 통치 질서를 정당화하고 있다는 것입니다. 한마디로 분열과 대립, 대결을 조장해 개인 간, 집단 간에 억압적 통치 질서를 추구하면서, 끝내 나라와 민족 단위에서도 서로 단합하지 못하고 싸우게 만듦으로써 주권의 침해조차도 용인하게 만든다는 것입니다.

실상 민을 떠난 나라와 민족은 의미가 없습니다. 민이 곧 나라와 민족의 주인이기 때문입니다. 그래서 민은 본질적으로 서로 단합하고 협력해 가야지 서로 분열하여 대립, 대결을 벌일 이유가 없습니다. 서로 분열하여 대립, 대결을 벌이면 그때로부터 민은 지배 통치 세력에 의해 각개 격파되어 개인과 집단, 나라와 민족 단위의 모든 부분에서 주인의 권리를 누리고 살 수 없습니다. 이로브터 민은 필연코 단합해 가야 합니다. 그것도 국내적 차원에서뿐만이 아니라 세계적 차원에서도 연대, 연합해 가야 합니다.

이런 특성을 민이 근원적으로 가지고 있다면 이를 방해하는 것 또한 반민적이고 매국 행위로 된다는 것을 말해줍니다. 그래서 민의 단합과 단결을 방해하면서 서로 간의 대립과 대결을 불러일으키는 행위 또한 새롭게 매국의 범주로 포함되어야 한다는 것입니다. 민을 사회와 역사의 주체로 인정하지 않고 단지 대상으로 전락시키면서, 개인 간이나 집단 간에 분열과 대립, 대결을 조장해 자신들의 억압적 통치 질서를 유지하고자 한다면, 그것은 끝내 나라와 민족의 안위도 상관치 않고 외세의 침탈을 허용하는 행위로까지 연결되기에, 이 부분 또한 매국으로 규정을 내려야 한다는 것입니다.

윤석열의 내란 범죄 행위가 단지 반헌법적, 반민주적 폭거에 그치는 것이 아니라 그 본질이 매국 행위로 연결되는 이유는, 개인과 집단 부분의 억압적 통치 질서를 유지하고자 끝내 민족의 안위도 아랑곳하지 않고, 나라와 민족 단위에서 대립과 대결 정책을 펴면서 미국의 강도적 침탈을 그대로 용인했기 때문입니다.

윤석열과 한 패거리가 되어 내란 범죄를 옹호하고 나서던 세력 역시, 기득권 세력의 옹호에 그치지 않고 사실상 매국 행위를 저지른 것으로 보아야 하는 것도, 이들이 태극기와 함께 성조기를 들고나왔다는 것에서 명확히 확인됩니다. 한마디로 미국과 불평등한 협정과 조약으로 인해 주권도 제대로 행사하지 못하고 있는데, 이를 문제

삼기는커녕 태극기와 성조기를 같이 든 것은, 자신들의 기득권 옹호와 보호 차원을 넘어 한국이 미국의 식민 지배를 계속 받아야 한다고 주장하는 행위와 하등 다름없다는 것입니다.

이렇게 민의 단합을 가로막으면서 대립과 대결을 조장하는 행위 또한 매국으로 포함시켜야 하는 이유는, 개인과 집단, 나라와 민족 단위의 모든 부분에서 주인의 권리를 누리고 살아야 하는데, 이의 실현이 서로 일치되어 풀어진다는 데에 근거하고 있을 뿐만이 아니라, 시대적 흐름으로 볼 때 앞으로 사회 발전 과정에서 주체적 요구가 더욱 중대하게 나서기 때문입니다.

주체적 요구가 중대하게 나선다는 것은 남북 관계를 어떻게 풀어 갈 것인가를 놓고 보면 더욱 분명하게 이해할 수 있습니다.

남과 북은 오랜 세월 하나의 핏줄과 언어, 문화와 지역의 공통성을 기반으로 살아왔습니다. 이것은 남과 북이 하나의 민족이라는 객관적 근거를 지어줍니다. 하지만 이런 객관적 근거가 있다고 해서 저절로 통일이 이뤄지는 건 아니라는 것입니다. 통일을 실현하기 위한 핵심적 관건은 나라와 민족의 향방을 놓고 어떻게 풀어갈 것인가 하는 주체적 요구입니다.

바로 여기서 주체적 요구로 놓고 보면, 크게 두 가지 길이 나올 수 있습니다. 하나는 자신들의 지배와 통치 체제를 한반도 전체로 확장하려는 방식이고, 또 다른 하나는 남북이 서로 협력과 합의를 통해 합리적으로 풀어가는 방식입니다. 전자의 방식을 택할 경우, 다른 상대방은 이를 받아들이지 않을 것입니다. 그러면 대립과 대결 방식을 취하지 않을 수 없고, 대립과 대결의 지속은 한반도 차원에서 끝내 통일을 이루지 못하는 것으로 귀결될 것입니다.

통일하려면 서로의 공통점을 추구해야 하는데, 자신의 통치 방식을 강제하겠다고 하니 통일의 길로 갈 수 없을 것은 자명한 이치이기 때문입니다. 그래서 통일하자면 상호 존중을 토대로 공통점을 추구해야 하기에, 이것은 필연코 개인과 집단, 나라와 민족 단위의 모든 부분에서 강압적으로 지배하는 방식이 아니라 서로 존중하는 방식으로 되어야만 한다는 것입니다. 그렇다면 통일은 서로 공통점을 확대해 가는 과정으로 되어야만 하고, 이는 필연코 서로를 분열시켜 대립, 대결을 조장하는 방식이 아닌 단합과 연대, 연합의 방식으로 전개되어야만 합니다.

바로 여기서 개인 간의 관계나 집단의 관계에서는 물론이고 나라와 민족 단위에서도 서로를 분열시켜 대립과 대결로 몰아가는 길이 아니라, 단합을 통해 공동의 미래를 모색하는 방향이 주체적 요구로 제기될 수밖에 없음이 명확하게 밝혀집니다. 그래서 민의 주체적 요구를 담는 내용을 포함시켜 개인과 집단, 나라와 민족 단위의 모든 부분에서 단합을 추구하지 않고, 오히려 분열과 대립, 대결을 획책하는 행위 또한 매국으로 놓고 단죄되어야 한다고 말하는 것입니다.

외세의 침략과 침탈에 대해 싸우지 않고 그 앞잡이 역할을 하는 것만이 아니라, 민의 단합을 의도적으로 방해하며 분열과 대결을 조장하는 행위 또한 매국으로 명확히 규정하고 단죄하는 것은, 외세와 매국노들이 그들의 억압적 통치 질서를 유지하기 위한 상투적 수법이 분열과 대립, 대결의 획책이니만큼, 이를 더는 추구하지 못하게 만들 것입니다.

이렇게 민의 주체적 요구를 내세워 분열과 대립, 대결의 조장을 극복해 나가려고 한다면, 매국노의 준동을 확고히 제압하면서 민의 단합을 더욱 공고하게 형성시켜 줄 것이며, 그러면 그 단합된 힘으로 개인과 집단, 나라와 민족 단위의 모든 부분에서 주인의 권리를 누리고 행사하는 방향으로 나아갈 것이고, 끝내 한반도 차원에서 통일도 이룩하게 될 것입니다.

## 2. 반민·매국 세력은 왜 분열과 대결을 지배의 수단으로 삼는가?

2025. 7. 21.

사회의 지배계급과 통치 세력은 사회와 역사의 주체인 민을 억압하고 지배하고자 언제나 분열과 대립, 대결의 방식을 줄곧 사용합니다. 민이 굳게 단합하고 있으면 억압하고 지배하기가 어려워지기 때문입니다. 그래서 지배계급과 통치 세력이 상투적으로 사용하는 기본적인 수법은 민이 단합하지 못하도록 갈라놓고 상호 대립과 대결로 몰아갑니다. 이런 차원에서 현 시기 세계 각국의 반민적이고 매국적인 세력 또한 분열과 대립, 대결의 방식을 자신들의 지배와 통치 수단으로 활용하고 있다고 바라보는 것은 당연한 이치입니다.

여기서 반민적이고 매국적인 통치는 식민지매국사회의 지배 통치 세력에 국한되는 현상으로 이해되는 경향이 많습니다. 하지만 반민적이고 매국적인 통치는 식민지매국사회에서만 특수하게 나타나는 현상이 아닙니다. 세계유일패권을 추구하는 국가이든, 그 패권을 수용하면서 제국주의적 침략과 침탈을 수행하는 국가이든, 그리고 그러한 국제 질서를 용인하는 속에서 대외 정책을 추구하는 세력이든 관계없이, 대외 정책에서 패권적이냐, 식민지적이냐의 형태적 차이가 있을지라도, 이들 세력의 대내 정책은 공히 반민적이고 매국적인 특징을 띨 수밖에 없습니다.

침략과 침탈이 허용되는 방식의 대외 정책이 추구되면 그에 영향받아 대내 정책도 지배와 억압을 용인하는 방식으로 추진되지 않을 수 없기 때문입니다. 그래서 트럼프의 패권 정책이나 EU·나토의 정책, 일본의 군국주의 정책은 애민·애국의 정책으로 되고, 식민지매국사회에서만 반민적이고 매국적인 정책으로 되는 것이 아니라는 것입니다. 이들 나라가 국제적 지배 질서 체계에서 수행하는 지위와 역할의 차이가 있기는 하지만, 그들의 기본적 정책 자체가 자국 민의 이익에 반하는 반민적·매국적 성격을 띠게 된다는 것입니다. 명확히 말하면 트럼프 패권 정책도, 일본의 군국주의 정책도 식민지매국사회와 마찬가지로 반민적이고 매국적인 특성을 지닌다는 것입니다.

이처럼 서로 다른 국가와 정권의 정책이 하나같이 반민적이고 매국적인 특성을 띠게 된다고 바라보는 이유는, 이들 세력이 미국의 세계화 정책으로 인해 공고한 국제적 카르텔을 형성하고 있기 때문입니다. 미국의 세계화 정책은 기존의 국제질서를 근본적으로 변화시켰습니다. 세계적 차원에서 직접적이고 전면적으로 지배하며 유일적 패권을 행사하기 위해 국가의 장벽조차도 무력화해 버린 것입니다.

국가적 장벽의 무력화는 세계 국제질서를 서로 떨어뜨려 놓을 수 없도록 상호 유기적으로 밀접하게 연결시켰고, 그에 따라 국제적 카르텔이 공고하게 형성되도록 만들었습니다. 그래서 미국의 세계 유일의 패권 정책은 미국의 정책으로만 그치지 않고, 다른 나라의 내부 정책으로까지 직접적인 영향을 주게 되었습니다. 그로 인해 미국의 패권 정책에 따른 정책은 다른 나라의 국내 정책에도 영향을 주어 결국 그 내부의 지배와 패권을 형성하는 차원으로 연결되었고, 그 결과 세계 패권적 지배 질서 체계와 국내의 억압적 지배 질서 체계가 서로 분리될 수 없게 연동되어 작동하도록 만들었던 것입니다.

세계적 차원과 국내적 차원의 지배 질서 체계가 얼마나 서로 밀접하게 떨어질 수 없게 작동되고 있는가는 국내 지배 통치 세력과 외부 지배 통치 세력 간의 관계가 어떠한지를 보면 알 수 있습니다. 그들 간의 관계는 원래 서로 친화적인 요소가 있기는 하였으나 예전에는 국가적인 장벽이 존재하는 관계로 서로의 이해관계가 꼭 일치하는 측면으로 작동하지는 않았습니다. 그래서 제국주의 국가 간에도 서로의 이해관계 충돌로 제국주의 전쟁이 벌어졌던 것입니다. 또 한국에서 지난날 군사독재 세력이 친미·친일의 성향을 지녔으면서도 미국에 대해서는 동맹으로 여기고, 일본에 대해서는 겉으로 반일적 모습을 보이기도 하였습니다. 하지만 세계화 정책이 본격적으로 추진되면서 국제적 카르텔이 공고하게 형성되자, 그들 간의 관계는 이해관계의 상충보다는 한 패거리가 되어 각자 위치에서 서로의 이익을 추구하는 방식으로 전화되었습니다. 이런 맥락에서 한국의 윤석열 매국파쇼정권은 미국과 일본을 서로 갈라 보는 방식에서 벗어나 아예 대놓고 한미일 군사동맹을 노골적으로 추구하며 결탁하는 길로 나아가려고 하였던 것입니다.

　이것은 세계화 정책이 추진되어 국가적인 장벽이 무력화되고, 거기에 국제적인 카르텔이 공고하게 형성되면서부터 나타나는 모습입니다. 물론 그렇다고 해서 이런 국제적인 질서 체계가 영원불변하게 유지된다는 것은 아닙니다. 이미 이런 질서 체계의 근간이 되었던 미국의 세계유일패권적 지위가 허물어지고 있습니다. 미국은 자국의 힘이 약화되자 누구보다도 먼저 자국 중심의 지배 체제를 유지하고자 하는 방향으로 나아갔습니다. 지난날의 동맹국도 이제 자국의 힘을 키워 유일 패권을 유지하기 위한 지배 수탈의 대상으로 간주하고 있는 것은 그런 모습입니다. 이렇게 미국이 먼저 각자도생의 길로 가자, 지난날 공고하게 형성되었던 국제적 카르텔 또한 붕괴되는 방향으로 나아가고 있습니다.

　하지만 이들이 추구하는 방식은 동일하지 않습니다. 국제적으로 형성된 카르텔이 똑같이 동등한 관계가 아니라, 위계질서가 수립된 관계 속에서 맺어진 것이기에, 그 지위와 역할에서 차이가 있을 수밖에 없기 때문입니다. 국제적 카르텔의 형성 근원은 미국이 세계 유일적 패권을 구축하려는 정책에서 비롯되었습니다. 그래서 미국을 제외한 카르텔 세력은 자기 독자적인 힘만으로는 그 국제적, 국내적 지위를 유지할 수가 없는 상태에 놓이게 되었습니다.

이런 상황에서 미국은 유일패권의 지위가 위기에 봉착하자, 중국의 제압을 우선적인 목표로 삼게 되었고, 그리고 그것은 중국을 제압하기 위한 힘의 강화, 즉 "힘의 재축적"으로 표현되었습니다. 그런데 그것은 동맹국을 수탈하는 방식으로 나타나지 않을 수 없습니다. 동맹국이 아닌 세계유일패권을 반대하는 세력을 제물로 삼을 수 있었다면 위기 상황으로 치닫지 않았을 것이기 때문입니다. 위기 자체가 바로 그리할 수 없는 상황으로 치달았음을 말해준다는 것입니다.

이렇게 미국이 동맹국들을 상대로 약탈하는 방식으로 유일패권의 지위를 유지하려고 한다면, 미국과 함께 국제카르텔을 형성하고 있는 세력들은 이제 이해관계의 대립으로 미국의 수탈 형태에 반대하고 나와야 하겠지만 현실은 그렇지 못합니다. 왜냐하면 이 카르텔 세력들은 기본적으로 미국의 유일패권 질서에 편입된 상태에서만 자신들의 정치적, 경제적 지위를 유지할 수 있기 때문입니다. 그래서 트럼프가 동맹국들을 노골적으로 수탈하는 방식으로 나오더라도, 정면으로 맞서지 못하고 미국의 바짓가랑이를 붙잡는 형태로 나올 수밖에 없다는 것입니다. 그래서 이들은 국제 사회에서 더욱더 반목과 대립, 대결 정책을 조장하고 추구하는 방식으로 나옵니다. 미국의 바짓가랑이를 붙잡아야만 자신들의 억압적 지배 질서가 유지될 수 있다는 것입니다. EU가 미국보다 더 러시아와의 반목과 대립 대결을 추구하는 모습을 보이는 것을 비롯해, 우크라이나의 젤렌스키, 이스라엘의 네타냐후, 한국의 윤석열이 그 어떤 세력보다도 유독 극단적인 대립과 대결 정책을 고수하면서, 심지어 전쟁까지 불사하는 방식으로 나왔던 모습이, 바로 이들의 이런 처지를 증명해 줍니다.

요컨대 세계화 정책의 추진으로 국제적 카르텔이 형성된 조건에서, 이들 카르텔 세력이 취하는 정치적 형태의 본질은 반민적이고 매국적인 성격을 띨 수밖에 없다는 것입니다. 그러기에 그 수법이 분열과 대립, 대결을 조장하는 방식을 사용할 수밖에 없고, 미국의 유일 패권적 지위가 흔들릴수록 그러한 경향은 더욱 극단화되어 전쟁까지 불사하는 형태로 벌어지고 있다는 것입니다.

한마디로 미국의 트럼프가 자국의 이익을 위해 세계적 차원에서 반목과 대결을 조장하면서도 직접 전쟁에 개입하기보다는 대리전을 활용하고, 동시에 관세와 방위비 인상이라는 전방위적 압박을 통해 동맹국들마저 수탈하는 방식으로 나아가자, 미국과 한 패거리가 되어 국제적 카르텔을 형성하였던 세력들은 자신들의 생존을 위해 전쟁까지 불사하는 극단적인 선택을 강요받고 있다는 것입니다. 그러다 보니 반민적이고 매국적인 특성 또한 더욱 노골화되어 나타나고 있습니다. 이것은 미국을 위시한 국제카르텔 세력이 세계적 차원에서 반목과 대립, 대결을 조장하고, 심지어 전쟁의 양상으로까지 전화될 수 있는 극단적인 방식을 동원해 추진하고 있다는 것에서 드러납니다. 하지만 국가 간의 침략과 침탈을 허용하지 않으려는 세계 평화 애호 세력과 반제 자주적인 세력들은 이런 국제카르텔 세력과 반대로 국제적인 협력과 단합을 높여가기 위한 새로운 국제질서를 추구하고 있습니다.

이처럼 반민적이고 매국적인 세력이 서로 간의 분열과 대립, 대결의 조장을 기본적인 통치 수법으로 사용하고 있다고 바라보는 것은, 세계화 정책으로 형성된 국제카르텔 세력이 심지어 전쟁까지 불사하는 극단적인 방식을 사용하고 있다는 현실적 심각성에 근거하기도 하지만, 이를 시대적 과제 해결 차원의 원칙적 입장에서 명확히 규명해야 할 필요성 때문에 비롯된 것이기도 합니다. 지금의 시대적 높이는 개인과 집단, 나라와 민족 단위의 모든 부분에서 주인의 권리를 누리고 살 것을 요구하고 있습니다. 그 때문에 분열과 대립, 대결의 구조를 기필코 극복하고, 일치와 입체, 통일의 방법으로 시대적 과제를 해결해 가야 한다는 요구가 중대하게 제기되고 있다는 것입니다.

자유와 평등의 인정은 인류사에서 중대한 전환을 가져왔습니다. 그것은 인간 자체를 가지고 차별과 억압을 가할 근거를 원천적으로 박탈했기 때문입니다. 누구나 평등한 존재로서 자유를 누리고 살아야 하는데, 누군가의 지배를 받고 살아야 한다는 것이 가당치 않은 주장으로 되기 때문입니다. 그런데 자유와 평등이 형식적으로나마 인정된 조건에서 사회가 더 발전하자면, 그것을 실질적으로 누리는 단계로 나아가야 하고, 또 그런 단계로 나가자면 주인의 권리를 행사하느냐, 행사하지 못하느냐의 차원으로 접근해야 합니다. 결국 자유와 평등의 인정은 개인과 집단, 나라와 민족 단위의 모든 문제가 서로 일치되어 입체적이고, 통일적으로 풀어질 수밖에 없다는 것을 보여주었습니다.

자유와 평등이 인정되지 않는 조건에서는 분명 인간은 개성을 가진 존재로서 집단을 구성하여 나라와 민족 단위로 살아가고 있는데도, 이 문제들의 해결은 서로 밀접히 연관된 것은 사실이지간, 그래도 각기 상대적 독자성을 지닌 것으로 인식되었고, 따라서 선후차의 문제로 풀어질 것이라고 바라보는 제한된 이해가 형성되었습니다.

노예로 취급되거나 신분적 차별을 받는 조건에서는 개인과 집단의 권리를 제기하는 것 자체가 불가능하게 될 것이기에 지배 통치 세력에게 직접적 영향을 미치는 나라와 민족의 문제가 우선적으로 취급되지 않을 수 없었을 것입니다. 하지만 인간이 누구나 평등하게 자유를 누리고 살아야 한다는 것이 인정되기에 이르자, 진짜 인간해방의 단계로 나아가자면 착취와 억압 자체를 없애야 했기에, 민족 문제의 선차적인 해결을 인정하면서도 계급 문제를 근원적으로 해결해야 한다고 바라보게 되었습니다.

그런데 인류 역사에서 나타난 현실은 나라와 민족 문제를 해결하는 데에서 형식적인 독립이 이루어졌음에도, 사실상 여전히 식민 지배와 억압에서 벗어나지 못하는 형태가 벌어지고 있다는 것입니다. 게다가 사회주의 혁명, 즉 계급해방이 추진되는 단계로 나아갔다면, 자연스럽게 민족 문제는 선차적으로 해결되는 것으로 되어야 이치에 맞을 것인데, 현실은 이와 달랐습니다. 사회주의 국가 내부에서도 민족 문제가 여전히 나타났고, 심지어 민족 간의 분열과 대립으로 소련의 사회주의 국가는 붕괴되고, 여러 민족이 새롭게 독립 국가로 수립되는 현상까지 발생하였습니다.

그러면 도대체 그런 연유가 어디에 있으며, 이를 해결하자면 어떻게 풀어가야 하느냐는 것입니다. 바로 여기서 자유와 평등이 형식적으로 인정되는 것만으로 충분하지 않고 실질적으로 누리고 사는 것이 중요하다는 것을 알 수 있습니다. 그러면 여기서 자유와 평등을 실질적으로 누리고 살지 못하는 연유가 어디에 있냐는 것입니다. 그것은 인간이 살아가는 데 있어서 외부 조건의 차이를 차별로 전환시켰다는 것을 알 수 있습니다. 자본을 가지고 있느냐의 차이를 가지고 지배와 억압의 관계로 전환시킴으로써 자유와 평등을 실질적으로 누리고 살지 못하게 만들었다는 것입니다.

이런 외부 조건의 차이를 지배와 억압이라는 차별로 전환시키는 방식은 단순히 외부 조건 관계에서만 적용되는 것으로 국한되지 않았습니다. 당연히 인간 존재 전반으로 확산되었습니다. 그리하여 민이 개인과 집단, 나라와 민족 단위로 살아가고 있는데, 그 속에서 이뤄지는 각각의 차이들이 차별로 전환되어 자신들의 지배와 통치를 정당화하는 근거로 이용되었습니다.

하지만 개성의 차이가 있다고 해서 존중받지 못하고 차별받아야 할 이유는 없으며, 마찬가지로 집단 간에 차이가 있다고 해서 지배받고 억압받아야 할 이유도 없고, 나라와 민족적 특성이 조금 다르게 나타난다고 해서 침략과 침탈을 받아야 할 근거도 없습니다. 바로 여기서 이 차이를 지배와 억압으로 전환시키기 위해서 분열과 대립, 대결을 조장하는 정책을 추구하였던 것입니다. 서로 반목하고 대립, 대결하는 방향으로 몰아가면, 힘 있는 개인과 집단, 국가가 그렇지 못하는 존재를 지배하고 억압하는 차별적 질서 체계가 정당화되기 때문입니다.

하지만 개인과 집단, 나라와 민족 단위의 모든 부분에서 주인의 권리를 누리며 살려는 사람들은 서로 반목하여 대립, 대결을 벌일 이유가 없습니다. 서로 단합하여 협력하는 것이 오히려 도움이 되기 때문입니다. 개성을 실현하는 과정에서도 인간의 보편적 권리를 인정하는 일치된 계선을 견지하는 가운데, 서로의 차이를 존중하여 통일적 전망 속에서 풀어가야 할 것입니다. 집단의 권리 역시 각 집단이 처한 조건의 차이를 차별로 전환시키는 것을 배격하고, 상호 존중을 바탕으로 통일적으로 해결해야 할 것입니다. 나라와 민족 단위에서도 민족적 특성의 차이를 내세워 침략과 약탈을 정당화하는 방식이 아니라 서로 주권을 보장하는 원칙 위에서 해결되어야 할 것입니다.

이런 각도에서 놓고 보면, 개인과 집단, 나라와 민족 단위에서 권리를 실현하는 과정은 모두 각 방면에서의 보편적 권리를 보장하는 일치된 계선을 견지한다는 전제하에, 서로의 차이를 입체적으로 존중하고 통일적 전망 아래 풀어가는 방식의 공통된 구조로 전개된다는 것을 알 수 있습니다. 다시 말해 각 영역은 물론, 이들 상호 간의 관계 또한 일치·입체·통일의 방식으로 밀접하게 연결되어 풀어지게 된다는 것입니다.

이것은 결국 개인과 집단, 나라와 민족 단위의 모든 부븐에서 주인의 권리를 누리며 살려고 하는 주체는 민으로 똑같고, 이를 가로막고 억압하려는 세력은 바로 나라와 민족 단위에서 침략과 침탈을 가하거나 이를 용인하는 반민적·매국적인 정책을 펴는 세력으로 동일하다는 것을 말해줍니다. 여기서 반민적이고 매국적인 세력들은 주인의 권리를 실현하려면 단합이 필수적이라는 사실을 알기에 이를 한사코 방해하고자 한다는 것입니다. 그래서 필연코 분열과 대립, 대결을 조장함으로써 그들의 지배와 억압적 질서를 유지하고자 한다는 것입니다.

결국 민이 자유와 평등을 실질적으로 누리는 시대적 높이를 실현하자면, 개인과 집단, 나라와 민족 단위의 모든 영역에서 주인의 권리를 보장하는 방향으로 나아가야 하며, 이의 해결 방법이 일치·입체·통일의 방식으로 풀어질 수밖에 없는 것이기에, 연대·연합에 기초한 단합 방식으로 풀어가야만 한다는 것입니다. 그런데 반민적·매국적 입장을 견지하는 세력들은 자신들의 지배와 통치 질서를 유지하고자 분열과 대립·대결을 조장하는 방식을 획책한다는 것입니다.

한국 사회에서 이러한 분열의 조장은 여야 대결, 진보와 보수 대결, 남북 간의 적대 구조를 극단화하는 형태로 나타나고 있습니다. 그 결과 헌정 질서와 민주주의가 훼손되고, 참다운 애국 세력이 가짜 애국을 참칭하는 세력에 의해 탄압받는 결과가 나타남으로써, 애민·애국의 기치로 단합하지 못하고 외세와 매국노가 주인 행세하는 식민지매국사회가 계속 유지되고 있다는 것입니다. 그래서 분열과 대립, 대결의 방식은 반민적이고 매국적인 세력이 자신들의 지배와 통치를 위한 필연적 수단으로 사용할 수밖에 없다는 점을 명확히 해야 한다는 것입니다.

한마디로 개인과 집단, 나라와 민족 단위의 모든 부분에서 주인의 권리를 실현하려는 주체적 측면에서 살펴볼 때, 애민·애국의 기치로 서로 연대·연합하여 단합의 길로 나아가느냐, 그렇지 못하고 각종 형태의 분열과 대립·대결의 구도에서 벗어나지 못하느냐는 참다운 개혁의 성패를 가르는 관건적 문제로 떠오르고 있다는 것입니다. 바로 여기서 분열과 대립·대결의 구도를 극복하고 단합을 이루어야만 승리의 길로 나아갈 수 있습니다.

이렇게 반민적·매국적 세력이 서로 간의 분열과 대립·대결을 조장하는 수법을 통해 억압적 지배 질서를 유지하고 있다는 것을 명확히 확립한다면, 그런 수법을 빌미로 애국 행위인 양 둔갑시켜 민을 탄압하는 기가 막힌 현실이 더 이상 통용되지 못하게 될 것입니다. 그러면 그만큼 애민·애국의 기치로 연대·연합할 수 있는 길이 활짝 열리게 될 것이고, 궁극적으로 개인과 집단, 나라와 민족 단위의 모든 부분에서 주인의 권리를 실질적으로 누리고 사는 사회를 앞당겨 실현할 수 있게 될 것입니다.

### 3. 내란 범죄 청산과 사회 대개혁을 완수하자면 진보와 보수, 여야의 정치 지형을 애국 대 매국으로 전환해야 한다

2025. 5. 12.

윤석열의 내란 범죄를 처리하는 과정을 보면, 행정부와 입법부, 사법부 등 한국 사회 전반에 걸쳐 기득권 세력들의 카르텔이 공고하게 형성되어 있음을 알 수 있습니다. 그 때문에 내란 범죄의 문제를 해결하자면 한국 사회를 일면적이고 부분적으로가 아니라 총체적으로 개혁시켜 가야 합니다.

이런 차원에서 광장대선연합시민연대와 더불어민주당, 조국혁신당, 진보당, 기본소득당, 사회민주당의 5당이 내란 세력을 청산하고 사회 대개혁의 과제를 추진하기 위해 연대와 연합 정치 시대를 열어 나가겠다고 선언한 것은 큰 의의가 있다고 할 수 있습니다. 여기에는 내란 범죄의 청산만이 아니라 한국 사회를 대개혁하기 위한 제반 내용들이 또한 담겨 있습니다.

그런데 관건은 그렇게 합의 선언한 대로 실현될 수 있느냐는 것입니다. 서로 합의한 내용과 정책이 아무리 좋다고 하더라도, 그것을 실현할 수 있는 길이 막혀 있거나 가능하지 않다면 그것은 그림의 떡에 불과할 것입니다. 한마디로 한국의 법질서가 제대로 작동되지 못하는데도 그 원인을 해결하려고 하지 않고, 그저 희망 사항을 담는 제안들을 백날 합의해 본들 실질적인 변화를 만들어 낼 수 없다는 것입니다.

이것은 박근혜를 탄핵한 이후 등장한 문재인 정권의 경험에서 적나라하게 드러났습니다. 촛불항쟁의 압도적인 힘으로 출범한 문재인

정부는 개혁할 것처럼 요란하게 목소리를 높였지만, 사회 대개혁을 본질적으로 완수하지 못했고, 그로 인해 가장 극악한 윤석열 반동정권이 등장할 빌미를 제공해 주었을 뿐입니다. 그뿐 아니라 북과 합의하여 4·27 판문점선언, 9·19 평양선언을 발표했지만, 자신이 합의한 사항도 제대로 이행하지 못함으로써, 북으로부터 더 이상 대화 상대가 될 수 없다고 비난받으며 결국 남북 관계를 파국으로 치닫게 했습니다.

이렇게 된 근본 원인은 한국에서 좋은 제안을 합의하거나, 또 남북 간에 합의한다고 한들, 주권을 실질적으로 행사할 수 없었기에 그것을 제대로 집행할 수 없었기 때문입니다. 한마디로 외세와의 불평등한 조약과 협정으로 인해 주권을 행사할 수 없는 조건에서는, 아무리 훌륭한 제안이라고 하더라도 외세의 이해와 충돌하는 순간, 이를 독자적으로 집행할 수가 없다는 것입니다. 주권이 제약된 상태에서는 사회 대개혁은커녕, 내란 범죄의 청산마저 제대로 수행할 수 없을 것은 너무도 당연한 이치라는 것입니다.

그렇다고 한다면 내란 청산과 함께 사회 대개혁을 수행하려고 한다면 무엇보다 주권을 실질적으로 행사하는 문제를 최우선 과제로 설정해야 할 것입니다. 주권 문제가 해결되지 않는 한, 어떤 정권이 들어서더라도 제대로 된 사회 대개혁이 이뤄질 수 없다는 뜻입니다. 이를 보면 내란 청산과 사회 대개혁을 진실로 바라느냐, 바라지 않느냐의 계선은 한국 민의 요구에 맞게 주권을 제대로 행사할 수 있는가에 달려 있다는 것을 알 수 있습니다.

그래서 진실로 내란 청산과 사회 대개혁을 이룩하고자 한다면 주권을 제대로 행사하지 못하고 있는 상황을 극복할 수 있는 정치 지형과 구도부터 조성해 가야 합니다. 그렇지 못하면 다람쥐 쳇바퀴 돌듯 한국 사회는 도돌이표의 상황을 맞이할 수밖에 없다는 것입니다.

지금껏 여러 번의 정권교체와 탄핵이 이뤄졌음에도 실질적인 개혁은커녕, 도리어 국정 농단과 함께 내란 범죄까지 발생하게 되었던 원인이 바로 여기에 있었습니다. 대한제국이 1905년 일제로부터 외교권을 빼앗기면서 주권을 상실하게 되었을 때, 이에 맞서 싸워 주권을 회복하는 길로 나아가지 못하자, 결국 일제의 식민 지배를 받아 비참한 노예의 처지에 빠지게 되었던 역사적 사실은 이를 명확히 보여주고 있습니다.

그런데 주권 문제를 해결하자면 외세와 이들의 앞잡이 역할을 하는 매국노들에 대해 대항해 싸워야 하니만큼, 결국 애국과 매국의 대립 전선을 구축하고 압도적인 애국 역량을 형성할 수 있도록 정치 지형과 구도를 조성해 가야 할 것입니다. 외세와 매국노들의 저항을 이겨내지 못한다면 주권을 찾을 수가 없기 때문입니다.

그런데 한국의 현실 사회의 정치 지형과 구도는 주권을 찾는 방향과는 거리가 멉니다. 여야 대립, 혹은 진보와 보수 간의 대립 관계와 같은 방식으로 정치 지형과 구도가 짜여 있기 때문입니다.

먼저 여야의 대립 구도로 정치 지형이 형성될 때 나타나는 본질적 문제점은, 민이 승리하여 사회 대개혁을 결코 수행할 수 없는 구조가 고착화된다는 데에 있습니다.

민이 주인의 권리를 실현하고 사회를 근본적으로 개혁하려면, 어떻게 해야 승리할 수 있는지가 정치 구도 속에서 명확히 제시되어야 합니다. 그런데 아무리 참여하고 투표해도 승리할 수 있는 길이 보이지 않는다면, 이것은 백날 가도 사회가 바뀌지 않는다는 것이니, 이런 정치 지형과 구도로 짜여 있다면 뭔가 한참 잘못되어 있다고 볼 수밖에 없을 것입니다. 승리할 수 없는 구도인데도 민이 승리했다고 주장한다면 이것이야말로 민을 기만하는 행위가 아닐 수 없습니다.

한국의 정치 지형은 사실상 거대 양당 체제입니다. 이런 상태에서 여야의 대립 구도가 작동되면 선거는 하나 마나 결과는 정해져 있습니다. 거대 양당 세력 중 하나가 승리하는 구도이기 때문입니다. 이런 구도에서의 승리자는 민이 아니라 거대 양당 체제 그 자체가 될 수밖에 없습니다. 이러한 대립 구도의 본질은, 잘못되어 있는 한국의 현실을 인정하는 데에 기초해 있기 때문입니다. 사회를 개혁하려면 잘못된 현실을 고쳐야 하는데, 그 현실을 용인하는 속에서 어떻게 사회를 개혁할 수 있겠느냐 하는 것입니다. 한국의 사회가 이렇게 총체적으로 부패하고 왜곡된 구조로 굳어지게 된 것은, 바로 이 거대 양당 체제가 장기간 지속되어 오면서 그에 의해 정치·경제·사법 전반에 카르텔이 공고하게 형성되었기 때문인데, 이런 현실 자체를 인정하게 된다면 어떻게 한국 사회를 개혁할 수 있는 길이 열리겠느냐 하는 것입니다.

여야의 대립 구도가 형성되면 잘못된 현실 체제를 인정하는 구도로 된다는 것은, 내란 범죄의 정치적 공범인 국민의힘이 대선 후보를 선출하고 후보 등록까지 마쳤다는 사실에서 명백히 드러납니다. 국가반역죄에 해당되는 내란 범죄의 공범이라면 그런 당은 당연히 해체되어야 마땅하고, 대선 후보의 선출이나 후보 등록 자체가 불가능해야 합당할 것입니다. 그런데 그리되지 못하고 대선 후보로까지 등록한 마당에 이들을 무슨 명분으로 어떻게 해체할 수 있겠습니까?

여야의 대립 구도는 내란 범죄 세력을 청산하지 못하게 할 뿐만이 아니라, 법질서 자체를 사실상 무력화하는 결과를 가져옵니다.

정의는 법질서의 확립을 통해 세워집니다. 그런데 여야의 대결 구도에서는 "이기는 것"만이 정치적 목적으로 대두됩니다. 이런 구도 앞에서 옳고 그름과 정의의 문제는 뒷전으로 밀려납니다. 내란 범죄는 국가반역죄에 해당되는 중대한 범죄임에도, 국민의힘은 여야의 대립 구도 속에서 "반이재명"이라는 정치적 구호를 앞세워 이를 두둔하고 방어하는 데에만 몰두하였습니다. 이러니 정의는 온데간데없이 사라지게 되었고, 법질서는 무력화되었습니다. 이런 조건에서 과연 사회 대개혁이 가능하겠습니까? 사회 대개혁은 무엇보다 엄정한 법질서의 확립을 전제로 하는데 말입니다.

이렇게 정의가 실종되고, 법질서가 무력화되는 상황에서 "이기는 것"만이 능사가 되는 조건이라면 더불어민주당 또한 승리를 위해 우클릭할 수밖에 없게 될 것입니다. 왜냐하면 여야의 대립 구도에서 승리가 절대적 가치가 되는 이상, 더불어민주당은 어차피 개혁·진보 세력들이 자신들을 지지할 수밖에 없다고 전제하고 크게 신경 쓰지 않고, 대신에 국민의힘이나 보수 진영의 표를 일부라도 흡수하는 것이 중요하다고 판단할 것이기 때문입니다. 지난 여러 차례 대선 과정에서 민주당 후보가 반복적으로 우클릭하는 행보를 보였던 원인이 여기에 있었던 것입니다. 한마디로 한국 사회에서 거대 양당은 본질적 정책 차이가 거의 없는데도, 마치 근본적 차이가 있는 양 경쟁하다가 대선 국면에 들어서기만 하면 끊임없이 우클릭하는 현상이 되풀이되었던 것은, 여야의 대결 구도로 대선이 치러지는 구조였기 때문입니다.

이렇게 우클릭하여 대선을 치러 승리했다고 한들 사회 대개혁이 이뤄질 수 있겠느냐 하는 것입니다. 이미 정책적으로 우클릭한 상태에다가 청산되어야 할 세력이 의연히 정치의 한 축으로 존립하고 있는 조건에서 사회 대개혁이 실질적으로 추진될 수 있겠냐는 것입니다. 청산되어야 할 세력이 계속 방해 책동을 벌일 것이기에, 결국 사회적 혼란과 갈등만 거듭하다가 중도반단 될 것은 보지 않아도 뻔할 것입니다.

그렇다고 한다면 여야 대결 구도에서 말하는 승리란 도대체 무엇을 의미하는 것이겠습니까? 되는 것도 없고, 안 되는 것도 없는 구도

일 터인데, 이런 조건이라면 여기에서의 승자는 누구이겠습니까? 그 것은 다름 아닌 총체적으로 붕괴되어 가는 한국 사회를 개혁하지 않고 현 상태로 유지하려는 세력이라고 볼 수밖에 없을 것입니다. 반면에 잘못된 한국 사회를 근본적으로 개혁시켜 주인의 권리를 실현하려는 세력은, 결코 그런 사회를 만드는 게 불가능하게 되기에, 어떻게 해도 승리할 수 없는 구도가 되어 버린다는 것입니다. 이런 정치 지형과 구도 속에서는 나라의 주인인 민은 자신의 권리를 제대로 행사하지 못하고 패배자로 귀결될 수밖에 없을 것입니다.

이러한 악순환에서 벗어나 민이 승리의 길로 나아가자면 이길 수 있는 정치 지형과 구도를 새롭게 확립해야 합니다. 그것도 반개혁 세력의 방해 책동을 돌파할 수 있을 정도의 압도적인 역량을 구축해야합니다. 그래야만 내란 범죄를 청산하고 사회 대개혁을 실질적으로 추진할 수 있습니다.

그런데 여야의 대결 구도하에서는 이러한 압도적 역량을 구축할 수 없습니다. 이 구도에서는 반반에 가까운 대결이 반복될 뿐이며, 설령 승리하더라도 근소한 차이에 그치게 됩니다. 내란 범죄에 대한 청산이 압도적임에도 불구하고, 이재명 후보의 지지율이 60%를 넘지 못하고 40~50%에 머물러 있는 현실도, 한국의 정치 지형이 여야의 대립 구도로 짜여 있기 때문입니다.

그뿐만 아니라 여야의 대립 구도로 가면 한국 사회를 개혁할 수 있는 조건인 주권 문제의 해결을 필연코 외면하게 만든다는 것입니다. 지금까지 한국 사회에서 여야 대결 구도로 대선이 치러지는 동안, 누가 이기느냐에 관계없이 주권 문제가 외면되어 왔다는 데에서 이는 명백히 드러납니다. 주권 문제를 해결해야 외세의 간섭을 배제하고 한국의 법질서에 의한 정책 집행이 가능할 것인데, 이를 해결하지 못하는 조건에서 그 무슨 사회 대개혁이 가능하겠느냐는 것입니다.

물론 한국 사회가 거대 양당 체제로 되어 있는 현실 속에서, 여기에서 벗어나고자 해도 외형상 여야 대결의 형태를 띨 수는 있습니다. 하지만 내란 범죄의 청산과 사회 대개혁을 이룩하고자 한다면, 주권 문제의 해결에 달려 있으니만큼, 본질적으로 애국과 매국의 대결 구도로 전환시켜 가야만 합니다. 한마디로 여야의 대립 구도로서는 한국 사회를 바꿀 수 없으니만큼, 애국과 매국의 정치 지형으로 새롭게 바꿔가야만 한다는 것입니다. 그래야만 거대 양당이 권력을 나눠 먹는 구조에서 벗어나 애국 세력의 압도적인 역량을 형성할 수 있고, 그에 기초해 외세와 매국 세력의 방해 책동을 극복하고, 주권을 회복하여 내란 범죄의 청산과 사회 대개혁을 추진할 수 있다는 것입니다.

한국 사회의 정치 지형과 구도가 잘못 설정된 모습은, 또한 진보와 보수 간의 대결로 오인하는 것에서도 나타나고 있습니다. 진보와 보수 간의 진영 대결로 바라보는 인식의 문제점은, 한국 사회가 아직 진보와 보수로 정책 경쟁할 수 있는 정치적 환경 자체가 확립되어 있지도 않은데, 마치 그런 조건이 이미 조성되어 있는 것처럼 한국 사회의 현실을 잘못 파악하게 오도한다는 것입니다. 그 결과 한국 사회에서 시급하게 해결해야 할 과제가 외세와 매국 세력을 응징하여 주권부터 찾는 것인데도, 이를 외면하도록 하면서 그 해결을 어렵게 한다는 것입니다. 한마디로 여야 간의 대결 구도가 한국 사회의 불합리한 현실을 그대로 수용하게 함으로써 사회를 개혁할 수 있는 구도의 형성을 어렵게 하는 것이라고 한다면, 진보와 보수의 진영 간의 대립 구도로 바라보는 것은 한국의 현실이 잘못되어 있다고 생각하지만, 그 본질적 문제가 주권을 제대로 행사하지 못하는 데에 있다는 사실을 간과하게 함으로써 그 해결을 어렵게 만든다는 것입니다.

진보와 보수 간의 논쟁이 성립하려면 일정한 사회적 조건이 마련되어야 합니다. 단적으로 남의 자유를 억압할 자유를 허용해서는 안 됩니다. 남의 자유를 억압할 자유를 허용하는 순간, 자유 자체가 보장되지 못하기 때문입니다. 자유가 보장되지 못하는 조건에서 진보니 보수니 하며 논쟁을 벌이는 것이 무슨 의미가 있겠습니까? 그뿐 아니라 주권을 행사하지 못하면 진보나 보수라는 구별 자체도 무의미합니다. 주권을 상실하면 사실상 식민지 노예의 처지에 빠지는데 거기서 진보니 보수니 하는 구별이 무슨 의미가 있냐는 것입니다.

이처럼 진보와 보수 간의 진영 대립이 성립하려면, 주권을 온전히 행사하여 자국의 이익에 맞게 독자적으로 정책을 집행할 수 있어야 할 뿐만이 아니라, 남의 자유를 억압할 자유는 허용할 수 없다는 원칙들이 사회적 합의와 규칙으로 확고히 확립되어 있어야 합니다. 그런데 한국 사회가 이런 사회 정치적 환경이 갖춰져 있느냐 하는 것입니다.

현실의 한국 사회는 미국과 한미상호방위조약, 한미행정협정과 같은 불평등한 조약과 협정에 묶여 주권조차 제대로 행사하지 못하고 있습니다. 일본과도 잘못된 한일기본조약을 체결하고 있는 관계로, 한국의 대법원이 강제노역에 대해 배상 판결을 내린다고 한들, 일본은 받아들이지 않을 뿐만이 아니라, 식민 지배에 대해 사과하거나 반성조차 거부하고, 오히려 독도도 자국 영토라고 우기며 한반도에 대한 군국주의적 침략 야욕을 드러내고 있습니다. 그렇다고 한다면 미국과 일본의 주권 침탈에 대해 단호히 싸워, 제약받고 있는 주권부터 고수·회복하기 위해 노력해야 할 것입니다.

그런데 외세의 앞잡이인 매국 세력들은 그렇게 하기는커녕, 일제의 식민 지배를 받음으로써 한국의 근대화가 이뤄졌다는 궤변을 늘어놓으며, 앞으로도 미국과 일본의 지배와 간섭을 받으며 살아가야 한다고 강변하고 있습니다. 그런데 이런 세력을 어떻게 '극우 보수'나 '보수'라고 볼 수 있단 말입니까? 이들은 보수라고 볼 수 없고 매국노라고 봐야 할 것입니다. 그런데 이들을 보수라고 포장한다면 매국 행위를 용인하는 것이 아니고 뭐가 되겠습니까? 마찬가지 이치로, 진보 정책 또한 주권부터 찾고 난 다음에야 추진될 수 있다는 것은 너무도 자명한 이치일 것입니다. 그런데 진보 정책을 추진한다는 미명하에 주권 문제의 해결을 외면한다면, 이들 세력을 과연 진짜 진보 세력으로 볼 수 있겠냐는 것입니다.

물론 사람마다 각기 보수와 진보 정책을 얼마든지 주장할 수 있고, 또 그 차이가 있다는 것을 부정할 수는 없습니다. 하지만 자신이 참다운 보수주의자이고 진보주의자라고 자임한다면, 그런 정책들은 주권을 회복한 이후에야 한국 사회에서 현실적으로 실현 가능하다는 것은 너무도 명확하다는 것입니다. 그렇다고 한다면 진보와 보수 정책에서 차이가 있다고 해도 나라의 주권을 찾는 문제에서만큼은 서로 합심해서 풀어가야 할 것입니다. 그렇지 않으면 참다운 보수와 진보 세력이 될 수 없다는 것입니다.

한국 사회의 대립 구도를 보수와 진보 간의 진영 대결로 설정하고 주권 문제의 해결을 외면했을 때, 나타나는 큰 문제점은 한국 사회의 대개혁을 영영 불가능하게 한다는 것입니다. 한국 사회를 대개혁하자면 주권 문제부터 해결해야 하고, 그러자면 외세와 매국노를 응징해야 하고, 이를 가능하게 하자면 압도적인 애국 역량을 구축해야 할 것입니다. 그런데 진보와 보수 간의 진영 대결로 만들어 매국노들에게 보수와 진보의 탈을 씌워 응징할 수 없도록 빠져나갈 길을 열어 준다면, 어떻게 매국 세력을 응징할 수 있겠으며, 또 어떻게 애국 역량을 구축할 수 있겠습니까?

현실적으로 보더라도, 보수와 진보 간의 대결 구도로 나아가면 잘 해 보았자 거의 비등한 수준에서 이길 수밖에 없습니다. 사회 개혁의 방식을 따져볼 때 혁명적 전야가 아니라면 급진적인 방식보다는 거의 보수적인 방식의 개혁이 선호될 수밖에 없기 때문입니다. 그래서 일반적 상황에서는 대부분 보수 세력이 많을 수밖에 없습니다. 그 때문에 진보와 보수의 진영 간의 대결로 가면 압도적으로 이길 수가 없습니다.

물론 지금의 한국 사회는 총체적으로 붕괴되어 가고 있습니다. 그래서 한국 사회를 총체적으로 개혁해야 한다는 주장이 힘을 얻고 있습니다. 하지만 그렇다고 하더라도 이를 보수적 개혁이냐, 진보적 개혁이냐의 차이로 나눌 필요가 없습니다. 오히려 그런 구분 자체가 개혁 세력의 분열을 낳고 역량을 약화시킬 뿐입니다. 그 때문에 한국 사회의 개혁에 동의하는 세력이라면 보수적 개혁 방식이든, 진보적 개혁 방식이든 그 차이를 앞세울 게 아니라, 모든 개혁 세력이 함께할 수 있는 공통의 과제를 중심으로 결집해 가야 합니다. 바로 그것이 개혁 역량을 광범위하게 압도적으로 형성하는 방법입니다. 바로 여기서 보수적인 개혁이든, 진보적인 개혁이든 관계없이 개혁 자체가 가능하게 하자면, 먼저 주권 문제부터 해결해야 하니만큼 여기에 우선 힘을 합쳐 가야 한다는 것입니다.

이런 측면에서 살펴볼 때, 이번 광장대선연합시민연대와 제 정당이 서로 연대·연합하여 내란 청산과 사회 대개혁의 정책을 일정하게 합의한 것은 큰 의의가 있지만, 다른 한편에서는 과연 그렇게 설정했던 개혁이 실제로 가능할지는 여전히 의문점으로 남을 수밖에 없다는 점 또한 명확하다는 것입니다. 보수적 개혁이든, 진보적 개혁이든지, 그것이 가능하게 하려면 주권부터 찾아야 할 것인데, 바로 그 점이 명확히 드러나지 않고 있기 때문입니다. 그래서 광장대선연합시민연대와 제 정당이 서로가 합의했던 바대로 내란 범죄 청산과 사회 대개혁을 추진할 수 있도록 하자면, 주권 문제부터 먼저 해결해야 한다는 것을 명확히 표명하고, 이를 관철하기 위한 실천에 나서야 합니다.

한마디로 주권을 고수·회복하자면 여야 간의 대립 구도는 물론, 보수와 진보 간의 진영 대결 구도를 넘어서야 합니다. 애국과 매국 간의 대립 관계로 정치 지형과 구도를 전환시켜 가야 한다는 것입니다. 외세와 매국노를 응징하여 한국이 자체로 자기 발길을 걸어갈 수 있도록, 주권 문제부터 우선적으로 해결해야 한다는 원칙적 입장을 명확히 해야 한다는 것입니다. 다시 말해 한국의 주권이 제약당해 독자적으로 정책을 추진할 수 있는 길이 차단된 외세와의 불평등한 협정과 조약부터 파기해야 합니다. 즉 한미상호방위조약과 한미행정협정, 한일기본조약부터 파기하고 미일과의 관계를 서로 대등한 관계로 새롭게 재정립해야 한다는 것입니다. 이렇게 주권을 온전히 행사할 수 있을 때, 그에 기초해서 내란 청산과 사회 대개혁을 추진하는 길로 나아갈 수 있습니다. 그래야만 민이 주인의 권리를 누리고 살수 있는 길이 열리게 됩니다.

# 3부

## 내란 범죄 청산과 사회정의

# 4장 | 내란 범죄의 본질과 청산

## 1. 왜 내란 세력을 매국 행위와 연계시켜
   인적 청산을 전개해야 하는가?

2025. 9. 8.

### 1) 한국 사회를 참답게 개혁하자면 질적 전환의 계선을 견지해야 한다

1905년 일제에 의한 을사늑약으로부터 40년, 1945년 미군정으로부터 80년, 도합 120년 동안 한국 사회는 실질적으로 주권을 행사하지 못하고 있습니다. 이런 상태가 오랫동안 지속된 근본적 이유는 질적 전환을 이룩하기 위한 명확한 계선을 끝내 견지하지 못했기 때문입니다.

물론 한국 사회가 전혀 변화하지 않았다는 것은 아닙니다. 굵직한 사건만 놓고 보더라도 4월혁명, 광주민주항쟁, 6월항쟁이 있었고, 그런 투쟁의 성과로 군사독재 세력은 더 이상 한국 사회에서 맥을 추지 못하게 되었습니다.

하지만 군사독재 세력의 뒤를 이어 나타난 것은, 한때는 민과 함께했지만 결국 민의를 저버린 배신세력이었고, 이들 배신세력이 민의 지지를 상실하자 그 틈을 타 역사를 되돌리려는 반동세력까지 등장하게 되었습니다. 촛불항쟁을 통해 반동정권을 탄핵했지만, 다시 배신세력이 정권을 잡는 상황이 벌어졌습니다. 그 결과 배신세력이 잘못하면 또다시 반동세력이 집권하는 악순환이 벌어져, 사실상 배신세력과 반동세력이 서로 번갈아 가며 권력을 장악하는 과정으로 전개되고 있습니다. 그로 인해 한국 사회는 여전히 외세와 매국노가 주인 행세하는 사회가 바뀌지 않고, 주권조차 제대로 행사하지 못한 상태를 극복하지 못하고 있습니다.

그렇다면 왜 이런 현상이 발생되느냐 하는 것입니다. 그것은 한국 사회를 실질적으로 개혁하자면 질적 전환을 이루어야 하는데, 그런 방식으로 전개되지 못했기 때문입니다.

사회와 역사의 발전은 질적 전환에 의해서 이뤄집니다. 여기서 말하는 질적 전환이란, 사회 역사의 주체가 민이니만큼 민이 주인의 권리를 실현하는 데에서 어떤 변화가 본질적으로 이루어질 수 있는가를 기준으로 놓고 살펴본다는 의미입니다. 그래서 민과 직접적인 이해관계가 없는 부분을 가지고 질적 전환의 계선으로 삼지 않습니다. 이 것은 사회 역사의 변화 과정에서 민과 관계된 부분만 질적 전환이 이뤄진다는 뜻이 아니라, 다른 부분에서도 질적 전환이 이뤄지기는 하지만, 민이 주인의 권리를 누리고 사는 문제와 직접 연결되지 않는 변화는 질적 전환의 계선으로 적용하지 않는다는 의미입니다.

예를 들어 자본주의 사회에서 산업자본, 독점자본, 국가독점자본, 세계거대독점자본으로 변화 발전하는 것은 분명 하나의 질적 전환이라고 볼 수 있습니다. 하지만 이러한 변화는 민의 입장에서 볼 때 질적 전환의 계선으로 되지 못합니다. 큰 틀에서 보았을 때, 자본 중심의 지배 구조로 돌아가고 있는 한, 민이 주인의 권리를 누리고 사는 데 있어서 본질적 변화를 가져오지 못하기 때문입니다.

물론 이것은 자본의 가치법칙을 부정하자는 주장도 아니고, 이렇게 변화된 상황을 활용하지 말자는 것도 아닙니다. 중요한 것은 민이 주인의 권리를 누리고 사는 사회를 만들자면, 민의 삶에 본질적 변화를 가져올 수 있는 계선을 분명히 설정해야 한다는 것입니다. 그렇지 못하면 사회가 아무리 변화하더라도 민의 삶에서 질적 전환이 발생하지 않는다는 것입니다.

오늘날 미국이 세계거대독점자본을 기반으로 한 유일 패권적 지배체제가 위기에 처하자, 이를 모면하고자 세계 다른 제반의 국가와 자본 세력까지 약탈과 수탈을 강화하니, 미국을 제외한 나머지 여타 모든 세력이 이에 불만을 품는 것은 당연할 것입니다. 이런 조건에서 미국의 세계거대독점자본 세력에 반대하는 국제 전선을 모색하는 시도는 매우 중요한 의미를 갖게 될 것입니다. 하지만 그 과정에서도 민이 주인의 권리를 누리고 사는 사회를 이룩하기 위한 질적 계선을 놓쳐서는 안 된다는 것입니다. 그렇지 않으면 기존의 지배 구조를 다른 형태로 재편하는 데 그칠 뿐, 민이 주인의 권리를 실현하는 질적 전환의 사회를 수립할 수 없습니다.

이런 이치의 연장선상에서 볼 때, 한국 사회는 분명 반동세력과 배신세력은 일정한 질적 차이가 존재합니다. 반동세력은 역사를 되돌려 인간의 기본적 권리 자체를 부정하려고 하지만, 반면 배신세력은 형식적으로는 그 권리를 인정합니다. 하지만 실질적으로 행사하는 것을 가로막고 나선다는 점에서 반동세력과 별반 다르지 않습니다.

이런 배신세력이 존재하는 한, 결국 한국 민이 주인의 권리를 누리고 살지 못하는 점에서는 본질적으로 달라질 수 없습니다. 그 때문에 반동세력과 배신세력의 차이를 부정해서는 안 되지만, 중요한 것은 주인의 권리를 실현하려는 질적 전환의 계선을 확고히 견지하면서 풀어가야 한다는 것입니다.

## 2) 한국 사회의 질적 전환에서 중요한 것은 주권 회복을 위한 인적 청산이다

민이 주인의 권리를 누리기 위한 질적 전환의 계선을 견지하는 것이 중요한 이유는, 지금 시대가 민이 직접 주인의 권리를 행사하고 살아야 하는 애민시대이기 때문입니다.

그동안 사회 역사의 지배 계급과 통치자들은 민이 사회 역사의 주체라는 사실 자체를 부정할 수 없었기 때문에, 민을 대신해 사회를 이끌어주겠다고 자처하고서는 부차적인 떡고물이나 시혜를 베풀어주며 지배를 정당화해 왔습니다. 그러다 보니 민은 형식적으로는 사회 역사의 주체였지만, 실상은 사회 역사의 대상으로 전락해 지배 계급과 통치자들의 억압과 지배를 받게 되었습니다.

여기에서 벗어나자면 다른 방법이 없습니다. 민이 직접 나서는 것입니다. 그것도 민이 개성을 가진 존재로서 집단을 구성하여 나라와 민족 단위로 살아가고 있으니만큼, 이 모든 영역에서 주인의 권리를 직접 누리고 행사하기 위해 나서야 합니다. 그래서 이 모든 차원에서 주인의 권리를 누리고 살아야 한다는 자주적 입장에 서서, 통일되고 단결된 정치 역량을 꾸려, 그 힘으로 민주적 제도와 질서 체계를 수립하여야 합니다. 아울러 자주·민주·통일의 원칙에 근거한 가운데, 서로의 이해를 일치시켜 입체적으로 존중하고, 모순되거나 혼란됨이 없이 전망성을 세워 통일적으로 풀어가야 합니다.

그런데 이렇게 풀어가자면 전제조건이 갖춰져야 합니다. 바로 주권 회복입니다. 주권 행사는 개인과 집단, 나라와 민족 단위에서 주인의 권리를 누리는 데에 있어 일차적으로 일치되는 지점입니다. 그래서 주권 행사는 이 모든 권리 실현의 전제조건이 됩니다. 주권을 제대로 행사하지 못하면 개성의 실현도, 집단의 권리 보장도, 민주주의도, 민생도, 평화도, 조국통일도 불가능하기 때문입니다.

따라서 한국 사회를 질적으로 전환시켜 실질적으로 개혁하려고 했을 때, 주권 문제의 해결이 우선적 과제가 되는 것은 당연한 이치로 될 것입니다.

그런데도 이러한 과제가 한국 사회에서 120년 동안 실현되지 못하는 연유는 도대체 어디에 있는 것일까요? 그것은 인적 청산을 철저히 수행하지 못했기 때문입니다. 더 명확히 말하면 주권 회복을 가로막고 방해하는 세력, 즉 매국 세력을 철저히 청산하지 못했기 때문입니다.

실상 사회를 실질적으로 개혁하자면 질적 전환을 이룩할 수 있는 계선을 견지하면서 그에 맞는 제도와 질서를 세워야 합니다. 질적 전환의 제도와 질서가 수립될 때 초기엔 일정한 혼란과 시행착오를 겪을 수 있겠지만, 어쨌든 점차 한국 사회는 기존 체제와는 달리 새롭게 개혁되는 방향으로 나아가게 될 것입니다.

그런데 문제는 바로 질적 전환을 제도적으로 구현하는 과정을 한사코 방해하고 나서는 세력이 존재한다는 것입니다. 그래서 새로운 제도와 질서를 세우자면 이를 가로막는 세력부터 청산해야 합니다. 이들을 그대로 두고서는 결코 질적으로 전환된 사회 체계를 세울 수 없다는 것입니다.

주권 문제도 마찬가지입니다. 주권을 회복하려면 미국과의 불평등한 협정과 조약을 파기하고 독자적인 주권 행사가 가능한 체제로 전환해야 할 것입니다. 바로 이 지점에서 이것을 가로막고 나오는 세력이 존재한다는 것입니다. 이들이 바로 외세와 그와 결탁한 매국 세력입니다. 그 때문에 외세에 반대하면서 매국 세력을 청산하지 않고서는 결코 주권을 회복할 수 없습니다.

결국 주권을 회복하느냐, 그렇지 못하느냐는 일차적으로 주권 행사의 길을 가로막는 매국 세력에 대해 인적 청산을 얼마나 철저히 단행하느냐에 달려 있게 됩니다. 주권 회복의 핵심은 이를 방해하는 세력을 제거하느냐의 실천적 문제이기 때문입니다.

## 3) 한국 현대사의 한 과정인 반민특위 무산의 역사적 교훈

한국 사회에서 주권을 행사할 수 있느냐, 그렇지 못하느냐의 관건이 일차적으로 매국 세력의 청산 문제에 달려 있다는 점은, 한국 현대사에서 반민특위가 무산됨으로써 어떤 결과가 초래되었는지를 살펴보면 명확히 확인됩니다.

우리 민족은 일제의 식민 지배에서 벗어나 자주독립을 이룩하기 위해 끊임없는 투쟁을 벌여왔고, 그 결과로 1945년 8월 해방을 맞이하였습니다. 하지만 완전한 독립을 실현하지 못한 채 외세에 의해 분단을 강요당했습니다.

상식적인 역사 인식에 비추어 보더라도, 우리 민족은 2차 세계대전의 발생에 책임이 없을 뿐만이 아니라 피해국이고, 일제에 맞서 자주독립을 이룩하기 위한 투쟁을 전개해 왔기에 당연히 독립되어야 마땅했습니다. 도리어 분단의 대상이 되어야 했다면, 유럽에서 2차 대전의 책임이 있는 독일이 분단되었듯이, 일본이 그 대상이 되는 게 합당했습니다. 하지만 미국은 사회주의 세력과 민족해방 세력을 견제하기 위한 꿍꿍이를 갖고, 38선을 기점으로 남과 북을 미·소가 각기 분할 점령하는 방안을 제시함으로써, 결국 우리 민족에게 비극적인 분단을 강요했습니다.

이런 상황에서 우리 민족 앞에 제기된 역사적 과제는 완전한 독립을 실현하고 조국을 통일하는 것이었습니다. 그러자면 한국의 주권을 제약하며 분단을 획책하는 외세, 특히 미국의 지배 전략에 맞서 싸우는 동시에 매국 세력을 청산해야 했습니다.

여기서 매국노 청산이 중요한 과제로 대두되는 이유는, 미군정의 지배 단계를 거쳐 대한민국 정부가 수립되면서 신식민지 지배 체제로 전환되었기 때문입니다.

일제강점기에는 총독부가 직접 지배 통치했기 때문에, 독립을 이룩하자면 일제에 직접 대항해 싸워 이겨야 했습니다. 하지만 신식민지 지배 체제로 전환된 사회에서는 간접 지배 방식이 통용되었습니다. 한마디로 한국의 대통령과 국회의원은 한국에서 선거를 통해 선출합니다. 그렇지만 미국의 앞잡이 역할을 하는 매국노가 미국의 식민 지배 체제가 가능하도록 불평등한 협정과 조약을 맺고 유지해 간다는 것입니다. 그래서 주권을 회복하자면 그런 불평등한 조약과 협정을 파기해야 하는데, 바로 이것을 매국노가 조직적으로 가로막고 훼방합니다. 즉, 신식민지 지배 체제는 외세의 힘만으로 유지되는 것이 아니라, 내부의 매국 세력이 그 매개 역할을 수행함으로써 성립되는 구조라는 것입니다.

바로 이런 문제를 해결하기 위한 움직임이 이미 한국 사회에서는 시도되었습니다. 1948년 9월 7일 "반민족행위처벌법"이 국회를 통과함으로써 반민족행위특별조사위원회, 즉 반민특위의 출범이 바로 그것입니다.

반민특위의 출범은 자주독립 국가의 건설이 매국 세력의 존재와 결코 양립할 수 없으며, 매국 세력을 청산하지 않고서는 자주독립 국가의 수립이 불가능하다는 인식에 기초하고 있었습니다. 더욱이 일제의 식민 지배로 인해 왜곡된 역사와 훼손된 민족적 정기를 바로 세우고, 민족의 긍지와 자존을 회복하기 위해서도 친일 매국 세력에 대한 단죄는 필수적이었습니다. 그뿐만 아니라 해방되었는데도 미군정에 의해 민족적 주권이 부정된 상황을 하루빨리 극복하기 위해서라도, 앞으로 미국의 앞잡이 역할을 수행할 수 있는 자들을 사전에 기필코 제거해야 할 필요가 있었습니다. 왜냐하면 일본을 대신해 미국이 한국의 또 다른 지배자로 등장한 조건에서, 미국의 앞잡이 역할을 할 수 있는 1등 우선순위는 일제 식민 시기의 친일 매국노들일 가능성이 가장 높았기 때문입니다. 일제강점기 동안 매국노 짓거리를 벌인 자들이라면 분명 또다시 미국의 앞잡이 역할을 하는 친미 매국노로 변신할 것이 너무도 분명했기 때문입니다.

이런 역사적·정치적 정당성 속에서, 반민특위는 한국 민으로부터 열화와 같은 지지를 받았습니다. 하지만 이승만과 친일 매국노들의 조직적 반항, 그리고 미국의 노골적인 비호 속에서 친일 매국노들이 청산된 게 아니라, 도리어 반민특위가 강제 해산되었습니다. 그 결과 한국 사회는 여전히 외세와 매국노들이 주인 행세하고 있고, 미국과의 불평등한 협정과 조약으로 인해 오늘날까지 주권조차 온전히 행사하지 못하는 현실에 놓이게 되었습니다. 이것을 보면 매국노들의 저항을 돌파해서 인적 청산을 철저히 단행하지 않는 한, 주권을 찾을 길이 없다는 것을 한국의 현대사는 생생하게 보여주고 있습니다.

### 4) 매국노 청산과 연계되지 않는 인적 청산은 주권을 회복시켜 주지 못한다

물론 반민특위가 무산된 이후에도, 한국 사회에서 인적 청산이 이루어지지 않았다고 말할 수는 없습니다. 분명 일정한 형태의 인적 청산이 진행되었습니다. 그러나 문제는 주권을 회복하자면 그 인적 청산이 매국노 청산과 연계되어야 하는데, 그렇지 않았다는 것입니다. 매국 세력 청산과 연계되지 않은 인적 청산은 질적 전환으로 이어지지 못할 뿐만이 아니라, 주권을 실질적으로 회복하는 과정으로 되지 못한다는 것입니다.

실제로 한국 사회에서 정권이 바뀌면 어떤 형태로든 간에 인적 청산이 전개되었습니다. 자기 정권의 차별성과 정당성을 과시하는 수단으로 인적 청산이 매우 유용한 수단으로 활용될 수 있었기 때문입니다. 특정 세력에 대해 책임을 묻는 행위 자체가 바로 앞으로 그런 세력의 발호를 용인하지 않겠다는 정치적 선언으로 되고, 동시에 그런 방향에 맞게 새로운 제도와 질서 체계를 세우겠다는 의지로 받아들여지기 때문입니다. 이런 이유로 정권 교체기마다 전임 정권의 대통령이나 핵심 권력 집단에 대한 사법적·정치적 책임을 추궁하는 조치가 취해졌습니다.

하지만 그런 방식의 인적 청산은 결코 주권 회복으로 이어지지 못했습니다. 인적 청산이 주권 회복과 관련되려면 매국노 청산과 연계되어야 하는데, 그렇지 못했기 때문입니다.

이것은 김영삼 정권 시기의 인적 청산을 놓고 보아도 분명하게 확인됩니다. 실제로 김영삼 정권이 진행했던 하나회 청산은 반민특위 무산 이후 한국 사회에서 이루어진 가장 대규모적인 인적 청산이었고, 한국 사회에 큰 변화를 가져다준 사건이라고 할 수 있습니다. 하지만 하나회 청산 또한 주되게 군사독재 세력의 청산에 머물렀습니다.

실상 군사독재 세력의 본질은 단순한 권위주의 통치가 아니라, 외세에 의존한 매국적 지배 통치의 실현이라는 데에 있었습니다. 이들의 존립 요건은 미국의 이해와 요구에 따라 한국은 미국의 식민 지배를 받고 살아야 한다는 전제였고, 그래서 이를 정당화하기 위해 외세인 미국과 손잡고 같은 민족인 북과의 대립과 대결을 끊임없이 조장했습니다. 하지만 같은 민족이 싸우기보다는 통일을 이루어 사는 것이 더 합당한 이치였기에, 이런 주장을 부정하며 가로막기 위해서는 인간의 기본적 권리인 사상과 양심의 자유, 언론과 표현의 자유조차 인정하지 않고 짓밟지 않을 수 없었습니다.

만약 인간의 기본적 권리가 인정된다면 미국의 식민 지배를 받는 것이 부당하기에 주권을 회복해야 한다는 주장이 당연히 제기될 것이고, 또 같은 민족이 하나의 나라로 통일하는 것은 지극히 정당한 애국적 가치이기에 이 또한 자연스럽게 분출되었을 것입니다. 그렇게 되면 군사독재 세력은 매국정권으로서의 본질적 실체가 백일하에 드러나게 됨으로써 정권 존립의 정당성을 잃고 유지조차 할 수 없었을 것입니다. 결국 군사독재 세력이 인간의 기본권을 억압한 이유는 단순한 통치 편의가 아니라, 매국적 지배 통치를 유지하기 위한 필연적 선택이었던 것입니다.

그렇다면 한국 사회를 실질적으로 바꿔내어 주권을 회복하기 위해서는, 이들 군사독재 세력에 대한 청산을 매국 행위에 대한 단죄로까지 연결시켜야 했습니다. 다시 말해 군사독재 세력의 문제를 권위주의 통치의 문제로만 한정할 것이 아니라, 외세와 결탁해 주권을 유린한 매국 세력으로 규정하고 청산하는 방향으로 나아가야 했습니다.

하지만 김영삼 정권은 인적 청산을 매국노 청산이 아니라 군사독재 세력의 청산으로 한정시켰습니다. 그래서 한국 사회는 군사독재 세력이 더 이상 맥을 추지 못하는 상황으로 귀결되었으나 매국 행위로서는 처벌되지 않았습니다. 그 결과 매국 세력의 청산은 이뤄지지 못했고, 매국적 지배와 통치는 그대로 존속하게 되었습니다. 그러다 보니 군사독재 세력처럼 인간의 기본권 권리조차 인정하지 않는 현상은 통용되지 못하게 되었으나, 그것은 형식적으로만 인정되었을 뿐, 실질적으로 누리는 사는 것은 가로막히게 되었습니다. 왜냐하면 주권을 행사할 수 없는 조건에서는 어떤 사회 개혁도 불통으로 될 수밖에 없기 때문입니다.

그로 인해 한국 사회에서는 군사독재 세력의 청산 과정에는 한때 함께했지만, 결국 민의를 저버린 배신세력이 등장하게 되었습니다. 다시 말해 한국 사회에서 매국노들이 철저히 청산된 것이 아니라, 매국 세력의 한 양태로 군사독재 세력을 대신해서 배신세력이 등장하게 된 것입니다.

그래서 배신세력이 집권해도 한국 사회에서 주권 회복이 이루어지지 못했습니다. 도리어 배신세력의 등장으로 매국노들이 청산되지 못하면서 또 다른 매국 세력으로 반동세력까지 출현하게 되었습니다. 이것은 배신세력이 민의를 저버리자 반동세력이 정권을 장악했고, 그 반동정권을 민이 직접 나서서 촛불항쟁으로 탄핵하여 문재인 정권을 탄생시켜 주었지만, 또다시 배신의 길로 나아감으로써 가장 악랄한 반동정권인 윤석열 매국파쇼 정권이 등장한 과정에서 확인됩니다.

이렇게 배신정권과 반동정권이 번갈아 가며 집권하는 과정에서, 김영삼 정권 시기만큼은 아니더라도 새로운 정권이 등장할 때마다 인적 청산이 이뤄졌습니다. 하지만 그것은 자신들의 정권 유지와 안정 차원에서 수행되었을 뿐, 직접적으로 매국노 청산과 연계되지 않았습니다. 그로 인해 한국 사회는 질적 전환을 이룩하기 위한 기본 전제 조건인 주권 문제를 여전히 해결하지 못하고 있습니다.

이런 한국 현대사의 전개 과정은 인적 청산 자체가 아니라, 한국 사회를 질적으로 전환시킬 수 있는 매국노들의 인적 청산과 연계시켜 전개하느냐의 여부가 관건이 됨을 알 수 있게 합니다. 한국 사회를 실질적으로 개혁하기 위한 전제 조건이 주권 회복이니만큼, 인적 청산이 매국노 청산과 연계되어 진행되어야만 주권을 제대로 행사할 수 있는 길이 열리게 된다는 것입니다.

이런 한국 현대사의 교훈은 윤석열에 대한 내란 범죄를 어떤 방향에서 해결해 가야 하는지를 명확히 시사해 줍니다. 그것은 내란 범죄를 단순한 헌정 질서 파괴 행위로만 다루는 데서 그칠 것이 아니라, 매국 행위와 연관 지어 단죄해야 한다는 것입니다.

실제 윤석열이 내란 범죄에 이르게 된 근본 요인은 매국 행위에서 비롯되었습니다. 대통령이라고 한다면 그 책무상 무엇보다 주권부터 찾으려고 노력해야 할 것입니다. 그런데 윤석열은 그렇게 하기는커녕, 미국의 요구에 굴복하고 그 앞잡이 역할을 하는 행보를 보였습니다. 심지어 미국의 요구에 따라 한일동맹을 강화하기 위해, 일본이 후쿠시마 방사능 오염수를 바다에 방류하는 것조차 아무런 믄제 없는 과학적 해결책이라며 일본의 행위를 두둔하고 나왔습니다. 이것은 일국의 나라를 대표하는 대통령의 자격이 아니라 매국노가 아니고서는 행할 수 없는 모습이라고 할 수 있습니다.

이런 매국 행위에 대해 민이 반대하고 나오는 것은 너무 당연한 이치일 것입니다. 그러나 윤석열은 민의 저항에 직면해 집권 위기를 겪자, 이로부터 벗어나기 위해 북과 극한적인 대립·대결 정책을 전개하며 한반도를 전쟁의 위기로까지 몰아가 민족의 생존조차 위험에 빠뜨렸으며, 결국 그마저도 통하지 않자 직접 민을 총칼로 억누르며 짓밟고자 나온 것입니다. 내란 범죄를 저지르게 된 근원이 다름 아닌 매국 행위에 근거한다는 것입니다. 그렇다면 윤석열의 내란 범죄를 매국 행위와 연결시켜 규정하고, 이에 가담하거나 동조한 내란 세력 역시 매국노 청산과의 연계 속에서 인적 청산이 이루어져야 할 것입니다.

바로 여기서 빛의 혁명으로 탄생된 이재명 정부가 내란 세력의 청산을 매국노 인적 청산과 연결시켜서 추진하느냐의 여부는, 진실로 주권을 찾는 길로 나아가느냐를 가름하는 갈림길이 된다는 것을 알 수 있습니다. 여기서 이재명 정부가 이런 방향에서 과제를 수행한다면 좋겠지만, 그렇지 않더라도 한국의 민은 이를 관철시켜 가야 합니다. 왜냐하면 지난날 민이 나서서 탄핵까지 시켜주었지만, 매국노 청산과 연계시키지 못한 결과 주권 회복은 이루어지지 않았고, 오히려 더 극악한 반동정권의 등장을 허용했던 역사적 실패 과정을 또다시 되풀이할 수는 없기 때문입니다.

한마디로 한국 사회를 실질적으로 개혁하자면 주권 회복이 선결 과제이며, 이를 위해서는 매국노 청산이 필수적이라는 점이 역사적으로 확인되었다는 것입니다. 이렇게 그 조건이 분명해진 이상, 민은 이 과제를 누구에게도 위임할 수 없으며 스스로의 힘으로 풀어가야만 합니다. 설령 이재명 정권이 그렇게 하지 않고 배신의 길로 간다고 하더라도, 민은 주권 회복과 매국노 청산의 과제를 해결하기 위해 직접 나서야 합니다.

## 5) 매국 세력을 철저히 청산하기 위해서는 애국법과 조국통일법을 제정하여 법적으로 담보해야 한다

내란 세력의 본질이 매국 행위에서 비롯되었기에, 매국 세력 청산과 연계시키는 것은 당연한 이치이건만, 그것을 실현하는 과정은 만만치 않을 것입니다. 이것은 해방 이후 친일 매국노 청산이 광범위한 민의 요구이자 절대적 지지를 받았음에도, 외세와 매국노들의 조직적 저항으로 반민특위가 무산된 역사적 경험에서 확인할 수 있습니다. 지금도 지난날처럼, 외세와 매국노들은 내란 세력의 청산조차 가로막기 위해 혈안이 되어 날뛰고 있습니다. 이런 조건에서 내란 범죄의 단죄를 넘어 매국 행위와 연계한 인적 청산을 추진하려는 과제가 얼마나 험난할지는 한눈에 알 수 있을 것입니다.

하지만 아무리 저항이 거세다 하더라도 시대의 흐름 자체를 거역할 수는 없습니다. 지금 시대의 민은 군사독재 세력에 의해 인간의 기본권조차 박탈당했던 과거의 민도 아니고, 또 배신세력과 반동세력이 번갈아 가며 집권함으로써 농락당했던 시기의 민도 아닙니다. 윤석열 매국파쇼 정권이 민에게 총부리를 겨누며 억압과 지배를 강행하자, 분연히 일어나 윤석열을 탄핵시킴과 동시에 이제 직접 주인의 권리를 행사하고자 떨쳐나선 애민시대의 민입니다. 그 때문에 민이 애민·애국의 기치로 똘똘 뭉쳐 나간다면, 이를 가로막을 수 있는 세력은 근본적으로 존재할 수 없습니다. 한마디로 외세와 매국노는 시대의 흐름 앞에서 사멸하는 세력이고, 반면에 민은 앞으로 애민시대를 추동해 가는 사회 역사의 주체세력이라는 것입니다.

이런 시대적 추세는 세계 정세와 한반도, 한국의 정세 모든 면에서 드러나고 있습니다. 외세인 미국은 세계유일패권을 행사했지만, 지금은 위기를 맞아 결국 붕괴되어 가고 있습니다. 한반도 정세도 지난 날에는 미국의 일방적 판단에 의해 언제든지 전쟁으로 비화할 수 있었지만, 이제는 북에 의해 미국의 본토가 공략당하는 상황으로 되어 미국에 의한 전쟁 발발은 사실상 막아지게 되었습니다. 이런 외부 정세의 유리한 조건만이 아니라, 한국 사회 내부에서도 이제 민은 그 누가 대신해 주기를 기다리지 않고 자신의 권리를 직접 행사하기 위해 적극 나서고 있습니다.

이런 조건에서 애민·애국의 기치로 단합하여 투쟁에 나선다면 외세의 앞잡이 역할을 하는 매국 세력을 청산하지 못하겠습니까?

더욱이 한국 현대사 과정에서 매국노를 청산하기 위해서는 어떻게 해야 하는지에 대한 귀중한 교훈도 배웠습니다. 바로 반민특위가 무산된 실패의 교훈을 통해, 어떻게 하면 매국노를 청산할 수 있는지에 대한 귀중한 역사적 재부를 얻었다는 것입니다.

반민특위가 무산된 이유는 매국노가 활개 칠 수 있는 기반을 조성해 주었기 때문입니다. 그것이 바로 국가보안법의 제정입니다. 1948년 9월 7일 "반민족행위처벌법"이 제정된 때로부터 불과 3개월도 안 되어, 외세와 매국 세력은 1948년 12월 1일 국가보안법을 제정함으로써 애민·애국 세력을 탄압할 수 있는 법적 기반을 갖추었던 것입니다. 이 국가보안법에 근거하여 반민특위 활동에 적극적이던 국회의원들을 구속하더니, 1949년 6월 6일 윤기병 당시 중부경찰서장의 지휘로 중부서 및 서울 시내 각 경찰서에서 차출된 경찰들을 동원해 반민특위를 습격하였습니다. 이로 인해 반민특위 활동은 활력을 잃었고, 마침내 1949년 8월 31일로 시효를 단축시킨 반민법의 개정이 이뤄지면서 해산의 길을 걷게 된 것입니다.

이 과정을 보면 매국노 청산을 이룩하기 위해서는, 매국노 활동의 기반과 근거가 되는 국가보안법이 존재해서는 안 되고 폐지되어야 한다는 것을 알 수 있습니다. 국가보안법을 그대로 두었다가는 매국노가 청산되는 것이 아니라, 도리어 애민·애국 세력이 탄압을 받는다는 것입니다. 그뿐만 아니라 내란 세력 전반을 처벌하기 위해서는 "내란특별법"을 제정해야 하고, 나아가 매국노를 철저히 청산하기 위해서는 매국 행위를 응징할 법적 기반과 근거를 명확히 마련해야 합니다. 그래야만 매국노들의 인적 청산에 대한 정당성을 확보하고 힘있게 추진할 수 있다는 것입니다. 바로 그것이 애국 행위는 고무하고 매국 행위를 단죄하는 "애국법, 그리고 이를 분단 극복에 적용한 "조국통일법"의 제정입니다. 이것은 과거 매국노들이 국가보안법의 제정을 통해 반민특위를 해산시켰는데, 이제 민은 지난날 실패했던 역사를 교훈으로 삼아 국가보안법을 폐지함과 동시에 애국법과 조국통일법을 제정함으로써, 매국 행위의 근거를 박탈하면서 매국 세력을 청산하는 길로 나아가자는 것입니다.

애민시대의 흐름에 맞게 민이 직접 떨쳐 나서서 애민·애국의 기치

로 똘똘 뭉쳐 매국노 청산을 위한 국가보안법 폐지와 애국법, 조국
통일법의 제정의 길로 나아간다면, 매국노들의 저항이 아무리 드세
더라도 결국 고양이 앞의 쥐 신세를 면치 못하게 될 것입니다. 그러
면 매국노들은 기필코 청산될 것입니다. 매국노가 청산된 조건에서
는 한국 사회의 내부에서 주권 회복을 가로막는 세력 자체가 사라지
게 될 것이니, 그러면 민의 단합된 힘으로 미국과의 불평등한 협정과
조약을 파기하고 주권을 되찾을 수 있게 될 것입니다. 그러면 그 성
과에 기반하여 개인과 집단, 나라와 민족 단위의 모든 영역에서 민이
직접 주인의 권리를 누리고 행사할 수 있도록 한국 사회를 실질적으
로 개혁하는 길로 나아가게 될 것입니다.

# 2. 한국 사회에서 매국노를 청산하면 주권을 찾을 수 있다

2025. 9. 15

한국 사회를 실질적으로 개혁하려면 주권부터 회복해야 합니다. 그렇다면 어떻게 해야 주권을 찾을 수 있을까요? 분명한 것은 그리하자면 외세의 침략과 침탈에 반대하면서 매국노를 응징해야만 한다는 것입니다. 그런데 여기에서 명확하게 따져보아야 할 문제는 이 둘 관계에서 어디에 주안점을 두어야 하는가입니다. 외세일까, 매국노일까? 결론적으로 말하면, 외세의 앞잡이 역할을 하는 매국노를 단죄하는 과제가 주권 회복의 성패와 직결된다는 것입니다.

매국노의 응징이 중요한 이유는 외세와의 싸움에서 내부에 매국노가 존재하면 투쟁 역량이 구조적으로 반감되기 때문입니다. 이런 상황에서는 외세의 침략과 침탈을 막아낼 수 없습니다. 그래서 역사적으로 외세와의 싸움이 본격화될 때, 우선해서 외세의 첩자와 매국노부터 색출해 단죄했던 것입니다.

매국노의 응징이 주권 회복의 결정적 요구로 나서는 것은 이런 일반론적인 이유 때문만은 아닙니다. 시대 흐름이 애민시대로 접어들었기 때문이기도 합니다. 한마디로 지금 시대는 그 누가 대신해 주거나 시혜를 베풀어주는 방식이 아니라, 민이 직접 주인의 권리를 누리고 행사하는 사회 역사의 대전환기로 접어들었다는 것입니다.

그런데 민은 개성을 가진 존재로서 집단을 구성하여 나라와 민족 단위로 살아가고 있습니다. 그래서 이 모든 영역에서 주인의 권리를 누리고 살아야 하는데, 주권의 행사는 가장 우선적으로 일치되는 지점입니다. 따라서 각 나라와 민족이 주권을 행사하는 행위는 이미 국제 사회에서 당연한 권리로 인정되면서 누구도 부정할 수 없게 되었습니다.

그럼에도 외세의 침략과 침탈이 지속되는 이유는 무엇 때문이겠습니까? 그것은 대체로 불평등한 조약과 협정이라는 형식을 통해서 이루어지는데, 외세의 앞잡이 매국노가 이를 가능하게 만든다는 것입니다. 그래서 매국노를 응징하면 그것이 불가능하도록 불평등한 조약과 협정을 파기할 수 있습니다. 그러면 외세의 침략과 침탈의 근거가 자연스럽게 박탈될 것이니, 더 유리한 조건에서 외세의 압박에 맞설 수 있고, 필연코 주권을 되찾을 수 있습니다.

물론 주권 행사가 정당한 권리로 공인받고 있다고 해서 제국주의 세력이 침략성이 사라졌다고 말하는 것은 아닙니다. 설사 외세가 정당성과 명분도 없이 침략해 온다고 하더라도 매국노를 응징하면 이길 수 있는 길이 열린다는 데에 있습니다.

외세의 침략과 침탈에 대한 싸움은 단순히 누가 국력이 세냐의 문제가 아닙니다. 그 싸움은 언제나 침략받는 나라의 영토 안에서 벌어집니다. 그래서 싸움의 승패는 그 영토 안의 힘의 역학관계에서 결정됩니다. 그런데 외세의 침략이 벌어졌을 때, 외세가 아무리 많은 군대를 투입하더라도, 해당 영토 안의 민이 하나로 단합해 싸운다면 침략군은 민의 바다로 둘러싸인 고립된 섬으로 만들 수 있습니다. 그러면 이들을 포위·타격하여 섬멸할 수 있습니다.

그런데 외세의 앞잡이 매국노들이 민의 단합을 의도적으로 방해한다는 것입니다. 즉 매국노들의 매국 행위로 인해 외세의 침략 세력을 민의 바다로 포위하지 못하고, 그 결과 구멍이 송송 뚫리면서 도리어 각개 격파되어 패배하게 된다는 것입니다. 바로 여기서 침략 세력을 민의 바다로 포위·섬멸할 수 있느냐, 그렇지 못하느냐의 관건은 매국노를 응징하느냐, 못 하느냐에 달려 있음을 알 수 있습니다.

매국노들을 응징해야만 주권을 찾을 수 있다는 것은, 또한 외세와의 싸움이 단순히 군사적 전쟁만이 아니라, 한 나라와 민족의 운명을 걸고 싸우는 총력전이기 때문이기도 합니다. 외세의 침략 세력은 한 나라를 지배하고 억압하기 위해 군사적 침략만이 아니라 경제적 압박, 외교적 고립, 사상적·이념적 공세를 포함한 전방위적 수단을 동원합니다.

주권을 되찾으려면 이런 모든 압박을 이겨내야 합니다. 그러자면 이에 대비하고 준비해야 할 것입니다. 그런데 외세의 앞잡이 역할을 하는 매국노들이 그렇게 하지 못하도록 방해한다는 것입니다. 단적으로 한국이 미국의 경제적 압박을 대비하자면 한국 자체의 경제적 기반을 구축하면서도 다른 나라와의 경제적 교류와 협력을 다각화해야만 할 것입니다. 그런데 한국의 돈을 가지고 한국 자체보다는 미국에 투자하라고만 하면서, 다른 나라와의 경제 교류와 협력마저 진행하지 못하도록 막는 미국의 요구에 굴복한다면, 어떻게 미국의 경제적 압박을 이겨낼 수 있는 길이 열리겠습니까? 이런 상황으로 가서는 언제 가도 미국의 압력에 굴복할 수밖에 없을 것입니다.

요컨대 군사, 정치, 경제, 외교, 사상 등 전방위적 측면에서 미국의 압력에 버텨낼 수 있는 기반을 구축해 가야 하는데, 바로 그 준비를 매국노들이 의도적으로 가로막고 방해한다는 것입니다. 그 때문에 매국노들을 응징해야만 합니다. 그래야 미국의 전방위적 압력을 이겨낼 수 있게 대비할 수 있고, 거기서 마련된 힘을 바탕으로 주권을 되찾는 길이 열릴 수 있다는 것입니다.

결국 매국노를 응징해야만 주권을 찾을 수 있는 길이 열린다는 것인데, 그러면 이를 실현하기 위해서는 어떻게 해야 하겠습니까? 우선 정치전, 사상전, 여론전에서 우위를 점령해야 합니다. 이것은 무릇 세상일을 풀어가는 데 있어서 가장 첫 번째 공정으로 나서는 것이 정당성과 명분의 확보이기 때문입니다. 정당성과 명분이 없는 상태에서는 그 어떤 정책도, 그 어떤 행동도 사회적 합의를 얻어낼 수 없습니다. 그 때문에 매국적인 주장과 입장에 대해서는 무심히 넘어갈 수 없고, 단호하게 사상전과 정치전, 여론전을 벌여가야 합니다.

정치전, 사상전, 여론전을 벌이는 데에서 그 핵심은, 주권 행사와 조국통일의 추구를 부정하거나 방해하는 주장과 입장을 매국적 주장으로 규정하고, 단호히 반대·배격하는 것입니다. 주권 침해 현상과 분단 극복의 문제가 정치전, 사상전, 여론전을 벌이는 데에서 핵심으로 되는 이유는, 바로 이 지점이 한국 사회에서 애국과 매국을 가르는 실질적 계선으로 되기 때문입니다.

한국 사회에서 매국적인 주장이 퍼지게 된 근본 원인은 주권을 제대로 행사하지 못하고 있기 때문인데, 그렇다면 이를 해결하는 길로 나아가야 할 것입니다. 그런데 바로 분단을 이용해 서로 적대하고 싸우게 조성함으로 인해서, 주권을 행사하지 못하고 있는 데에도 굴복하고 감수하게 만든다는 것입니다. 이렇게 주권의 침해를 감수하니 분단 극복으로 나아가지 못하게 되고, 분단이 극복되지 못하니 다시 주권을 행사하지 못하게 됩니다. 이처럼 그 관계가 상호 연동되어 악순환의 고리로 이어져 주권과 분단 문제가 해결될 수 없게 된다는 것입니다.

이런 악순환의 고리를 끊어내자면 분명한 원칙이 필요합니다. 주권 침해는 어떤 이유로든 양보할 수 없다는 것이고, 아울러 남북이 합의를 통해 평화와 통일의 길로 나아가는 것을 거부하고 적대와 전쟁 분위기를 조성하는 행위는 매국적 주장일 뿐이라는 점을 명확히 하고 단호히 반대·배격해야 한다는 것입니다.

실상 주권을 제대로 행사하지 못하고 있으면 주권을 찾으려고 노력하는 것이 애국이고, 민족이 분단되어 있다면 통일하려고 하는 것이 애국이지, 어떻게 주권 침해와 침탈을 당해도 감수하자거나, 분단된 민족을 통일하지 말고 서로 적대해서 싸워야 한다는 것이 애국적인 입장으로 될 수 있겠습니까? 그런 주장과 입장은 아무리 그럴듯한 변명을 늘어놓는다고 해도, 나라와 민족의 운명을 주인답게 풀어가려는 애국적 주장으로 될 수 없습니다.

바로 이런 점에서 주권 침해에 대해 외면하며 감수하자거나 한반도에서 전쟁 위기를 조장하는 주장만큼은 매국적인 주장으로 분명하게 규정하고, 이런 주장 자체가 한국 사회에서 아예 새어 나오지 못하게 만들어야 합니다. 그리한다면 한국 사회에서 주권도 제대로 행사하지 못하면서, 그 무슨 "동맹"이니 뭐니 헛소리를 늘어놓으며 외세와의 군사훈련을 반복하고, 한반도의 전쟁 위기를 고조시키는 행태가 얼마나 잘못된 것인지 사회적으로 분명하게 이해하게 되면서, 그런 행위들이 일어나지 못하도록 막아지게 될 것입니다.

정치전, 사상전, 여론전에서 압도적인 우위를 형성해 매국노를 응징하기 위한 정당성과 명분을 확보하기 위해서는, 또한 민을 짓밟고 억압·지배하려는 주장과 입장들도 단호히 반대하고 배격해 가야 합니다.

민은 사회 역사의 주체이자 나라의 주인입니다. 그런데 이런 민을 지배와 통치의 대상으로 삼고 억압하려는 주장이 용인된다면, 사회의 근본 원리가 무너진 격이나 다름없습니다. 그뿐만 아니라 민을 억압하며 권력을 유지하려는 자들은 자신들의 지배 위기가 닥치면 외세와 결탁해 이를 모면하는 길로 나아가는 경향을 보여왔습니다. 한마디로 매국 행위가 벌어지는 온상은 다른 무엇에 있는 것이 아니라, 나라의 주인인 민을 섬기지 않고 군림하려는 지배 욕망에 뿌리를 두고 있다는 것입니다.

윤석열이 매국 행위를 저지르면서도 전혀 양심의 가책조차 느끼지 않고, 끝내 민을 향해 총칼까지 겨누는 지경에 이르렀던 것은, 그가 민을 주인이 아니라 지배와 억압의 대상으로 바라보고 있었기 때문입니다. 그래서 매국적인 주장 자체가 나오지 못하도록 그 뿌리를 잘라 내자면, 민 위에 군림하려는 반민적인 주장과 입장에 대해서도 단호하게 반대하고 배격해야 합니다.

이런 매국적이고 반민적인 주장과 입장을 단호히 반대하고 배격하는 태도에 대해, 혹자는 사상과 양심의 자유, 언론과 표현의 자유를 침해하는 것이 아니냐고 의문을 제기할 수도 있습니다. 하지만 사상과 양심의 자유, 언론과 표현의 자유는 모두가 평등하게 자유를 행사하며 주인의 권리를 누리고 살자는 데에 그 목적이 있는 것이지, 타인을 억압하고 지배할 자유를 주기 위해서가 아닙니다.

남을 억압하고 지배할 자유를 허용해 주면 바로 그때로부터 사회의 정의는 무너지고, 약육강식의 사회로 전락하게 될 것입니다. 그러면 그 자유는 사실상 힘 있는 자의 전유물로 되면서, 대다수 사람은 그런 자유를 박탈당하게 될 것입니다. 그 때문에 매국적·반민적인 주장이나 입장은 사상과 양심의 자유, 언론과 표현의 자유 영역으로 될 수 없습니다. 더 명확하게 말하면 사회 질서의 근간을 세워 사상과 양심의 자유, 언론과 표현의 자유를 정말 누리게 하기 위해서라도, 그런 주장과 입장은 단호히 반대·배격해야만 한다는 것입니다.

정치전, 사상전, 여론전을 전개하여 그 정당성과 명분을 확보했다고 한다면, 그다음으로 중요한 것은 매국 행위를 실제로 응징할 수 있는 물리적 기반을 구축하는 것입니다. 물리적 기반을 마련하지 못하면 아무리 정당성과 명분을 확보했다고 하더라도 잘못된 현실을 바꿀 수 없기 때문입니다. 세상을 바꾸자면 실질적으로 바꿔야 하는 것이지, 명분과 정당성의 확보만으로 끝나서는 별반 의미가 없습니다.

바로 여기서 한국 사회를 실질적으로 바꾸자면 매국 행위를 단호히 응징할 수 있어야 합니다. 그뿐 아니라 외세의 침략과 침탈에 대해서 단호히 반대할 수 있어야 하고, 그것이 관철되는 근원을 해결해

가야 합니다.

그러면 이렇게 매국노를 응징하고 주권을 제약하고 있는 문제를 풀 수 있는 물리력의 지반은 무엇이겠습니까? 그것은 애민·애국으로 연대·연합한 힘에 기초해 애국정권을 세우는 것일 수밖에 없습니다. 매국 행위가 잘못되었으니 그 행위를 응징할 수 있는 법적 체계를 세우는 일이나, 주권을 제약하는 외세와의 불평등한 협정과 조약을 폐기하고 새로운 관계를 정립하는 일은 모두 국가 권력, 즉 정권이 담당해서 해결할 수밖에 없기 때문입니다.

그렇다고 한다면 애국정권의 수립을 회피하지 말아야 합니다. 애국정권을 세워야만 정당성과 명분을 확보하는 조건에서 실질적인 현실 정치의 힘으로 전화시킬 수 있는데, 이를 수행하지 않는다면 다른 방법이 없기 때문입니다.

이제 민은 애민·애국의 기치로 연대·연합하여 애국정권을 수립하는 것을 분명한 현실적 목표로 분명히 설정하고 견지해 가야 합니다. 그러지 않고서 사회를 대개혁한다는 것은 사실상 허상에 지나지 않게 되니만큼 잘못된 현실을 고칠 수 없고, 그런 연장선상에서 매국노를 응징할 수도, 주권을 찾을 수도 없다는 것입니다. 그 때문에 그 누구에게 기댈 것이 아니라 직접 나서서 애국정권을 세워가야 합니다. 그리고 그 정당성과 명분에 맞게 매국 행위를 근절하면서 애국 행위를 고무해야 할 것입니다.

그러자면 애국정권은 우선적으로 매국 행위의 근거가 되는 국가보안법을 폐지하고, 동시에 매국 행위를 처벌하고 애국 행위를 고무하는 애국법과 조국통일법을 제정해야 합니다. 아울러 주권을 실질적으로 행사하기 위해, 미국과 일본과의 관계에서 불평등하게 작동되어 온 관계를 바로잡아야 할 것입니다. 그 핵심은 한미상호방위조약과 한일기본조약이며, 바로 이 조약들을 파기하거나 근본적으로 개편하여 주권이 온전히 행사되는 대등한 관계로 전환해야 합니다. 결국 이런 과제들은 정권의 결단과 실행이 없이는 불가능하다는 것이 명확한 이상, 애국정권의 수립은 선택이 아니라 필수적 과제로 된다는 것입니다.

민이 애국정권을 세워 매국노를 응징하고 주권 문제를 풀려고 했을 때 또 하나의 의문이 제기될 수 있습니다. 그것은 이런 주장이 맞는 것 같기는 한데, 과연 미국의 방해와 압력을 이겨낼 수 있겠느냐 하는 것입니다. 미국의 압박을 이겨내지 못하면 결국 허사가 되지 않겠느냐 하는 것입니다.

허나 분명한 것은 미국은 전지전능한 존재가 아니라는 사실입니다. 한때 미국은 세계유일패권을 행사해 왔지만, 이제 위기에 봉착했고, 그 위기를 모면하기 위해 동맹국들마저 약탈과 수탈의 대상으로 삼고 있습니다. 그런 관계로 미국의 진모습이 다 드러나면서 사실상 미국의 유일패권은 붕괴되고 있습니다. 그런데도 미국이 계속 전지전능한 모습을 보일 것이라고 바라볼 수 있겠습니까?

게다가 한국에서 미국이 막강한 영향력을 행사할 수 있었던 것은 미국의 앞잡이 역할을 하는 매국노가 있었기에 가능했던 것입니다. 그런데 그 수족들을 잘라버려 그 연결고리가 끊어졌다면, 그 무슨 고리로 미국이 한국에서 전지전능한 힘을 발휘할 수 있다고 볼 수 있겠느냐 하는 것입니다.

'한국의 운명'의 주인은 '한국의 민'입니다. 한국에서 매국노를 응징하고 주권을 찾겠다는 분명한 의지를 갖고 나선다면, 미국은 이를 막을 수 없습니다. 한국의 민이 그렇게 하겠다고 하는데, 그 누가 막을 수 있겠느냐는 것입니다. 지금껏 미국은 자신의 우월한 힘을 동원해 국제 정세를 조정하면서 자기 힘 이상의 것을 관철시켜 왔지만, 이제는 세계유일패권 체제가 붕괴되면서 그것 또한 통하지 않게 되었습니다. 여기에다가 미국의 앞잡이 역할을 하는 수족마저 제거한다면 한국 사회에 대한 영향력은 급속하게 약화될 것입니다. 도리어 한국에서 애국정권을 세워 자기의 길을 가며 국제 외교전을 적극 전개한다면 더 많은 나라의 지지도 받게 될 것입니다.

모든 상황은 한국의 민이 스스로 운명을 개척하는 데에 유리한 방향으로 흘러가고 있습니다. 그런데 매국노를 응징해도 미국이 전지전능하기에 주권을 찾을 수 없다고 여긴다면, 이것이야말로 한국 민을 믿지 못하는 것을 넘어 모독하는 것이라고 볼 수밖에 없을 것입니다.

이제 한국 민의 힘을 믿고, 애민·애국의 기치로 직접 애국정권을 세워가는 길로 나아가야 합니다. 그러면 매국노 응징과 주권 회복은 추상적 구호로 끝나지 않고 실질적으로 현실화될 것입니다.

# 3. 한국의 사회 대개혁은 내란 범죄의 단죄와 주권 회복, 매국노 청산을 통해 실현된다

2025. 9. 22

오늘날 한국 사회를 보면 어느 순간부터 안 되는 것도 없고, 그렇다고 제대로 되는 것도 없는 사회로 변모된 듯합니다. 문제 제기와 논쟁은 넘쳐나지만, 정작 해결되는 것은 별로 없다는 것입니다.

단적으로 윤석열의 내란 범죄 처리 과정만 보더라도 그렇습니다. 내란 특검이 출범해 이에 대한 처벌이 진행되고 있는 것 같습니다. 그런데 내란 공범을 자임했던 국민의힘은 처벌받기는커녕, 여전히 반성하지 않고 도리어 반항에 나서고 있습니다. 심지어 내란 재판을 담당하는 재판부는 납득하기 어려운 논리를 내세워 윤석열을 석방하기까지 했는데, 정말 내란 범죄자들을 처벌하고자 하는지 의구심마저 들게 합니다. 그러다 보니 내란전담재판부를 설립하자는 주장까지 나오고 있습니다. 이것을 보면 안 되는 것도 없고, 그렇다고 해서 되는 것도 없는 기이한 양상이 펼쳐지고 있습니다.

그러면 왜 이런 현상이 나타나고 있는 것일까요? 그것은 구슬이 서 말이라도 꿰어야 보배인데, 그렇게 하지 못하고 있기 때문입니다.

문제가 발생하면 그 해결 방안을 마련하고 풀어가야 합니다. 그게 바로 구슬을 꿰는 것입니다. 그런데 쏟아진 구슬을 놓고서 어떤 구슬은 꿰고 어떤 구슬은 꿰지 못한다면, 문제가 해결되는 것이 아니라 더욱 혼란스러운 양상으로 번질 것입니다. 그래서 이를 해결하자면 쏟아진 구슬 모두를 꿸 수 있는 방식으로 처리해야 합니다.

그렇다면 내란 범죄에 연루된 모든 세력을 하나도 빠짐없이 꿸 수 있도록 해야 할 것입니다. 물론 죗값은 다를 수 있기에 죄의 경중에 맞게 처리해야 하겠지만, 중요한 것은 내란 범죄에 연루된 자들은 모두 예외 없이 조사하고 처벌해야 한다는 점입니다. 내란 범죄의 처벌을 방해하거나 지연시키며 사실상 공범과 동조자의 역할을 한 사람들까지 모두 심판 대상이 되지 않는다면, 내란 범죄를 처벌하려는 기본 원칙이 관철될 수 없다는 것입니다. 그렇다면 그 모든 세력들을 조사·처벌할 수 있도록 해야 한다는 원칙을 철저히 실현해야 한다는 각도에서 조사 기간, 내란전담재판부도 설정되어야 할 것입니다.

이런 원칙이 중요하게 대두되는 까닭은, 내란 범죄의 처벌을 방해하는 세력들이 특검의 조사 기간 연장과 내란전담재판부 설치에 대해 시비를 걸고 나오고 있는 모습에서 명확하게 유추할 수 있습니다. 이들은 이에 대해 "독재", "인민재판"이라는 식의 궤변을 늘어놓으며 반발하고 있습니다.

내란 범죄는 헌정 질서를 부정하고 민주주의 자체를 파괴하는 중대 범죄입니다. 그 때문에 헌정 질서와 민주주의를 수호하자면 내란 범죄 행위를 처벌하지 않으면 안 됩니다. 진정 독재를 반대하고 민주주의를 수호하려고 한다면 내란 범죄의 처벌을 반대할 이유가 없습니다. 그런데도 내란 범죄의 처벌을 반대하거나 훼방 놓는다면 그 의도가 헌정 수호와 민주주의 확립에 있지 않다고 볼 수밖에 없을 것입니다. 도리어 내란 범죄를 비호한 행위로 볼 때, 언젠가 민주주의를 파괴하여 독재 사회를 만들려는 헛된 망상을 꿈꾸고 있다고밖에 볼 수 없을 것입니다. 그 때문에 이런 자들의 조직적인 훼방 행위 또한 내란 범죄의 연장선에서 엄중히 다루어져야 할 것입니다.

만약 조사 기간이 짧아 철저히 조사하는 데 한계가 있어 제대로 처벌하지 못하거나, 또 재판부의 자의적 판단에 의해 내란 범죄자들이 제대로 처벌받지 않고 풀려난다면 어떻게 되겠습니까? 내란 범죄 문제는 해결되지 않은 채 사회적 혼란만 누적될 것이고, 이런 연장선상에서 언젠가 또 내란 범죄를 자행하려고 하는 세력 또한 고개를 들게 될 것입니다. 이렇게 된다면 뭔가 한참 잘못되었다고 말할 수밖에 없을 것입니다. 불철저하게 내란 범죄를 처벌하면 또다시 내란 범죄가 일어나지 않는다고 장담할 수 없게 될 것이기 때문입니다. 내란 범죄 세력을 엄히 처벌하려는 이유는, 다시는 헌정 질서와 민주주의를 파괴하는 범죄가 재발하지 않도록 하기 위함인데, 그 목적이 달성되지 못했다고 한다면 그 실질적인 의미가 해결되었다고 볼 수 있겠느냐 하는 것입니다.

그 때문에 내란 범죄에 연루된 모든 세력이 일망타진되어 법적인 처벌을 제대로 받을 때까지 철저히 진행해야 합니다. 그런데 그렇게 되지 못했는데 불철저한 상태에서 중도에 그만두는 게 맞겠느냐는 것입니다. 그래서 이제부터라도 내란 범죄에 연루된 모든 사람을 철저히 조사해서 처벌할 수 있도록 내란특별법부터 명확하게 제정하거나, 엄히 적용하는 방식으로 나아가는 것이 구슬을 꿰는 원칙적인 방안이 된다는 것입니다.

이런 원리는 한미 관계 문제에도 그대로 적용됩니다. 지금까지 잘못된 한미 관계로 해서 수많은 문제가 발생했습니다. 그런데 그 핵심은, 한국은 미국을 동맹 관계로 여겼는데, 미국은 한국을 자신들의 이익 실현을 위한 약탈의 대상으로만 취급하고 있다는 사실입니다. 일방적인 관세 인상과 투자 강요를 넘어, 심지어 미국의 요구에 따라 투자하고 합법적인 비자를 받아 체류하며 일하고 있는 노동자들을 무조건 불법 체류자로 몰아 수갑과 쇠사슬을 채워 체포·구금하고 인권을 유린했던 행위들은, 미국이 한국을 어떻게 생각하고 있는가를 단적으로 보여줍니다.

그렇다면 이를 해결할 방안은 분명합니다. 잘못된 한미 관계를 바로잡아 주권을 온전히 행사하는 관계로 새롭게 정립하는 것입니다. 주권을 존중하지 않는 관계라면, 동맹은커녕 관계 자체를 맺을 이유도 없습니다. 바로 그것이 주권 행사의 원칙입니다. 이 원칙을 견지해야만 지금껏 잘못된 한미 관계의 실타래를 풀 수 있는 길이라는 것입니다.

이처럼 지금 한국 사회의 문제를 제대로 풀어가자면 원칙에 맞게 구슬을 꿰어가야 합니다. 그렇지 않으면 얽힌 실타래가 풀리지 않고 혼란된 상황만 계속 전개된다는 것입니다. "되는 것도 없고, 안 되는 것도 없는" 현상이 벌어졌던 이유는, 문제를 풀 수 있는 원칙에 맞게 구슬을 꿰지 않고 임기응변식 대응에 머물러 왔기 때문입니다. 문제를 풀 수 있는 원칙을 견지하면서 실질적으로 구슬을 하나씩 꿰어 나가야만 얽힌 실타래가 풀어지고 정리된다는 것입니다.

바로 여기서 내란 범죄의 문제 해결은 이 범죄에 연루된 자들을 모두 그 죄과에 맞게 처벌해야 한다는 것이고, 한미 관계도 주권부터 찾는 방식으로 구슬을 꿰어가야 한다는 것입니다.

그런데 이 두 문제들을 철저히 해결하려면 그 근원이 어디에 있는지를 살펴보아야 합니다. 근원적인 문제가 해결되지 않으면 내란 범죄가 다시 발생할 수 있고, 또 미국으로부터 주권을 찾으려고 해도 그럴 수가 없기 때문입니다. 그런데 그 근원은 외세의 앞잡이 역할을 하는 매국 행위에 있었습니다. 잘못된 한미 관계가 바로잡히지 못한 이유 역시 불평등한 협정과 조약을 파기해 주권을 되찾으려는 시도를 매국노들이 조직적으로 가로막아 왔던 데에 있었습니다.

그렇다면 이 모든 문제를 관통하는 해결의 고리는 매국 행위를 응징하는 것으로 되어야 할 것입니다. 즉 매국노 청산을 중심으로 구슬을 꿰어가는 가는 것입니다. 그렇지 않으면 민을 억압하고 지배하려는 주장이 사라지지도 않고, 외세의 앞잡이 역할을 하는 자를 처리하지도 못하는 관계로 주권조차도 해결하지 못하게 되어 제반 문제가 풀리지 않는다는 것입니다.

이제 선언과 주장만 난무하는 방식으로 되어서는 안 됩니다. 원칙을 세우고, 그 원칙에 따라 하나씩 하나씩 한국 사회의 얽힌 실타래를 풀어가야 합니다. 그래야만 소리만 무성하고 아무것도 해결되지 못하는 상태에서 벗어날 수 있습니다. 그런 점에서 매국노 청산이라는 분명한 기준으로 원칙을 세워 구슬을 꿰어간다면, 한국 사회에서 복잡하게 얽힌 실타래는 점차 풀어지면서 제반 문제들 또한 해결되는 방향으로 나아가게 될 것입니다.

# 5장 | 사법 체계와 국가 책임, 사회정의

## 1. 윤석열 구속 석방이 드러낸 사법 체계와 정의의 위기

2025. 3. 10.

서울중앙지방법원이 구속 취소 결정을 내림으로써 윤석열은 석방되었습니다. 내란 범죄로 사회 전반에 극심한 혼란을 초래한 당사자라면, 최소한 자신의 행위에 대한 반성과 사죄가 선행되어야 마땅하건만, 윤석열은 오히려 자신이 피해자인 양 손을 흔들며 화려한 귀환을 하는 것처럼 행세하였습니다.

참으로 어안이 벙벙할 뿐입니다. 도대체 이런 어처구니없는 일이 어떻게 벌어질 수 있단 말입니까? 바로 여기서 왜 이런 일이 벌어질 수 있었는지 냉정히 따져보아야 합니다. 도대체 무엇이 잘못되어 있기에 이런 일이 벌어졌느냐 하는 것입니다.

서울중앙지방법원이 윤석열의 구속 취소 사유로 제시한 것은 크게 두 가지인데, 하나는 구속 기간을 종전 관행인 '일 단위'가 아니라 '시간 단위'로 계산할 경우 불법 구금의 소지가 있다는 점이고, 다른 하나는 내란 범죄에 대한 공수처의 수사권이 명확히 정리되지 않아 따져볼 필요성이 있다는 점이었습니다. 쉽게 말해 법 적용의 절차적 하자 가능성에 대해 따져볼 사안이 있는데, 이런 상황에서는 피해자에게 유리하게 해석해야 하기에 구속을 취소한다는 것이었습니다. 선의의 피해자가 한 사람이라도 나와서는 안 되기에 법원에서 엄격하게 법적 절차를 지키도록 요구하는 것은 일반적으로는 타당하다고 할 수 있습니다.

하지만 윤석열이 저지른 범죄는 내란 범죄이고, 그 직접적 피해자가 특정 개인이 아니라 나라의 주인인 민입니다. 나라의 주인인 민을 지배하고 억압하기 위해서 내란 범죄를 저질렀다는 것입니다. 만약 윤석열의 내란 범죄가 성공했다면 어떻게 되었겠습니까? 수첩에 적어 자신의 정적들을 제거하려고 한 행위를 본다면 그것은 시작에 불과할 것이고, 그 후 수많은 사람들이 그 대상이 되어 탄압받았을 것이 분명합니다. 만약 내란 범죄가 성공했다면 법적 절차는 물론 법치 자체가 실종되고 사라지게 된다는 것입니다. 그렇다고 한다면 법적 절차의 하자 가능성에 의미를 부여하는 것과 민이 권력자에 의해 권리가 짓밟혀 법적 절차를 따질 수도 없는 사회적 상황과의 중대성을 따져 비교한다면 어떻게 판단해야 하겠습니까?

검찰의 즉시항고 포기도 마찬가지 이치입니다. 서울중앙지방법원이 지금까지의 관행과는 달리 날짜가 아닌 시간을 들먹여 구속을 취소하고 공수처의 수사권 문제를 상급심 판단에 맡길 필요가 있다고 보았다면, 검찰은 당연히 이 부분을 해결하기 위해 즉시항고 해서 정리하는 게 마땅했을 것입니다. 더군다나 그 대상자는 일반 피의자가 아니라 국가 최고 권력자였고, 그 죄질은 민에게 총부리를 겨눈 내란이었다는 것입니다. 그런데 검찰은 영장주의에 어긋난다고 해서 즉시항고를 포기해 버렸습니다. 그러면 형식적 원칙인 영장주의를 지키는 것과 내란 범죄자를 풀어줌으로써 그자가 또 무슨 짓을 벌일까 전전긍긍하며 불안과 공포 속에 살아가야만 하는 민의 고통을 놓고 볼 때, 그 사안의 중대성을 따진다면 어떻게 판단해야 하겠습니까?

물론 법적 절차의 미비를 모른 척하자는 뜻은 아닙니다. 당연히 하자가 있다면 바로잡아야 합니다. 그런데 세상일이란 게 항상 완벽하게 준비가 다 되어 있는 건 아닙니다. 준비되지 못한 상황이 비일비재하게 나타나기 마련입니다. 이런 이치에서 법적 체계가 미비한 현상도 당연히 나타날 수밖에 없습니다. 더욱이 법은 매우 보수적이어서 사후적으로 정비되는 특성을 일반적으로 갖고 있습니다. 이런 점을 고려한다면, 어떤 입장에서 대하는 것이 올바르겠는가의 문제가 제기됩니다. 바로 여기서 이 문제를 옳게 해결하자면 법이 존재하는 근원적인 이유를 따져보아야 합니다.

법의 존재 이유는 정의로운 사회 질서를 유지하기 위해서입니다. 사회가 유지되자면 질서 체계가 있어야 하는데, 사회 질서가 올바르지 못하면 지켜지지 못하기에 정의에 근거해야 합니다. 그런데 정의로움의 기초는 나라의 주인이 민이라는 데 있습니다. 결국 법은 나라의 주인인 민이 주인의 권리를 누리고 살아가기 위해서 필요하다는 것입니다. 법의 목적이 이러하다면, 나라의 법적 체계가 미비할 때, 바로 이 목적에 입각해 부족한 부분을 보완하며 풀어가는 것이 마땅할 것입니다.

그런데 서울중앙지방법원과 검찰은 이런 원칙을 외면했습니다. 도리어 거꾸로 된 입장을 보였습니다. 법적 절차와 영장주의를 앞세워, 민이 주인의 권리를 위협받는 상황을 감수해야 한다는 것이었습니다. 민이 주인의 권리를 박탈당하고 권력자에 의해 억압·지배되는 조건에서는 법적 절차도, 영장주의도 의미가 없는데 말입니다. 권력 앞에 민이 복종해야 하는 사회에서 무슨 법적 절차가 지켜질 것이며, 영장주의 원칙이 지켜지겠느냐는 것입니다.

그 때문에 양보할 수 없는 원칙은 민이 나라의 주인이고, 누구든

민 앞에서 복종하라는 것입니다. 한마디로 법치는 민이 주인의 권리를 누리고 살기 위한 수단이고, 민의 권리가 부정되고 권력자의 억압을 받게 되면 법치는 물론 민주주의 자체가 부정당하게 된다는 것입니다. 왜냐하면 민을 부정하는 사람은 자신의 권력과 욕망을 위해 필연적으로 민을 탄압하는 길로 나오기 때문입니다.

그러면 도대체 왜 이런 현상이 발생하느냐 하는 것입니다. 이 문제를 회피해서는 안 됩니다, 법관과 검찰이라면 사회 정의의 최후 보루 역할을 해야 할 것인데, 지금까지의 관행과는 전혀 다른 논리를 끌어와 민을 짓밟으려 한 권력자를 풀어주려는 모습을 어떻게 봐야 하겠느냐는 것입니다. 이것은 단순한 판단 착오라기보다는 "민은 권력자의 지배를 받아도 된다"는 사고방식을 지니고 있다는 것 외에는 달리 해석할 길이 없습니다. 실상 나라의 주인인 민을 짓밟아도 되냐고 묻는다면 그렇다고 대답할 사람은 거의 없을 것인데, 왜 그런 사고방식을 가지게 된 원인이 어디에서 비롯되고 있느냐는 것입니다.

한국 사회에서 대통령은 이미 제왕적 권력을 가진 사람입니다. 그런데도 왜 내란이라는 극단적 선택에 이르렀는가를 파악하면 그 근원이 밝혀지게 된다는 것입니다.

윤석열이 내란 범죄를 일으키게 된 근본적 이유는, 대통령으로서 주권을 행사할 수 있어야 하는데, 그렇지 못했기 때문입니다. 한국의 대통령은 한국 민의 생명과 재산, 권리를 지켜야 하는데, 미국의 압력에 굴복하고 추종함으로써 모든 문제가 파생했다는 것입니다. 다시 말해 한 나라의 대통령이라고 한다면 외세의 압력에 맞서 싸워야 할 것인데, 거기에 대해서는 비굴하게 굴복하였고, 그 필연적 귀결로 자국 민을 가차 없이 탄압하는 길로 나왔다는 것입니다. 그래 놓고 반중·반북을 내세우거나 정치적 반대 세력을 제거하는 것을 애국으로 포장했던 것입니다. 이를 보면 윤석열의 죄는 단순한 개인적 일탈이 아니라, 애국의 길을 외면하고 매국의 길을 선택하면서 파생된 정치적·구조적 범죄였다는 것을 알 수 있습니다.

바로 여기서 정의의 근간이 왜곡되어 있다는 사실을 알 수 있습니다. 한국 민의 이익이 아니라 미국의 이해와 요구가 애국인 것처럼 오도된 현상이 발생하고 있다는 것입니다. 바로 여기서 왜 사법 체계가 민의 권리를 중심으로 작동되지 못하고 있는가의 그 실체가 드러납니다. 매국 행위가 애국으로 둔갑되어 있고, 그 매국이 한국 사회의 정치와 사법 영역 전반에 횡행하고 있기 때문이라는 것입니다. 매국 행위가 그 본질임에도 불구하고 이를 회피하고 정쟁의 문제로 잘못 인식되어 나타나고 있다는 것입니다. 그 때문에 매국 행위인데도 애국인 것처럼 호도되어 결국 민을 짓밟아도 된다는 사고방식이 통용되기에 이르렀던 것입니다. 그래서 이 매국 행위에 대한 단호한 응징이 바로 서야만 사법 체계도 본래의 기능을 회복하고 법치와 절차적 정의도 제대로 실현될 수 있다는 것입니다.

매국 행위는 단순한 정치적 오류가 아닙니다. 이것은 나라와 민족이 운명공동체로 존속하며 살아가는 것 자체를 가로막는 역적 행위에 다름 아닙니다. 그 때문에 매국 행위는 결코 용서할 수 있는 성질의 것이 아닙니다. 나라와 민족이 존속하지 못하는 조건에서는 법적 질서, 절차, 영장주의는 물론, 사상과 양심의 자유, 언론의 자유조차 논할 수 없게 됩니다. 나라와 민족이 주권을 행사하지 못하면 식민지 노예로 사는데, 그런 상황에서 민주주의, 법적 절차, 영장주의라는 것이 도대체 무슨 의미가 있냐는 것입니다. 그 때문에 매국이냐 애국이냐는 여야·좌익과 우익·진보와 보수의 문제가 아니라고 말하는 것입니다. 먼저 나라와 민족이 존속된 다음에야 각각의 정책적 차이와 이념적 논쟁이 의미를 가질 수 있다는 것입니다.

이제 이 문제를 근본적으로 해결하는 방향으로 나아가야 합니다.

정의의 근간을 세워 사법 체계가 민의 권리 중심으로 작동하도록 하기 위해서는, 매국 행위에 대해서는 단호히 응징해야 한다는 것입니다. 주권을 찾을 생각은 하지 않고, 미국과의 동맹만 외치며 식민 지배를 감수하자고 주장하면서 애국을 참칭하는 매국노들은, 한국 땅에서 살지 못하게 만들어야 합니다. 한국 땅은 한국 민이 주인의 권리를 누리고 살아야 하는 성스러운 땅이니 말입니다.

바로 여기서 서울중앙지방법원과 검찰의 행동 또한 한국 민의 권리보다 법적 절차와 형식을 앞세워 내란 수괴를 풀어주며 매국 행위를 정당화하는 방식으로 귀결되었는데, 이 또한 매국 행위에 대한 단죄라는 정의의 근간이 무너진 것에서 파생되었다는 것입니다.

이런 잘못된 현상을 막자면 매국노를 응징하는 단호한 원칙을 철저하게 확립해 가야 합니다. 바로 이 지점에서 매국노들을 단호히 응징하는 애국법과 조국통일법의 제정이 한국 사회를 바로 세우는 핵심 과제로 떠오른다는 것을 알 수 있습니다. 매국 행위를 단호히 처벌하고 애국 행위는 고무하는 법을 만듦으로써, 감히 민을 억누르며 민 위에 군림하려고 하는 자가 다시는 나타나지 못하도록 단호히 응징하는 길로 나아가야 한다는 것입니다.

다시 말해 매국노 청산이라는 전제 조건이 해결되지 않는 한, 한국 사회의 미래가 열리지 않는다는 것입니다. 매국노가 활개 치도록 놔두어서는 한국 사회의 혼란을 수습할 수 없고, 사법 체계도 바로 설 수 없으며, 사회 대개혁 역시 불가능하다는 것입니다. 그 때문에 여야·좌우·진보와 보수를 막론하고 모든 애국·개혁 세력은, 매국노가 애국을 참칭하지 못하게 만들면서 응징하기 위해 애국법과 조국통일법을 제정하는 길에 우선적으로 힘을 합쳐야 한다고 말하는 것입니다.

## 2. 저항권을 발동하여 민의 위대함을 다시 한번 보여주자

2025. 3. 25.

지금 한국 사회는 사실상 헌정 질서가 붕괴되어 가고 있습니다. 헌정 질서를 수호해야 할 국가 기관이 그 책무를 다하지 못하고 있기 때문입니다. 헌정 질서를 파괴한 내란 범죄자들을 단호하게 처벌해야 할 국가 기관이, 내란 범죄의 가담자들과 공범들의 압력에 굴복하거나 심지어 부화뇌동하고 있다는 것입니다.

이러한 판단은 단순한 우려나 과장이 아닙니다. 최근 전개된 일련의 사태를 보면 이 같은 결론을 추론할 수밖에 없기 때문입니다.

12·3 내란 사태가 발생하자, 한국의 민이 국회 앞으로 모여 무장한 군인들을 온몸으로 막아 나서는 가운데, 국회는 비상계엄을 무효화한 뒤 끝내 윤석열을 탄핵하였습니다. 그 여세를 몰아 내란 종범들에 대한 체포와 구속이 진행되었습니다. 하지만 정작 내란 수괴인 윤석열에 대해서는 체포·구속이 이뤄지지 못하는 이상야릇한 상황이 벌어졌습니다.

이렇게 상황이 지체되며 시간이 흘러가자, 윤석열은 자신의 범죄를 인정하거나 책임을 수용하기는커녕, 그 틈을 이용해 체포·구속에 저항하며 자기 패거리들을 규합하려고 시도하였습니다. 이에 호응한 내란 잔당들과 공범들은 조직적인 힘을 동원하여 법적 질서를 정면으로 부정하며 국가 기관마저 위협하고 나왔습니다. 서부지방법원 난입 폭동은 그 대표적인 사건이었습니다.

허나 헌정 질서를 수호하려는 민의 압도적 압력에 의해 폭동 가담자들은 체포되었으며, 내란 수괴 윤석열 또한 끝내 체포·구속되었습니다. 이로써 내란 사태는 일단락되는 듯 보였습니다. 그러나 사태는 거기서 끝나지 않았습니다.

내란 범죄의 잔당들과 공범들은 윤석열의 구속 이후에도 승복하지 않고, 내란 범죄를 노골적으로 옹호·정당화하고 나왔습니다. 내란 범죄가 애국적인 행위라는 둥, 절차상의 미비를 이유로 피해자의 '방어권'을 보장해야 한다는 둥, 내란 범죄를 진영 대결인 양 왜곡하며 동조하지 않으면 배신자라는 둥, 심지어 저항권을 행사하겠다는 협박까지 이어졌습니다. 이것은 단순한 의견 표명이 아니라 현정 질서 자체를 부정하는 반국가적인 행위였습니다.

그렇다고 한다면 헌정 질서를 수호해야 할 국가 기관은 단호하게 법적 조치를 취해야 할 것입니다. 그런데 그렇게 한 것이 아니라, 도리어 이들 내란 범죄 세력과 부화뇌동하는 현상이 벌어졌습니다. 법원과 검찰은 내란 세력의 논리를 사실상 수용하며, 피의자의 방어권 행사 보장을 민주주의의 핵심인 양 포장한 채 절차적 하자를 이유로 윤석열을 석방했습니다. 그리고 윤석열의 체포를 조직적으로 방해했던 경호차장 김성훈과 경호본부장 이광우에 대한 구속영장 청구를 검찰은 세 번이나 반려하더니, 마지못해 응하는 척하다가 결국 검찰의 불출석 끝에 법원은 구속영장을 기각하였습니다.

이에 덩달아 헌법재판소는 내란 범죄가 국가 존립과 직결된 중대 사안임에도, 윤석열의 파면 선고를 차일피일 미루더니, 내란 잔당들에 대한 탄핵을 줄줄이 부결하였습니다. 그러고는 내란 수괴 윤석열의 파면 선고 날짜는 미정이라면서 종범인 국무총리 한덕수의 탄핵 판결을 먼저 하겠다고 나오더니, 급기야 이 또한 기각하고 나왔습니다.

이런 일련의 흐름을 보면, 헌정 질서를 수호해야 할 국가 기관들이 내란 범죄자들과 부화뇌동함으로써, 사실상 한국의 헌정 질서는 붕괴되고 있다고 봐도 과언이 아닙니다. 민을 총칼로 짓밟으려는 행위가 용인된다면 도대체 지켜야 할 헌법적 가치가 어디에 있다는 것입니까?

내란 범죄자들과 그 패거리들은 하나의 요설로 '피의자의 방어권'을 민주주의의 이름으로 내세우고 있습니다. 물론 방어권은 당연히 보장되어야 합니다. 하지만 그 방어권은 타인의 권리와 생명을 침해하지 않는 범위 내에서, 그것도 법적 질서의 체계 안에서 진행되어야 합니다. 피해자가 방어권은 고사하고 생명마저 위협을 느끼는 불안한 상황인데, 거기서 피의자, 즉 '가해자'의 방어권을 보장한다는 것이 얼마나 황당한 소리입니까?

더욱이 이 사건의 피해자는 나라의 주인인 민입니다. 민을 억압하기 위해서 내란 범죄를 일으켰는데, 이런 자를 풀어준다면 어떻게 되겠습니까? 자유를 보장하자면 남의 권리를 억압할 자유를 허용해서는 안 됩니다. 그런데 피의자의 방어권을 보장한다면서 나라의 주인인 민을 억압할 자유를 허용하겠다는 것인데, 이게 이치에 맞는 소리이겠습니까? 법이 필요한 것은 민주주의를 지키고 인권을 보장하기 위해서인데, 피의자의 방어권을 보장해 준다는 명목으로 민주주의를 짓밟고 인권을 유린할 자유를 허용한다면, 도대체 이런 모습을 어떻게 이해할 수 있느냐는 것입니다.

방어권에 대해 한마디 덧붙인다면, 방어권 행사에서 가장 큰 가치를 주어야 할 부분은 민의 방어권입니다. 왜냐하면 나라의 주인이 민이기 때문입니다. 그런데 민의 충복이 되어야 할 대통령이라는 자가 민을 짓밟고 군림하기 위해 내란 범죄를 일으켰는데, 민의 방어권이 아니라 도리어 내란 범죄자에게 방어권 행사를 위해 법적 절차가 미비하고 불분명하다는 핑계를 삼아 풀어준다는 게 얼마나 가당치 않은 일입니까? 그러니 윤석열은 당연히 구속된 상태에서 방어권을 행사하면 되는 것입니다.

내란 범죄자들과 패거리들이 '저항권' 운운하며 국가 기관을 협박하는 것 또한 가당치 않은 요설일 뿐입니다. 저항권은 권력자가 민을 억압하고 헌정 질서를 파괴할 때, 권력자의 억압에 대항하여 민의 권리를 방어하기 위해 저항할 권리를 부여한 것입니다. 한마디로 민이 나라의 주인이기에 저항권이 설정된 것입니다. 그런데 어떻게 권력자와 결탁해 민을 억압하고 짓밟으려는 자들에게 저항권이 부여된다는 것입니까? 권력자와 결탁한 세력은 저항권이 보장되는 게 아니라, 권력자에게 달라붙어 기생하는 어용 세력이자 탄압 세력이기에 민으로부터 응징되어야 할 대상일 뿐입니다.

내란 범죄가 애국 행위이고, 그래서 방어권 보장은 물론, 저항권까지 행사하겠다는 식의 같잖은 요설들이 통용되는 이유는, 사태의 본질을 진영 간의 대결인 것처럼 치장하고 있기 때문입니다. 여야·보수와 진보의 대립·대결인 것처럼 포장해, 자기 진영에 서는 것만이 무조건 옳고 정의라는 식으로 왜곡하고 있다는 것입니다. 그런 논리로 여당이나 보수 진영에 있는 사람들에게 내란 범죄에 대해 동참하지 않으면 배신자라는 프레임마저 씌워 공격하고 있습니다.

하지만 진영 논리보다 더 우선하는 것은 나라의 주인은 민이라는 것이고, 민이 나라와 민족 단위에서 주권을 보장받고 살아야 한다는 사실입니다. 그 때문에 무엇보다 민의 권리가 보장되자면 주권 행사가 제대로 되어야 하고, 그러자면 애민·애국의 기치를 들어야 합니다.

그런데 윤석열의 내란 범죄는 미, 일에 주권을 제대로 행사하지 못하고 앞잡이 역할만 하다가 벌어진 매국 범죄입니다. 그런데 이것이 어찌 진영 간의 대결이라는 것입니까? 이렇게 나라와 민족의 안위는 어떻게 되든지 안중에 두지 않고, 오직 자기 패거리들의 권력과 사익을 추구하는 것이, 바로 매국노의 모습이 아니고 무엇이겠습니까?

이처럼 내란 범죄자와 그 패거리들의 주장들은, 하나같이 따져볼 가치가 없을 만큼 천박한 요설에 불과합니다. 그런데 헌정 질서를 수호해야 할 국가 기관이 이런 요설에 부화뇌동하여 움직이고 있다는 것은, 한국 사회 전반에 이들 범죄 집단의 카르텔이 공고하게 형성되어 있다는 것을 보여주는 격입니다.

얼마나 공고하게 형성되어 있는지는 언론과 방송 등은 물론이고, 국가 기관까지 연계되어 나타나고 있는 현실에서 명확하게 드러납니다. 언론과 방송이 제 기능을 다하고자 한다면, 이 천박한 요설들이 헌정 질서와 민주주의 원리에 어떻게 반하는지 제대로 지적해서 보도해 주어야 할 것입니다. 그런데 내란 범죄의 카르텔에 연계된 매체들은 '보도'라는 이름으로 내란 패거리들의 궤변을 대놓고 반복 노출하여 여론을 왜곡시켜 나갔습니다. 그래 놓고서는 그 패거리들의 동조 세력이 일정하게 형성되자, 그 요설 같은 주장을 구실 삼아 검찰과 법원은 점차 간 보기 하면서 이에 호응해 나섰고, 헌법재판소마저 이들의 압력에 흔들리는 모습으로 나타나고 있습니다. 그 때문에 법적으로는 너무도 당연한 윤석열의 파면 선고마저 장담할 수 없는 상황으로 흘러가고 있습니다.

이렇게 헌정 질서를 수호해야 할 국가 기관마저 제 역할을 다하지 못하고 있다면, 이를 해결할 방법은 단 하나, 민이 직접 나서는 것밖에 없습니다. 민이 주인의 권리를 방어하기 위해 저항권을 발동하고 나서야 한다는 것입니다. 한마디로 내란 패거리들의 요설인 '가짜' 저항권이 아닌 '진짜' 방어권과 저항권이 무엇을 의미하는 것인지 민이 직접 행동으로 보여주어야 한다는 것입니다.

한국의 민은 위대합니다. 더욱이 지금 시기는 권력자의 억압 앞에서 눈물만 흘려야 했던 지난날의 세상이 아닙니다. 4·3항쟁, 4월혁명, 광주민주항쟁, 6월항쟁 등을 통해 강인해졌으며, 끝내 군사독재 세력을 청산하고, 이제 개인과 집단, 나라와 민족 단위의 모든 부분에서 주인의 권리를 실질적으로 누리고자 하는 단계에 진입한 상태입니다.

이제 민은 자신의 힘을 믿고 떨쳐 일어서야 합니다. 내란 범죄자들이 카르텔을 형성해 헌법을 유린하고 민주주의를 짓밟으며 역사를 독재의 시절로 되돌리려고 하는 상황에서 수수방관할 수는 없습니다. 나라의 안위와 운명이 이제 민의 힘찬 항쟁에 달려 있게 되었습니다. 헌정 질서를 지키기 위해, 민주주의를 수호하기 위해, 주권을 당당하게 행사하는 나라를 만들기 위해 애국시민으로서, 민주 시민으로서 나서야 합니다.

민이 들고 나선다면, 내란 범죄자들이 카르텔을 형성해 요설을 부리고 방해한다고 한들 이 대하의 물줄기를 막을 수는 없습니다. 닭 모가지를 비튼다고 해서 새벽이 오는 것을 막을 수는 없다는 것입니다. 민이 저항권을 발동해 떨쳐 나선다면 내란 범죄자들의 카르텔을 깨부술 수 있습니다.

내란 범죄자들의 카르텔을 깨부수기 위해서는 우선 윤석열을 파면하도록 만들어야 합니다. 그런데 내란 범죄자들이 카르텔을 형성해 헌법재판소에 압력을 가해 굴복 내지는 부화뇌동을 유도하는 조건에서는, 이에 단호히 맞서 압도적인 역량을 형성해야만 합니다. 그 때문에 나라의 주인인 민은 여야·좌우·진보와 보수를 떠나 애민·애국의 한마음으로 떨쳐나서야 합니다. 그리하여 민의 방어권과 저항권을 발동하여 전국 방방곡곡에서 들고 나선다면 압도적인 역량을 형성할 수 있고, 그러면 그 힘으로 윤석열의 파면 선고를 끌어닐 수 있습니다.

윤석열의 파면 이후에는 행정부에 잔존한 내란 잔당들과 국회의 내란 공범들을 응징해야 합니다. 실상 내란 사태가 자연스럽게 해소되지 못하고 지체된 사태가 발생한 핵심적인 원인은, 행정부 내의 내란 잔당과 국회에 틀어 앉아 있는 내란 공범들을 제대로 응징하지 못했기 때문입니다. 이들이 국가 기관에 틀어 앉아 내란 범죄자들의 처벌을 한사코 방해함으로써 시간이 지체되었고, 그로 인해 내란 범죄자들의 카르텔이 공고하게 형성되어 내란 사태의 순조로운 해결에 난관이 초래된 것입니다. 그 때문에 내란 사태를 실질적으로 해결하자면 이들을 기필코 응징해야 합니다.

그런데 이들을 응징하자면 명확한 법적 토대가 마련되어야 합니다. 실상 이들을 제대로 응징하지 못했던 이유는 법적 토대가 미비했기 때문입니다.

민에게 총부리를 겨눈 내란과 매국적 행위를 극구 옹호·정당화하는 세력이 국가 기관에 계속 똬리를 틀고 앉아 있다는 것은 있을 수 없는 일입니다. 그 때문에 이런 세력을 국가 기관에서 퇴출할 수 있는 법이 필요합니다. 바로 그 법이 애민·애국에 기초한 애국법과 조국통일법입니다.

애국법과 조국통일법은 애국 행위는 고무하고 매국 행위는 응징하는 법으로서, 나라와 민족이 존속할 수 있게 하는 최소한의 일치된 법입니다. 이 두 법이 제정된다면 반국가적 범죄와 매국 행위를 옹호하는 세력들이 최소한 국가 기관이나 공공 영역에서 자리를 차고앉아 있는 것을 막아줄 것이기에, 행정부에 남아 있는 내란 잔당들을 응징하고 국회의 내란 공범들 또한 해체시킬 수 있을 것입니다. 나아가 이를 시발점으로 삼아, 나머지 국가 기관과 공공기관에서도 내란 잔당과 공범들을 몰아낼 수 있게 될 것입니다. 그러면 한국 사회에서 내란 범죄의 카르텔을 깨뜨릴 수 있게 될 것입니다.

하지만 내란 범죄자들의 카르텔을 깨기 위해서라도, 지금 시기에 일차적으로 요구되는 과제는 내란 수괴 윤석열의 파면을 성공적으로 이끌어내는 것입니다. 그 때문에 여야·진보와 보수를 떠나 반국가적 범죄와 매국 행위를 반대하는 모든 사람들은, 하나로 단결하여 윤석열의 파면을 끌어내기 위해 대대적으로 떨쳐나서야 하고, 만약 이런 민의 거센 요구에도 불구하고 헌법재판소가 파면을 인용하지 않는다면 저항권을 발동해서 대대적으로 항거에 나서야 합니다.

반국가적 범죄와 매국적 행위를 저지른 내란 범죄자들을 처벌하지 못한다면, 그 자체가 헌정 질서의 와해이자 민주주의의 붕괴이며, 민이 권력자의 지배·억압을 받고 살아야 함을 의미하는 것이기에, 이를 바로 잡고자 민이 직접 나서는 것은 너무도 당연한 권리이자 의무이기 때문입니다. 그래서 사실상 헌정 질서가 붕괴되고 있는 현 상황에서, '민의 저항권'을 발동해 얼마나 한국 민이 위대한지를 다시 한번 보여주며 새시대의 역사를 창조해 가자는 것입니다.

# 3. 주권을 고수하기 위해 독재적·매국적 국가관을 지닌 고위 공직자와 정치인의 책임을 묻자

2025. 6. 30.

민이 나라와 민족 단위로 살아가는 조건에서, 주권을 제대로 행사하지 못하면 민의 생명과 재산, 권리를 지킬 수 없습니다. 그래서 민의 이해와 요구를 실현하자면 무엇보다 주권부터 회복하고 실질적으로 행사해야 합니다.

그런데 주권의 행사는 공무원, 그중에서도 특히 대통령과 국회의원을 비롯한 고위 공직자와 정치인들에 의해 이뤄집니다. 그래서 이들의 국가관과 민족관이 얼마나 투철한가는 주권을 회복하고 제대로 행사하는 데에서 관건적 요소가 됩니다.

그런데 한국 사회에서는 어떻게 된 것인지 고위직 공무원과 정치인일수록 국가관과 민족관이 잘못되어 있는 경우가 많습니다. 그 대표적인 모습으로 나타난 것이 윤석열의 내란 범죄 사건입니다. 윤석열의 그런 모습을 보면 도대체 한 나라의 대통령으로서 어떻게 그런 국가관과 민족관을 가질 수 있는지 도무지 이해할 수 없습니다.

그러면 자기 당 소속의 대통령이라고 해도, 제 머리로 국가관과 민족관이 확고히 서 있는 사람이라면 내란 범죄에 반대하고 책임을 물어야 한다고 주장하고 나와야 할 것입니다. 그런데 도리어 국민의힘의 다수 국회의원들은 윤석열과 한패가 되어 공범 역할을 자임하고 나왔습니다. 과연 이런 자들을 보고 국가관과 민족관이 똑바로 섰다고 볼 수 있겠습니까?

한국 사회에서 고위직 공무원과 정치인일수록 국가관과 민족관이 잘못되어 있다는 것은, 비단 이런 모습 속에서만 나타나는 것은 아닙니다. 상식적인 이치로 봐서 공직에 있기 전에는 국가관과 민족관이 투철하지 못했다고 할지라도, 국가 공무원으로 나아가려고 할 경우에는 그런 입장에서 벗어나 국가관과 민족관을 확고히 세우기 위해 노력해야 할 것입니다. 그런데 어떻게 된 것인지 고위직 공무원이나 정치인으로 나서게 되면, 도리어 야인 시절이었을 경우보다 국가관과 민족관이 더 똑바로 서지 못하는 경향을 보인다는 것입니다.

예를 들어, 야인 시절에는 불평등한 한미 관계를 비판하며 주권 회복을 주장하던 이들이, 고위 공직자가 되자 한미동맹을 절대적 가치이자 금과옥조처럼 떠받들며 주권 침해를 정당화하고 나옵니다.

실상 한 나라가 동맹을 맺는 이유는 다른 나라의 침략을 막아 민의 생명과 재산, 권리를 지키기 위해서입니다. 그런데 동맹 자체가 목적이 되어 주권이 훼손되고 민의 권리가 제약된다면 그런 동맹이 무슨 필요가 있겠습니까? 그 때문에 동맹을 맺더라도 주권을 확고히 고수해야 하고, 그렇지 못한 동맹관계는 파기하는 것이 마땅할 것입니다. 그래서 국가 공무원이 되려고 한다면 불평등한 관계를 고쳐야 한다고 확고히 주장하며 나서야 할 것인데, 도리어 더 야인 시절보다도 못한 국가관과 민족관을 들고나오는 잘못된 현상이 벌어지고 있습니다.

이런 잘못된 현상이 비일비재하게 발생한다면 어떻게 주권을 회복하고 민의 생명과 재산, 권리를 지킬 수 있겠느냐는 것입니다. 이런 현상이 통용되어서는 주권을 회복할 수 없다는 것은 너무도 자명할 것입니다.

당연한 게 지금 현시기에 있어서, 외세의 침략과 침탈이 허용되어 주권이 유린되는 이유는, 외세의 앞잡이 역할을 하는 매국노들이 준동하고 있기 때문입니다. 다시 말해 지금 세계는 민의 힘이 성장한 관계로 주권 행사는 국제 질서에서 보편적으로 공인되고 있습니다. 그래서 주권의 유린은 불평등한 협정과 조약을 통해서 이뤄지게 되는데, 바로 매국노들이 그런 잘못된 협약을 맺기 때문에 가능하게 된다는 것입니다. 그래서 국가 내부 매국노들의 준동을 막아야만 주권을 회복할 수 있습니다.

그 때문에 주권을 회복하자면 국가관과 민족관이 투철하지 못한 자들이 고위직 공무원과 정치인으로서 활동할 수 없게 만들어야 한다는 것입니다. 한마디로 외세의 침략과 침탈을 막아내면서 주권을 제대로 행사하느냐의 관건은, 독재적이고 매국적인 국가관과 민족관을 가진 인물들이 국가의 고위직이나 정치인으로 활동하는 것을 막아내느냐에 달려 있게 된다는 것입니다.

그런데 이런 주장을 하게 되면 일부에서는 파시즘이나 독재로 받아들이는 경향이 있습니다. 하지만 이는 본질을 호도한 매우 잘못된 이해로서 필히 극복해서 바로 잡아야 합니다.

국가관과 민족관을 거론하면 두려움과 공포심을 가지게 된 이유는 파시스트와 군국주의, 제국주의 세력이 국가와 민족이라는 단어를 다른 나라에 대한 침략과 지배의 도구로 악용했기 때문입니다. 그뿐만 아니라 군사독재 세력과 매국노들이 또 외세의 앞잡이 역할을 하며 매국 행위를 저지르면서도 애국적인 행위인 양 미화분식하기 위해 국가와 민족을 도용하고 있기 때문입니다.

그런데 파시즘과 군국주의, 제국주의, 군사독재와 매국노 세력이 말하는 국가와 민족은 엄밀히 살펴보면, 단지 그들 집단의 지배와 통치를 위한 단어로만 사용하고 있을 뿐입니다. 참다운 국가와 민족이라고 한다면, 민이 나라의 주인인 만큼 민의 국가와 민족이어야 할 것입니다. 그런데 이들은 이를 은폐하기 위해 적대 세력을 양산해서 지정해 놓고 이들과 대립해 싸우는 것만이 국가관이고 민족관인 것처럼 교묘히 왜곡·전도해 왔던 것입니다. 한마디로 나라의 주인인 민이 주체가 되어 살아가는 것이 아니라, 그들만의 억압적 지배와 통치 질서를 유지하기 위해 그들이 설정한 적대 세력과 무조건 싸우는 것만이 국가관이자 민족관인 것처럼 포장하고 나왔다는 것입니다.

독일의 나치즘이 유대인을, 일본의 군국주의가 조선인을 적대 세력으로 규정해 지배와 학살의 대상으로 삼았던 것, 미 제국주의가 냉전 체제를 형성해 사회주의와 민족해방 세력을 적대 세력으로 설정해 전 세계적 대립과 전쟁을 조장했던 것, 또 한국의 군사독재 세력과 매국노들이 같은 민족인 북은 물론 한국의 애국적 민주 세력까지 적대 세력으로 몰아 탄압했던 사례가 바로 그것입니다. 다시 말해 민이 나라와 민족 단위에서 주인의 삶을 살아가는 존재가 아니라, 그들의 지배를 실현하기 위한 대상으로 전락시켜 놓고 가혹하게 탄압하고 나왔다는 것입니다. 이런 피해의식 때문에, 국가관과 민족관을 거론하면 독재 정치나 파시즘을 연상하며 두려움과 공포를 느끼게 되었던 것입니다.

하지만 사회 역사의 주체이자 나라의 주인인 민은, 적대 세력과 싸우기 위해서 존재하고 살아가는 것이 아닙니다. 주인으로서 스스로 제 발로 걸어가며 살아가고자 합니다. 그래서 주인의 권리가 침해받을 때 저항하는 것이지, 적대를 목적으로 삶을 영위하지 않습니다. 서로의 권리가 존중된다면 싸울 이유가 없습니다.

이런 이치로 보았을 때, 민은 누구나 개성을 가진 존재로서 집단을 구성하여 나라와 민족 단위로 살아가고 있기에, 이 모든 차원에서 주인의 권리를 누리고 살아야 합니다. 그래서 민은 자기 나라와 민족이 소중하다면 다른 나라와 민족 또한 소중하다고 여길 것은 필연적 이치이기에, 다른 나라와 민족에 대한 침략과 침탈을 전개할 하등의 이유가 없습니다. 반대해야 할 것은 나라와 민족이 아니라 침략과 침탈 그 자체입니다.

마찬가지로, 민은 개성을 가진 존재로서 집단을 구성해서 살아가기에, 누구나 다 개성을 실현하고 집단의 권리를 누리고 사는 것을 원하지, 자기만이나 자기 집단만의 패권과 지배를 위해 다른 사람이나 집단의 권리를 짓밟으려고 할 이유가 없습니다. 도리어 그런 시도가 벌어진다면 본능적으로 반대해서 나설 수밖에 없습니다. 다른 사람이나 집단의 권리를 짓밟는 행위를 허용하게 되면, 그때로부터 민의 단합을 저해하여 주인의 권리를 누리고 살 수 없게 될 뿐만이 아니라, 주체적인 삶의 모습과도 배치되기 때문입니다.

이것을 보면 파시즘과 군국주의, 제국주의, 군사독재와 매국노 세력이 내세운 국가관과 민족관은, 민의 참다운 국가관과 민족관과는 천양지차가 존재한다는 것을 알 수 있습니다.

이렇게 본질적인 차이가 있는데도, 지금껏 지배 세력들이 그들만의 억압적 통치 질서를 유지하고자 국가와 민족을 도용하고 악용함으로써, 국가관과 민족관 자체에 대한 피해의식을 갖게 된 것입니다. 하지만 그런 피해의식이 있다고 해서 참다운 국가관과 민족관을 올바로 세우는 일을 외면해서는 안 됩니다. 그렇게 되면 민이 나라와 민족 단위에서 주권을 찾을 수도 없고, 그러면 주인의 권리를 누리고 살 수 없기 때문입니다.

민이 개인과 집단, 나라와 민족 단위의 모든 부분에서 주인의 권리를 누리고 살아가야 하는데, 그러자면 일차적으로 나라와 민족 단위에서 주권부터 되찾아야 하고, 여기에서 그 해결의 길은 참다운 국가관과 민족관을 확고히 세우는 방식에 의해서 마련될 수밖에 없기 때문입니다.

지금 한국 사회는 미국과의 불평등한 협정과 조약으로 인해 사실상 식민 지배를 받고 있는 상황인데, 이를 해결하자면 주권부터 되찾아야 할 것입니다. 그런데 여기서 올바른 국가관과 민족관을 세워내지 못한다면 어떻게 주권을 찾을 수 있겠느냐 하는 것입니다.

그 때문에 지금껏 파시즘과 군국주의, 제국주의, 군사독재정권과 매국노 세력이 국가와 민족을 왜곡하고 도용했다고 해서 이를 통째로 부정할 것이 아니라 참다운 국가관과 민족관을 옳게 세워내야 한다는 것입니다. 한마디로 말해 민이 나라와 민족의 주인이라는 참다운 국가관과 민족관을 확고히 세워야 한다는 것입니다. 민을 떠난 국가와 민족은 의미가 없고, 그런 국가관과 민족관은 잘못된 입장이라는 것을 명확히 해야 한다는 것입니다.

이런 각도에서 보았을 때, 참다운 국가관과 민족관을 세우기 위해서는, 고위직 공무원이나 정치인들이 잘못된 국가관과 민족관, 즉 독재적이고 매국적인 국가관과 민족관을 견지하고 있다면 우선적으로 응징해야 한다는 것입니다. 이들의 응징이 주권을 되찾는 핵심적인 길이라는 것입니다.

국가관과 민족관이 잘못된 고위직 공무원과 정치인들부터 먼저 책임을 묻고 단죄해야 하는 이유는, 바로 그것이 나라와 민족 단위에서 정의를 바로 세워가는 기본 바탕이 되기 때문입니다. 고위직 공무원과 정치인들은 한 사회가 나아가는 방향을 좌우하는 핵심적 역할을 합니다. 그래서 이들은 누구보다도 민의 충복으로서 헌법의 기본 정신을 수호하고, 민의 생명과 재산, 권리를 지켜야 할 책무가 있다고 할 수 있습니다.

이런 각도에서 보았을 때, 고위직 공무원과 정치인들은 당연히 미국과의 불평등한 조약과 협정 때문에, 주권을 제대로 행사하지 못하고 있다면 이를 결코 외면해서는 안 될 것입니다. 야인이었을 때는 제쳐두더라도, 국가 공무원 신분으로서 이를 인식하고 외면한다면 직무 유기를 넘어 그 자체가 범죄를 저지르는 행위와 하등 다름없게 된다는 것입니다.

나라의 향방을 결정하는 핵심적 위치에 있는 사람이 고위직 공무원과 정치인들인데, 이들이 헌법도 지키지 않고 범법자가 되는 조건이라면, 그런 사회에서 어떻게 정의와 법질서가 옳게 세워지겠습니까? 한국 사회에서 지금껏 어떤 정권이 등장하든 간에 부정과 비리가 끊이지 않았던 것은, 이렇게 고위직 공무원과 정치인들이 헌법조차 수호하지 못하고 범법자로 전락되고 있었던 측면과 깊은 연관관계가 있습니다. 그 때문에 이들의 책임을 묻고 응징하지 않는다면 정의가 세워지지 못할 것은 물론이고, 법질서 자체가 바로 잡히지 못하게 된다는 것입니다.

이제 이재명 정부가 등장하여 주권정부임을 표방하고 있는데, 정말로 그 선언이 공허한 수사가 되지 않으려면 잘못된 국가관과 민족관을 가진 고위직 공무원과 정치인들부터 우선 그 책임을 묻고 응징하는 길로 나아가야 할 것입니다. 이들에 대한 응징은 사회 통합을 저해하는 행위가 아니라, 내부의 병폐를 제거함으로써 공동체의 단합과 정의를 세워가는 길입니다. 동시에 한국 사회에서 가장 일차적으로 해결해야 할 당면 과업인 주권 문제를 확고하게 해결할 수 있는 명확한 방법입니다.

지금껏 한국 사회에서 여러 번의 정권 교체가 이뤄졌지만, 사회 개혁이 참답게 이뤄지지도 못하고 주권조차도 제대로 찾지 못했던 것은, 한국 사회를 이끌어가는 고위직 공무원과 정치인들이 잘못된 국가관과 민족관을 견지하면서 그들의 억압적 통치 질서를 강요했기 때문입니다. 바로 이를 바로 잡아야 한다는 것입니다.

민이 나라와 민족 단위로 살아가고 있기에 무엇보다 주권부터 찾아야 하는데, 이를 외면하는 자들이 고위직 공무원이나 정치인으로서 활동하고 있다면 그렇지 못하게 만드는 것, 바로 이것이 한국의 제반 문제를 푸는 데에서 당면 과제이자 핵심 과제로 등장하고 있다는 것입니다. 이제부터라도 이를 해결하기 위해 나선다면 한국 사회의 정치 풍토는 분명 바뀌게 될 것입니다. 그러면 자연스럽게 주권을 회복하는 길로 나아가게 될 것이며, 끝내 민이 개인과 집단, 나라와 민족 단위의 모든 부분에서 주인의 권리를 누리고 사는 사회로 개혁되어 나가게 될 것입니다.

## 4. 반민특위 무산의 교훈과 매국행위처벌특별법 제정의 필요성

2025. 10. 27.

### 1) 정상적인 사회라면 애국법과 조국통일법이 제정되어야 한다

민이 주인의 권리를 누리고 살자면 나라와 민족 단위에서 주권을 고수해야 합니다. 주권이 침해되거나 훼손되면, 그때로부터 민이 주인의 권리를 실현하기 위한 모든 일은 불가능하게 되기 때문입니다. 그래서 주권의 고수와 행사는 민이 주인의 권리를 실현하는 데 있어서 절대적인 전제 조건이며, 정상적인 사회라면 당연히 지켜져야 할 기본 원칙입니다.

그런데 한국 사회는 미국과 맺은 불평등한 협정과 조약으로 인해 주권을 온전히 행사하지 못하고 있습니다. 그뿐만 아니라 민족이 분단되어 있다면 하루빨리 이를 극복해야 할 것인데, 아직도 조국통일을 이루지 못하고 있습니다.

여기서 조국통일의 문제는 분명 분단된 남과 북을 하나로 합치는 것이니만큼, 주권 문제와 형식적인 측면에서 완전히 동일하다고 볼 수는 없습니다. 하지만 민족이 분단되어 있으면 주권의 행사에 일정한 제약이 따릅니다. 그뿐만 아니라 조국통일을 이루려면 무엇보다 그 공통점이 있어야 할 것인데, 바로 여기서 그 핵심적 토대가 한반도 차원에서의 주권 고수입니다. 다시 말해, 조국통일은 주권을 고수하고 행사하는 조건 위에서만 현실적인 과제로 성립할 수 있다는 것입니다.

이것은 조국통일을 방해하는 세력들이 분단 상황을 핑계 삼아 한미동맹을 절대화하면서, 사실상 한국의 주권 회복의 과제를 외면하거나 방해하는 모습에서 드러납니다. 그 때문에 조국통일의 상에 있어서 일정한 차이가 있을 수 있지만, 통일된 국가도 한반도 차원에서 주권을 행사할 수 있어야 한다는 점은 결코 양보할 수 없는 원칙이 됩니다. 따라서 조국통일 또한 주권을 행사하고 고수하는 차원에서 접근되어야 합니다.

그렇다고 한다면 한국은 마땅히 주권을 고수해야 할 뿐만이 아니라, 분단을 극복하기 위해서도 한반도 차원의 주권 행사를 명확히 지향해야 합니다. 바로 이 지점에서 애국법과 조국통일법의 저정은 선택의 문제가 아니라 필연적인 과제로 제기됩니다. 그런데 왜 이런 이치가 지켜지지 못하느냐 하는 것입니다.

그 근본 원인은 한국을 대표해 온 정권들이 애민·애국의 기치를 확고히 견지하지 못해 왔다는 데 있습니다. 한마디로 애국 행위는 고무하고 매국 행위는 응징해야 하는데, 도리어 한국의 주권을 찾자고 하거나 조국통일을 이룩하자고 주장하면 탄압받는다는 것입니다. 한국 사회에서 여러 번의 정권 교체가 있었지만 이 점에 있어서 변화된 것은 없습니다. 이것은 지금껏 어떤 정권이 등장했느냐에 관계없이 의연히 국가보안법을 존속시키고 있는 모습에서 확인됩니다.

하지만 분명한 것은, 민이 나라와 민족 단위로 살아가고 있는 조건에서 나라와 민족은 영원무궁해야 하지만, 정권은 무조건 존속의 대상이 될 수 없다는 사실입니다. 국가를 대표하는 정권이라던 주권을 고수해서 민의 생명과 재산, 권리를 지켜내야 합니다. 그러지 못한 정권은 존속시켜서는 안 되고 곧장 응징해야 합니다. 보수정권이든, 진보정권이든, 개혁정권이든 그 색채가 다를 수는 있지만, 이 부분만큼은 예외 없이 원칙적 입장으로 견지되어야 한다는 것입니다. 다시 말해 보수와 진보, 개혁과 관계없이 애민·애국의 기치만큼은 고수되어야 한다는 것입니다.

그렇다면 한국 사회에서 애민·애국의 기치를 확고히 보장하는 길은, 결국 어떤 정권이 들어서더라도 흔들리지 않도록 애국법과 조국통일법을 제정하는 데 있다는 것을 알 수 있습니다. 그런데 왜 이처럼 당연한 법 제정의 이치가 부정되고 있는 것일까요? 그러면 어떻게 해야 애국법과 조국통일법을 제정할 수 있을까요?

## 2) 매국 행위를 처벌하는 매국행위처벌특별법이 필요하다

한국을 대표하는 정권이라면 마땅히 애민·애국의 기치를 견지해야 하건만, 왜 그렇지 못하고 뒤틀려져 버린 것일까요? 그 근원은 반민특위의 무산에 있습니다.

반민특위(반민족행위특별조사위원회)는 정부 수립 이후 제헌의회가 친일 부역자들을 처벌하기 위해 「반민족행위처벌법」을 제정한 데 따라 1948년 10월 22일 공식적으로 구성되었습니다.

일제로부터 해방된 이후, 우리 민족 앞에 나선 가장 주된 과제는 일제의 식민 잔재를 청산하고 민족정기를 바로 세우는 것이었습니다. 그런데 그 핵심 관건은 친일 부역자를 얼마나 철저히 단죄하느냐에 달려 있었습니다. 왜냐하면 민족적 과제를 해결하는 데 있어서 급선무로 제기되는 것은 민족 내부로부터 민족적 정신과 뿌리를 세워야 하기 때문입니다. 그런데 이것은 반민족 세력의 청산과 직결됩니다. 이것은 새살을 돋게 하자면 고름을 짜내야 하는 것과 같은 이치입니다. 고름을 그대로 방치하면 치유되는 게 아니라 그 주위 부분까지 계속 곪아들어 끝내 몸을 망치게 됩니다.

그래서 반민족행위처벌법의 제정과 반민특위의 구성은 한국 민의 절대적 지지를 받았습니다. 하지만 친일 매국노들은 지난날의 행위를 반성하기는커녕 저항하고 나섰습니다. 그 반대 이유는 "처벌은 사회 혼란을 초래하고 국민통합을 해친다", "정적 제거에 악용될 수 있다". "특별검찰과 특별재판소 설치는 삼권분립에 위배된다"는 것이었습니다. 어디서 많이 들어본 소리입니다. 윤석열의 내란 범죄 처벌을 반대하는 사람들의 주장 논리와 놀라울 정도로 닮아 있습니다.

그런데 죄를 지었으면 죗값을 받게 하는 게 어떻게 정적 제거용이 되고, 사회 혼란을 야기하며 국민통합을 저해한다는 것입니까? 이런 논리대로라면 무법천지가 되어야 사회 혼란을 막고 국민통합을 이룩할 수 있다는 것인데, 이게 이치에 맞는 소리입니까? 오히려 죄를 지었는데도 제대로 처벌하지 못하는 게 민심을 이반시키기고 사회 통합을 저해하는 것입니다. 또 반민족행위처벌법은 당시 제헌헌법 101조에 근거해 제정된 것인데 어떻게 헌법 정신에 어긋난다는 것입니까? 게다가 삼권분립이라는 것은 권력의 압력에 굴하지 않고 민의 권리를 보호하기 위해서인데, 어떻게 죄진 자의 처벌을 막을 용도로 사용될 수 있다는 것입니까?

친일 매국노들은 여기에 그치지 않고 반민특위 활동을 무력화하기 위해 관제 데모까지 벌이고 나섰습니다. 그리고 제주도 4·3항쟁과 여수·순천 항쟁을 계기로 1948년 12월 1일 국가보안법을 제정했습니다.

그런데 국가보안법은 북을 반국가단체로 규정하고, 북을 이롭게 하면 처벌하는 조항이 들어 있습니다. 조국을 통일해야 할 한편의 당사자를 상대방으로 인정하지 않는 것을 넘어 반국가단체로 규정하고, 그런 북을 이롭게 할 경우 처벌한다고 한다면 어떻게 조국통일을 이룩할 수 있겠습니까? 실상 조국통일을 이룩하자면 애민·애국의 기치를 공통점으로 하여 서로 이익을 추구하는 방향으로 나아가야 합니다. 그런데 그렇게 하면 처벌한다는 것은 결국 조국통일을 하지 말자는 것이고, 애민·애국의 기치를 부정하는 것이 아니고 무엇이겠습니까? 사실상 국가보안법은 매국노들이 북을 핑계로 삼아 애민·애국 세력을 탄압하고 자신들의 매국 행위를 정당화하기 위한 수단으로 기능해 왔던 것입니다.

결국 국가보안법의 제정을 계기로 반민특위 성원들을 국회 프락치 사건 등으로 '빨갱이'로 매도하며 공격하기 시작했고, 급기야 반민특위 사무실까지 습격하였으며, 이로써 반민특위는 1년여의 활동 끝에 사실상 해산되기에 이르렀습니다.

이런 과정은 오늘날 내란 범죄의 처벌을 두고 이를 반대해 나서는 윤석열 일당의 모습과 어찌 그리 유사한지 놀라울 지경입니다. 내란 범죄 세력이 헌법과 법치를 들먹이며 범죄를 '통치행위'로 포장하고, 서부지법에 난입해 폭동을 일으키는 것이라든가, 특검을 진행하는 사람들의 행적을 조사해 공격하고, 심지어 대통령 선거를 통해 선출된 이재명 정권마저 그 무슨 주사파 정권으로 매도하며 '정치보복'으로 몰아가면서 특검을 무산시키려 하는 모습은, 반민특위 무산 과정과 크게 다르지 않습니다.

반민특위의 무산으로 친일 매국노들은 거의 처벌받지 않게 되었습니다. 하지만 이 결과는 결국 한국 사회의 향방을 결정하게 되었습니다. 그로 인해 친일 매국노들은 친미 매국노로 변신했으며, 미국과 불평등한 한미상호방위조약을 맺어 군사적 주권을 또다시 양도하였으며, 일제 식민 지배에 대해서도 사과와 반성을 받아내지도 못한 채 한일기본조약을 체결함으로써 민족적 자존을 훼손했습니다. 그 결과 한국 사회는 여전히 주권도 온전히 행사하지 못하고, 외세와 매국노가 주인 행세하는 사회가 되어버린 것입니다.

물론 한국 사회에서 이를 고치기 위한 노력이 진행되지 않았던 것은 아닙니다. 「일제강점하 반민족행위 진상규명에 관한 특별법」, 「친일반민족행위자 재산의 국가 귀속에 관한 특별법」, 「진실·화해를 위한 과거사정리 기본법」등은 그런 노력의 일환이라고 할 수 있습니다. 이런 특별법의 제정으로 항일독립운동, 일제강점기 이후 국력을 신장시킨 해외 동포사, 광복 이후 반민주적 또는 반인권적 인권유린과 폭력·학살·의문사 사건 등을 조사하여 은폐된 진실을 밝혀내는 일정한 성과도 있었습니다. 하지만 이것들의 한계는 명백했습니다. 그런 범죄를 저지른 자들을 명확히 처벌하지 못했다는 것입니다.

죄를 지었는데도 처벌하지 못한다면 정의를 세울 수 없습니다. 처벌하지 못한다는 건 사실상 그 죄를 묵인한다는 것과 다르지 않은데, 그런 상황에서 어떻게 사회적 정의가 세워질 수 있겠습니까? 그래서 정의를 세우자면 죄를 지은 행위를 처벌해야 합니다. 한마디로 죄진 자를 처벌하는 것만큼 그에 상응하게 사회적 정의가 세워진다는 것입니다.

이것은 한국 사회에서 군사독재가 맥을 추지 못하게 되었던 상황을 보면 이해할 수 있습니다. 「5·18민주화운동 등에 관한 특별법」의 제정으로 전두환 등의 군사 쿠데타 세력을 응징하자, 그때로부터 군사 쿠데타는 한국 사회에서 잘못된 행위로 명확히 규정되었습니다. 그래서 정의를 세우느냐, 못 세우느냐의 문제는 정의를 짓밟는 세력을 제대로 처벌하느냐, 못 하느냐의 문제와 직결된다고 말하는 것입니다.

그런데 전두환 등의 군사 쿠데타 또한 핵심 실세는 처벌하였으나, 그와 관련된 제반의 세력은 단죄하지 못했습니다. 단적으르 전두환의 군사 반란의 행위를 구국의 결단인 양 찬양하며 군사독재 세력을 옹호하는 데 앞장섰던 사람들은 다 살아남았다는 것입니다. 그뿐만 아니라 실형을 선고받았던 전두환과 노태우마저 특별사면으로 석방되었습니다.

이렇게 불철저하게 처리된 결과 정의는 부분적으로만 실현되었습니다. 군사독재 세력은 더 이상 맥을 추지 못하게 되었지만, 민을 짓밟고 권력을 사유화하는 정치 문화와 사고방식은 결코 사라지지 않게 되었다는 것입니다. 이것은 윤석열의 내란 범죄 행위가 또다시 발생했다는 사실에서 명확히 확인됩니다.

전두환의 군사 쿠데타와 윤석열의 내란 범죄는 분명 다릅니다. 하지만 독재정치를 실시하여 나라의 주인인 민을 짓밟고 억압하려고 했다는 점에서는 차이가 없습니다. 만약 전두환의 군사 반란과 관련된 제반 세력을 철저히 단죄했다고 한다면 윤석열의 내란 범죄와 같은 행위는 발생할 수 없었을 것입니다. 바로 여기서 정의를 바로 세우자면 핵심 인물을 처벌하는 것 같은 부분적인 방식으로 처리해서는 안 되고, 그 범죄가 가능하게 하고 정당화했던 구조와 세력 전반을 철저히 청산해야만 한다는 것을 알 수 있습니다. 이런 측면에서 보면 윤석열의 내란 범죄 또한 당사자 개인의 처벌을 넘어 그와 관련된 제반 세력을 철저히 청산하는 방향에서 특별법이 제정되어야 합니다.

사회의 정의를 똑바로 세우자면 그와 관련된 제반의 세력을 철저히 청산해야 할 뿐만이 아니라, 눈에 보이는 곁가지 문제를 처리하는 수준으로 멈춰서는 안 됩니다. 사실상 군사 쿠데타가 발생한 것과 같이 윤석열의 내란 범죄가 일어나게 되었던 이유는, 한국 사회의 근원적인 문제를 해결하는 방향으로 나아가지 않았기 때문입니다. 곁가지 문제만 처리하면 또 다른 형태로 정의가 유린되는 현상이 발생하게 된다는 것입니다.

한국 사회에서 군사독재가 장기간 지속될 수 있었던 배경에는, 주권을 행사하지 못하는 조건에서 애국과 매국이 전도되어 있었던 현실이 자리하고 있습니다. 애민·애국의 기치는 한 사회가 정상적으로 돌아가게 하는 질서 유지의 근간입니다. 그래서 애민·애국의 기치가 바로 서지 못하고, 오히려 매국노가 애국자 행세를 하게 되면 그때로부터 정의의 근간은 무너집니다. 이로부터 민을 억압하고 지배해도 된다는 사고방식이 나오게 되고, 결국 독재 권력을 행사하려는 범죄 행위가 벌어지게 된다는 것입니다. 그래서 한국 사회에서 정의의 근간을 세우자면, 애민·애국의 기치를 견지하면서 주권 문제를 근원적으로 해결해야 합니다.

지금까지 한국 사회에서 정의의 질서가 명확히 확립되지 못하고 여러 혼란이 발생했던 원인을 거슬러 올라가면, 반민특위가 무산되어 반민족행위자를 제대로 처벌하지 못했던 데에 그 근원이 있음을 알 수 있습니다. 이로부터 한국 사회의 제반 문제를 해결하기 위한 원칙적인 출발점은 매국노를 철저히 처벌하여 청산해야 한다는 것입니다.

### 3) 매국행위처벌특별법의 핵심적 내용은 무엇일까?

반민특위가 무산됨으로써 한국 사회가 뒤틀리게 된 근원이라고 한다면, 이제부터라도 이를 바로 잡는 역사적 과제를 해결해야만 합니다. 그런데 그리하려면 필연코 지난날의 역사적 과오 행위에 대해 소급해서 적용해야 합니다. 원래 법은 특별한 경우가 아니라면 소급해서 적용하지는 않습니다. 하지만 한국 사회의 근원적 문제 해결이 반민특위의 무산으로 뒤틀어져 버린 상황에서 다른 방법이 없습니다. 이 부분이 잘못되어 있는데도 이를 외면하고 바로 잡지 않는다면, 한국 사회의 제반 문제가 풀리지 않는다는 것입니다.

그래서 반민특위의 정신을 계승하되 지금 시대에 맞게 적용해서 풀어가야 합니다. 오늘날의 한국 사회는 일제 식민 시기뿐만이 아니라 해방 이후부터 지금까지와 관련되어 있기 때문입니다. 친일 매국노들이 친미 매국노로 변화된 과정과, 그 연장선에서 아직도 미국으로부터 주권을 제대로 행사하지 못하고 있는 한국의 현실과 맞물려 있다는 것입니다. 그 때문에 일제 식민 시기부터 현재에 이르기까지 매국 행위를 저질렀던 자들의 행위를 소급 적용해 처벌하는 매국행위처벌특별법을 제정해야 합니다.

그렇다면 매국행위처벌특별법의 핵심 내용은 무엇으로 되어야 할까요? 그것은 무엇보다 일정한 공직에 있으면서 주권을 양도하거나 훼손했던 행위자들을 처벌하는 것입니다. 주권의 고수는 민이 나라와 민족 단위로 살아가기에 민의 생명과 재산, 권리를 지키는 데에서 필수적 조건으로 되기 때문입니다. 그래서 주권의 양도는 정치적 판단의 문제가 아니라 매국 행위로 규정하고 이를 엄격히 처벌해야 합니다. 여기에는 을사오적이 일제에 주권을 팔아먹는 행위는 물론이고, 미국과 한미상호방위조약을 맺어 군사적 주권을 양도했던 행위 또한 포함되어야 합니다.

아울러 민의 생명과 재산, 권리를 팔아먹거나 제약했던 행위 또한 처벌되어야 합니다. 공직자라면 민의 심부름꾼으로서 그 권리를 보호할 책무를 가집니다. 그런데 그렇게 하기는커녕 도리어 외세에 양도하거나 제약하게 만든다면 이는 당연히 매국 행위로서 처벌되어야 한다는 것입니다. 여기에는 외세와의 불평등한 협정과 조약을 맺어 민의 생명과 재산, 권리를 침해받게 하거나 제약받게 하는 행위가 포함될 것입니다. 예를 들어 한일기본조약을 맺어 일제 징용자나 위안부들이 일제로부터 제대로 배상을 받지 못하게 하는 행위라든가, 사드를 배치해 성주 시민들의 권리를 제약했던 결정들이 포함될 것입니다.

그뿐만 아니라 일제 식민 시기에 친일 부역 행위로 취득한 재산을 환수하듯이, 미국과의 불평등한 조약과 협정을 통해 재벌 등 특정 집단이 부당한 이득을 취한 경우에도 환수 조치가 병행되어야 할 것입니다. 아울러 진실과 화해를 위한 과거사정리위원회에서 밝힌 것처럼 국가의 공권력을 악용해 간첩으로 왜곡 조작하며 극악하게 탄압했던 행위 또한 처벌되어야 합니다.

또한 민족의 단합과 조국통일을 저해하고, 외세와의 군사 훈련을 벌여 한반도를 전쟁 위험으로 몰아넣어 민족의 생존을 위협한 행위 역시 매국행위처벌특별법의 처벌 대상에 포함되어야 합니다.

남북이 분단된 조건에서 북으로부터 국방을 지키는 것은 당연합니다. 하지만 그 범위는 한국의 주권은 물론 한반도의 주권을 지키려는 애민·애국의 기치에 의거해야 합니다. 그런데 군사적 주권도 행사하지 못하면서 동맹이라는 미명하에 외세와 군사 훈련을 벌인다면 어떻게 되겠습니까? 이것은 한국의 주권 행사를 침해하는 것일 뿐만 아니라, 한반도 차원에서 주권을 제약하는 행위가 될 뿐입니다. 그래서 군사적 주권부터 먼저 찾아야 한다는 것이고, 군사 훈련을 하더라도 한국 자체의 힘으로 하라는 것입니다.

그뿐만 아니라 한반도 통일 또한 주권의 고수가 전제된 속에서 진행되어야 하기에, 남북 관계에서도 주권 침해 현상이 발생해서는 안 된다는 것입니다. 북에 의해 남의 주권이 침해받는 현상이 허용되지 않아야 하듯, 남에 의한 북의 주권 침해 현상도 발생해서는 안 된다는 것입니다. 단 남과 북은 애민·애국의 기치로 통일되어야 하기에 이에 벗어나는 행위에 대해서는 비판할 수 있습니다. 하지만 애민·애국의 기치에 벗어나지 않는 데에도 무조건 북을 반대한다는 미명하에 상대방의 주권을 침해하고 공격하는 행위는 허용되지 않는다는 것입니다. 그런 행위는 사실상 민족적 과제인 조국통일을 가로막는 행위가 될 뿐만이 아니라, 남북 간의 전쟁 참화를 가져와 민족의 생존마저 위기로 빠뜨린다는 점에서 매국 행위로 단정하고 처벌되어야 한다는 것입니다. 그래야만 한반도 차원에서 주권을 고수하는 방향으로 조국통일을 이룩할 수 있습니다.

지금까지의 논의는 주로 공직자의 매국 행위에 대한 처벌에 초점을 둔 것이라고 할 수 있습니다. 하지만 공직자의 처벌만으로 끝낼 수는 없습니다. 언론과 사회단체 등 사회적 영향력이 큰 위치에 있으면서 이러한 매국 행위를 앞장서서 선전, 선동하고 정당화하는 행위 역시 처벌 대상이 되어야 합니다. 왜냐하면 이들의 선전, 선동은 정치적 압력을 형성해 매국 행위의 단죄를 가로막고, 그로 인해 매국 구조를 지속·재생산하는 역할을 하기 때문입니다.

이런 주장에 대해 반대하는 자들은, 정치적 결단이 처벌 대상이 되면 공직자의 정치적 행위를 제약하고, 선전, 선동을 규제하면 언론과 표현의 자유를 침해하는 것이라고 반론합니다. 하지만 이것은 논점을 왜곡한 궤변에 지나지 않습니다.

공직자라고 한다면 민의 생명과 재산, 권리를 지키는 게 당연한 의무이지, 짓밟는 행위를 해도 괜찮다는 뜻이 아닙니다. 그것은 범죄적 행위일 뿐입니다. 죄를 지으면 공직자가 아니어도 처벌을 받습니다. 도리어 공직자라면 더욱 엄격히 처벌받아야 합니다. 게다가 주권과 관련된 상황은 민의 생명과 재산, 권리를 지키는 데에서 핵심적 요구이기에 예외를 두어서는 안 됩니다.

아울러 언론과 표현의 자유는 누구나 자유를 누리고 살기 위해서인 것이지, 타인의 권리를 짓밟고 억압할 자유를 주기 위해서가 아닙니다. 도리어 다른 사람의 기본적 권리를 짓밟고 억압하는 것이 허용되면 그때로부터 자유는 파괴됩니다. 그래서 민의 기본적 권리를 유린하는 선전, 선동 행위는 언론과 표현의 자유가 아니라 사실상 언론과 표현의 자유를 파괴하는 주장일 뿐입니다. 그래서 매국 행위의 처벌을 정치적 탄압이나 표현의 자유 침해로 호도하는 주장은 사실상 매국 행위의 단죄를 가로막기 위한 궤변이라고 말할 수밖에 없습니다.

### 4) 매국행위처벌특별법과 함께 애국법과 조국통일법을 제정해야 한다

매국행위처벌특별법은 원래 정상적인 사회라고 한다면 굳이 거론할 필요조차 없을 것입니다. 하지만 한국 사회는 그렇지 못하다는 것입니다. 주권을 행사하지 못하고 민족이 분단된 상황에서, 이를 해결하기 위해 당연히 제정되어야 할 애국법과 조국통일법조차 마련하지 못한 채, 매국 행위가 애국으로 둔갑되고 있습니다. 그리하여 애국적 행위가 매국노들에게 탄압받는 웃지 못할 촌극이 벌어지고 있습니다.

이러한 현실은 한국 사회에서 매국노들의 저항이 만만치 않다는 것을 말해줍니다. 그 때문에 애국법과 조국통일법을 제정하기 위해서라도 매국노의 저항을 분쇄해야 하니만큼, 이들을 청산하는 과제를 본질적으로 제기하고 풀어가야만 한다는 것입니다. 이 문제를 회피하고서는 정상적으로 작동되어야 하는 애국법과 조국통일법의 제정이 불가능할 뿐만이 아니라, 계속 사회적 혼란만 야기된다는 것입니다. 그 때문에 이를 해결하기 위해서는 소급 적용해서 매국 행위를 응징하는 문제를 정면으로 다루지 않을 수 없습니다.

매국행위처벌특별법을 필연코 제정해야 하는 또 다른 이유는, 매국 행위를 일삼은 자들이 쓰는 술법이 법을 교묘히 도용하고 있기 때문이기도 합니다. 법은 원래 민이 주인의 권리를 누리도록 하기 위해서인데, 도리어 매국노들이 아직 미비한 법을 무기로 삼아 자신들의 기득권을 지키고 매국 행위를 은폐·정당화하는 수단으로 이용하고 있습니다.

한국 사회에서 검찰개혁과 사법개혁이 광범위하게 제기되고 있는 배경도 그 실상을 따지고 보면, 민의 권리를 보장하기에는 미흡한 법 구조가 기득권 유지의 도구로 작동해 온 현실과 맞닿아 있습니다. 이를 바로잡기 위해서는 정의의 근간을 확고히 세워야 하고, 여기에 근거하여 미비한 부분의 법을 계속 보완해 가야 할 것입니다.

여기에서 사회 정의의 근간이 되는 부분이 바로 매국 행위를 응징하고 애국 행위를 고무하는 것이고, 바로 이를 실질적으로 적용하는 것이 매국행위처벌특별법입니다. 한마디로 매국행위처벌특별법이 한국 사회에 정의의 근간을 세우고, 바로 이에 근거해 미비한 법을 계속 보완해 갈 수 있는 밑천으로 된다는 것입니다.

그뿐만 아니라 매국행위처벌특별법을 명확히 제정한다면 검찰개혁과 사법개혁 또한 이에 근거해서 처리할 수 있습니다. 검찰개혁과 사법개혁을 실질적으로 이룩하기 위해서는 법부터 옳게 제정해야 하는데, 바로 매국행위처벌특별법은 이를 처리하기 위한 근간이 될 수 있다는 것입니다.

물론 매국행위처벌특별법은 매국 행위를 소급해서 처벌하기 위한 성격을 지니는 만큼, 선의의 피해자가 발생하지 않도록 엄격하고 정밀하게 설계되어야 할 것입니다. 앞서 제시한 내용들을 중심으로 적용 범위와 기준을 분명히 하고, 시효의 설정 여부 또한 신중히 검토해야 할 것입니다.

하지만 그렇더라도 매국행위처벌특별법은 뒤틀려진 한국 사회를 바로 세우기 위해 필연코 제정되어야만 할 과제라는 것입니다. 왜냐하면 매국 행위에 대한 과거의 잘못을 바로잡는 데 그치지 않고, 앞으로 매국적 주장과 행위가 공공연히 반복되는 것을 구조적으로 차단하는 효과를 보게 될 것이기 때문입니다. 그러면 그 성과를 기반으로 국가보안법을 폐지하고 대신에 애국법과 조국통일법을 제정함으로써 한국 사회를 정상 사회로 돌려놓아야 합니다. 그래야만 뒤틀려진 한국 사회를 바로 잡음으로써 주권을 고수하고 조국통일을 이룩하는 방향으로 나아갈 수 있고, 민이 개인과 집단, 나라와 민족 단위의 모든 부분에서 주인의 권리를 누리고 살 수 있도록 계속 사회를 개혁해 갈 수 있습니다.

**4부**

# 사회 대개혁과 주권 회복, 애국정권 수립

# 6장 | 사회 대개혁과 주권 회복의 원칙

## 1. 현 정세와 개혁 세력의 임무

2025. 4. 7.

윤석열이 파면되었습니다. 파면된 이후에는 60일 이내에 대통령 선거를 치러야 하기에, 한국 사회는 벌써 대선 정국으로 접어들어 가는 듯한 분위기가 연출되고 있습니다. 그런데 대통령 선거만 잘 치르면 윤석열의 내란 범죄 행위가 해결되고 한국의 사회 대개혁이 원만하게 진행될 수 있을까요? 그러면 박근혜가 국정 농단을 저질렀을 때 파면된 뒤 문재인 정부가 출범했지만, 사회 대개혁이 이뤄지기는커녕, 도리어 그 이후 극악한 내란 범죄까지 자행한 윤석열 정권이 등장하게 되었던 지난날의 교훈을 어떻게 이해해야 하겠습니까?

게다가 법대로만 판단했다면 헌법재판소는 이보다 훨씬 빨리 윤석열을 파면할 수도 있었을 것인데, 이렇게 시간을 질질 끄며 지체된 이유가 어디에 있었습니까? 그것은 행정부의 잔당과 국회의 국민의힘이 내란 범죄의 처벌을 한사코 가로막고 훼방을 놓았기 때문입니다. 더욱이 헌법재판소에서 윤석열의 내란 범죄 행위에 대해 전원일치로 파면 결정을 내렸는데도, 여전히 내란 범죄 패거리들은 이를 인정하지 않고 반항해 나서고 있습니다.

이런 조건에서 내란 범죄의 처벌을 한사코 방해해 온 세력을 묵인한 채 대통령 선거만 치른다면, 내란 범죄 문제가 말끔히 해결되고 사회 대개혁의 방향으로 나아갈 수 있느냐 하는 것입니다. 내란 범죄의 처벌을 가로막았던 행위가 책임 없이 넘어간다면, 이들은 그것을 기화로 지난날의 잘못된 행위를 반성하기는커녕 또 기회만 생기면 계속 방해하고 나올 것이 분명한데, 어떻게 사회적 혼란을 겪지 않고 원만하게 해결할 수 있겠습니까? 그리된다면 윤석열의 내란 범죄가 곧바로 해결되지 못하고 엄청난 사회적 갈등과 혼란을 겪었던 것처럼, 대통령 선거 이후에도 또다시 그 전철을 밟게 될 것이 불을 보듯 뻔합니다.

더욱이 대통령을 뽑는 행위는 민의 충복으로서 제 역할을 다하라고 요구하기 위해서입니다. 단지 어떤 개인에게 명예를 부여한다든지 권력을 사적으로 농단하라고 하기 위해서가 아닙니다. 한마디로 윤석열의 내란 범죄 행위를 철저히 응징하고, 그러한 범죄가 한국 사회에서 다시는 재발하지 않도록 근원적인 문제를 해결하며 사회 대개혁을 수행하라는 것에 있습니다. 이것이 한결같은 민의 이해와 요구라는 것입니다. 그렇다면 대선 과정에서 참다운 대통령을 잘 선출해 이런 민의 요구를 잘 실현하기 위해서라도, 이 내란 사태의 해결 방향과 원칙을 명확히 설정해야 할 것입니다.

내란 범죄 문제를 원칙적으로 해결하기 위해서는, 일차적으로 내란 수괴와 가담했던 자들은 물론이고 그 처벌을 한사코 가로막은 종범과 잔당, 공범들까지 단호히 처벌해야 합니다. 특히 행정부의 잔당과 국회의 국민의힘과 같이 국가기관에 틀어 앉아 책임 추궁을 방해해 온 세력은 기필코 국가기관에서 퇴출시켜야 합니다.

내란 범죄는 반헌법적, 반국가적 대역죄입니다. 그런데 국가기관에 틀어 앉아 반헌법적, 반국가적 행위의 처벌을 방해한다는 것은 도저히 묵과할 수 없는 일입니다. 이들 세력을 국가기관에 그대로 놔둔다면 수시로 방해하고 나올 것이 분명한데, 어떻게 사회가 안정될 수 있겠습니까? 국가기관에서부터 헌정 질서를 유린하고 있는데, 그 누가 법을 지키려고 하겠느냐 하는 것입니다. 이것은 사실상 헌정 질서의 붕괴입니다. 그 때문에 헌정 질서를 확립하는 차원에서 국가기관, 특히 행정부와 국회에서 내란 범죄를 옹호하고 처벌을 방해해 온 세력은 기필코 퇴출시켜야 합니다.

이에 대해 일부에서는 사회적 갈등을 치유하기 위해 화합과 통합의 방향으로 나가야 한다고 주장합니다. 사회적 화합과 통합을 거론하니 참으로 나라와 민족을 심히 걱정하는 것처럼 보입니다. 하지만 이런 주장이야말로 사회적 갈등이 왜 발생했는지에 대한 책임을 회피하려는 논리에 불과하며, 결과적으로 갈등과 분열을 지속시키겠다는 의사 표현의 궤변이자 요설이라고 볼 수밖에 없습니다.

사회적 화합과 통합을 이룩하자면 그리할 수 있는 요구를 내세워야지, 그렇게 할 수 없는 주장을 내세운다면 바로 그것이 사회적 화합과 통합을 저해하고 반대하는 행위입니다. 단적으로 내란 범죄는 반헌법적, 반국가적 대역죄이니만큼 단호히 응징되고 처벌되어야 합니다. 그런데 그 처벌을 한사코 방해하고 훼방 놓는다면 어떻게 되겠습니까? 이것은 반헌법적, 반국가적 행위를 용인하게 만들어 계속 그 범죄 행위를 할 수 있게 허용하자는 것인데, 그렇게 된다면 어떻게 사회적 화합과 통합을 이루어 사회적 안정을 이룩할 수 있겠느냐 하는 것입니다. 이것은 윤석열의 내란 범죄 이후 오랜 기간 갈등과 혼란을 겪게 된 원인이 내란 범죄 자체보다 그 처벌을 가로막는 세력이 준동했던 데에 있었다는 사실에서 명확히 알 수 있습니다. 그런데 이들의 방해 행위를 또다시 묵인·방치한다면 어떻게 사회적 호합과 통합을 이룩하여 사회를 안정시킬 수 있겠습니까?

그 때문에 행정부의 잔당과 국회의 국민의힘은 사회적 화합과 통합, 사회 안정을 위해서라도 국가기관에서 퇴출시켜야 합니다. 그래서 행정부 내에서 내란 범죄의 처벌을 방해해 온 자들을 단호히 탄핵함으로써 내란 범죄의 처벌을 수용하는 국무위원을 대통령 권한 대행으로 내세워야 합니다. 동시에 그 권한 대행과 협력하여 내란 공범의 역할을 자임해 온 국민의힘을 해체시켜 대통령 선거에서 후보를 내세울 수 없도록 하는 조치가 병행되어야 합니다.

국민의힘 소속 후보가 대통령 선거에 출마하지 못하게 만들어야 하는 이유는, 출마 자체가 반헌법적, 반국가적 범죄를 용인하는 결과로 되기 때문입니다. 대선후보로 등록되면 국가기관에서 활동하는 정치적 정당성을 사실상 부여받게 되는데, 그런 상황에서 이들을 어떻게 해체시킬 수 있겠습니까? 반헌법적, 반국가적 범죄에 대한 동조 행위가 묵인받게 되면, 이들은 윤석열의 내란 범죄 처벌을 한사코 가로막아 온 것처럼, 앞으로도 계속 훼방을 놓으면서 한국 사회의 대개혁에 대해서도 수시로 시비를 걸어 사회적 혼란과 갈등을 부추기고 나올 것이 뻔합니다. 이래 가지고서는 헌정 질서도 바로 세워지지 못하고 사회 대개혁의 과제도 혼란만 겪다가 좌초되고 말 것입니다. 그 때문에 헌정 질서를 회복하고 민주주의를 수호하려고 하는 모든 세력들은 여야, 진보와 보수를 떠나 하나같이 단합하여, 이들을 내란 범죄의 공범으로 처벌·해체하는 길로 나서야만 합니다. 국민의힘을 해체해 그 이름을 걸고 대선후보가 나오지 못하도록 막아야만 너란 범죄자들의 처벌을 철저히 진행할 수 있을 뿐만이 아니라, 사회적 화합과 통합을 이룩하여 사회 대개혁을 원만히 추진할 수 있다는 것입니다.

국민의힘 이름으로 대선후보가 출마하지 못하게 만드는 것은 보수

세력 자체가 대선후보를 내오지 못하게 만들자는 뜻이 아닙니다. 앞에서 살펴본 바와 같이, 국민의힘은 참다운 보수 세력이 아니라, 내란 범죄자의 처벌을 한사코 방해해 온 공범일 뿐입니다. 다시 말해 반헌법적, 반국가적 범죄의 처벌을 방해하고 훼방을 놓았던 행위는 여야, 진보와 보수 간의 진영 문제가 아니라 헌정 질서 회복과 민주주의의 수호와 관련된 문제라는 것입니다. 그 때문에 참다운 보수라고 한다면 헌정 질서를 파괴하고 민주주의적 질서를 유린한 국민의힘과는 단호히 단절하고, 참다운 보수 세력의 이해와 요구를 대변하는 당을 새롭게 창당해 대선후보를 출마시키라는 것입니다.

내란 범죄의 수괴와 종범, 잔당, 공범들을 단호히 응징하고 처벌한 다음에는, 국정 농단과 내란 범죄가 일어나게 된 근원적 문제를 해결하는 방향으로 나아가야 합니다.

그런데 대통령 선거가 진행되는 조건에서는 대선후보가 내란 범죄의 근원적 문제를 해결하기 위한 요구를 대선의 핵심 공약으로 내걸고 나서도록 만들어야 합니다. 공약으로 제시되어야만 사회적 합의가 광범위하게 형성되고, 향후 국정농단과 내란 범죄가 다시 발생하지 못하게 하는 방안을 마련하며 사회 대개혁을 추진할 수 있기 때문입니다.

한국 사회에서는 대통령도 여러 번 바뀌었고, 정권교체도 여러 번 이루어졌습니다. 그렇지만 지속적으로 국정 농단과 내란 범죄 행위가 자행되었습니다. 그 결과로 대통령이 임기 중에 파면되기도 하고, 임기 후에는 국정 농단의 책임으로 처벌받기 일쑤였습니다. 이것은 국정 농단과 내란 범죄가 일어나게 된 근원적 문제가 해결되지 못했던 데에 기인합니다. 여기에서 벗어나기 위해서는 이번 대선에서 이 근원적 문제를 해결하기 위한 요구를 핵심 공약으로 내걸고 진행하도록 해야 합니다.

국정 농단과 내란 범죄가 다시 일어나지 않도록 근원적 문제를 풀어가기 위해서는 첫째, 주권 문제 해결을 대선 공약으로 확그히 내세우게 만들어야 합니다.

주권 행사는 민이 나라와 민족 단위로 살아가고 있는 조건에서, 민의 생명과 재산, 권리를 지켜낼 수 있느냐, 그렇지 못하느냐와 관련된 관건적 문제입니다. 그뿐만 아니라 주권을 행사하지 못할 경우, 그 불의한 상태가 대외적 관계로만 끝나지 않습니다. 국내의 차별적 억압 질서와 연계됨으로써, 이런 질서 체계에 편승한 패거리들의 사적 욕망 추구 형태가 일반화됩니다. 이것은 다른 나라와의 불평등한 조약과 협정이 국내의 정치·경제·사회 전반에 영향을 미치고 있다는 점에서 확인됩니다.

그래서 대외관계가 불평등하게 형성되면 대내 정책도 그 영향을 받아 자국 민에 대해서도 불평등한 정책이 추구됩니다. 미국과 불평등한 관계가 형성되어 외세와 매국노들을 위한 정책이 추진될 경우, 대내 정책도 노동자와 농민의 이해에 반하는 정책이 추진될 수밖에 없게 된다는 것입니다. 한국 사회에서 저임금 노동 구조가 고착화되고 농가 보장 정책이 제대로 시행되지 못했던 원인 역시, 주권을 온전히 행사하지 못한 대외관계에서 찾을 수 있다는 것입니다.

이렇게 주권을 제대로 행사하지 못하는 조건에서 차별적, 억압적 정책이 고착화되고, 그 결과 국정 농단이 발생하며, 결국 민에게 총부리를 겨누는 내란 범죄로까지 이어지게 되는 것입니다. 그 때문에 이를 근본적으로 해결하려면 주권을 실질적으로 행사할 수 있는 조건을 마련해야 하며, 그러기 위해서는 외세와 불평등한 관계를 맺고 있는 조약과 협정을 파기해야 합니다. 미국과의 불평등한 관계의 근원으로 되는 한미상호방위조약과 한미행정협정은 물론, 일본이 식민 지배를 사과하지 않고 군국주의적 야망과 한반도 재침을 가능케 하는 근원인 한일기본조약을 파기해야 합니다. 한마디로 이들 조약을 유지하는 조건에서는 미일과 불평등한 관계를 청산할 수 없으며, 그러한 주권의 제약 관계는 국내 정책에까지 영향을 끼쳐 결국 국정 농단과 내란 범죄 행위로 연결되어 나타나게 된다는 것입니다.

그런데 이러한 조약들을 파기하기 위해서는 법적·정치적 근거가 명확해야 합니다. 바로 여기서 애국법과 조국통일법의 제정이 필요합니다. 동시에 애국법과 조국통일법에 저촉되는 국가보안법 등은 폐지해야 합니다. 이렇게 법이 제정되면, 주권 행사가 제도적으로 담보되면서 민의 생명과 재산, 권리를 지키게 될 뿐만이 아니라, 최소한 외세와의 관계 측면에서 비롯되는 국정 농단과 내란 범죄의 근원을 차단시켜 줄 것입니다. 그 때문에 이번 대통령 선거를 통해 수립되고 지향되어야 할 정권의 성격은 우선적으로 애국정권의 형태임을 분명히 하여야 합니다.

애국정권 수립이 외세와의 불평등한 관계로 인해 국정 농단과 내란 범죄가 발생하게 되는 구조적 근원을 차단시켜 주기 위한 일차적인 요구라고 한다면, 그다음 둘째 과제로는 차별적·억압적 질서를 폐기하고 누구에게나 보편적 권리를 보장하는 정책을 대선 공약으로 내세우게 하는 것입니다.

국정농단과 내란 범죄가 일어날 수 있게 하는 근원을 살펴보면, 남의 권리를 억압할 자유를 허용하면서 보편적 권리를 가로막아 온 제도와 질서가 자리 잡고 있습니다.

자기 권리가 소중하면 남의 권리도 소중합니다. 그 때문에 남의 권리를 억압할 자유를 허용해서는 안 됩니다. 그런데 한국 사회에서는 특정 입장과 집단만의 권리를 옹호하고, 다른 주장과 권리를 억압·차별하면서 보편적 권리를 부정하며 가로막고 있습니다. 국가보안법을 비롯해 비정규직 노동자에 대한 차별, 전교조와 공무원 노조의 정치활동을 봉쇄하는 제도가 그 대표적 사례입니다.

국가보안법은 애국법과 조국통일법의 취지에 정면으로 배치될 뿐만이 아니라, 반북·반공·친미의 입장을 절대화해 이에 동조하지 않는 이들을 '빨갱이'나 '종북'으로 낙인찍어 탄압함으로써, 사실상 그 입장과 다른 사람의 보편적인 정치활동의 권리를 부정·억압하는 차별법입니다. 반북·반공·친미는 영원불멸한 정책이 될 수 없습니다. 더욱이 주권을 제대로 행사하지 못하고 있다면 주권 회복을 요구하는 것이 애국이고, 민족이 분단되어 있다면 조국을 통일하려고 노력하는 것이 애국입니다. 그래서 반북·반공·친미적 입장에 대해 얼마든지 애민과 애국의 기치에 의해 비판하고 다른 대안을 제기할 수 있는 것입니다. 그런데 그런 입장이 아니라는 이유만으로 탄압한다면 어떻게 모든 사람들이 자신의 사상과 정견을 자유롭게 펼칠 수 있겠습니까? 그 때문에 차별과 억압을 강제하는 법인 국가보안법은 폐지되어야 하고, 누구나 자신의 사상과 정견을 자유롭게 표현할 수 있도록 정치활동의 보편적 권리를 철저히 보장해야 합니다.

비정규직과 파견노동자가 동일한 노동을 수행하고도 정규직 신분이 아니라는 이유만으로 동일 임금을 적용받지 못하고, 실질적 사용자임에도 본사가 교섭 책임을 회피하는 관행 역시 보편적인 노동권을 무력화하는 차별이라고 할 수 있습니다. 이런 차별과 억압이 가해지기에 부정과 비리가 발생하고, 그런 먹이사슬의 연장선상에서 국정농단이 이뤄지고 내란 범죄가 발생하게 되는 것입니다.

공무원 노조와 전교조에 대해 정치활동의 자유를 보장하지 않는 것 또한 명백한 차별입니다. 공무원과 교원도 (국)민입니다. 그러기에 당연히 정치활동의 자유가 보장되어야 합니다. 그런데 이어 대해 개인적 형태의 표현만 허용하고 집단적 활동은 금지하고 있습니다. 하지만 주인의 권리를 실현하자면 개인적으로만이 아니라 집단적으로도 행사할 수 있어야 큰 힘을 발휘할 수 있습니다. 그런데 집단적 정치활동을 가로막는다면 어떻게 자신들의 권리를 실현할 수 있겠습니까? 게다가 공무원과 교육에 관한 정책은 정권에 따라 큰 영향을 받고 있습니다. 이런 상황에서 그에 대해 정치적 활동을 전개하면서 자신들의 주장을 펼치지 못하게 한다면 어떻게 대응할 수 있겠습니까? 그 때문에 공무원 노조나 전교조에 대해 집단적인 정치활동을 할 수 없게 막는 것은 차별적인 억압이라고 할 수밖에 없습니다. 따라서 차별적 억압을 없애기 위해서는 제반의 차별법을 폐기해야 할 뿐만이 아니라, 누구나 다 (국)민이면 (국)민으로서, 노조면 노조로서 차별받지 않고 보편적 권리를 행사할 수 있게 제도적으로 보장해야 합니다.

차별적 억압 질서를 허용하는 법을 폐지하고 보편적 권리를 확립하는 것이 중요한 이유는, 이런 억압 질서가 민이 주인의 권리를 누리는 데에 커다란 장벽으로 되고 있을 뿐만이 아니라, 기득권 세력과 패거리들이 이를 발판 삼아 사적 이익을 추구하며 부정과 비리를 저지르고 있기 때문입니다. 이런 사회적 구조가 제반의 먹이사슬 고리가 되어 국정 농단과 내란 범죄로 연결되었던 것입니다. 그 때문에 이러한 범죄의 재발을 근원적으로 차단하기 위해서는, 차별적 억압을 강요하는 제반의 법들은 다 폐기하고, 누구나 보편적 권리를 행사할 수 있는 질서를 확립해야 합니다.

주권 문제 해결, 차별적 억압 질서 폐기와 보편적인 권리 보장이 국정 농단과 내란 범죄의 재발을 막는 제도적 조건을 조성시켜 준다면, 이제는 실질적인 사회 대개혁을 추진할 수 있는 주체를 세워가야 합니다.

바로 여기서 국정 농단과 내란 범죄가 다시 재발하지 않도록 근원적인 문제를 해결하기 위해서는 셋째로, 각종 대중단체에 대한 국가적인 지원 체계를 세워내면서 이들의 이해와 요구를 국가 정책에 반영할 수 있는 제도와 질서 체계를 수립하는 것을 대선 공약으로 내세우게 하여야 합니다.

대중단체에 대한 국가적인 지원 체계가 수립되어야 하는 이유는, 가장 광범위한 사람들의 이해와 요구를 반영하는 주체가 대중단체이기 때문입니다. 한마디로 민을 개혁의 주체로 세워내야 하는데, 그러자면 대중단체의 권리를 확고히 세워내야 한다는 것입니다.

각종 대중단체가 자신들의 이해와 요구를 제기할 수 있어야 하는데, 현실은 그렇지 못합니다. 가장 어렵고 취약한 처지에 놓인 사람들일수록 자신들의 요구를 적극적으로 들고 나서야 하는데, 이들은 목구멍이 포도청이라 대중단체 활동 자체가 쉽지 않기 때문입니다.

여기서 국가적인 지원 체계가 수립되어야 이들이 대중단체 활동을 원만하게 전개할 수 있고, 그래야 한국 사회에서 가장 어렵고 힘든 사람들의 처지를 적극적으로 개선시켜 나갈 수 있습니다. 물론 대중단체에 대해 국가적인 지원 체계로만 끝나서는 안 됩니다. 아무리 요구해도 국가 정책에 반영할 길이 없다면 그것은 별반 도움이 되지 못할 것입니다. 그 때문에 각종 대중단체들의 이해와 요구가 국가 정책 결정 과정에 반영될 수 있는 제도와 질서 체계를 수립하여야 합니다.

이러한 제도와 질서 체계가 더욱 절실한 이유는, 사회의 기득권 세력과 국정 농단·내란 범죄 세력이 광범위한 민의 요구를 '집단 이기주의'로 매도하며 차단해 온 구조 때문이기도 합니다.

물론 각 집단의 요구가 제기되는 과정에서 서로 상충되는 주장들이 나타날 수 있습니다. 하지만 그렇다고 해서 집단 이기주의로 매도하여 가로막는 것은 사회적 문제 해결이 아니라 갈등의 고착을 초래할 뿐입니다. 더욱이 앞으로의 미래 사회는 다양한 이해를 조정함으로써 사회적 화합과 통합을 이룩하고 각각이 제 역할을 다하는 방향으로 나가야 할 것입니다. 그런데 서로 이견이 나온다고 해서 이를 단합하는 방향으로 만들어 가지 못한다면 어떻게 민을 통합하여 사회 발전을 이룩할 수 있는 길로 나아갈 수 있겠습니까? 그 때문에 이를 올바르게 해결하느냐의 여부는 앞으로 사회 대개혁을 실질적으로 이룩할 수 있는지, 아니면 사회적 갈등과 혼란 속에서 좌초될 것인지와 직결된 핵심 문제라고 할 수 있습니다. 그래서 각종 대중단체의 이해와 요구를 가로막을 것이 아니라, 이를 제도적으로 수렴하고 해결하는 방향으로 나아가야 합니다.

각종 대중단체의 요구를 원만히 조정·해결하기 위해서는 먼저 일치된 지점을 견지하게 하는 것입니다. 일치된 지점은 매국 행위의 주장은 용인될 수 없다는 것, 차별적 억압을 허용해서는 안 되고 누구나 보편적 권리를 누리고 행사할 수 있도록 보장하는 것입니다. 그래서 이런 일치된 지점을 견지한다는 전제하에, 차이를 인정하면서, 모두의 권리를 실현할 수 있는 전망을 세워 풀어가야 합니다. 한마디로 일치·입체·통일의 방법론을 통해 풀어가야 하는데, 바로 여기서 각종 대중단체에 대한 국가적 지원책과 이들의 요구를 국가 정책에 반영할 수 있는 제도와 질서 체계의 수립이 필요하다는 것입니다. 그래야 국가적 차원에서 일치·입체·통일의 방법론으로 풀어갈 수 있는 길이 열리게 된다는 것입니다.

각종 대중단체에 대한 국가적인 지원책과 정책 반영 체계를 실질적으로 수립하기 위해서는, 이를 뒷받침할 법적 근거와 함께 방해 행위에 대해서는 단호히 응징할 수 있어야 합니다. 요구를 제기해도 이를 조직적으로 가로막고 무력화하는 행위가 처벌되지 않는다면, 국가적인 지원 체계와 정책 반영 제도는 공허한 선언에 그칠 수밖에 없을 것입니다. 그 때문에 민의 이해와 요구를 방해하는 행위에 대해 단호히 책임을 묻고 응징할 수 있는 제도적 기반을 법적으로 보장해야 합니다. 바로 그것이 (국)민소환권, (국)민발안권, (국)민투표권입니다. 아울러 사회적 화합과 통합을 원활하게 이룩하기 위해서는 최소한 대통령 선거만큼은 과반 득표를 얻지 못했을 경우 결선투표제를 도입하여야 합니다.

(국)민소환권, (국)민발안권, (국)민투표권과 대통령 선거 결선투표제가 도입된다면, 광범위한 세력의 형성을 기반으로 민의 요구를 가로막고 방해하는 행위를 하는 자들을 단호히 응징할 수 있을 뿐만 아니라, 대중단체에 대한 국가적인 지원책과 정책 반영 체계가 전반적으로 확립되도록 추동할 것이며, 이로써 일치·입체·통일의 방법론으로 사회 대개혁을 중도반단 없이 추진할 수 있게 될 것입니다.

국정 농단과 내란 범죄가 또다시 발생하지 않도록 근원적으로 해결하기 위해서는 넷째로, 빈부격차를 해소하는 방향을 대선 공약으로 내세우게 만들어야 합니다.

빈부격차의 지속적 확대와 심화는 사회가 비정상적으로 작동하고 있음을 가장 단적으로 보여주는 지표입니다. 극소수를 제외한 대다수 사람이 정상적인 노동과 노력만으로 생존권조차 온전히 해결할 수 없는 상황을 보여주기 때문입니다. 한국 사회에서 정상적인 노동 소득으로서는 주거 공간 하나 마련하기조차 어려운 현실은 이를 여실히 증명해 주고 있습니다.

아무리 노력해도 생존의 기본 조건조차 해결이 안 되는데, 거기서 좌절과 절망을 느끼지 않는다면 도리어 더 이상할 것입니다. 한국 사회에서 청년들이 그 어떤 희망을 보지 못하고 체념에 내몰리고 있는 현실 역시 다른 무엇이 아닌 빈부격차의 확대·심화에 있습니다.

빈부격차가 심화될수록, 사회는 정상적인 노력과 축적의 경로가 아니라 비정상적인 방식에 의존하게 됩니다. 그 결과 한탕주의와 투기적 행태가 만연하게 되고, 그것은 결국 부정, 비리가 싹트게 할 수밖에 없습니다. 이렇게 부정과 비리가 횡행하게 되면, 그것은 또 하나의 먹이사슬 고리를 형성하여 결국 국정농단과 내란 범죄로 연결되는 것입니다. 한국 사회에서 권력자가 되면, 그와 연관된 대형 비리 사건이 끊임없이 발생하며 국정농단이 벌어져 온 배경도 이런 구조와 무관치 않습니다.

그 때문에 사회를 건전한 방향으로 정상화하고, 부정과 비리, 나아가 국정농단과 내란 범죄가 발생할 수 있는 소지를 없애기 위해서는 빈부격차의 해소를 확고한 정책적 기조로 견지해 가야 합니다.

빈부격차 해소는 민이 주인의 권리를 확고히 누리고 살기 위한 조건이기도 합니다. 주인의 권리를 누리고 살자면 무엇보다 생존권이 기본적으로 해결되어야 합니다. 그런데 생존권의 문제는 단순히 경제적 처지와 관계되는 것만이 아닙니다. 생존권이 해결되지 않는 조건에서는 목구멍이 포도청이라 다른 데에 신경을 쓸 여력이 없게 됩니다. 어렵고 힘든 사람들이 대중단체를 결성하여 자신들의 요구 조건을 들고나와야 하는데, 한국 사회에서는 도리어 그 반대되는 현상이 나타나고 있습니다.

이런 상황으로 인해 사회 경제적으로 취약한 계층의 요구가 사회적 공론의 장에 제대로 제기되지 못하고, 그럼으로써 이들의 처지가 개선되기는커녕 더욱 악화되는 것입니다. 이런 악순환 속에서는 결국 민이 주인의 권리를 누리고 살 수 없게 됩니다. 바로 이를 해결하기 위해서는 생존권을 안정적으로 보장하는 방향으로 나아가야 하는데, 그 핵심이 빈부격차의 해소입니다. 그래야만 자신의 처지를 개선하기 위한 정치적·사회적 활동을 할 수 있는 여건이 조성된다는 것입니다.

이 점에서 빈부격차의 해소를 외면하는 정책은 사실상 나라의 주인인 민이 자신의 권리를 누리고 살지 못하도록 방치하거나 차단하는 입장과 다르지 않다는 것을 알 수 있습니다. 한마디로 생존권의 문제 해결에 허덕이게 만듦으로써 정치에 관심을 갖지 못하게 하고, 그것을 기화로 계속해서 민을 억압하고 지배하겠다는 입장이라는 것입니다. 윤석열 정권이 부자 감세를 추진하며 서민 부담을 가중시킨 정책 역시 이런 구조에서 결코 벗어나지 않습니다.

그 때문에 빈부격차를 확대·심화시키는 정책은 그 자체가 민의 이해와 요구에 반할 뿐만이 아니라, 부정과 비리를 낳고 끝내 국정 농단과 내란 범죄의 근원으로 연결된다는 것입니다. 그래서 빈부격차의 해소를 확고한 정책적 입장으로 견지해야 한다는 것입니다.

빈부격차의 해소를 위해서는, 기본적으로 일하는 사람이라면 누구나 사회의 평균 수준의 경제·문화적 생활을 영위할 수 있도록 최저임금을 질적으로 대폭 상향시키고, 4대보험과 연금 등 사회보장 정책을 계속 높여 가야 합니다. 아울러 투기적 방식으로 부를 축적하는 행위에 대해서는 조세 부담을 강력히 부과해야 합니다.

이렇게 내란 수괴와 종범, 잔당, 공범들을 철저히 응징하는 한편, 대선후보가 주권 회복, 차별적 억압 질서 폐기와 보편적 권리 보장, 각종 대중단체에 대한 국가적인 지원책과 정책 반영 체계 수립, 그리고 빈부격차의 해소를 핵심 공약으로 내걸도록 만든다면, 한국 사회를 어떻게 개혁할지에 대한 전반적인 방향이 확립되어 갈 것입니다.

물론 사회 대개혁의 과제가 이 네 가지로만 한정되는 것은 아닙니다. 하지만 제한된 대선 기간에 총체적인 방향을 명확히 확립한다는 차원에서, 이런 원칙적 요구를 대선후보가 핵심 공약으로 내걸고 나서도록 한다면, 이 성과를 기반으로 대선 이후 그 요구에 맞게 헌법을 새롭게 개정하여 한국 사회를 명실상부하게 대개혁하는 방향으로 나아가게 할 것입니다.

## 2. 사회 대개혁을 위해서는 민의 기본적 권리 침해 현상부터 극복해야 한다

2025. 4. 21.

윤석열에 대한 파면 선고로, 대통령 선거가 진행되는 과정으로 가고 있지만 혼란과 갈등이 수습되지 못하고, 여전히 윤석열의 내란 범죄가 그 무슨 진영 간의 대결인 것처럼 여겨지는 현상이 나타나고 있습니다. 그러다 보니 한편에서는 '반이재명' 기치를 내세우고, 다른 한편에서는 내란 범죄를 청산하고 새로운 나라를 건설하겠다는 공약을 제시하고 있지만, 이 차이가 단순한 정치 진영 간 대립의 연장선으로 잘못 이해되는 현상이 발생하고 있습니다.

이렇게 된 이유는 이 두 공약의 차이가 나타나는 근원적 원리가 무엇에 기초하고 있는지 명확히 드러나지 못하고, 단순히 서로 다른 정치 세력 간의 이해관계에 따라 제시된 주장으로만 잘못 인식되고 있기 때문입니다. 바로 여기서 두 공약의 근원적 차이가 어디에 기초하고 있는지 확고히 보여주면서, 한국 사회의 갈등과 혼란을 극복하기 위해서는 어떤 원칙을 견지하고 나아가야 하는지를 명확히 할 필요성이 절실히 요구된다고 할 수 있습니다.

이 문제는 특히 '반이재명' 기치를 내거는 세력이 전개하는 논리에서 분명하게 드러납니다. 그들은 국회의 다수 의석을 가진 세력이 대화와 협상을 전개하지 아니하고 힘으로 밀어붙여 의회 독재를 추구하고 있다고 주장하고, 이에 맞서기 위해 자기 진영을 동원해 대항하는 것 또한 정당하다고 말합니다. 즉 내란 범죄를 옹호하고 합리화하는 근거를 상대 진영과의 대립, 대결에서 찾는다는 것입니다. 한마디로 정의와 진리의 근원이 상대방과의 대립, 대결에 있다는 것입니다. 그래서 상대방을 반대하고 싸우기만 하면 정의이고 진리이기에 정당화될 수 있다는 식입니다.

하지만 정의와 진리가 어떻게 상대방과의 대립, 대결에서 성립한다고 할 수 있습니까? 정의와 진리는 상대방과의 싸움 자체에 있는 것이 아니라, 정의와 진리를 가로막는 자들을 극복하는 과정에서 확립되는 것입니다.

한국 사회에서 나라의 주인은 민입니다. 그래서 모든 권력은 (국)민으로부터 나온다고 합니다. 그렇다고 한다면 옳고 그름, 정의와 진리의 기준 잣대는 나라의 주인인 민의 권리를 옹호하느냐, 옹호하지 않느냐에 따라 달려 있다고 할 수 있을 것입니다.

이런 각도로 보게 되면, 대화와 협상을 전개해야 한다는 주장보다 더 근원적인 원칙이 있음을 알 수 있습니다. 대화와 협상이 이루어지기 위해서는 나라의 주인인 민의 권리를 옹호한다는 전제 조건이 충족되어야만 한다는 것입니다. 민의 권리를 침해하고 짓밟는 주장에 기초하고 있다면 대화와 협상이 불가능하다는 것입니다. 그런데도 대화와 협상을 진행한다면 그 자체가 범죄적 행위를 저지르는 결과가 되고 말 것입니다. 그래서 민의 권리 침해를 용인한 채 이루어지는 협상과 타협은 결국 권력 집단 간의 야합이라고 비판받는 것입니다.

그 때문에 다수의 힘으로 밀어붙였느냐, 대화와 협상을 거쳤느냐 하는 형식적인 기준이 아니라, 민의 권리를 옹호하려고 했는지, 그렇지 않았는지의 내용을 중심으로 살펴보아야 합니다. 만약 민의 권리를 짓밟는 내용을 다수의 힘으로 관철했다고 한다면 이것은 다수결 형태를 띠고 있다고 해도 독재가 되고, 마찬가지로 소수 세력이라고 해도 민의 권리를 침해·억압하기 위해 방해에 나선다면, 이것 또한 소수자의 권리 문제가 아니라 독재 권력을 옹호하거나 행사하는 행위가 된다는 것입니다.

요컨대 전체주의나 독재정치는 다수냐, 소수냐의 문제에서 발생하는 것이 아니라, 민의 권리를 침해·억압하려고 하는 시도에서 발생한다는 것입니다. 게다가 앞으로의 사회는 나라의 주인인 민이 그 권리를 자연스럽게 누리고 사는 것으로 발전되어야 하는데, 그렇다고 한다면 이런 원칙에 동참하는 사람이 다수가 되는 게 시대적 추세로 될 것이고, 반면에 민의 권리를 억압하려는 자들은 소수로 될 것입니다. 이런 경우 다수가 힘을 모아 이들 소수 세력을 응징하는 것은 사회의 발전 법칙에도 당연히 부합할 것입니다. 다시 말해 민의 권리를 침해하는 세력을 다수의 힘으로 응징하는 것과, 다수라고 해서 무조건 소수의 권리를 짓밟는 것은 그 형태가 비슷하게 보일지라도 본질적으로 다른 문제라는 것입니다. 그 때문에 소수의 보편적 권리를 지키기 위해서도, 민의 권리를 침해하고 억압하는 세력은 소수이든, 다수이든 관계없이 단호히 응징되어야 한다는 것입니다.

이런 측면에서 보면, 윤석열의 통치 행위는 민의 권리를 가로막는 방향에서 권력을 행사한 것이었으며, 거부권 남용을 넘어 민의 권리를 짓밟는 내란 범죄로까지 이어졌습니다. 그런데 이런 자와 어떻게 대화와 협상이 가능하겠습니까? 대화와 협상을 진행하는 것 자체가 범죄적 행위가 되는데 말입니다. 마찬가지 이치로 윤석열의 내란 범죄 행위를 용인하거나, 그에 대한 처벌을 한사코 방해하고 가로막는 세력 또한 대화와 협상의 상대가 아니라 응징되어야 할 대상이 될 뿐입니다. 그 때문에 윤석열의 내란 범죄 행위를 두고 처벌할 것인가, 아니면 용인할 것인가의 문제는 민의 기본적 권리를 지켜내느냐 그렇지 못하느냐의 문제이지, 보수와 진보, 좌우 진영 간의 대립 문제가 될 수 없다는 것입니다.

실상 한국 사회에서 사회적 분열과 갈등이 해소되지 못하는 이유가 어디에 있겠습니까? 사회적 통합이 이루어지려면 우선 상대방의 권리를 침해하거나 억압하는 행위를 해서는 안 될 것입니다. 남의 권리를 억압하고 침해한다면 그 자체로 손을 맞잡는 것 자체가 불가능하기 때문입니다. 그래서 사회적 갈등과 혼란을 해소하고 통합을 이루려고 한다면 다른 것은 다 차치하고 남의 권리를 침해하는 행위만큼은 용인하거나 허용해서는 안 됩니다. 이런 원칙을 지키는 전제하에서 자기주장을 펼치라는 것입니다.

견제와 균형이라는 원리도 마찬가지입니다. 행정부, 입법부, 사법부 간의 견제와 균형은 형식적 권한 다툼이 아니라, 민의 권리를 침해하는 행위를 허용하지 않는다는 공통의 원칙 위에서만 성립될 수 있다는 것입니다. 그런데 입법부가 민의 권리를 침해하는 행위를 제어하기 위해 정당한 권한을 행사했음에도, 행정부와 사법부가 견제라는 미명하에 법 해석과 집행을 통해 이를 가로막고 나온다면 어떻게 봐야 하겠습니까? 이것이야말로 민의 권리를 침해하고 짓밟는 범죄적 행위가 아니고 무엇이겠습니까?

바로 여기서 반이재명의 기치를 내거는 쪽과, 내란 범죄를 청산하고 새로운 사회 질서를 세우자는 쪽이 주장하는 근거 원리가, 하늘과 땅 차이임을 알 수 있습니다. 물론 반이재명 기치 자체를 내걸 수 없다는 뜻은 아닙니다. 자기의 정치적 입장을 얼마든지 표출할 수는 있습니다. 하지만 민의 권리를 침해하거나 억압하는 행위를 용인한 채, 그러한 사회 질서를 유지하거나 연장하려는 목적으로 반이재명 구호를 내거는 행위는 결코 정당성을 가질 수 없다는 것입니다.

최소한 반이재명 구호를 내세우고자 한다면, 민의 기본적 권리를 침해하고 짓밟은 내란 범죄자들과 단호히 단절하고, 그 철저한 청산을 요구하는 속에서 나와야 한다는 것입니다. 내란 범죄를 용인하거나, 향후 그런 범죄가 재발할 가능성을 열어둔 채 반이재명 주장만 펼친다면, 겉으로야 진영 간의 대결인 것처럼 위장할지라도, 실상은 앞으로도 민의 기본적 권리를 억압하면서 자신들만의 기득권과 지배권을 계속 행사하겠다고 하는 속셈이라고밖에 볼 수 없을 것입니다. 그런데 이런 자들이 어찌 대화와 협상의 상대가 될 수 있겠습니까? 대화와 협상은커녕 응징의 대상이 되어야 한다는 것입니다.

바로 이런 측면을 생각한다면, 지금 한국 사회의 갈등과 분열을 극복하고 사회적 통합을 이룩하면서 사회 대개혁을 추진하기 위해 견지해야 할 가장 기본적인 원칙이 있다는 것을 알 수 있습니다. 그것이 바로 민의 권리를 침해하거나 억압하는 요소를 일차적으로 용인하지 않는다는 원칙입니다. 이 전제가 지켜지는 조건하에서만 서로 다른 주장이 나온다고 해도 상호 존중하면서 해결할 길을 모색할 수 있고, 일시적인 혼란과 충돌이 나타나더라도 전망성을 세워 극복하면서, 궁극적으로 전 방면에서 민이 주인의 권리를 누리고 살아가는 방향으로 나아갈 수 있다는 것입니다.

그 때문에 사회 대개혁을 추진하여 한국 사회의 미래를 설계하고자 하는 모든 세력은, 민의 기본적 권리를 침해하고 억압하는 행위를 절대 허용하지 않겠다는 원칙부터 명확히 견지해야 합니다. 이 원칙이 결여된 상태에서 경제 성장이나 세계 4대 강국 같은 원대한 목표를 제시한다고 한들, 그런 꿈은 사실상 물거품이 되고 만다는 것입니다. 사회가 발전하려면 나라의 주인인 민의 힘을 발동시켜야 하는데, 이렇게 민의 기본적인 권리가 침해받는 상태조차 고치려고 하지 않는 조건에서, 어떻게 그런 꿈이 실현될 수 있겠느냐 하는 것입니다.

그 때문에 민의 권리가 침해되거나 짓밟히지 않는 기본적 조건부터 가장 먼저 확립해야 한다는 것입니다. 그래서 일차적으로 내란 범죄를 저지른 자들을 철저히 청산해야 합니다. 그리한다면 어떤 경우에도 민의 기본적 권리를 침해해서는 안 된다는 원칙이 확고히 확립될 것이고, 이후 4대 핵심적 요구를 제기하고 풀어나갈 때 강력한 힘을 받게 될 것입니다. 나아가 일치·입체·통일의 방법론에 의해 개인과 집단, 나라와 민족 단위의 모든 부분에서 주인의 권리를 누리고 살 수 있는 방향으로 사회 대개혁을 계속 추진할 수 있게 될 것입니다.

# 3. 내란 세력 청산을 위한 사회적 합의와 공론장으로서 전국적 언론사와 방송사 설립의 필요성

2025. 6. 2.

이번 대선은 윤석열의 내란 범죄 행위로 인해 치러지고 있습니다. 그 때문에 다른 어떤 쟁점에 앞서 내란 세력을 청산하는 문제만큼은 최소한의 기본적 요구로 될 수밖에 없습니다. 한마디로 내란 범죄의 원인을 어떻게 규정하느냐에 따라 사회 대개혁의 내용에는 차이가 있을 수 있으나, 내란 세력을 청산한다는 목표만큼은 민주 사회의 근간을 유지하기 위한 최소공배수가 되므로 이 부분에서는 압도적인 지지로 나타나야 한다는 것입니다.

그런데 어떻게 된 것인지 내란 청산의 요구가 압도적인 표로 나타나지 못하고 있습니다. 이것은 지금까지의 여론 조사의 추이를 볼 때, 내란 청산을 내걸고 있는 이재명의 지지율이 다른 상대 후보보다 훨씬 많은 여론 지지를 받고 있지만 60~70% 이상을 받지 못하고 있는 데에서 드러납니다. 도리어 내란 범죄의 공범 역할을 했던 국민의힘 후보는, 원칙적으로 후보 등록 자체가 불가능해야 할 것이건만 출마해 지지율이 30%가 넘는 기이한 현상도 나타나고 있습니다. 도대체 이런 현상을 어떻게 봐야 할까요? 한마디로 대선 진행 과정에서 내란 세력 청산에 대한 당연한 요구가 압도적 지지로 연결되지 않는 이유는 어디에 있을까요?

여기에는 여러 원인이 있을 수 있습니다. 한국 사회에서 기득권 세력이 국가 권력을 장악하고 있는 힘이 어느 정도나 되는지, 사법 체계가 얼마나 공정하게 이뤄지며 검찰과 경찰의 법 집행이 얼마나 공명정대하게 행사되고 있는지, 그리고 한국 사회의 정치 지형이 어떻게 형성되어 있으며 그 속에서 이번 대선에 출마한 후보의 면면이 어떠한지, 그런 가운데 내란 세력을 청산하기 위한 사회적 합의와 함께 그에 따른 후보 단일화가 얼마나 공고하게 이뤄졌는지 등 실로 수많은 원인을 지적할 수 있습니다.

하지만 여기에서 가장 중요한 것은 내란 세력 청산이라는 사회적 합의를 누구도 감히 부정하지 못하도록 압도적으로 형성하는 것입니다. 그래야 내란 세력을 철저히 청산할 수 있는 가장 공고한 근거가 마련되기 때문입니다. 사회적 합의가 도출되지 못하면 아무리 사회가 잘못 돌아가고 있더라도 고칠 수 없습니다. 기득권 세력의 전횡이 비일비재하게 일어나도, 법 집행이 편파적으로 이루어져 고통을 받아도, 정치 지형이 사회를 개혁할 수 없는 구조로 고착되어 있어도 이를 고칠 수 있는 길이 없다는 것입니다.

이것은 사회가 나아가는 기본 향방은 결국 사회를 구성해서 살아가는 사람들의 요구에 의해 결정된다는 당연한 이치에서 비롯됩니다. 그 때문에 진정 잘못된 사회를 바꾸려고 한다면 사회적 합의를 이뤄가는 문제를 가장 핵심적이고 기본적인 요구 사항으로 놓고 풀어가야 합니다.

그런데 사회적 합의를 이뤄가는 데서 핵심적인 역할을 하는 주체가 바로 언론사와 방송사입니다. 언론과 방송이 핵심적 위치를 차지하는 이유는 언론과 방송이 사회적 합의를 이룩하는 데에서 수행하는 역할 때문입니다.

사회적 합의를 이루자면 누구나 자신의 의사를 자유롭게 표현할 수 있어야 합니다. 그래서 민주적 사회에서는 누구나 자신의 의사를 표현하는 것을 매우 중시해서 언론과 사상의 자유를 철저히 보장하고, 이를 기본적 권리로 인정합니다. 그런데 자신의 의사를 표현하면 그것이 제대로 전달될 수 있어야 할 것입니다. 그것이 왜곡 전달되어 버리면 그로 인해서 오해와 불신이 형성되어 서로 합의할 수 없기 때문입니다. 그래서 언론에서의 왜곡 보도 행위를 철저히 규제하고 있습니다. 한마디로 사회적 합의를 이룩하자면 그 기본 전제가 누구나 자유롭게 의견을 표명할 수 있어야 하고, 그것이 왜곡되지 않고 제대로 전달되어야 합니다.

하지만 이런 기본적인 요구만으로는 사회적 합의를 원만하게 이룩할 수 없습니다. 왜냐하면 사회적 합의를 이루는 데에 있어서 사회적 의제 설정이 매우 중요한 요소로 작용하기 때문입니다. 사회에는 수많은 요구와 문제가 존재하지만, 이 모든 것을 다 반영해 보도할 수는 없습니다. 사회적으로 중시해서 풀어야 할 우선순위와 중요도에 따라 선별해서 다룰 수밖에 없습니다.

바로 여기서 언론과 방송이 수행하는 진면목이 드러납니다. 자신들이 중요하다고 여기는 사안을 우선해서 보도할 수밖에 없다는 것입니다. 그 때문에 언론과 방송은 아무리 자신이 공정하게 보도한다고 하더라도 자신의 이해관계에 따라 보도의 중요도를 판단할 수밖에 없게 되고, 그로 인해 사회적 합의의 의제와 내용을 결정하게 된다는 것입니다.

그렇다고 한다면 사회가 얼마나 공정하게 돌아가고 있는가를 나타내는 척도는, 언론사와 방송사가 얼마나 사회 제반의 계급, 계층의 이해와 요구를 균형 있게 반영하여 보도할 수 있는 형태로 짜여 있는가에서 드러난다고 말할 수 있을 것입니다. 언론사와 방송사가 기득권층의 이해와 요구를 반영하여 보도할 수밖에 없는 형태로 구성되어 있다면, 그런 불공평성으로 인해 사회적 합의도 왜곡되어 나타날 수밖에 없다는 것입니다.

이것은 우선 한국 사회에서 전국적 언론·방송망을 누가 소유하고 있는가에서 적나라하게 드러납니다. 대부분의 전국 단위 언론사와 방송사는 재벌과 기득권층의 소유로 되어 있으며, 정치적 의제를 다루는 방송 역시 일부 공영방송을 제외하면 대체로 재벌과 기득권층의 소유로 되어 있습니다. 그러니 이런 불공정한 구조로 인해 보도 내용 또한 주되게 기득권층의 이해와 요구를 중심으로 구성되는 경향을 띠고 있습니다.

이것은 이번 윤석열의 내란 범죄 사건을 어떻게 다루었는지를 보면 여실히 드러납니다. 내란 범죄는 반헌법적, 반국가적 범죄로서 민주 사회의 존립 자체를 위협하는 행위이므로, 그 청산은 당연한 원칙이어야 할 것입니다. 그런데 이를 보도하는 형태가 내란 청산을 찬성하는 여론이 60~70%, 반대하는 여론이 20~30%라는 식의 여론 조사를 반복적으로 보도하면 어떻게 되겠습니까? 내란 청산을 반대하는 여론이 그 정도 나오니 그만큼 내란 범죄를 용인해야 한다는 뜻으로 바라봐야 한단 말입니까?

민주 사회에서 남의 자유와 권리를 억압할 자유는 허용될 수 없습니다. 그런데 남의 권리를 억압할 자유를 허용해야 한다는 여론이 얼마 나왔다고 보도하는 경우, 그것을 어떻게 봐야 하겠습니까? 여론 조사 결과만큼 사회적으로 용인해야 한다는 것으로 되어야 하느냐는 말입니다. 하지만 그렇게 된다면 사회에서 인간이 기본적으로 누리고 살아야 할 자유는 유린, 파괴될 것이고, 그러면 민주적 사회 자체가 유지되지 못할 것입니다. 그렇다고 한다면 왜 남의 권리를 억압할 자유를 허용해서는 안 되는지 그 이유와 근거를 명확하게 보도하는 것이 기본 원칙이 되어야 할 것입니다. 마찬가지 이치로 민주적 사회를 유지하자면 왜 내란 범죄에 대해 철저히 청산해야만 하는지를 명확히 보도하는 것으로 되어야 할 것입니다.

그런데 이를 외면하고 계속 사회의 일부 의견인 양 치장하면서 내란 범죄를 옹호하는 세력의 주장을 계속 보도한다면 어떻게 되겠습니까? 더욱이 내란 세력 일당이 그 범죄적 행위를 회피하기 위해 여야, 진보와 보수 간의 대결인 것처럼 주장하는 상황에서 이런 방식의 여론 조사를 계속 보도한다면 어떻게 되겠습니까? 그런 상황에서 내란 범죄를 청산하자는 사회적 합의가 공고하게 이뤄질 수 있겠느냐 하는 것입니다.

이것은 결국 한국 사회에서 나라의 근간을 허무는 내란 범죄가 일어났음에도 불구하고, 내란 세력 청산이라는 사회적 합의가 대선 정국에서 압도적인 지지로 연결되지 못하는 데에 언론과 방송사의 책임이 매우 크다는 것을 보여줍니다. 지금껏 언론과 방송이 제 역할을 제대로 수행하지 못했기에 한국 사회에서는 언론개혁에 대한 요구가 줄기차게 제기되었습니다. 그래서 한국 사회의 제반 문제를 풀자면, 내란 세력 청산과 더불어 언론과 방송이 민의 이해와 요구를 균형 있게 반영할 수 있는 구조로 재편되는 과제가 반드시 병행되어야 합니다.

하지만 그렇다고 해서 언론개혁이 이뤄질 때까지 마냥 기다리고 있을 수는 없습니다. 지금 당장 내란 세력을 청산하기 위해 사회적 합의를 형성해야 하는데, 그 합의의 도출을 계속 가로막는 방해 행위가 언론과 방송을 통해 이루어지고 있기 때문입니다. 그런데도 이를 방치한다면 압도적인 사회적 합의가 형성되지 못할 것이고, 그러면 내란 범죄의 청산도 왜곡될 것이며, 그에 따라 사회 대개혁도 실패로 돌아갈 것이기 때문입니다.

이것을 피하자면 민의 이해와 요구를 충실히 보도하는 자체의 전국적인 언론사와 방송사를 하루빨리 만들어내야 합니다. 언론개혁이든, 내란 청산이든, 사회 대개혁이든 사회적 합의를 전제로 하지 않고서는 실현될 수 없는데, 그 해결은 그런 요구를 지향하고 추동하는 자체의 전국적 언론·방송의 존재가 필수적이기 때문입니다. 한마디로 민의 이해와 요구를 대변하는 전국적인 언론사와 방송사가 만들어지지 않고서는 사회적 합의를 이뤄가는 근거 지점 자체가 마련될 수 없다는 것입니다.

물론 민의 이해와 요구를 대변하는 자체의 전국적인 언론사와 방송사 하나를 세운다고 해서 현재의 불공정한 언론·방송 구조가 완전히 해소될 수는 없습니다. 하지만 문제를 해결해 나갈 수 있는 출발점, 곧 근거 지점을 우선 세워내는 것이 중요합니다. 그 근거 지점을 토대로 사회적 여론 형성을 추동하고, 그 힘으로 내란 청산은 물론 언론개혁과 사회 대개혁을 이뤄갈 수 있습니다. 나아가 이러한 전국적 언론·방송의 구축은 앞으로 더 많은 민의 언론·방송의 확산으로 이어질 것입니다.

그 때문에 사회 역사의 주체이자 나라의 주인인 민의 이해와 요구를 대변하는 전국적인 언론사와 방송사를 구축하는 문제는 더 이상 미룰 수 없는 시대적 과제라는 것입니다. 이를 미루게 되면 어떠한 사회적 과제에 대해서도 공고한 합의를 형성하기가 어려워지고, 결국 어떤 개혁도 추진할 수 없는 상태에 빠지게 된다는 것입니다. 이를 극복하자면 옳고 그름과 사회 정의의 기초를 분명히 세우고, 사회가 나아갈 방향을 명확히 제시하며, 이런 토대 위에서 사회적 합의를 이뤄가도록 적극적으로 추동해 가야 합니다. 이를 실현하기 위한 출발점이 바로 민의 이해와 요구를 철저히 대변하는 자체의 전국적인 언론사와 방송사의 구축이라는 것입니다.

물론 이러한 언론·방송을 세워가는 것은 결코 쉽지 않을 것입니다. 하지만 민이 직접 광장에서 촛불을 들고 박근혜를 탄핵했으며, 윤석열의 내란 범죄도 막아왔듯이, 이 또한 그 목표를 분명히 내걸고 조직적으로 추진한다면 해결되고 말 것입니다. 그러면 지금까지와는 달리 자체의 전국적인 언론·방송의 활동을 토대로 내란 범죄의 청산을 비롯해 언론개혁과 사회 대개혁에 대한 사회적 합의를 확고히 추동해 나감으로써, 그것을 실질적으로 추진해 갈 수 있는 길이 열리게 될 것입니다.

# 4. 주권 행사는 외세의 침략·침탈에 반대하면서 매국 세력의 청산을 함께 요구한다

2025. 6. 23.

참답게 주권을 행사하자면 대외 정책뿐 아니라 대내 정책도 올바로 수립되어야 합니다. 대외 정책과 대내 정책은 동전의 양면 관계로 필연적으로 연동되어 진행될 수밖에 없기 때문입니다. 대외 정책 따로 있고, 대내 정책 따로 있는 현상은 있을 수 없다는 것입니다. 그래서 대외 정책에서 외세의 침략과 침탈을 허용하게 된다면, 대내 정책 또한 이와 연동되어 그 연상선상에서 전개될 수밖에 없고, 그 결과 민생을 해결하기 위한 정책을 추진할 수가 없습니다. 그 때문에 외세의 침략과 침탈을 막아내기 위한 대외 정책을 견지하자면 대내 정책에서도 이를 확고히 담보할 수 있는 정책을 시행해야 합니다. 즉 대내 정책에서 외세의 침략과 침탈을 막아내기 위한 대책을 세우지 않는다면 대외 정책에서 아무리 외세의 침략과 침탈을 막으려고 해도 그리할 수가 없다는 것입니다. 그래서 외세의 침략과 침탈을 허용하는 대외 정책을 추진하면서도 마치 자신은 민생을 위한 정치를 펼치겠다고 말하는 것은 민을 기만하는 행위나 다름없습니다.

대외 정책과 대내 정책이 이처럼 긴밀히 연동되는 것은 한 나라의 정책을 시행할 때 총체적인 계획과 방향하에서 시행될 수밖에 없다는 데에서 나오는 당연한 이치이기도 하지만, 또 다른 이유는 이를 집행하는 주체가 정권으로서 동일하기 때문입니다. 정책을 추진하는 주체, 즉 정권이 민의 자주적 삶을 보장하는 방향에서 국가의 발전 전망을 설계하고 있다면 대내외 정책도 그에 부합하게 전개되지만, 그렇지 않고 소수 기득권 세력이나 재벌의 이해를 중심에 놓고 정책을 추진한다면 대외 정책 또한 그런 이해를 관철하는 방향으로 수렴됩니다.

한국 사회에서 수출드라이브라 정책이 추진되며 '수출만이 살길'이라는 식의 인식이 확산된 것도 이와 깊은 연관이 있습니다. 상식적인 이치에서 볼 때, 경제 성장과 발전의 목적은 민이 물질적으로 풍요롭게 살기 위해서라고 할 수 있습니다. 그래서 경제가 성장해도 민의 삶이 고통스럽게 된다면 그런 식의 경제 성장은 쓸모없을 것입니다. 경제 성장 자체가 목적이 될 수 없고, 그런 연장선상에서 수출 자체가 목적이 될 수 없다는 것입니다. 그런데도 경제 성장과 수출 자체가 목적인 듯이 여기는 현상이 팽배하진 이유는, 그간 한국의 대내외 경제정책을 주도해 왔던 세력들이 한국의 경제 구조를 그런 방식으로 구축해 왔기 때문입니다.

한국이 저개발 상태였을 때, 제국주의 세력과 이에 추종한 매국노들은 서로의 이익을 추구하기 위해 선진국은 고부가가치 기술과 고도화된 중공업을 담담하고, 개발도상국은 경공업이나 저부가가치 산업을 담당하는 것이 수출에 유리하다는 식으로 국제적인 분업 체계를 형성시켰습니다. 그러다 보니 개발도상국에서는 수출 경쟁력을 유지한다는 명목으로 대내 경제정책에서 저임금 구조를 노동자들에게 강요했고, 그 저임금 구조를 유지하기 위해 농가의 생산비 보장을 체계적으로 억제하였습니다. 한마디로 이런 국제적 분업 체계가 형성되면 노동자와 농민의 희생이 강요되는 방식으로 전개될 수밖에 없는데, 이것은 어떤 타당한 경제 원리에서 비롯된 것이 아니라, 외세의 제국주의 세력과 한국의 기득권, 재벌 세력들이 그렇게 해야 자신들의 이익을 최대한 추구할 수 있었기 때문에 그런 경제 성장 정책을 추진하며 강요했던 것입니다.

이후 이런 국제적 분업 체계는 미국이 세계제국주의 국가로 등극하면서 세계화 정책으로 확장되었습니다. 즉 국가 간의 장벽조차 무력화하여 직접적이고 전면적인 수탈 체계가 성립되었다는 것입니다. 이런 조건에서는 지난날보다 더욱 수출만이 살길이라는 식의 인식이 확산될 것은 불을 보듯 뻔합니다. 하지만 이런 구조하에서는 결국 세계 1등 기업만이 살아남게 될 것이기에, 세계거대독점자본과 여기에 빌붙은 세력이 이익을 볼 것은 당연한 이치로 될 것입니다. 그래서 한 나라에 있어서 식량 주권의 확보는 매우 중대한 문제인데도, 국제 경쟁력이 없는 농업 부분은 방치 또는 폐기해 버리고, 외국의 농수산물을 수입하는 편이 더 유리하다는 식의 사고방식까지 나오게 된 것입니다. 결국 세계화 정책은 세계거대독점자본과 여기에 빌붙은 독점자본이나 매국 세력이 그들의 이익을 보기 위해 서로 짝짜꿍이 되어 진행함으로써 형성된 구조라고 할 수 있습니다.

이렇게 대외 정책과 대내 정책이 밀접하게 연동되어 있고, 이를 추진하는 주체가 동일한 성격의 정권이라고 한다면, 참답게 주권을 행사하기 위해서는 그 주체가 어떤 성격과 이해를 지니고 있는지를 명확히 살펴보고 이에 적극 대처하는 것이 절실히 요청된다고 할 수 있습니다. 대외 정책과 대내 정책은 어떤 추상적 원리에 의해 결정되는 것이 아니라, 그것을 추진하는 주체의 특성에 따라 달라지기 때문입니다. 그 때문에 참답게 주권을 행사하자면 대외 정책에서 외세의 침략과 침탈에 대해 단호히 반대해야 할 뿐만이 아니라, 대내 정책에서도 외세에 추종하는 매국노들을 단호히 응징하고 청산하는 데에 적극 힘을 쏟아야 합니다.

여기서 외세에 추종하는 매국노 문제를 상정하고 이들의 철저한 응징과 청산을 중대한 과제로 적극 제시하는 이유는, 바로 이것이 외세의 침략과 침탈을 막아내면서 이를 해결할 수 있는 유력한 방안이 되기 때문입니다.

그동안 외세와 매국노 관계에 대한 이해는, 주로 매국노는 외세의 앞잡이에 불과하기에 사실상 힘이 없고, 실질적인 힘의 행사자는 외세라고 바라보는 식이었습니다. 그래서 식민지해방투쟁에서도 실질적 실력 행사의 주체자인 외세에 화력을 집중시켜 싸워야 한다고 판단해 왔고, 또 실질적으로 그렇게 싸워왔습니다. 하지만 외세와 매국노에 대한 관계 문제를 이와 같은 방식으로만 접근해서는 안 되고, 이제는 시대적 발전 속에서 새롭게 이해되고 파악되어야 합니다. 왜냐하면 이 문제를 올바르게 바라보아야만 실질적인 주권을 찾는 길이 열리기 때문입니다.

물론 외세와 매국노의 지위와 역할을 놓고 따져볼 때, 압도적으로 우세한 힘을 행사하고 있는 측은 외세입니다. 외세의 압도적인 군사력과 정치적 강제가 없었다고 한다면 식민 지배의 억압적 질서 자체가 성립될 수 없습니다. 그 때문에 실질적 힘의 행사자가 외세라는 것은 옛날이나 지금이나 변함이 없습니다. 하지만 외세의 지배와 억압이 관철되는 방식은 시대의 발전에 따라 점차 변화해 왔습니다.

바로 이 대목을 주의 깊게 살펴보아야 합니다. 왜 외세의 침략과 침탈 방식이 달라지고 변화해 왔느냐 하는 것입니다. 그 근원은 민의 힘이 장성한 데에 있기 때문입니다.

1차 세계대전과 2차 대전 시기까지만 하더라도, 제국주의 세력은 자신의 압도적인 무력을 동원하여 약소국을 침략하여 식민 지배하면서 수탈하였습니다. 한마디로 주권조차도 인정하지 않았다는 것입니다. 이런 상황에서 제국주의 세력은 식민 지배와 통치를 위해 필요에 따라 매국노를 임명하고 이용하였을 뿐, 모든 식민 정책의 방향과 내용은 식민 본국의 요구에 따라 좌우되었습니다. 이런 상황에서 독립 해방을 이루어 주권을 찾으려면 침략 세력인 외세와의 직접적인 싸움에서 이겨야만 했습니다.

하지만 2차 세계대전 시기 파시즘이 등장하여, 이들과 우선해서 싸워야 하는 조건에서 반파시즘 연합전선과 민족해방전선이 구축되었고, 여기에서 승리를 이룩하였습니다. 이 승리의 과정은 극악한 탄압과 폭력을 가하는 파시즘과 군국주의 세력은 용납될 수 없다는 것이었고, 동시에 민족적 주권을 무조건 강압적으로 유린하며 침략하는 행위도 허용되어서는 안 된다는 것이었습니다. 이런 성과는 제국주의 세력이 시혜를 베풀어 준 결과가 아니라, 세계 민이 반파시스트 투쟁과 민족해방 투쟁을 벌이는 과정에서 형성된 힘의 성장으로 이룩한 성과라는 것입니다. 한마디로 주권 문제를 해결하는 데에서 새로운 질적 단계로 발전하였다는 것입니다. 지난날처럼 제국주의 국가가 일방적으로 약소국을 침략해서 주권을 유린하고 억압하는 방식의 전개는 더 이상 허용될 수 없게 되었다는 것입니다.

이런 상황에서 2차 대전 이후 절대적·상대적 우위에 있던 미국은, 사회주의 세력과 민족해방 세력을 견제하기 위해 기존의 제국주의 세력을 끌어모아 동맹을 구축하여 그들의 우두머리가 되었습니다. 즉 현대제국주의 국가로 등장한 미국은 또다시 제국주의적 지배와 수탈 체제를 수립하기 위해 나섰습니다. 하지만 주권을 노골적으로 유린할 수 없는 조건이었기에, 형식적으로는 주권을 인정하는 척하지만 실질적으로는 불평등한 협정과 조약을 통해 지배와 수탈을 관철하는 신식민지의 통치 방식을 도입하였습니다.

신식민지 지배 방식의 도입은 매국노의 지위와 역할에 일정한 변화를 수반했습니다. 지난날에는 제국주의 세력이 자신의 식민 지배와 수탈을 정당화하기 위한 용도로 사용하고자 일방적으로 매국노에게 작위와 지위를 부여했지만, 신식민지 지배 방식에서는 제국주의 세력이 자신의 꿍꿍이속을 실현하기 위해 어떤 매국노를 내세운다고 하더라도, 결국은 해당 나라 내부에서의 '정당화 과정'을 거쳐야만 했습니다. 군사쿠데타이든 선거이든 간에, 정권 담당자는 형식적으로나마 그 나라 민의 승인과 확인 절차가 필수적으로 수반되어야만 했다는 것입니다. 이것은 한 나라의 정권 담당자를 결정하는 권한이 제국주의 세력에 있지 않고, 결국 그 나라 민에게 있다는 사실을 명확히 확인해 줍니다.

여기서 현대제국주의 세력과 군사독재 세력과의 밀접한 유착 관계가 성립합니다. 현대제국주의에게는 제국주의적 침략과 수탈이 용이하도록 그에 반대하는 식민지 민을 강력하게 억압할 수 있는 통치 세력이 요구되었고, 반면에 군사독재 세력에게는 자기 통치의 불법성과 부당성을 만회해 주면서 지지해 줄 외부 지지 세력이 필요했습니다. 이런 이해관계의 필요에 의한 유착 관계로 현대제국주의 시기, 제국주의적 수탈이 강력하게 작동한 나라에서의 정권은 거의 군사독재 정권의 형태를 띠었습니다.

하지만 민은 독재 정치를 하면서 매국 행위를 자행하는 군사독재 세력을 그대로 두고 보고만 있지 않았습니다. 군사독재 정권에 대해 투쟁하며 나라의 주인이 민임을 확인시켰고, 그 군사독재 세력이 더 이상 맥을 추지 못하게 만들었습니다. 민의 힘의 성장으로 세계 곳곳에서 군사독재 세력이 역사의 퇴물로 사라지게 된 것은 이런 추세의 반영이었습니다.

그렇지만 기득권 세력은 이런 민의 요구에 순순히 굴복하지 않았습니다. 또다시 민의 진출을 가로막고 나섰습니다. 그들이 바로 배신세력입니다. 배신세력은 군사독재 세력이 자유와 평등이라는 기본적 권리조차 인정하지 않고 가혹하게 탄압하였을 때는 이의 보장을 주장하며 싸웠습니다. 하지만 군사독재 세력이 붕괴된 이후에는 자유와 평등을 형식적으로만 인정하고 그 실질적인 실현을 가로막고 나섰습니다.

이런 태도는 나라의 주권 문제에서도 똑같은 결과를 초래했습니다. 주권의 보장을 형식적인 측면에서만 인정할 뿐, 주권을 실질적으로 행사하려고 하지 않았습니다. 이것은 외세와의 불평등한 조약과 협정을 파기하려고 하지 않았던 모습에서 명확히 드러납니다. 여기서 군사독재 세력이 몰락했음에도 불구하고 왜 나라의 주권이 회복되지 못하고 제대로 행사되지 못하는지의 이유가 밝혀집니다. 배신세력이 자유와 평등을 형식적으로만 용인할 뿐 실질적인 실현을 가로막는 것처럼, 주권 문제에서도 형식적인 측면에서만 거론할 뿐 외세의 침탈을 가능하게 하는 불평등한 조약과 협정을 파기하는 길로 가지 않음으로써 실질적인 주권 행사의 길을 방치하거나 가로막았다는 것입니다.

물론 군사독재 세력이 더 이상 맥을 추지 못하고 배신세력이 등장하게 된 근본 요인은 민의 힘이 성장한 데에 기인하지만, 또 다른 한편으로 미 제국주의가 현대제국주의에서 세계제국주의에로 전화하는 것과도 관련되어 있습니다.

미 제국주의는 현대제국주의 국가로서 동맹 세력의 우두머리 역할을 해 왔지만, 동구권이 붕괴된 상황에서 거기에 멈추지 않고 세계 유일의 패권을 행사하는 세계제국주의의 길로 나아갔습니다. 그런데 세계 유일의 패권을 행사하자면 세계 모든 각국에 직접적이고 전면적인 수탈을 수행해야 했습니다. 그러자면 세계거대독점자본이 국경조차도 무력화하고 제 맘대로 유통될 수 있어야 했는데, 그러자면 형식적인 자유와 평등이 인정되는 것이 유리했습니다. 바로 이것이 자유와 평등을 형식적으로도 인정하지 않는 군사독재 세력이 역사 속에서 퇴장되고, 이를 형식적으로 인정하는 배신세력이 부상하는 또 하나의 요인이기도 하였던 것입니다. 바로 여기서 배신세력과 세계제국주의 세력과의 밀접한 유착 관계가 설명될 뿐만이 아니라, 왜 배신세력이 세계제국주의 세력의 핵심 정책인 세계화를 그토록 앞장서서 추진하려고 하였는지의 이유가 밝혀집니다.

하지만 영원할 것 같았던 미국의 세계 유일의 패권적 지위는 바로 그때로부터 내리막길을 걷게 되었습니다. 그 근본 요인은 세계 민의 힘이 성장하여 새롭게 또 하나의 질적 발전 단계를 이루었기 때문입니다. 자유와 평등이 형식적으로만 인정되고 실질적으로 누리지 못하면 아무런 의미가 없었기 때문입니다. 마찬가지 이치로 주권이 형식적으로만 인정되고 실질적으로 행사되지 못하면 현실은 별반 달라지지 않았던 것입니다. 그래서 형식적인 차원의 자유와 평등을 넘어 실질적인 자유와 평등을 누리고자 하였고, 주권에서도 형식적인 차원이 아니라 민의 삶을 개선하기 위한 실질적인 주권 행사를 요구하고 나섰던 것입니다.

그런데 이런 투쟁 과정에서 실질적인 자유와 평등을 누리고 살자면 자유와 평등 관계로 접근해서는 실현될 수 없고, 주인의 권리를 누리고 사는 것으로 접근해야만 풀어진다는 것을 깨닫게 되었습니다. 그뿐만 아니라 사람이 개성을 가진 존재로서 집단을 구성하여 나라와 민족 단위로 살아가는 조건에서, 민이 주인의 권리를 누리고 살자면 이 모든 영역에서 관철되고 실현되어야 했습니다. 한마디로 개인과 집단, 나라와 민족 단위의 모든 부분에서 주인의 권리를 누리고 살아야 한다는 것이었습니다. 이 과정은 사회 운동사와 변혁 운동사에 획기적인 진전을 가져왔습니다.

그것은 지금껏 인간해방과 계급해방, 민족해방의 과제를 선후차의 문제로 보아왔는데, 사람이 개인과 집단, 나라와 민족 단위의 모든 부분에서 주인의 권리를 누리고 살아야 한다는 것으로 바라보게 되자, 그 세 과제가 사실상 일치되어 입체적으로 통일되어 풀어질 수밖에 없게 되었던 것입니다. 한마디로 개성과 관련된 인간해방, 집단과 관련된 계급해방, 나라와 민족 단위와 관련된 민족해방의 문제가 서로 선후차로 해결되는 과정이 아니라 동시에 합법칙적인 과정을 겪으며 풀어질 수밖에 없다는 것이 밝혀지게 되었던 것입니다.

이것은 단적으로 인간해방, 계급해방, 민족해방의 과제를 풀어가는 합법칙적인 발전 과정에서 주체와 대상이 동일하다는 데에서 드러납니다. 다시 말해 개인이나 집단, 나라와 민족 단위에서 주인의 권리를 실현하는 과정은, 먼저 최대의 억압 세력을 청산하고, 그다음으로 착취와 억압 자체를 없애는 단계로 나아가고, 나아가 이를 전면적으로 실현하는 단계로 발전하게 되는데, 여기서 각각의 주체와 대상이 동일했다는 것입니다.

그러면 주체와 대상이 동일하다는 것은 무엇을 의미하겠습니까? 그것은 결국 개인과 집단, 나라와 민족 단위의 문제가 따로따로 떨어진 문제가 아니라 하나로 연결되어 동시에 풀어질 수밖에 없다는 것을 말해준다는 것입니다. 민족해방이 진전되었는데 계급해방이 그만큼 진전되지 않는다든가, 인간해방이 그만큼 진전되지 않는 방향으로 가는 상황은 존재하지 않는다는 것입니다. 즉 민족해방이 이뤄진 만큼 계급해방, 인간해방 또한 진척된다는 것입니다.

이런 점은 한국 사회의 현실이 적나라하게 보여줍니다. 한국 사회의 민족해방 내지는 나라와 민족 단위에서 주권을 가로막는 세력은 외세와 매국노입니다. 그런데 이들 외세와 매국노는 민족적 주권만 가로막고 있는 것이 아니라, 계급해방을 가로막는 최대의 억압 세력이자, 인간으로서의 존엄과 긍지를 지니고 살아가고자 하는 인간해방을 가로막는 최대의 방해 세력이기도 합니다.

이런 구조는 각국의 구체적 조건에 따라 형태가 다르기는 하지만, 그 본질적인 내막은 동일하게 나타납니다. 미국의 경우, 세계거대독점자본의 이해와 요구를 실현하기 위한 대외 정책은 침략과 패권의 형태로 나타나지만, 결국 민의 이해와 요구가 아닌 세계거대독점자본의 세계적인 지배와 억압의 실현을 보장하기 위한 국내 정책이 전개되는 관계로, 그 귀결은 필연적으로 민에 반하는 반민적이고 매국적인 특성을 지니게 됩니다.

이와 마찬가지로, 미국의 세계적 지배 질서를 수용하면서 동시에 자신의 제국주의적 이해를 관철하기 위해 패권적 침략 정책을 대외적으로 추구하게 된다면, 이들 나라의 대내 정책도 그것을 실현하기 위한 방식으로 전개되어야 하기에, 그 또한 필경 반민적이고 매국적인 정책으로 귀결될 수밖에 없다는 것입니다.

한국의 경우, 외세의 침략과 침탈을 허용하는 대외 정책을 전개하면 그 성격은 식민성을 띠게 되고, 결국 대내 정책에서도 이를 뒷받침하는 방향으로 진행될 수밖에 없기에, 철두철미 반민적이고 매국적인 정책으로 귀결될 수밖에 없게 된다는 것입니다.

이처럼 세계거대독점자본의 이해를 직접 관철하든, 그 억압적 질서를 수용하는 속에서 제국주의적 지배와 침탈을 추구하든, 혹은 외세의 지배와 침탈을 허용하는 대외 정책을 추구하든, 패권적 형태냐 식민지적 형태냐의 차이만 있을 뿐, 그 본질은 필연코 반민적이고 매국적인 정책이라는 점에서는 동일하다는 것입니다.

이를 보면 세계거대독점자본, 이에 기초하는 제국주의적 약탈 체제, 그리고 이런 방식의 침략과 침탈을 허용하는 매국 세력은 하나의 국제카르텔을 형성하며 세계적 차원에서의 지배와 수탈 구조를 구축하고 있다는 사실을 알 수 있습니다. 그래서 이런 카르텔을 형성하는 소수 세력들은 차별적이기는 하지만 그 체계 속에서 자신들의 이익을 채우지만, 반면에 이들을 제외한 세계 각국의 모든 민은 결국 지배와 수탈을 받는 대상으로 전락됩니다.

대외 정책에서 패권을 추구하든, 침탈을 허용하는 식민지적 위치에 놓이든, 각 나라의 주인인 민의 입장에서 보았을 때, 그 본질은 민의 이익에 반하는 반민적이고 매국적인 특성을 띤다는 점에서는 하등 다를 바가 없기 때문입니다. 한마디로 이런 세계적 차원의 침략·침탈 체제와 국내 억압 구조가 밀접히 결합된 조건 속에서, 세계의 모든 민은 이들의 지배와 수탈을 강요받는 처지에 놓이게 된다는 것입니다.

그렇다고 한다면 세계 각국의 모든 민은 다른 나라에 대한 침략과 침탈을 가능하게 하는 국제카르텔에 대항해 단합해서 싸워나가야 할 것입니다. 침략과 침탈이 허용되는 순간, 어느 나라를 막론하고 그 사회는 필연코 나라의 주인인 민에 반하는 반민적이고 매국적인 특성을 띠게 되므로, 이를 극복하자면 주권이 올바르게 행사되어야 하기 때문입니다.

그래서 세계적 차원에서 형성되는 대립 관계를 본질적으로 살펴보면, 주권을 유린하면서 침탈하려는 세력, 또는 이를 허용해서 기생하며 살아가는 세력들은 하나같이 반민성과 매국성을 띠고 있는 반면에, 침략과 침탈 자체를 반대하는 세력은 주권을 제대로 행사해서 민의 이해와 요구를 실현하려는 애민·애국의 특성을 띠게 됩니다. 이런 대립 구조로 해서 이를 극복하기 위한 국제적 연대성이 필수적으로 요구된다는 것입니다.

하지만 그렇더라도 개인과 집단, 나라와 민족 단위의 모든 부분에서 주인의 권리를 누리고 살아야 하는 시대적 요청 앞에서, 민이 주권을 행사하는 것이 당연한 이상, 개혁과 변혁은 각 나라의 민이 주체적으로 풀어나갈 수밖에 없습니다. 이로부터 다른 나라에 대한 침략과 침탈을 허용하지 않고 반민적이고 매국적인 특성을 없애는 것을 세계적 차원의 흐름으로 만들자면, 애민·애국의 기치에 의거하여 각 나라가 자기 주권 문제부터 제대로 풀어가는 것이 선차적으로 요구된다는 것을 알 수 있습니다.

바로 여기서 외세의 침략과 침탈을 받는 나라에서 주권 문제를 바로 세우는 일은 무엇보다 중차대한 과제로 제기됩니다. 왜냐하면 세계적 지배 체계에서 이 부분이 가장 약한 고리가 되기 때문입니다. 다른 나라를 침략하고 침탈하는 패권적 나라의 기득권 세력은 수탈의 일부를 떡고물로 자국민에게 조금씩 나눠주면서 일정 부분 호도할 수 있는 반면에, 외세의 침략과 침탈을 받는 식민지적 나라는 그런 형편이 되지 못하기에 격화된 대립 관계를 완화시킬 수 있는 길이 없기 때문입니다. 그래서 세계적 차원에서 반민성과 매국성이 관철되고 있기에, 세계 모든 민이 고통을 겪는 것은 당연하지만, 그중에서도 식민성과 매국성이 특성으로 나타나는 식민지매국사회의 민은 더욱 그 고통이 가중된다는 것입니다.

　　그래서 세계 각국이 주권을 참답게 행사하는 것을 시대적 추세로 만들자면 가장 약한 고리인 식민지매국사회에서 우선적으로 주권을 회복하는 것이 요청됩니다. 여기서 외세와 매국노의 관계를 어떻게 이해해야 하고, 이를 풀어가기 위해 어디에 주안점을 두고 풀어가야 하느냐의 문제가 중대하게 제기됩니다.

　　다시 말해 식민 지배 방식은 고전적 식민지 형태에서 신식민지로, 다시 국가적 장벽조차 무력화하며 직접적이고 전면적으로 수탈하는 방식으로 변모되었습니다. 하지만 그 과정에서 민의 힘이 성장하여 개인과 집단, 나라와 민족 단위의 모든 부분에서 주인의 권리를 누리고 살아야 한다는 인식이 보편화되었고, 그런 연장선상에서 한 나라의 주권 행사도 그 나라 민이 결정해야 한다는 원칙이 세계적으로 공인되었습니다. 이런 조건 속에서 외세의 침략과 약탈을 막자면 어디에 화력을 집중해야 하겠느냐 하는 것입니다. 바로 여기서 외세의 침략과 침탈을 가능하게 하는 매국노에게 과녁을 집중해야 한다고 말하는 것입니다.

왜 그러냐면, 한 나라의 주권 행사가 그 나라의 주인인 민에 의해 궁극적으로 결정된다고 할 때, 외세가 침략과 침탈을 실현하려면 필연코 매국노라는 매개자가 필요하기 때문입니다. 한마디로 매국노라는 매개자가 없이는 외세의 침략과 침탈이 불가능하게 된다는 것입니다. 각 나라와 민족 단위로 주권이 행사되는 조건에서, 외세가 침략과 침탈을 가능하게 하자면 불평등한 조약과 협정을 맺어야 합니다. 그런데 그것을 누가 맺느냐 하면 바로 매국노입니다. 즉 매국노로 인해 외세의 침략과 침탈이 이뤄지는 빌미가 된다는 것입니다.

이것은 미국과 이스라엘이 이란의 주권을 유린하며 침략해 놓고서 그들의 목적이 정권을 바꾸는 것이라고 말하는 데에서 적나라하게 드러납니다. 한마디로 이란 내에서 매국노가 등장하기를 기대하며 요구하고 있는 것입니다. 매국노라는 매개자가 없이는 외세의 침략과 침탈이 안정적으로 유지될 수 없다는 것입니다.

한국 사회에서 미국과의 불평등한 조약과 협정 때문에 사실상 식민지적 지배와 억압을 받고 있는데, 이 또한 검은머리 미국인들, 즉 매국노들 때문입니다. 주권을 제대로 행사하자면 미국과의 불평등한 협정과 조약을 당연히 파기해야 하는데, 바로 이들이 이를 한사코 가로막고 있기 때문입니다.

이렇듯 외세는 자신들의 침략과 침탈을 실현하기 위해서 매국노들을 적극 지원하고 양성하려 합니다. 하지만 아무리 그리해도 이들이 국가적 차원에서 권력을 행사할 수 있느냐는 궁극적으로 자국 민의 선택과 투쟁에 달려 있습니다. 바로 여기서 이들 매국노에 대해 단호히 싸우지 않는다면, 이들을 몰아낼 수 없고, 결과적으로 외세의 침략과 침탈을 막아낼 수가 없게 된다는 것입니다. 그 때문에 주권을 제대로 행사해서 외세의 침략과 침탈을 저지하자면, 외세에 추종하고 굴복하는 매국노들에 대해 일차적인 화살을 돌려야 한다고 말하는 것입니다.

매국노들에게 과녁을 집중해야 하는 이유는 또한, 바로 이 매국노들이 외세에 반대하는 싸움을 가로막고 있기에 자국의 민이 힘을 합쳐 싸우지 못하게 되기 때문입니다.

외세의 침략에 맞서 승리하자면 모두가 하나같이 단합해서 싸워야 합니다. 그런데 매국노들이 이를 반대하고 방해 책동을 벌이기에 단합하지 못하게 됩니다. 그뿐만 아니라 내부의 적은 적아 간의 관계에서 역량의 손실을 배가시킵니다. 그 때문에 외세와의 싸움에서 이기자면 필연코 내부의 적인 매국노들을 뿌리 뽑아야 한다는 것입니다.

물론 내부의 적인 매국노들을 청산했다고 해서 외세의 침략 시도가 자동으로 사라지는 것은 아닙니다. 그 때문에 외세의 침략과 침탈에 대해서도 단호히 반대해서 싸워야 합니다. 하지만 그렇다고 해서 매국노에 대한 투쟁을 멈춰서는 안 됩니다. 왜냐하면 외세와의 총력적인 싸움을 벌일 때 매국노의 청산이 얼마나 철저히 이뤄졌느냐가 싸움의 승패를 결정하기 때문입니다.

외세와의 싸움은 단순한 군사력 비교가 아닙니다. 자국의 영토와 민의 생명, 재산, 권리를 지키기 위한 총력 싸움입니다. 그 때문에 저 멀리 태평양 한가운데에서 누가 군사적 역량이 우월한가를 겨루는 스포츠 같은 시합이 아니라는 것입니다. 바로 침략당하는 나라의 영토 안에서 벌어지는 싸움입니다. 그래서 그 승리의 역량 관계는 단순한 군사적 수치 비교가 아니라 자국의 영토 내에서 벌어지는 실질적인 힘의 대결 과정에서 결정됩니다. 그 때문에 매국노들을 철저히 청산해야만 자국 영토 내에서의 우세를 보장하고 승리할 수 있다는 것입니다.

이것은 세계 유일의 패권을 행사했을 정도의 힘을 가진 미국이 아프가니스탄을 침략했을 때의 상황을 보면 쉽게 이해할 수 있습니다.

군사적 역량을 단순히 비교하면 미국은 압도적으로 우세했지만, 미국은 아프가니스탄에서 그 우세를 지키지 못하고 끝내 쫓겨났습니다. 한마디로 자국의 영토에서 싸우는 이상 매국노들을 청산하여 외세의 앞잡이 역할을 하지 못하게 한다면 능히 이겨낼 수 있다는 것입니다.

한국 사회 역시 오랜 기간 외세의 지배 구조에서 벗어나기 위해 싸워왔습니다. 하지만 아직도 불평등한 협정과 조약을 파기하지 못함으로써 주권을 올바로 행사하지 못하고 있고, 식민 지배에서 벗어나지 못하고 있습니다. 그 이유는 검은머리 미국인들, 즉 매국노들이 이를 한사코 방해하면서 미국의 앞잡이 역할을 하고 있기 때문입니다.

그 때문에 참답게 주권을 행사하여 미국의 식민 지배에서 벗어나기 위해서는, 미국의 주권 침탈에 대해 단호히 반대해야 할 뿐만이 아니라, 이런 미국의 요구에 굴복하고 추종하는 매국노들을 철저히 청산하는 데로 화력을 집중해야 합니다. 이들 매국노를 청산하기 위한 사상전, 정치전, 여론전을 적극 벌여 한국 사회에서 뿌리 뽑았을 때, 애민·애국의 기치로 단합하여 미국과 맺은 불평등한 협정과 조약을 파기할 수 있을 것이며, 그러면 필연코 주권을 제대로 행사하여 미국의 식민 지배에서 벗어날 수 있게 될 것입니다.

## 5. 내란 세력을 퇴장시키고 주권 회복으로 사회 대개혁의 4대 원칙을 실현하자!

2025. 5. 19.

사회를 대개혁하려면 그것을 실현하기 위한 기본 원칙이 마련되어야 합니다. 그것도 사회적으로 합의되어야 합니다. 그렇지 않으면 이것이 맞다느니, 저것이 맞다느니 하면서 서로 중구난방 논쟁만 벌이다가 결국 사회 대개혁은 좌초되고 말 것입니다. 그 때문에 사회 대개혁의 성패는 그것을 이룩하기 위한 기본 원칙을 사회적으로 합의해 내느냐, 그렇지 못하느냐에 따라 결정된다고 할 수 있습니다.

그런데 그 기본 원칙의 마련 자체를 계속 방해한다면 어떻게 되겠습니까? 그러면 백날 가도 사회적 합의가 형성되지 못할 것이니, 사회 대개혁은 불가능하게 될 것입니다. 그 때문에 사회 대개혁을 실현하려면 먼저 사회적 합의를 이루지 못하도록 방해하는 문제부터 해결해야 합니다.

이것은 스포츠 경기가 올바르게 진행되려면 어떻게 되어야 하는지를 생각하면 쉽게 판단할 수 있습니다. 스포츠 경기가 재미있게 진행되려면 정정당당하게 싸울 수 있는 경기 규칙이 먼저 마련되어야 합니다. 그런데 경기 규칙의 마련에는 관심이 없고, 상대 선수에게 폭력을 가해 아예 출전 자체를 막음으로써 승리를 도모한다면 어떻게 봐야 하겠습니까? 이런 자들은 너무도 비열한 수법을 쓰고 있기에 처음부터 경기 자체에 참여하지 못하도록 만들어야 할 것입니다. 그렇지 않으면 경기를 치르기도 전에 제반 운동선수들이 다치고 상처를 받을 것이기 때문입니다.

이런 이치에서 보듯, 윤석열은 한국 사회의 대개혁에 대해 애초부터 관심이 없었습니다. 한국 사회는 이미 세계 최고의 자살률과 저출

산율에서 보여주듯 총체적인 위기 상황으로 치닫고 있었습니다. 그렇다면 나라를 대표하는 대통령으로서 이를 해결하기 위해 어떻게 개혁해야 할 것인지 고민하고, 그 해법을 찾으려고 노력해야 했을 것입니다. 그런데 그러기는커녕 도리어 그런 논의 자체를 불가능하게 했고, 심지어 나라의 주인인 민을 억압하고 짓밟고자 내란 범죄를 일으키고 나왔습니다.

국민의힘 또한 이와 별반 다르지 않습니다. 국민의힘은 윤석열의 내란 범죄를 한사코 옹호하고 나왔습니다. 그래 놓고는 그 범죄 때문에 치러지는 대통령 선거에 아무런 반성 없이 후보를 내고 선거운동을 진행하고 있습니다. 상식적인 이치에 보면, 이들 세력은 후보를 내세우고 등록하는 것 자체가 불가능해야 할 것입니다. 하지만 어쨌든 경기 자체에 참여하려고 했다면, 최소한 공정한 경쟁을 가능케 할 규칙을 만드는 데 협조해야 할 것입니다.

그런데 국민의힘이 경기에 참여해서 행동했던 방식을 보면 윤석열의 비열한 수법을 그대로 이어받고 있습니다. 한마디로 경기를 공명정대하게 치르기 위해 어떻게 공정한 규칙을 만들 것인지 고민하는 것이 아니라, 운동선수 자체를 폭력적으로 공격해 타격을 줌으로써 아예 경기 자체에 참여하지 못하게 하려고 합니다. 그리고서는 그들의 폭력에 대응하면, 그 행위를 놓고 무조건 우격다짐으로 상대방이 반칙과 잘못을 범했다는 식으로 공격하고 나옵니다. 내란 범죄 행위 자체가 독재 정치이자 파시즘 행위라는 건 누구나 다 아는 바인데도, 그런 내란 범죄를 한사코 옹호해 놓고서, 이제 와서 상대방보고 의회 독재이자 파시즘이라고 마구잡이로 공격합니다. 도무지 상식적으로 이해할 수 없는 행위입니다. 그러니 이들의 방해 행동이 계속 준동하는 조건에서는 경기 규칙을 합리적으로 합의해서 마련하는 길은 꿈도 꾸지 못하고 이전투구를 벌이는 난장판으로 변해갈 수밖에 없습니다.

이런 조건에서 사회적 합의를 이룩하여 한국 사회를 대개혁하기 위한 기본 원칙을 마련할 수 있겠습니까? 논의 자체가 불가능하게 훼방을 놓는 상황에서 어떻게 사회적으로 합의할 수 있는 길이 열릴 수 있겠느냐는 것입니다. 여기에서의 방법은 단 하나, 이들을 퇴장시키는 수밖에 없습니다. 그렇지 않고서는 사회적 합의는커녕 분열과 갈등만 양산된다는 것입니다. 그 때문에 사회 대개혁을 추진하자면 어떤 경우에서도 내란 범죄와 연루된 제반 세력은 논의의 주체가 될 수 없고, 퇴출의 대상이 되어야 합니다. 한마디로 사회적 논의 자체를 불가능하게 하는 행위를 저지르는 세력은 사회 대개혁을 논하기 전에 먼저 퇴장부터 시켜야 한다는 것입니다. 그래야만 사회 대개혁에 대한 실질적 논의가 이뤄지고 사회적 합의를 형성해 갈 수 있습니다.

내란 범죄 세력을 퇴장시켰다면, 이제 어떻게 해야 사회 대개혁을 실현할 수 있는지 본격적으로 논의해서 사회적 합의를 이루어야 하는데, 그러자면 가장 기초적이고 기본적인 과제부터 먼저 풀어가야 합니다.

사회 대개혁의 내용에는 다양한 입장과 방안이 존재할 수밖에 없으며, 모든 쟁점에 대해 동시에 합의를 도출하는 것은 현실적으로 불가능하기 때문입니다. 바로 여기에서 이 문제를 해결하는 방식은 사회 대개혁을 정말로 소망하는 사람이라면 모두가 받아들일 수 있는 가장 기본적인 원칙부터 합의해 가는 것입니다. 이 기본적 합의가 마련되지 못하면 그다음 단계로 나아갈 수 없기 때문입니다. 이런 기초적 합의가 형성되어야만, 그것을 토대로 사회적 합의의 내용을 더욱 확대해 갈 수 있는 길이 열리게 된다는 것입니다.

그렇다면 가장 먼저 사회적 합의를 이루어야 할 기초적이고 기본적인 원칙과 입장은 무엇이겠습니까? 여기에는 여러 가지가 있을 수 있겠으나 최소한 4가지 문제에 대해서만큼은 명확한 원칙을 견지하고 풀어가야 합니다. 첫째, 사회 대개혁을 이룩할 수 있는 조건을 담보할 것, 둘째, 그 추진이 공정할 것, 셋째, 실질적인 실현성을 보장할 것, 넷째, 그 성과가 직접 현실에 드러날 것 등이라고 할 수 있습니다.

우선, 사회 대개혁을 실현할 수 있는 조건을 담보해야 합니다. 아무리 사회 대개혁을 소망한다고 하더라도 사회 대개혁을 이룩할 수 있는 조건이 갖춰지지 않으면 그저 희망으로만 끝날 수밖에 없습니다. 그렇지 않으려면 그 조건을 갖춰야 하는데, 그것은 주권을 제대로 행사할 수 있어야 합니다. 외세에 의해 주권이 제약당한다면 독자적으로 자기 정책을 추진할 수 없습니다. 그래서 사회 대개혁을 이룩할 수 있느냐, 그렇지 못하느냐의 근본 담보는 주권 문제부터 먼저 해결하는 것입니다.

그 때문에 주권을 제약하고 있는 한미상호방위조약과 한미행정협정, 한일기본조약 등은 일차적으로 파기하고, 대신에 애국법과 조국통일법이 제정되어야 합니다. 그러면 한국은 외세의 간섭에서 벗어나 한국 민의 이해와 요구에 맞게 사회 대개혁을 이룩할 수 있게 될 것입니다.

둘째로, 사회 대개혁의 공명정대함을 확보하는 것입니다. 사회 대개혁이 편파적이나 불공정하게 추진된다면 그 정당성에 대한 반발이 커지면서 사회적 합의가 이뤄질 수 없을 것입니다. 그 때문에 공정성의 확보는 사회 대개혁에 대한 사회적 합의를 이룩할 수 있느냐, 그렇지 못하느냐의 기초적이고 기본적인 문제가 됩니다. 그런데 누구는 맘껏 얘기하면서 자기 권리 이상을 행사하지만, 다른 상대방은 자기 생각조차 제대로 표현하지 못하고 있다면 사회 대개혁 자체가 공정하게 진행될 수 없을 것입니다.

이런 점에서 공정성을 확보하자면 남의 자유와 권리를 억압할 자유를 허용해서는 안 되고, 누구나 공명정대하게 자신의 권리를 보편적으로 누릴 수 있게 해야 합니다. 그 때문에 다른 사람의 자유와 권리를 억압하는 차별적 법과 제도들을 폐기하고, 누구나 보편적인 권리를 행사하게 해야 합니다. 사상과 언론의 자유를 억압하는 국가보안법을 비롯해, 비정규직 노동자, 농민, 여성, 영세 상공인, 장애인 등에게 가해지고 있는 구조적 차별을 없애고, 모두가 보편적인 권리를 실질적으로 행사하고 누리도록 해야 합니다.

셋째로, 사회 대개혁의 실현성을 제도적으로 보장해 주어야 합니다. 그 실현성이 담보되지 않는다면 사회 대개혁은 실패로 돌아갈 것입니다. 그 때문에 실현 가능성을 확보하느냐는 사회 대개혁이 실질적으로 추진될 수 있느냐, 그렇지 못하느냐를 가늠하는 기초적이고 기본적인 근거가 됩니다.

그런데 사회 대개혁의 목적은 민이 주인의 권리를 누리고 살아가기 위해서입니다. 그래서 사회 대개혁의 실현성을 보장하는 문제는 결국 민을 개혁의 주체로 세우는 문제와 직결된다고 할 수 있습니다. 한마디로 말해서 민을 개혁의 주체로 나설 수 있게 만든다면 사회 대개혁은 성공적으로 실현될 수 있다는 뜻이고, 민을 방관자로 전락시킨다면 백날 가도 사회 대개혁은 성공할 수 없다는 뜻이 됩니다.

그렇다고 한다면 민이 주인의 권리를 직접적으로 행사할 수 있어야 합니다. 다시 말해 자신의 이해와 요구를 국가 정책에 반영할 수 있는 구조가 되어야 한다는 것입니다. 지금껏 사회 대개혁이 좌절되었던 이유는 민의 요구가 국가 정책에 반영할 수 있는 길이 없었기 때문입니다. 그 때문에 민은 주체로 서지 못하고 방관자로 머무를 수밖에 없었으며, 그로 인해 개혁은 실패로 돌아갈 수밖에 없었습니다. 바로 이 부분을 바로잡아야 합니다.

결국 민의 요구가 국가 정책에 반영할 수 있는 제도와 질서가 구축되어야 하는데, 그러자면 우선 민의 요구를 받아들이지 않고 가로막았을 때 이를 응징할 수 있는 제도가 수립되어야 합니다. 지금껏 한국 사회는 민의 요구를 받아들이지 않고 가로막아도 응징하고 제재할 수 있는 길이 없었습니다. 단지 선거 시기에 표만 행사하는 정도에 머물렀습니다. 그 때문에 선거 시기만 민의 요구에 귀 기울이는 척 요식 행위를 하기 일쑤였습니다. 바로 이런 문제점들을 해결하자면 민의 요구를 가로막고 나왔을 때 응징할 수 있어야 할 뿐 아니라, 실질적으로 실현할 수 있는 대책이 필요합니다. 이를 단적으로 해결할 수 있는 방안이 (국)민 소환제와 (국)민 발안제, (국)민 투표제의 도입입니다.

하지만 이것은 사회적 제도적인 측면에서 볼 때, 민의 요구가 일상적으로 관철되는 방식으로까지는 되지 못합니다. 사회 대개혁은 한시적이고 일회적이 아니라 지속적이면서도 일상적으로 진행되어야 합니다. 그런 측면에서 민의 요구가 일상적이면서 지속적으로 국가 정책에 반영될 수 있는 방안으로까지 나아가야 합니다. 바로 여기서 노동자, 농민 등 각종 대중단체에 대한 국가적인 지원 체계를 마련하고, 이들 단체의 요구가 국가 정책 결정 과정에 반영될 수 있도록 제도와 질서 체계까지 수립해 가야 합니다. 가장 광범위한 사람들의 이해와 요구를 반영하는 각종 대중단체의 참여가 제도화된다면, 민이 사회 대개혁의 모든 방면에서 주체로 설 수 있기 때문에, 이것이야말로 사회 대개혁의 실현성을 확고히 담보하게 된다는 것입니다.

넷째로, 사회 대개혁의 성과가 현실에 드러나면서 그 혜택을 직접 누리도록 해야 합니다. 사회 대개혁을 추진한다고 하는데, 그 성과가 현실에 드러나지 않고 누리지 못한다면, 그것은 도대체 왜 사회 대개혁을 하는지 그 이유를 알 수가 없게 됩니다. 그러면 힘 있게 추진되지 못하고 중도에 멈추게 될 것입니다. 그 때문에 사회 대개혁의 성과가 현실 속에서 드러나 그 결실을 누릴 수 있도록 하는 문제는 기초적이고 기본적인 문제가 됩니다. 바로 여기서 빈부격차의 해소를 기본 원칙으로 견지하여야 합니다.

빈부격차가 심화되었다는 것은 사회적으로 창출된 부가 불공평하게 분배되고 있음을 의미합니다. 사회 대개혁을 추진했는데, 불공평하게 분배된다면 도대체 무엇 때문에 사회 대개혁을 한다는 말입니까? 그 때문에 사회 대개혁의 결실물이 공평하게 분배되는 방향으로 나아가야 하는데, 그러자면 빈부격차를 해소하는 방향을 굳건하게 견지해야 합니다. 빈부격차가 해소되는 방향으로 나아가면 누구나 사회 대개혁의 혜택을 실질적으로 받을 수 있게 됨으로써 사회 대개혁의 정당성이 사회적으로 확보되고, 그럼으로써 더욱 철저하게 사회 대개혁을 추진할 수 있게 될 것입니다.

물론 사회 대개혁의 내용이 이 4대 원칙으로 모두 포괄된다고 할 수는 없습니다. 하지만 최소한 사회 대개혁을 추진하는 데에 있어서 그 조건의 담보, 공명정대함의 확보, 개혁의 실현 가능성 보장, 그 성과의 체감이라는 이 4대 기본 원칙에 대한 합의는 필연코 이뤄져야만 한다는 것입니다. 그래야 여러 우여곡절 속에서도 사회 대개혁을 강력하게 추진할 수 있습니다.

4대 원칙 중에서 주권 문제 해결은 이 모든 원칙의 성패를 좌우하는 관건적 문제라고 할 수 있습니다. 주권 문제를 해결하지 못하면 나머지 원칙의 합의 자체가 무의미하기 때문입니다. 게다가 주권을 회복하지 못하면 사회적 논의 자체를 하지 못하도록 훼방을 놓는 내란 범죄 세력도 퇴장시킬 수 없습니다. 그 때문에 사회 대개혁을 실질적으로 추진하자면 4대 원칙의 핵심 과제에 대해 사회적 합의를 이룩하기 위해 노력하면서도, 무엇보다 주권 문제의 해결 부분만큼은 앞장세워서 풀어가야 합니다. 그래야만 주권 문제를 해결한 힘으로 반개혁 세력의 방해 책동을 극복하고, 실질적으로 사회 대개혁을 추진할 수 있는 길로 나아갈 수 있다는 것입니다.

# 7장 | 애국정권 수립의 과제

## 1. 사회 대개혁과 주권문제 해결의 길은 애국정권 수립에 있다

2025. 4. 14.

윤석열의 내란 범죄 같은 사태가 한국 사회에서 다시는 재발하지 않도록 하기 위해서는 헌정 질서를 바로잡으면서 사회 대개혁을 추진해야 합니다. 그러자면 내란 범죄자들을 철저히 청산함과 동시에, 주권 문제를 해결하는 방향으로 나아가야 합니다. 그래야 하는 이유는 우선 사회 대개혁을 실제로 수행할 수 있는 조건부터 마련해야 하기 때문입니다.

조건이 조성되지 않는 상태에서 아무리 내란 범죄를 막고 사회를 근본적으로 개혁하려는 의지가 강하더라도, 그것은 결국 구호와 희망에 머물 뿐 현실이 될 수 없습니다. 이것은 세상에서 무슨 일을 계획하고 실현하고자 할 때 먼저 그리할 수 있는 여건과 기반을 준비해야 하는 것과 같은 이치입니다. 준비가 갖추어지지 않으면 계획은 실현되지 못합니다. 그래서 헌정 질서를 바로잡고 사회 대개혁을 실현하고자 한다면 그에 필요한 조건을 선행적으로 조성하는 것이 급선무로 됩니다.

사회 대개혁을 위한 첫 번째 조건은 내란 범죄자들에 대한 철저한 청산입니다.

사회 대개혁을 수행하려면 어찌하든 새로운 개혁법을 제정해서 이를 집행해 가야 할 것입니다. 그러자면 법적 질서를 엄격히 확립해야 합니다. 한마디로 새로 제정된 개혁법을 누구나 지키도록 사회에 확립시켜야 한다는 것입니다. 이미 규정되어 있는 법마저도 지키지 않는 현상이 통용된다면 어떻게 새롭게 제정된 법적 질서가 준수될 수 있겠느냐는 것입니다.

그런데 다른 범죄도 아니고 반헌법적, 반국가적 대역죄마저 제대로 응징하지 못한다면 어떻게 법적 질서가 확립될 수 있겠습니까? 법적 질서가 제대로 지켜지지 못하는 조건에서는 그 어떤 개혁도 불가능하다는 건 불문가지일 것입니다. 그 때문에 개혁을 바라는 세력이라면, 무엇보다 법적 질서의 확립을 최우선 과제로 삼아야 합니다. 그 출발점이 바로 내란 범죄자들에 대한 철저한 청산이며, 특히 행정부와 국회에 들어앉아 내란 범죄의 처벌을 반대하고 방해해 온 자들부터 단호히 응징하여 국가 기관에서 퇴출시키고, 합당한 법적 책임을 지게 해야 합니다. 바로 이것이 헌정 질서와 법적 질서를 확고히 확립시키고, 이후 사회 대개혁을 추진할 수 있는 조건을 마련하는 길이라는 것입니다.

내란 범죄자들의 청산 이후에는 주권 회복의 길로 나아가야 합니다.

사회 대개혁을 추진할 수 있는 조건을 마련하기 위해서는 내란 범죄자들을 철저히 청산하는 데에서 멈추지 말고, 국정 농단과 내란 범죄가 또다시 재발하지 않도록 그 근원적 문제를 해결하는 단계로 나아가야 합니다. 그 핵심이 바로 주권 문제의 해결입니다. 다시 말해 주권을 제대로 행사하는 나라로 세우지 않고 사회 대개혁을 안정적으로 수행할 수 없다는 것입니다.

이 문제를 이해하려면 바로 대통령과 국회의원이라는 직책이 지니는 성격부터 따져볼 필요가 있습니다. 대통령이나 국회의원이 되기 이전에 저지른 부정과 비리는 개인의 일탈로 볼 여지가 있습니다. 하지만 이들이 국가 권력의 자리에 오르는 순간부터, 그런 행위는 더이상 개인 차원의 문제가 아니라 국가적 행위로 전환됩니다. 대통령은 국가의 수반으로서 나라를 대표하고, 국회의원 또한 입법과 국정운영에 참여하는 정치 활동을 전개하기에 사실상 그 자신 자체가 하나의 헌법 기관 같은 역할을 합니다. 대통령에게 내란·외환죄를 제외하고는 재직 중 형사상 소추를 제한하는 헌법 규정이 존재하고, 국회의원에게 불체포 특권이 부여되는 것도 바로 이러한 국가적 책임성과 직무의 무게를 전제로 한 것입니다.

그렇다고 한다면 이들이 민의 충복으로서 역할을 다하자면 하나같이 청렴결백하고 공공적이어야 할 것입니다. 그래서 사회에 부정과 비리가 있거나 잘못되어 있는 현상이 존재한다면 이를 지적하고 고치는 길로 나아가야 할 것입니다. 여기서 그 역할을 제대로 수행하자면 한국 사회가 잘못 작동하게 된 근원을 직시해야 할 것입니다. 그런데 그 근원을 살펴보면 외세와의 불평등한 협정과 조약이 자리 잡고 있습니다.

왜 그러냐면 불평등한 협정과 조약을 그대로 인정하고 방치하는 그 순간부터, 그 외교적 협정과 조약이 국내 정책의 족쇄로 작용하여 불평등하고 불의한 정책으로 연결되기 때문입니다. 그래서 대통령과 국회의원의 자리에 올랐다고 한다면 누구보다 이를 고치려고 노력해야 할 것입니다.

그런데 대통령이나 국회의원이 외세와의 불평등한 관계를 바로잡기는커녕 이를 용인하거나, 더 나아가 외세의 요구를 앞장서서 추종한다면 어떻게 되겠습니까? 그 자체가 민의 충복으로서의 책무를 저버리는 행위일 뿐만 아니라, 민의 이익에 정면으로 반하는 매국 정책을 추진하는 소행으로 귀결되어 버릴 것입니다. 이런 조건에서 부정과 비리가 싹 트지 않고 사회가 정상적으로 돌아가기를 기대할 수 있겠습니까? 그것이야말로 고양이에게 부뚜막의 생선을 지켜달라고 요구하는 것과 마찬가지일 것입니다.

실제로 부정과 비리는 원천적으로 차단하려고 해도 조그마한 빈틈만 보이면 그것을 헤집고 나옵니다. 하물며 외세와의 불평등한 협정과 조약으로 인해 국가 정책 자체가 근원적으로 잘못 시행될 수밖에 없게 된 조건 속에서, 부정과 비리가 사라지기를 바라는 것은 원초적으로 불가능할 수밖에 없을 것입니다. 그 때문에 한국 사회에서 부정과 비리가 없어지지 않고, 도리어 권력자가 되면 그와 연관된 부정과 비리가 반복적으로 이루어지고, 국정 농단이 되풀이되었으며, 급기야 내란 범죄까지 발생하게 되었다는 것입니다.

바로 여기서 대통령이나 국회의원이 국정 농단과 내란 범죄에 연루되지 않도록 하자면, 국가 기관에서 일하는 사람이 처음부터 부정과 비리를 저지르지 않도록 할 대책을 세우는 것이 핵심적 요구로 나선다는 것을 알 수 있습니다. 그것이 바로 외세와의 불평등한 협정과 조약을 파기하고 주권을 제대로 행사할 수 있게 만드는 것입니다.

주권을 제대로 행사하지 못하면 불평등한 정책 구조를 바로잡을 수 없고, 그 왜곡된 구조는 한국 사회에 부정과 비리가 사라질 수 없는 원초적 근원이 되고, 그게 서로 얽히고설켜 거미줄처럼 확장되어 국정 농단과 내란 범죄로까지 이어지게 되었다는 것입니다. 그래서 대통령과 국회의원이 이런 범죄에 연루되지 않게 하자면, 국가 주권부터 회복하는 방향으로 나아가야 합니다.

실상 민의 생명과 재산, 권리를 지키자면 나라의 주권부터 제대로 행사해야 한다는 건 초등학생도 아는 사실입니다. 그 때문에 미국과의 불평등한 조약과 협정으로 인해 사실상 식민 지배를 받는 조건에서, 대통령과 국회의원의 자리에 오른 사람이 민의 충복으로서 제 역할을 다하려 한다면, 그 누구보다 앞장서서 이 문제를 해결하기 위해 나서야 할 것입니다. 그런데도 이를 외면한다면 어떻게 봐야 하겠습니까? 주권부터 제대로 행사해야 하는 가장 기초적인 노력조차 하지 않는데, 과연 그런 자가 한국 민의 권리를 지켜내기 위해 애쓸 것이라고 볼 수 있겠느냐는 것입니다.

매국적 현실을 스스로 용인하며 앞장서서 추종할 정도의 사람이라면 자신의 욕심을 위해 부정과 비리를 저지르고도 남을 사람이라는 것은 불을 보듯 뻔할 것입니다. 한국 사회에서 권력자와 연계된 부정과 비리가 끊이지 않는 이유는 이렇게 주권조차 제대로 행사하지 못하는 한국의 현실과 결코 무관치 않다는 것입니다. 윤석열 정권에서 김건희·명태균 사건에서 드러나듯 국정 농단이 일어나고, 거기에다 미국의 이해를 추종하며 앞잡이 역할을 자임한 끝에 내란 범죄로까지 치닫게 된 내막이 바로 여기에 있었던 것입니다. 그래서 국정 농단과 내란 범죄를 근원적으로 차단하고 사회 대개혁을 실질적으로 수행할 조건을 형성하기 위해서는, 외세와의 불평등한 협정과 조약에 의해 주권조차 제대로 행사하지 못하는 현실부터 해결하는 방향으로 단호하게 나아가야 합니다. 그렇지 않으면 국정 농단은 물론이고 내란 범죄가 또다시 일어나지 않는다고 장담하지 못한다는 것입니다.

주권 문제부터 해결한다는 원칙을 확고히 견지해야 하는 이유는,

현시기 한국 사회에서 왜 사회 대개혁이 이루어지지 못하고 있는가의 원인과도 관련되어 있습니다.

한국 사회의 대개혁이 지체되고 있는 까닭은 외세의 간섭 그 자체 뿐 아니라, 외세를 추종하며 이를 국내적으로 관철시키는 매국 세력이 사회 대개혁을 구조적으로 가로막고 있기 때문입니다. 그래서 외세에 대한 싸움만이 아니라 매국노에 대한 투쟁을 적극 전개해야 합니다. 매국노들이 외세의 매개자가 되어 식민 지배를 받고 살아가도록 앞장서서 획책하고 있고, 또 외세의 지배에서 벗어나기 위한 민의 투쟁을 내부에서 차단하고 방해하고 있다는 것입니다. 이런 매국노들로 인해서 외세의 침략과 간섭이 지속되고 있음에도 이를 실질적으로 저지하지 못하는 상태가 고착화되었고, 그런 관계로 해서 식민적 구조에서 벗어나지 못한 채 사회 대개혁의 문턱에서 정체되고 있다는 것입니다.

더욱이 식민 지배에서 벗어나자면 불평등한 협정과 조약을 파기해야 하는데, 그것은 정권을 통해 진행할 수밖에 없습니다. 그런데 이런 매국노에 대한 응징이 이루어지지 않는다면 어떻게 이들을 정권에서 몰아낼 수 있겠으며, 정권을 통해 주권을 회복하여 사회 대개혁을 추진할 수 있겠느냐 하는 것입니다.

그래서 매국노들을 응징하는 투쟁을 기본 원칙으로 삼아야 하는데, 여기서 특히 고려해야 할 점은 매국노 중에서도 그 한 축을 담당하고 있는 배신 세력을 명확히 청산하지 못하고 있다는 것입니다. 그로 인해 군사독재 세력의 잔당이자 후신이라고 할 수 있는 반동세력도 철저히 청산하지 못하고 있을 뿐만이 아니라, 식민 지배에서 벗어나지 못하고 사회 대개혁도 이루어지지 못하고 있다는 사실입니다.

그 때문에 반동세력에 대한 반대에 그치지 말고 배신 세력과 배신 정치의 문제까지 정면으로 제기하고 이를 극복하면서 주권 문제를 명확히 해결하는 방향으로 나아가야 할 것입니다. 한마디로 배신 세력 또한 매국노에 다름 아님을 명확히 하면서 이들을 청산하는 단계로 나아가야만 사회 대개혁을 성과적으로 수행할 수 있게 된다는 것입니다.

바로 여기서 현시기 사회 대개혁이 이루어지지 못했던 원인이 배신 세력의 존재와 그 미청산에 있음을 분명히 하면서, 이를 해결하자면 주권 문제를 우선적으로 제기하고 풀어나가야 한다는 것을 알 수 있습니다.

사회 대개혁을 이룩하기 위한 여건을 조성하는 데서 핵심적 요체가 주권 문제의 해결에 있으니만큼, 한국 사회에서 일차적으로 수립해야 할 정권은 그 형태가 어떠하든 본질적으로 민주정권이 아니라 애국정권의 성격을 띨 수밖에 없습니다.

물론 애국정권 자체가 민주적 성격을 띠는 것은 매우 자연스러운 이치입니다. 그 이유는 민이 개인과 집단, 나라와 민족 단위로 살아가고 있는 조건에서 그 일치된 지점으로 애민·애국의 기치가 도출되었기 때문입니다. 그래서 자주는 민족 자주에 한정되지 않고 개인과 집단, 나라와 민족 단위의 전반 영역에서 주인의 권리를 실현하기 위한 개념으로 확장되었고, 민주 또한 단순히 독재에 대한 반대 수준을 넘어 이 모든 영역에서 주인의 권리를 실현하기 위한 제도와 질서 체계를 세우는 내용으로 풍부화되었고, 통일 역시 한반도 차원에서 민의 권리를 실현하기 위한 과제로 확대되었던 것입니다.

하지만 주권 회복이 당면한 핵심 과제로 제기되는 시점에서, 정권의 성격을 규정한다면 민주정권이라고 명명하기보다는 애국정권이라고 부르는 것이 더 적합하다고 할 수 있습니다. 왜냐하면 개인과 집단, 나라와 민족 단위로 살아가는 조건에서, 민이 이 모든 영역에서 주인의 권리를 실현하기 위한 핵심적 기치가 애민·애국이기 때문입니다. 한마디로 애민·애국의 기치가 자주·민주·통일의 일치된 내용으로 표현되고 있다는 것입니다. 그 때문에 애민·애국의 기치 안에는 자주·민주·통일의 내용이 총체적으로 다 포함됩니다. 그런데 민주정권이라고 하면 자주와 통일의 내용이 일정 부분 사상된 관계로 제한성을 지니게 됩니다.

그 때문에 정권의 성격에서 민주적 특성이 부정되는 것은 아니지만, 민주정권이라고 표현하게 되면 지금의 시대적 추세와 제기된 과제를 반영하는 데에는 한계를 갖게 된다는 것입니다. 다시 말해 군사독재 시기에서는 그에 반대되는 의미로 민주정권이라고 했을 때 유의미한 내용을 가졌다고 할지라도, 지금 시기에서는 형식적인 자유와 평등이 아니라 실질적인 자유와 평등을 누리도록 해야 하고, 또 그 모든 영역에서 주인의 권리를 누려야 하는 시대적 요청 앞에서는 민주정권이 아니라 애국정권으로 명명해야 한다는 것입니다.

더욱이 사람과 관련되는 부분의 특성을 명확히 드러내기 위해서는 그 역할을 수행하는 측면보다는 지위 부분을 더 중시해서 명명해야 합니다. 그래서 민주적 역할을 수행하는 기능적 측면보다는 애국적 과제를 갖는 측면을 더 전면에 내세워야 정권의 성격이 명확해진다는 것입니다.

주권 문제 해결을 핵심 과제로 삼으면서도 수립해야 할 정권의 상을 애국정권이 아니라 민주정권으로 지칭한다면, 이것은 또한 무엇을 중심 과제로 설정하고 풀어가야 하는지가 명확히 드러나지 못하게 됩니다. 주권 회복을 핵심적인 기치로 내걸었다고 한다면 외세의 침략과 침탈에 대해 맞서 싸우는 동시에, 외세에 추종해서 매국 행위를 자행한 자들을 응징해야 한다는 점을 명확히 제시해야 할 것입니다. 왜냐하면 주권을 제대로 행사하지 못하는 이유는 외세와 매국노가 주인 행세를 하고 있기 때문인데, 이 문제를 정면으로 해결할 기치를 분명히 내걸지 않는다면 어떻게 주권을 찾을 수 있겠느냐는 것입니다.

이것은 독재 세력의 잔당이나 반동 세력에 대해 반대해서 여러 번 정권교체를 이루며 배신정권을 성립시켰으나, 실질적 개혁은커녕 내란 범죄를 저지른 윤석열 같은 정권이 등장했던 현실을 상기할 때, 그 한계가 더욱 명백하다고 할 것입니다. 바로 이런 점에서 외세의 침략과 침탈로부터 맞서 싸울 뿐만이 아니라, 외세에 추종해서 앞잡이 역할을 하는 매국 세력을 응징하겠다는 입장을 분명히 제시하는 정권으로 되어야 합니다. 이를 명확히 드러내는 입장이 애국이니만큼, 그 형태가 어떠하든 한국 사회에서 수립되어야 할 정권의 성격은 애국정권이 될 수밖에 없다는 것입니다.

그뿐만 아니라 민주정권이라고 규정하였을 때, 배신세력과의 차별성을 명확히 드러내지 못하게 됨으로써 그들을 제대로 응징할 수 없게 된다는 것입니다. 민주가 그 모든 영역에서 주인의 권리를 실현하기 위한 제도와 질서 체계를 수립하는 내용으로 풍부화되었는데도, 여전히 많은 경우 민주를 독재에 대한 반대로만 협소하게 받아들이는 실정입니다.

이런 상황 속에서 배신 세력은 독재 세력에 반대하는 데에는 동참하지만, 주권 회복과 실질적 자유·평등의 실현이라는 과제 앞에서는 이를 외면하며 방해합니다. 그래서 이들 배신 세력을 청산하지 않으면 주권 회복도, 실질적 자유와 평등을 실현하는 사회 대개혁도 추진할 수 없습니다. 실상 주권도 제대로 행사하지 못하는 나라에서 그 무슨 민생 문제가 해결될 것이며, 민주주의적 가치가 실현될 수 있겠습니까? 주권 문제를 외면하면서도 그 무슨 사회 대개혁을 이룩할 수 있는 것처럼 말하는 것이야말로 민을 기만하는 행위라고 말하지 않을 수 없을 것입니다.

결국 민이 주인의 권리를 온전히 누릴 수 있도록 사회 대거혁을 추진하자면 주권 문제부터 명확히 해결해야 하는데, 이를 외면하고 가로막는 배신 세력의 실체를 드러내면서 응징하지 않는다면, 지난날처럼 배신 세력의 기만과 농락이 되풀이되지 않는다고 어떻게 장담할 수 있겠으며, 그런 조건에서 어떻게 주권을 회복하여 사회 대개혁을 추진하는 길로 나아갈 수 있겠느냐 하는 것입니다.

한마디로 민주정권 수립이라는 구호는 현시기 배신 세력의 청산이 시대적 과제로 등장하고 있는 조건에서 실질적 대안이 되지 못한다는 것입니다. 그런 점에서 배신 세력을 청산하고 주권 문제를 해결하겠다는 입장을 분명히 하기 위해서는 민주정권이 아니라 애국정권의 수립임을 명확히 해야 한다는 것입니다.

요컨대 한국 사회를 대개혁하자면 먼저 그 조건부터 조성해야 하고, 이를 위해 내란 범죄자들을 철저히 청산함과 동시에 주권 문제 해결을 핵심 과제로 하는 애국정권 수립을 전면에 내세워야 합니다. 이 과제를 공론화하여 대선 과정에서 주요 정치 의제로 만들고, 후보들이 이를 분명한 자기 공약으로 받아들이도록 만들어 가야 합니다. 그리한다면 광범위한 사람들을 모아내어 사회 대개혁을 수행할 수 있는 유리한 조건이 형성될 것이며, 그러면 그 기반 위에서 사회 대개혁을 실질적으로 추진하게 됨으로써 개인과 집단, 나라와 민족 단위의 모든 부분에서 주인의 권리를 누리고 살 수 있는 방향으로 나아가게 될 것입니다.

## 2. 이재명 정권의 갈림길에서 민은 무엇을 해야 할 것인가?

2025. 8. 25.

이재명 정권은 한국 사회를 실질적으로 개혁하는 길로 나아갈 것인가, 아니면 문재인 정부와 마찬가지로 배신 정권으로 전락할 것인가의 갈림길에 서 있습니다. 그리고 지금 이 시점에서 한국의 민은 무엇을 해야 하는가라는 질문이 중대하게 제기되고 있습니다.

이재명 정부가 출범한 지 80여 일이 지난 지금, 벌써 어느 방향으로 나아갈지를 놓고 그 분기점에 선 상황에 처해 있습니다. 실상 이재명 정부가 나아갈 길은 이미 명확하다고 할 수 있습니다. '국민주권정부'라고 말하듯이, 이재명 정부는 윤석열의 내란 범죄 행위에 대항하여 나라의 주인인 민이 직접 일어선 빛의혁명으로 탄생되었습니다. 그렇다면 가장 기본적인 임무로서 내란 세력을 청산하고 사회 대개혁을 추진하면 될 것입니다. 이것이 이재명 정부가 걸머쥐고 있는 사회 역사적 소명이라고 할 수 있습니다.

그런데 이를 액면 그대로 믿지 못하는 사태가 벌어지고 있습니다. 그것은 내란 세력의 청산과 사회 대개혁을 이룩하자면 무엇보다 한국의 주권을 찾고 제대로 행사할 수 있어야 하는데, 최근 추진되고 있는 한일 정상회담과 한미 정상회담의 흐름을 보면 과연 그런 방향으로 나아가고 있는지 심각한 의심이 들게 하기 때문입니다.

실상 윤석열의 내란 범죄 역시 그 근원을 따져보면 주권을 제대로 행사하지 못한 데서 비롯되었습니다. 다시 말해 내란 세력의 청산과 사회 대개혁은 서로 떨어진 별개의 문제가 아니라, 주권을 어떻게 행사하느냐의 문제와 직결되어 있다는 것입니다. 그래서 이 기본 과제를 해결하지 못한다면 내란의 재발 또한 결코 차단할 수 없습니다. 그 때문에 주권 행사에 대해서는 그 어떤 것에 앞서 일관되게 원칙적인 입장을 견지해야 합니다.

그런데 주권 행사의 원칙적인 입장은 대외관계에서 우선적으로 나타납니다. 대외관계에서 불평등한 관계를 맺으면 아무리 주권을 제대로 행사하려고 해도 그리할 수가 없기 때문입니다. 실상 대외관계에서 주권 행사를 가장 중요한 원칙으로 삼는 이유가 무엇이겠습니까? 그것은 민이 나라와 민족 단위로 살아가고 있는 조건에서 한국 민의 생명과 재산, 권리를 지키기 위해서입니다. 따라서 국가의 주권을 제대로 행사한다는 것은 자국 민의 이해와 요구, 이익을 중심에 놓고 풀어간다는 것을 의미합니다. 그런데 이를 저버리는 도습을 보인다면 그것을 어떻게 제대로 된 주권 행사라고 할 수 있겠으며, 그런 대외관계의 형성이 한국 민과 한국 사회 대개혁에 무슨 도움이 되겠습니까?

그런데 이재명 대통령은 한미 정상회담을 준비하는 과정에서 어떻게 하면 주권을 제대로 행사하여 한국 민의 이해와 요구를 관철시킬 것인가를 전면에 내세우기보다는, 한미동맹의 중요성을 강조하는 발언을 내놓고 있습니다. 한국의 이익에 도움이 되면 동맹을 맺는 것이고, 이익이 되지 않으면 동맹을 맺을 필요가 없을 것입니다. 그런데 협상 이전부터 한미동맹이 그 전제조건인 것처럼 내세운다면, 이것은 대외관계를 전개하는 원칙적인 자세부터가 잘못된 것이라고 아니 할 수 없습니다.

게다가 미국은 한미동맹의 현대화를 명분으로 한국을 대중국 전초 기지로 활용하며, 한국군을 미국의 용병으로 전락하게 하고 돈까지 바치도록 요구하고 있습니다. 트럼프가 방위비 분담금-국방비 인상을 강요하는 게 바로 그것입니다. 그렇다면 더더욱 한미동맹을 찬미할 것이 아니라, 주권을 어떻게 행사하여 한국 민의 이익을 지킬 것인가를 중심에 놓고 협상을 전개해야 할 것입니다. 그런데 협상도

시작하기 전에 동맹의 중요성을 앞세우며 미국의 요구에 굴복하는 듯한 모습을 보인다면 이를 두고 어떻게 판단해야 하겠습니까? 이것은 말로는 국민주권정부라고 외치만 실상은 민을 배신하는 길로 나아가는 것이 아니고 무엇이겠습니까?

이런 우려는 단순한 기우가 아닙니다. 지난날 문재인 정권도 촛불항쟁으로 탄생했고, 스스로를 촛불정부라고 명명했지만, 결국 사회 대개혁을 외면하고 민을 배신한 길로 나아갔습니다. 그 결과 윤석열이라는 극악한 매국파쇼 정권이 등장하도록 만들었습니다. 이런 선례가 있었던 상황에서, 이재명 정부가 최근 보이는 행보가 매우 의심스러운데, 무조건 이재명 정부를 믿을 수가 있겠습니까?

이재명 정부에 대한 의심이 단순한 기우로만 여겨지지 않고 증폭되는 이유는, 그간 보인 행보들이 일정한 정치적 맥락에 따라 움직이고 있다는 데에서 확인됩니다. 이재명 대통령은 한미 정상회담에 앞서 한일 정상회담을 진행했는데, 그 자리에서 한일 미래 협력의 중요성을 강조하면서도, 일제의 식민 지배와 역사 왜곡에 대한 사과와 반성을 확고히 받아내려고 하지 않았습니다. 도리어 지난날 잘못을 사실상 용인하는 듯한 태도를 보이며, 북을 명분으로 한미일 군사 협력 강화를 합의한 것으로 드러났습니다.

그러면 한일협력이 안 되었던 이유가 한국이 사과와 반성을 요구했기 때문이라는 말입니까? 어떤 나라이든지 간에 서로 협력하려면 상대방의 권리를 침해하지 않고 존중해야 합니다. 그런데 그러기는 커녕 침략까지 하려고 한다면 어떻게 진실한 협력이 가능하겠습니까? 일본이 식민 지배를 정당화하고 독도도 자기 땅이라고 우기며 군국주의적 침략 야망을 노골화하고 있는데, 거기서 무슨 협력이 끈끈하게 이뤄질 수 있겠느냐는 것입니다.

한일 간의 미래 협력을 막자는 것이 아니라, 일본이 지난날의 침략 지배와 역사 왜곡 행위에 반성하고 다시는 그런 잘못된 침략 정책을 하지 않겠다고 해야 진정한 협력이 가능하다는 것입니다. 그렇다면 서로 간에 진정한 협력이 가능할 수 있는 원칙적인 입장을 합의해야 할 것이건만, 도리어 그것을 외면하였으니 이를 어떻게 봐야 하겠습니까? 이것이야말로 한일 간의 진정한 협력을 하지 못하는 결과를 가져올 뿐만이 아니라, 일본이 한국을 계속 압박하고 침략히도 된다는 정당화 논리로 악용되지 않겠습니까? 그러면 이것을 어떻게 한국 민의 이해와 요구, 이익에 맞는 주권 행사로 볼 수 있겠느냐는 것입니다.

이 문제는 단순한 외교 노선상의 차이가 아닙니다. 이재명 정부가 민과 함께 사회 대개혁의 길로 나아가느냐, 아니면 또 하나의 배신정권으로 전락하느냐를 가르는 기준인 주권 문제와 연관되어 있기 때문입니다. 주권을 제대로 행사하지 못하는 조건에서 한국 사회의 참다운 개혁은 애초 불가능하다는 것입니다.

이 시점에서 민은 더 이상 관망자가 될 수 없습니다. 이재명 정부가 스스로의 역사적 소명을 저버리지 않도록 주권 행사와 내란 청산, 사회 대개혁의 원칙을 견지하도록 요구하고 나서야 합니다. 민이 침묵하는 순간, 이재명 정부는 배신정권으로 전락할 수 있다는 것입니다.

결국 한국 사회의 근원적 문제를 해결하고 질적으로 발전시키기 위해 대개혁의 길로 나아가느냐의 관건은 애민·애국의 기치에 근거하여 주권부터 찾는 데에 있다는 것입니다. 그런데 이 길을 가로막는 매국노가 반동세력과 배신세력의 형태로 존재하고 있다는 사실입니다. 그렇다면 이들 모두를 청산하지 않고서는 그 어떤 사회 대개혁도 가능하지 않다는 결론에 이를 수밖에 없습니다.

하지만 여기서 반동세력과 배신세력 모두가 외세의 앞잡이로서 매국노 역할을 수행하기 때문에 응징해야 한다고 하더라도, 두 세력을 동시에 타격하면 힘이 분산되어 도리어 실패할 수 있지 않느냐고 반문할 수 있습니다. 한마디로 지난날 모든 민주 세력이 힘을 합쳐 군사독재 세력을 일차적으로 청산했던 것처럼, 이번에도 우선순위를 세워야 가능하지 않겠느냐는 것입니다. 그렇지 않으면 도리어 애민·애국 세력이 고립되어 좌절되지 않겠느냐는 것입니다.

물론 윤석열의 내란 범죄 세력같이 인간의 기본적 권리조차 인정하지 않고 짓밟으려는 반동세력은 우선적으로 응징되어야 합니다. 하지만 간과하지 말아야 할 점은, 이들 반동세력이 진짜 철저히 청산되지 못하고 다시 나타나게 된 요인은 배신세력 때문이라는 것입니다. 실상 민은 지난날 군사독재 세력의 철저한 청산을 요구하였습니다. 하지만 그 길을 막았던 것은 배신세력이었고, 그들은 그 무슨 협치이니 통합이니 하면서 군사독재 세력의 잔재를 철저히 청산하지 못하게 방해하였습니다. 그 때문에 배신세력을 응징하는 방향으로 나아가지 않으면 결국 반동세력을 철저히 청산할 길이 없다는 것입니다. 도리어 배신정권이 실패했을 경우, 문재인 정권 이후 윤석열 정권이 등장한 것처럼, 반동세력이 또다시 권력을 잡게 되는 극악한 현상이 나타날 수 있습니다. 이를 되풀이하지 않으려면 배신세력에 대한 응징을 기본적 요구로 들고 나서야 한다는 것입니다.

배신세력에 대한 응징을 기본적 요구로 들고 나서야 하는 이유는, 또한 배신세력을 응징하지 않으면 애민·애국의 기치에 의해 주권을 찾을 길이 없기 때문입니다. 주권을 되찾지 못하면 사회를 대개혁할 수 없습니다. 개성의 실현도, 집단의 권리 보장도, 민주주의도, 민생도, 평화도, 조국통일도 불가능합니다. 도리어 미국의 식민 지배를 더욱 가혹하게 받는 방향으로 치닫게 됩니다.

이것은 미국이 식민 지배를 관철하는 방식에서 반동세력과 배신세력을 어떻게 활용해 왔는지를 살펴보면 알 수 있습니다. 미국은 한국 사회에서 1990년 이후 세계화 정책을 관철시키기 위해 배신세력을 이용했습니다. 군사독재 세력이 세계화 정책을 추진할 경우 한국 민의 광범위한 저항에 직면할 것이 분명했기 때문입니다.

실상 한국 사회에서 세계화 정책을 주창하고 이를 실질적으로 집행했던 세력은 군사독재 세력이 아니라 배신세력이었습니다. 군사독재 세력과의 차별성이 있다는 미명하에 민을 기만하게 하면서, 미국이 한국 사회를 직접적이고 전면적으로 지배·장악하도록 하는 세계화 정책을 관철시켰던 것입니다. 그리고 배신세력의 정체가 드러나 그 효용성이 떨어지면 또다시 반동세력이 집권하여, 그 기회를 이용해 한국 민의 이해와 요구를 대변하려는 애민·애국 세력을 탄압하였던 것입니다. 반동정권이 등장할 때마다 애민·애국 세력에 대한 탄압이 가혹하게 이뤄졌던 이유가 바로 여기에 있었습니다. 윤석열이 내란 범죄를 일으켜 애민·애국 세력을 싹 쓸어버리고자 했던 음모도 그런 일환이었던 것입니다.

이제 미국은 한미동맹의 현대화를 내세워 한국을 대중국 전초 기지로 전락시키고 동맹군의 역할과 함께 돈까지 바치도록 강요하고 있는데, 바로 이것을 빛의광장으로 탄생한 이재명 정부에게 요구하고 있는 것입니다. 만약 윤석열 정권하에서 이런 요구가 전면화되었다면 아마 광범위한 세력의 반대에 직면하면서 그 실현은 거의 불가능하게 되었을 것입니다. 그런데 윤석열 정부가 못했던 일을 이재명 정부로 하여금 수행하도록 강요하고 있는 것입니다.

이것을 보면, 한국 사회에서 반동세력과 배신세력이 양립해서 존속한다면 한국이 미국의 식민 지배에서 벗어날 길이 없고, 계속 그 약탈과 수탈을 가혹하게 받는 처지에 빠질 수밖에 없다는 것을 알 수 있습니다. 그 때문에 여기에서 벗어나자면 외세의 앞잡이 역할을 하는 배신세력에 대해서도 그 화살을 돌려야만 한다는 것입니다. 그렇지 않으면 반동세력과 배신세력이 계속 권력을 나눠 먹으면서 집권을 반복하는 형태가 되어, 결과적으로 반동세력이 등장할 때는 이들의 탄압으로 애민·애국 세력의 성장이 막히고, 배신세력이 등장할 때에는 단지 반동세력과의 차이가 있다는 식으로 민을 기만하며 미국의 식민 지배와 약탈이 더욱 가혹하게 관철되는 방식으로 전개된다는 것입니다.

그러면 여기서 나오는 결론은 반동세력을 일차적으로 청산하면서 배신세력의 응징 또한 기본적 입장으로 놓고 전개해야 한다는 것인데, 여기에서 따져보아야 할 것은 그리하면 성공할 수 있겠느냐는 문제입니다. 바로 여기서 한국 사회의 시대적 흐름은 그 성공을 확고히 담보하고 있다는 것입니다. 지금 시대는 지난날 군사독재 세력에 의해 기본적인 자유와 평등조차도 인정받지 못하고 사는 시기가 아닙니다. 자유와 평등을 억압했던 군사독재 세력은 더 이상 맥을 추지 못하게 된 단계로 접어든 지 오래되었고, 이제는 거기에서 나아가 실질적인 자유와 평등을 누리기 위해 개인과 집단, 나라와 민족 단위의 모든 부분에서 주인의 권리를 누리고 행사하기 위해 나서고 있습니다. 반동세력이 이런 시대적 추세를 몰라보고 인간의 기본적 권리를 유린하고자 해도, 그저 순순히 당하지 않고 이제 직접 대항하여 나서서 그들의 책동을 분쇄하는 상황으로 전진하고 있다는 것입니다. 지금 모든 내란 세력을 철저히 청산하기 위한 요구가 광범위하게 분출되고 있는 것은 바로 그런 모습입니다.

그뿐만 아니라 민이 개인과 집단, 나라와 민족 단위의 모든 부분에서 주인의 권리를 실현하자면 주권부터 제대로 행사해야 한다는 인식이 명확해지면서, 각계각층은 이재명 정부에 대해 미국을 상대로 주권을 되찾기 위해 민을 믿고 당당하게 협상에 임하라고 요구하고 있습니다.

 이것은 결국 애민·애국의 기치로 주권을 되찾아 사회 대개혁을 이룩하는 것이 민의 한결같은 요구로 되고 있고, 이것이 시대의 흐름으로 흘러가고 있다는 것을 말해줍니다. 그러면 이렇게 나라의 주인인 민이 광범위하게 요구하고 있고, 그로 인해 시대적 흐름으로 형성되고 있는데, 어떻게 민이 배신세력과 반동세력에 의해 고립될 수 있다는 말입니까? 도리어 이런 시대적 흐름에 함께하지 못하는 세력이 시대에 뒤떨어진 세력으로 낙인되면서 청산되는 길로 가는 것이 당연한 이치가 될 것입니다.

 결국 지금 시대적 흐름은 지난날 배신세력과 반동세력이 번번이 번갈아 가며 한국 민을 농락하는 시대가 아니라는 것입니다. 그런 시대는 이미 넘어서고 있다는 것입니다. 그런데도 이재명 정부가 지난날처럼 배신정권으로 전락하여 민을 기만하는 방식으로 자신의 통치체제를 유지하겠다고 한다면 이를 그냥 지켜볼 수는 없습니다. 지금의 시대적 추세가 어떠한지 똑바로 알고 정신을 차린다면 함께할 수는 있겠지만, 그렇지 못하고 배신의 길로 나아간다면 이제 민은 스스로 일어서서 이재명 정부를 딛고 넘어서야 합니다.

 이제 시대적 흐름에 맞게 민이 주인의 권리를 직접 누리고 행사하기 위해서는 그 누가 대신해 주거나 시혜를 받는 존재로 생각하지 말고 직접 일어서야 합니다. 그런데 여기에서 중요한 것은 모든 민이 단합할 수 있는 질적 계선을 견지해 가는 것입니다. 모든 민이 서로 연대하여 압도적인 역량을 구축하지 못하면 시대적 흐름을 확정시킬 수도 없고, 경우에 따라 각개 격파당할 수 있기 때문입니다. 바로 여기서 광범위한 세력이 단합할 수 있어야 하는데, 바로 그것은 애민·애국의 기치에 의한 단결이라고 할 수 있습니다. 그래서 이를 실현하기 위해 한국의 정치 지형을 애민·애국과 매국의 구도로 바꾸어 가야 합니다.

정치 지형을 이렇게 바꿔가지 못하면 애민·애국의 기치로 단합하려고 해도 그리할 수가 없기 때문입니다. 단적으로 여야나 보수와 진보 간의 대립 관계가 정치 지형으로 형성되어 있다면 어떻게 되겠습니까? 애민·애국 세력은 여야 내지는 보수와 진보로 서로 분열될 수밖에 없을 것입니다. 그뿐만 아니라 이렇게 분열된 상황이 되면 외세의 앞잡이 역할을 하는 매국노 세력은 여야 내지는 보수와 진보라는 탈을 쓰면서 자신의 정체를 숨길 수 있게 될 것입니다. 그러면 애민·애국 세력이 압도적인 역량을 형성하지 못할 것이고, 그 결과로 매국노 세력은 철저히 청산될 수 없을 것이며, 결국 정권의 향방은 여 아니면 야, 또는 (진짜 진보가 아닌) 진보 아니면 (진짜 보수가 아닌) 보수가 차지하게 될 것입니다. 허나 이것은 지금껏 한국 사회의 권력 지형의 변화에서 익히 보아왔듯이, 반동세력 아니면 배신세력이 집권하는 결과를 가져오고, 한국 사회를 실질적으로 개혁할 수 있는 조건인 주권조차도 제대로 행사하지 못하는 상황으로 귀결될 것입니다. 주권을 행사하지 못하는 상황에서 그 어떤 개혁도 불가능하다는 것은 더 이상 논증할 필요조차 없습니다.

애민·애국의 기치에 의해 주권을 되찾는 것은 여야나 진보와 보수 간의 문제가 아닙니다. 여든 야든, 진보든 보수이든 상관없이 한국 사람이라면 모두가 지켜야 하고, 또 함께할 수 있는 일치된 지점입니다. 그 때문에 나라의 주인인 민의 요구에 따라 한국 사회를 참담게 개혁하는 것에 동의한다면 이에 반대할 이유가 없습니다. 바로 여기서 이재명 정부가 한일, 한미 정상회담을 계기로 해서 어디로 나아갈지 그 분기점에 서 있는 상황에서 이제 민은 이재명 정부만 바라보거나 기댈 것이 아니라, 자기 힘으로 전국적인 애민·애국의 연대 연합체를 구축해 가야 합니다.

여기서 이재명 정부가 잠시 겪었던 혼란을 수습하고 민과 함께하는 길로 나아가고자 한다면 그것을 이어받으면 될 것이고, 만약 배신의 길로 나아간다면 그것을 딛고 넘어서야 합니다. 한마디로 애민·애국의 연대·연합체를 구축한 힘으로 한국의 정권을 장악하는 길로 나아가야 한다는 것을 분명한 목표로 내걸고 풀어가야 한다는 것입니다. 그래야만 내란세력이자 반동세력을 실질적으로 청산함과 동시에 배신세력 또한 응징하면서 정권을 장악하는 길로 나아갈 수 있고, 그러면 그 힘으로 미국과의 불평등한 협정과 조약을 파기하면서 주권을 되찾고 참답게 한국 사회를 대개혁하는 길로 나아갈 수 있습니다.

## 3. 내란 세력의 완전 청산과 주권 수호, 이재명 대통령의 정치적 결단이 필요하다

2025. 10. 13.

지금 한국 사회의 핵심 현안은 내란 세력을 완전히 청산함과 동시에, 미국의 경제적 침탈과 약탈을 넘어 주권을 유린, 훼손하는 행위에 단호하게 대처해 주권을 고수, 회복하는 것입니다. 내란 세력을 얼마나 철저히 청산하느냐, 주권을 어떻게 확고히 고수하느냐에 따라 자주와 민주, 민생, 평화가 담보되고 정상 국가로서 제 역할을 할 수 있느냐가 가늠되기 때문입니다. 나라의 주인인 민을 향해 총부리를 겨누어도 처벌받지 않는다면 그런 상황에서 어떻게 민주주의와 민생 문제가 해결되겠습니까? 또 주권을 행사하지 못해 외세의 침략과 침탈을 받는 조건이라면 한국 사회의 제반 개혁이 불가능한데, 거기서 무슨 해결책이 나올 수 있겠습니까?

그렇다면 내란 세력 청산과 주권 고수를 확고한 정치적 입장으로 견지하면서 풀어가는 방향으로 나가야 할 것인데, 현시기 한국 사회의 모습은 전혀 그렇지 못하고 있습니다. '되는 것도 없고, 안 되는 것도 없는' 기묘한 상황에 처해 있습니다.

내란 청산 과정을 보면, 우선 내란 수괴 윤석열은 조사에 응하지 않고 재판정에 출석도 하지 않고 있습니다. 죄를 지었으면 응당 조사를 받고 법적 처벌을 받아야 할 것인데, 법 자체를 깡그리 무시하는 행위가 용인되고 있습니다. 더구나 내란 범죄 행위를 처벌하고자 하는데, 도리어 내란 범죄를 옹호하는 행위가 공공연히, 그것도 제2정당인 국민의힘 의원들에 의해 버젓이 벌어지고 있습니다. 죄를 지어도 견강부회하고 나오면 처벌받지 않을 수 있다는 식인데, 그리되면 사회 질서의 근간은 무너지고 말 것입니다.

게다가 재판부라면 내란 범죄 행위가 다시는 발생하지 못하도록 법을 엄히 적용해야 할 것입니다. 그런데 일부 재판부는 사법부의 독립과 인권을 내세워 내란 범죄 행위를 개인 간의 권리 다툼인 양 변질시켜 처리하려 들고 있습니다. 이것은 사법부가 왜 존재하는지 그 이유도 이해하지 못하게 만들고 있습니다. 사법부의 필요성은 권력자의 눈치를 보지 않고 나라의 주인인 민의 권리를 보장하고 지키는 데에 있지, 민을 지배하고 억압하려는 자의 행위를 정당화시켜 주기위해 존재하는 것이 아니기 때문입니다. 민을 억압하고 지배하려는 주장과 행위는 그 누구의 권리로 될 수 없고, 인권으로 포장될 수도 없습니다. 도리어 민주주의와 인권을 지키자면 그런 주장과 행위 자체를 허용하지 말고 엄격히 금지해야 합니다. 그런데 이런 기본적인 인식조차 없이 내란 범죄자들의 행위를 그 무슨 개인의 권리 다툼 문제로 변질시켜 제대로 처벌하지 않는다면 그런 재판부, 사법부가 무슨 필요가 있단 말입니까?

이렇게 내란 수괴가 법적 절차를 외면하고, 내란 범죄를 옹호하는 세력이 버젓이 거리에서 활개 치는데도, 재판부가 엄정한 처벌에 나서지 않으니, 이들 세력의 청산이 지지부진한 채 제대로 해결되지 못하고 있는 것입니다.

주권을 고수하는 문제도 이와 별반 다르지 않습니다. 한국은 미국과의 불평등한 협정과 조약 때문에 주권을 제대로 행사하지 못하고 있습니다. 그 때문에 한국 사회를 참답게 개혁할 수도 없었습니다. 그런데도 매국노들은 한사코 한미동맹이라는 미명하에 미국의 지배를 수용해야 한다고 주장해 왔습니다. 이런 현상이 계속 통용되어서는 민주주의는 물론 민생 문제도 해결할 수 없습니다. 진정한 동맹관계는 주권을 행사할 수 있는 속에서 맺어져야지, 그렇지 못한 조건에서의 동맹은 사실상 식민 지배나 하등 다름없기 때문입니다.

이것은 트럼프가 공공연하게 주권 침해와 훼손, 경제적 약탈과 수탈을 자행하고 있는 모습에서 그대로 드러나고 있습니다. 트럼프는 미국의 유일패권 지배 체제를 유지하기 위해 한국에 관세 압박과 방위비 분담금 및 국방비 인상을 비롯해 미국에 3,500억 달러를 직접 투자하도록 강요하고 있습니다. 이런 트럼프의 요구는 미국의 이익을 위해 한국이 일방적으로 희생하라는 것 외에 아무것도 아닙니다.

이런 요구 자체가 말도 안 되는 주장이기도 하지만, 더욱 큰 문제는 이런 미국의 요구를 수용하면 한국은 앞으로 회복 불능의 나라가 될 가능성이 매우 높다는 것입니다. 외환보유액의 80%에 달하는 자금을 직접 투자한다면 한국은 무슨 돈으로 국제 경제 관계와 국내 정책을 풀어갈 수 있겠습니까? 한국 경제는 망조가 들고 말 것입니다. 더욱이 지금 미국의 유일패권 체제가 붕괴되어 가는 국제적 상황을 볼 때, 미국에 의존하는 고리를 끊지 않으면 더더욱 부담이 가중될 가능성이 높습니다.

여기서 미국의 달러와 원화 간의 무제한 통화스와프를 체결한다면 투자를 수용할 것처럼 바라보는 것도 국제 경제의 흐름에 대한 초보적 상식도 없는 이해라 할 수 있습니다. 스와프가 체결되어 원활하게 이뤄지려면 그 기본 전제는 자국 경제가 안정적으로 돌아가야 한다는 것입니다. 자국 경제가 흔들려 화폐가치가 하락해 쓸모없게 된다면, 아무리 통화스와프를 체결했다고 한들 그것이 원활하게 유지될 수 있겠습니까? 더군다나 트럼프의 정책이란 게 동맹국을 약탈, 수탈하고자 하는 것인데, 한국 경제가 안정적으로 돌아가지 못한다면, 트럼프가 한국과 맺은 통화스와프 체결 약속을 계속 지킬 것이라고 어떻게 믿을 수 있겠습니까? 더군다나 트럼프의 행태를 볼 때, 미국과 통화스와프를 체결하면 원화에 대한 간섭과 압력을 가할 것이 뻔해 사실상 통화 주권마저 제대로 행사하지 못하게 될 것입니다. 결국 관건은 미국에 의존할 것이 아니라 한국 자체 발전의 길을 추구해 가야 한다는 것입니다.

이런 상황을 종합해 보면, 미국과의 불평등한 관계를 청산하고 주권을 회복하는 문제는 더는 피할 수 없는 과제라 할 수 있습니다. 다시 말해 미국의 압력에 굴복해 한국이 재생할 수 없는 몰락 과정으로 나아갈 것인지, 아니면 주권을 회복하는 길로 들어서서 미국의 압박을 일시적으로 받겠지만 이를 극복하는 길로 나아갈 것인지의 갈림길에 놓인 상황에서, 선택의 여지 없이 후자의 길로 가야만 한다는 것입니다. 그래야만 경제도 살리면서 한국 사회를 참답게 개혁하여 민주주의와 민생 문제를 해결할 수 있는 길이 열린다는 것입니다.

이처럼 지금 한국 사회는 내란 범죄의 청산이 지지부진하고 주권 회복의 길이 고착화되는 상황에서, 이를 타개하자면 정치적 결단이 필요합니다. 그 이유는 정치라는 속성에서 기인합니다. 정치는 사람을 조절 통제하고 지휘하는 기능을 갖습니다. 그 때문에 민이 주인답게 삶을 살아가자면 정치적 권리를 누리고 살아야 합니다. 그래서 정치 지도자라고 한다면 민의 정치적 권리를 보장하면서 민의 생명과 재산, 권리를 지키는 문제는 물론, 나라와 민족의 운명 문제를 놓고 어떻게 풀어갈 것인지 심사숙고하고 정치적 결단을 내릴 줄 알아야 합니다. 그렇지 못할 것 같으면 지도자의 자리를 내놓아야 합니다. 그런 결단도 못 내릴 것 같으면 정치 지도자로서 행세해서는 안 될 사람이기 때문입니다.

물론 여기서 정치적 결단이라는 것은 윤석열처럼 자기 권력을 유지하기 위해 내란 범죄를 저지른 것 같은 행위를 두고 말하는 것은 아닙니다. 윤석열의 내란 행위는 나라의 주인인 민의 정치적 권리를 부정하고 민을 억압, 지배하려는 범죄일 뿐입니다. 다른 사람의 권리를 부정하고 억압하려는 행위는 어떤 경우에도 정당화될 수 없습니다. 그것 자체가 인권의 유린이자 민주주의의 파괴입니다. 그래서 정치적 결단은 자기 사욕을 챙기기 위해서가 아니라, 나라의 주인인 민의 운명, 나라와 민족의 운명을 가르는 중대사를 해결하는 데서 어떻게 풀어가는 것이 운명 개척에 이바지할 것인가를 놓고 판단하는 것입니다. 바로 여기서 내란 세력을 완전히 청산하느냐, 미국과의 불평등한 협정과 조약을 파기하고 주권을 회복하느냐는 민의 운명과 나라와 민족의 진로를 좌우하는 중대사라고 할 수 있습니다. 그 때문에 민의 삶과 나라와 민족의 미래를 진지하게 고민하는 정치 지도자라고 한다면 내란 세력 청산과 주권 회복의 길에 민과 함께 자신의 정치적 생명을 거는 결단을 내려야 합니다.

정치적 결단을 내리는 데에 있어서 내란 세력 청산과 주권 회복의 문제를 다 같이 풀어가야 합니다. 그래야 하는 이유는 내란 세력 청산과 주권 회복 문제가 상호 밀접히 연관되어 있기 때문입니다. 이것은 내란 범죄의 발생 근원이 주권을 제대로 행사하지 못한 데에 기인했다는 측면만이 아니라, 내란 청산을 반대하는 세력들이 미국을 옹호하며 사실상 주권 회복을 방해하고 나오는 모습에서도 확인됩니다. 내란을 옹호하는 세력들은 일제 식민 시기에 친일 매국노가 일장기를 들고 나섰던 것처럼 미국의 성조기를 들고나왔습니다. 게다가 한국 사람이라면 트럼프의 경제적 침탈과 주권 훼손 행위에 대해 반대하고 나와야 하건만, 도리어 이재명 정권부터 공격하고 나왔습니다. 한마디로 말해 미국의 앞잡이 역할을 하면서 주권의 고수·회복을 방해하는 매국 세력과 내란 범죄 세력은 사실상 한통속이라는 것입니다.

이렇게 내란 세력과 매국 세력이 사실상 한 몸처럼 움직인 조건에서 내란 세력 청산과 주권 회복의 문제는 상호 연관시켜 풀어가야 합니다. 내란 세력 청산 따로 있고, 주권 회복 문제 따로 있는 것처럼 풀려고 해서는 해결되지 않는다는 것입니다. 이것은 간단히 이치로 설명됩니다. 주권을 회복하지 못하면 미국의 식민 지배를 받으며 간섭과 압력을 받게 될 것인데, 여기서 미국은 자신들의 이익 추구를 위해 미국의 앞잡이 역할을 하는 매국노들이 필요할 것입니다. 그렇다면 미국이 한국의 내란 세력 청산에 대해 그대로 지켜보기만 하고 있겠습니까? 당연히 그렇게 하지 못하도록 나올 것은 불을 보듯 뻔할 것입니다. 실질적인 주권 회복의 길로 나아가지 않는다면 내란 세력의 완전한 청산은 사실상 불가능하게 된다는 것입니다.

내란 세력 청산과 주권 회복의 문제를 서로 밀접히 연계시켜 처리해야 하는 이유는, 또한 이들의 반발 세력이 어느 한 부분에 치우쳐 있지 않고 상호 연계되어 입법, 사법, 행정, 언론 등 사회 전 부분에 걸쳐 형성되어 있기 때문이기도 합니다. 이렇게 전 사회적 영역에 퍼져 있는 조건에서 어떻게 한 부분만 처리한다고 해서 해결될 수 있겠습니까? 전 사회적 부분을 정화하고 인적 청산을 전개하는 방향으로 나가야 할 것입니다.

그럼 내란 세력 청산과 주권 회복의 문제를 서로 연계시켜 해결하겠다는 정치적 결단을 내렸다고 한다면, 이를 어떻게 풀어가야 하겠습니까? 실상 이재명 대통령은 내란의 진실 규명과 책임 추궁은 민주공화국의 본질적 가치라고 강조했습니다. 또 미국과 협상하는 데서도 어떤 이면 합의도 하지 않을 것이며, 대한민국의 국익에 반하는 결정은 절대 하지 않고, 민의 이익에 도움이 되지 않는 합의에는 서명하지 않을 것이라고 밝혔습니다. 이를 보면 이재명 대통령은 일정하게 내란 세력 청산과 주권을 고수하려는 의지가 있다고 볼 수 있을 것입니다.

하지만 그런 의지가 정말로 있다고 한다면 확고한 정책적 입장으로 표출되어야 합니다. 말로만으로 그쳐서는 아무것도 할 수 없습니다. 내란 세력 청산과 주권 회복을 실질적으로 이룩하려는 진짜 의지를 보여주어야 한다는 것입니다. 그래야 그 진정성을 믿을 수 있습니다.

그러면 그 진정성은 어디에서 표출될 수 있을까요? 그것은 무엇보다 대통령의 인사권을 제대로 행사하는 것입니다. 대통령이 내란 세력을 철저히 청산하고 주권을 고수하는 길로 나아가겠다는데, 그 길로 적극 움직이지 않는 자가 있다면 과감히 인사권을 행사해 잘라내야 한다는 것입니다. 대통령의 의지가 확고한데, 그 말을 따르지 않겠다고 한다면 그런 장차관과 고위직 공무원을 계속 등용해야 할 이유가 어디에 있단 말입니까?

지금 한국 사회에서 내란 세력 청산과 주권 회복의 요구가 절대적 지지를 받고 있음에도 얼마 되지도 않는 세력들이 카르텔을 형성해 사회 전 부분에서 반항해 나서고 있습니다. 이것은 한국 사회가 식민지매국사회로서 외세와 매국노가 오랫동안 주인 행세하고 있었기에 발생하는 현상입니다. 그래서 이를 해결하는 길은 철저히 인적 청산을 단행하는 것입니다.

그런데 인적 청산을 하는 데에서 우선적으로 요구되는 것은 국가기관에서 자리를 차고앉아 방해하는 세력입니다. 그 때문에 대통령은 인사권을 행사해서 이들 세력을 청산하겠다는 의지를 단호히 보여주어야 합니다. 대통령에 의해 임명된 장차관들 또한 그런 대통령의 뜻을 반영하여 내란 세력 청산과 주권 회복을 방해하는 세력을 축출하여야 합니다.

단적으로 검찰이나 국방부 등 핵심 부처가 내란 세력 청산을 방해하고 나온다면 인사권을 발동해 옷을 벗게 만들어야 합니다. 그런 의지를 갖지 않는 인사가 장차관 자리에 앉아 있다면 지금이라도 단호히 인사권을 행사해 교체해야 한다는 것입니다.

마찬가지 이치로 미국과 협상하는 데 있어서 대통령이 한국의 국익을 지키려고 하는데, 그렇지 않고 정보도 투명하게 공개하지 않으면서 잘못된 방식으로 협상해 나간다면 협상단부터 단호히 교체해야 합니다. 그뿐 아니라 미국과 협상하면서 주권을 고수하며 국익을 지키자면 외교부는 물론이고 통상과 경제 부처, 국방부 등도 다각적으로 대비해야 할 것입니다. 그런데 그런 준비를 제대로 하지 않는다면 미국의 간섭과 압력을 어떻게 극복할 수 있겠습니까? 그 때문에 이재명 대통령이 진정 한국의 국익을 위하고 민의 이익을 저버리지 않는 협상을 전개하려고 한다면, 이에 적극 대처하지 않는 장차관이나 고위직 공무원부터 인사 조치하라는 것입니다. 그렇지 않으면 대통령의 뜻은 빈말에 지나지 않는다는 것입니다.

그런데 이런 길로 나아간다면 내란 세력과 매국노들의 조직적 반발은 물론이고, 미국의 간섭과 압력 또한 가중될 것입니다. 하지만 외세의 앞잡이 역할을 하는 매국노들을 청산하지 않고서 어떻게 외세의 침략과 침탈에서 벗어나 주권을 고수하는 게 가능하겠느냐는 것입니다. 그 때문에 정치적 결단을 내리고 민과 함께 정치적 생명을 걸어야 한다고 말하는 것입니다.

물론 대통령이 인사권을 제대로 행사한다고 해도 모든 문제가 다 해결될 수는 없습니다. 하지만 행정부에서만큼은 기강이 확립될 수 있습니다. 그뿐 아니라 그런 분위기의 여세를 몰아서 내란 범죄 세력과 주권 회복을 방해하는 매국노를 법적으로 처벌할 수 있는 제도적 장치를 마련할 수 있습니다. 실질적인 해결의 길로 나아갈 수 있다는 것입니다.

현재 내란 세력을 철저히 응징하지 못하는 이유는 이들을 처벌할 수 있는 법이 미미하기 때문입니다. 내란 수괴가 법을 유린해도 어찌하지 못하고, 공범과 동조 세력도 처벌하지 못하는 조건에서 그 무엇을 근거로 내란 세력을 철저히 청산할 수 있겠습니까? 그래서 내란 범죄의 가담자와 공범을 철저히 수사하고 처벌할 수 있도록 미비한 부분을 보완하여 내란특별법을 새롭게 제정해야 합니다. 마찬가지로 주권을 회복하자면 외세의 앞잡이 역할을 하는 매국노들을 단죄할 수 있도록 매국노처벌법 내지는 애국법을 필연코 제정해야 합니다.

내란특별법과 매국노처벌법, 애국법의 제정은 독재정치를 실시하기 위해서가 아닙니다. 도리어 민주주의와 인권, 주권을 보호하기 위한 최소한의 장치입니다. 민을 억압하고 지배하려는 주장과 행동이 용인되거나 주권을 회복하지 못해 외세의 간섭과 지배를 받는 조건에서 어떻게 민주주의가 지켜지겠으며 인권이 보장되겠습니까?

내란특별법과 매국노처벌법, 애국법의 제정은 지금 재판부가 그무슨 사법부의 독립과 인권 보장이라는 미명하에 내란 세력과 매국노들을 철저히 처벌하려고 하지 않는 조건에서 이에 대한 확고한 대책이 될 수 있습니다. 어차피 사법부는 입법된 법을 근거로 해서 판결을 내릴 수밖에 없습니다. 게다가 명백히 내란 범죄와 매국 행위에 대해 엄히 처벌하도록 하는 법을 제정해주었는데도 이에 근거해 판결하지 않고 풀어준다면 그 책임을 물을 수도 있을 것입니다.

이제 한국 사회는 내란 세력 완전 청산과 주권 회복의 길을 거쳐 참담게 개혁하는 길로 나아갈 것인가, 아니면 내란 세력을 단죄하지 못한 채 주권도 회복하지 못하고 미국의 간섭과 지배 아래 회생 불능의 상황으로 갈 것인가의 기로에 처해 있습니다. 여기서 이재명 대통령은 정치적 결단을 내려 한국의 활로를 여는 정치 지도자로 남기를 바랍니다. 만약 이 길로 가지 않는다면 불행한 일이지만……. 그렇다고 해서 문재인 정권처럼 개혁에 실패해 윤석열 같은 반동정권이 집권하게 하는 우를 또다시 범할 수는 없습니다. 그러기에 이재명 대통령이 정치적 결단을 내려 나서주면 좋겠지만, 그렇지 않더라도 이제 한국의 민은 자신의 힘을 믿고 스스로 내란 세력 완전 청산과 주권 회복의 길을 열어젖히기 위해 직접 나서야 합니다.

## 4. 주권 회복과 주권 고수를 위한 애민·애국의 연대·연합체를 구축해야 한다

2025. 6. 9

6·3 대선에서 이재명 후보가 대통령에 당선되었습니다. 이로써 새로 출범하는 이재명 정권은 내란 범죄 청산과 사회 대개혁을 수행해야 할 막중한 임무를 안게 되었습니다. 왜냐하면 이 문제를 어떻게 해결하느냐가 앞으로 한국 사회가 나아갈 향방을 결정해 주기 때문입니다.

지금 한국 사회는 총체적 위기 상황에 처해 있습니다. 이것은 다른 것 따져볼 필요도 없이 세계 최고의 자살률과 저출산율에서 드러납니다. 한마디로 총체적인 방향에서 사회 대개혁을 수행하지 못하면 한국 사회는 더 이상 지탱될 수 없는 구조라는 것입니다. 이런 위기적 상황 앞에서 파국을 앞당긴 것이 바로 윤석열의 내란 범죄입니다. 쉽게 말해 윤석열은 사회 대개혁을 통해 총체적 위기를 돌파하려고 한 것이 아니라, 민의 권리를 짓밟고 억압하는 방식으로 자신의 집권만을 유지하려고 하였던 것입니다. 그 결과로 한국 사회는 사실상 붕괴되기에 이르렀습니다.

이에 맞서 나라의 주인인 민은 들고일어났습니다. 한국 사회의 총체적 위기를 극복하고자 내란 세력 청산과 사회 대개혁의 기치를 들고 떨쳐나선 것입니다. 그 결과로 헌법재판소에서 만장일치로 윤석열을 파면하였습니다. 허나 내란 세력의 반발은 만만치 않았습니다. 민에게 총부리를 겨누어 놓고도 '구국의 결단'이라고 희한한 요설로 저항했고, 내란 세력의 종범과 잔당, 공범들도 여기에 합세하여 행정부, 입법부, 사법부, 언론 등 사회 전반에 걸쳐 조직적으로 방해하고 나왔습니다. 내란 범죄로 인해 치러진 대통령 선거 과정에서도 국민의힘 김문수 후보는 내란 세력과의 단절을 선언하거나 처벌을 요구하기는커녕 그들과의 정치적 결별조차 분명히 하지 않았습니다.

이런 상황이라면 새로 등장한 이재명 정부는 무엇부터 가장 먼저 처리해야 하겠습니까? 그것은 내란 범죄 세력의 일당을 모조리 청산하는 것입니다. 왜냐하면 제반 내란 세력을 얼마나 철저히 청산하느냐, 못 하느냐가 한국 사회의 총체적 위기를 극복하여 대개혁을 수행할 수 있느냐를 가르는 첫 단추가 되기 때문입니다.

사회의 기강이 무너진 조건에서는 어떤 개혁도 추진할 수 없습니다. 존재하는 법도 제대로 집행하지 못하는 조건에서 무슨 일을 할 수 있겠느냐는 것입니다. 이런 조건에서는 정의는 실종되고 사회는 혼란과 갈등에서 벗어날 수 없습니다. 그 때문에 사회의 기강을 확립하고 정의의 기초를 세우기 위해서라도 반헌법적이고 반국가적인 대역죄를 범한 내란 세력의 청산을 가장 우선적으로 해결해야 합니다.

그러나 형식적이고 부분적인 내란 청산 작업만으로는 사회 대개혁을 성과적으로 완수할 수 없습니다. 왜냐하면 사회적 기강 확립과 정의의 기초가 확고히 세워지게 하자면 그것이 나라와 민족적 단위에서 확고히 확립되어야 하기 때문입니다. 즉 주권 문제를 해결하지 못하면 국가적 차원에서 사회적 기강과 정의가 세워질 수 없고, 사회 대개혁도 수행할 수 없다는 것입니다. 한마디로 주권 문제를 해결하지 못하면 내란 범죄의 철저한 청산도 수행할 수 없을 뿐만이 아니라, 사회 대개혁도 실패로 돌아갈 수밖에 없다는 것입니다.

주권 문제는 나라와 민족 단위에서 주권을 행사해야 한다는 당위적 차원에서만 요구되는 것이 아닙니다. 바로 이것이 내란 범죄 청산과 사회 대개혁을 실질적으로 수행할 수 있느냐를 가르는 관건적 문제가 되기 때문입니다. 내란 청산과 사회 대개혁을 완수하자면 역량 관계에서 압도적인 사회적·정치적 세력을 형성해야 합니다. 그런데 그 결집의 중심축이 바로 주권 문제를 중심에 놓고 대립 구도를 형성해야만 가능하기 때문입니다.

이 점은 이번 대선 결과가 명확히 보여주고 있습니다. 이번 대선 결과를 보면, 내란 청산과 사회 대개혁을 내걸었던 이재명 후보가 49.42%를 득표했고, 반면에 내란 세력의 공범이라고 할 수 있는 국민의힘 김문수 후보는 41.15%, 개혁신당의 이준석 후보는 8.34%, 그리고 권영국 후보가 0.98%를 얻었습니다.

내란 범죄 때문에 대선이 치러졌는데, 어떻게 내란 세력 청산과 사회 대개혁을 핵심 기치로 내건 후보가 과반도 얻지 못하는 결과가 나왔느냐 하는 것입니다. 상식적인 이치로 볼 때, 내란 세력 청산과 사회 대개혁을 기치로 내건 후보가 과반은 당연하고, 60~70% 이상의 압도적 지지를 얻는 것으로 되어야 마땅할 것입니다. 게다가 내란 세력 청산과 사회 대개혁이라는 대의에 큰 틀에서 동의한다면, 부분적 정책 차이를 이유로 독자 후보로 출마하기보다는 단합을 통해 압도적인 승리를 도모하는 것이 정치적 책임에 부합할 것입니다. 왜냐하면 내란 세력 청산과 사회 대개혁 자체가 저지당하게 되면, 자신들이 주장하는 사회 개혁의 요구 자체가 무의미해지게 되기 때문입니다. 그런데 사회 대개혁에 대한 일부 견해 차이를 이유로 독자 후보로 나왔고, 또 그것을 당연한 정치 행위로 여기는 듯한 현상이 벌어졌습니다.

이런 현상이 벌어진 것은 이번 대선 구도가 내란 청산과 사회 대개혁을 둘러싼 선택의 선거가 아니라, 여야 대결 내지는 진보와 보수 간의 대결 구도인 것처럼 전개되었기 때문입니다. 여야 내지 진보와 보수 간의 대립 구도로서는 잘해 보았자 거의 반반의 형태로 귀결된다는 것은, 지금까지 한국 사회에서 치러졌던 수차례의 선거 결과가 확인해 줍니다. 그 때문에 이런 구도가 되면 대통령 선거는 거의 하나 마나 한 선거가 되어 버립니다. 사실상 거대 양당 세력 중에서 한 쪽이 당선되기 때문입니다.

그러면 분명 이번엔 내란 청산과 사회 대개혁을 기치로 내건 선거였는데도, 왜 기존과 같이 여야 내지 보수와 진보 간의 대립 구도인 양 전선이 형성되었느냐 하는 것입니다. 그것은 실질적인 내란 세력 청산과 사회 대개혁을 완수하느냐, 못 하느냐의 계선이 주권 문제의 해결에 달려 있는데도, 이를 명확히 제기하지 못했기 때문입니다.

한국의 사법 체계에 내란 범죄를 처벌하는 법적 장치가 없는 것도 아닙니다. 또 지금껏 사회 개혁을 주장하는 정치 세력이 나오지 않았던 것도 아닙니다. 실제로 개혁을 표방한 후보가 대통령에 당선된 적도 있었습니다, 하지만 한국 사회는 실질적으로 개혁되지 못했습니다. 그러면 이러한 경험이 반복된 조건에서, 내란 청산과 사회 대개혁을 반드시 완수할 수 있다는 확고한 담보가 제시되지 않는다면, 과연 그 주장을 곧이곧대로 믿을 수 있겠느냐 하는 것입니다. 그 때문에 내란 청산과 사회 대개혁을 내걸었는데도, 여전히 기존처럼 여야 내지 진보와 보수 간의 대결인 양 바라보게 되었다는 것입니다. 물론 여기에서 사회 대개혁을 바라지 않는 기득권 세력이 언론과 방송을 활용해 여전히 여야 내지는, 보수와 진보 간의 대결인 것처럼 의제를 왜곡·설정하고 여론을 몰아갔던 점도 큰 요인이라고 할 수 있습니다.

하지만 중요한 것은, 내란 청산과 사회 대개혁을 이루는 문제는 여야 내지는 진보와 보수라는 진영 간의 대결 구도가 아니라는 점을 명확히 드러내지 못했다는 사실입니다. 그런 대결 구도가 아니라는 점을 자신의 정치적 입장을 통해 명확히 밝혀야 했다는 것입니다. 바로 여기서 그런 대립 구도를 깨고 돌파할 방안이 바로 주권 문제의 해결을 중심으로 정치 지형을 재구성해 가는 것입니다. 왜냐하면 주권을 회복하고 제대로 행사할 수 있어야 내란 청산과 사회 대개혁을 이룩할 수 있고, 주권 문제가 해결되지 않는 한 내란 세력의 철저한 청산과 사회 대개혁을 수행할 수 없기 때문입니다. 그래서 애국과 매국의 대립 구도하에, 주권을 회복하여 제대로 행사할 것인가, 아니면 주권 유린 상태를 방치한 채 또다시 사회 대개혁을 중도에서 좌절시킬 것인가의 문제로 접근했어야 한다는 것입니다. 그래야 지금까지 잘못 형성된 거대 양당 중심의 정치 지형을 바꿔내면서 광범위한 세력을 단합시켜 압도적인 역량을 모아낼 수 있게 된다는 것입니다.

실상 주권을 행사할 수 없는 조건에서 여야 내지, 진보와 보수 간의 대결이라는 것이 무슨 의미가 있겠습니까? 그 때문에 한국 사회의 참다운 개혁을 바라지 않고 반대하는 세력들은 항상 선거 구도를 여야 내지, 보수와 진보 간의 대립 구도로 고착시키려 애써 왔던 것입니다. 그래야만 개혁을 반대하는 반개혁 세력이거나 주권의 회복을 외면하는 매국 세력이라는 정체의 본질을 은폐할 수 있었기 때문입니다. 이렇게 상황이 은폐되니 한국 사회의 본질적 문제가 외면되면서 고만고만한 선거 결과가 나오게 되었던 것입니다.

이런 상황을 타파하자면 반개혁 세력과 매국 세력의 은폐된 행위들을 명확히 들춰내야만 합니다. 그러자면 대립의 구도를 여야나 진보·보수가 아니라 애국과 매국의 구도로 전환해야 합니다. 다시 말해 한국의 주권을 회복하고 제대로 행사하는 길로 나아갈 것인가, 아니면 외세와의 불평등한 조약과 협정에 계속 구애받아 사실상 식민지 노예의 삶을 살 것인가의 문제로 정치 지형을 재편해야 한다는 것입니다. 그래야 지금껏 선거 해보나 마나 이미 그 결과가 사실상 정해져 있는 거대 양당 중심의 정치 지형이 무너지면서, 개혁 세력이 압도적 다수로 결집하여 사회를 대개혁하는 길로 나아갈 수 있다는 것입니다. 그런데 이 구도가 형성되지 못했기에, 이번 선거 역시 여야 내지 진보와 보수 간의 대결인 양 받아들여지고, 그에 따른 필연적 결과가 나타난 것은 어쩌면 너무나 당연했다고 볼 수 있습니다.

여기서 또 한 가지 따져보아야 할 문제는, 민의 정치적 진출을 놓고 선거 때마다 반복되는 단결론의 단일 후보론과 독자적 입장에 따른 독자 후보론의 논쟁입니다. 허나 이 또한 나라의 주인인 민을 중심에 놓고 바라보면 결코 풀 수 없는 문제가 아닙니다. 지금 한국 사회의 본질적 문제를 해결하면서 내란 청산과 사회 대개혁을 이룩하자면, 주권 문제의 해결이 핵심적 과제이기에 이를 중심으로 단합하는 것이 마땅한 정치적 행위라는 것입니다. 그러기에 주권 문제를 누구도 제기하지 않고 외면한다면, 이를 분명히 제기하고 그 기치를 확고히 들고 나서야 할 것이고, 이미 이를 견지하는 세력이 있다면 개혁에 대한 일정한 입장 차이가 있다손 치더라도 연대 연합을 이뤄 단일 후보를 세우는 방향으로 나아가는 것이 당연한 이치라는 것입니다.

이것은 진보적 주장을 접으라는 뜻이 아니라, 주권 문제만큼은 모든 개혁 세력이 연대 연합할 수 있는 공통의 토대가 되기에, 여기에 힘을 합쳐 단일 후보를 세우기 위해 우선적으로 노력해야 한다는 것입니다. 주권 문제가 해결되어야 보수적 주장이든, 진보적 주장이든 그 실현이 가능하기 때문입니다. 그런데 주권 문제를 외면한 채, 사회 대개혁에 대한 부분적 차이를 내세워 독자 후보의 길로 나아간다면 이를 어떻게 봐야 하겠습니까? 바로 이것이 민의 단합을 방해하는 분파적 행위가 아니고 뭐겠습니까? 그러니 이런 분파적 행위로 말미암아 한국 사회가 주권 문제를 해결하는 방향으로 나아가게 하기보다는, 여전히 여야 내지 진보와 보수 간의 대결 구도인 양 바라보게 하는 데 일조하는 결과를 낳고, 사실상 본의 아니게 한국 사회의 대개혁을 가로막는 행위가 되고 마는 것입니다.

이번 대선의 선거 결과가 보여주듯, 여야 내지는 진보와 보수 간의 대립 구도로 전개되는 한 한국 사회를 근본적으로 개혁할 수 있는 압도적 역량을 결코 구축할 수 없습니다. 이를 극복하자면 개혁을 구조적으로 가로막아 온 거대 양당 중심의 정치 체제를 바꿔내야만 합니다. 그 방안의 핵심은 애국과 매국의 문제, 다시 말해 주권을 회복·고수하는 길로 나아갈 것인가, 아니면 주권 유린 상태를 방치할 것인가의 문제로 접근하는 것입니다. 이 구도로 정치 지형을 재편할 때에만 여야, 진보·보수를 넘어서는 광범위한 연대가 가능해지고, 단연코 압도적인 정치 역량을 구축할 수 있습니다.

이런 점에서 이번 대선 결과의 교훈을 받아들여 주권 문제를 해결할 것인가, 말 것인가의 문제를 중심으로 한국 사회의 정치 지형을 재정립해야 합니다. 그래서 주권 회복과 주권 고수를 위한 애민·애국의 연대 연합체를 구축해야 합니다. 바로 이 과제의 해결이 내란 청산과 사회 대개혁을 완수할 수 있는 핵심적 사안이 된다는 것입니다. 그래서 이를 실현하려고 노력했을 때 압도적인 역량을 형성할 수 있고, 이재명 정권이 짊어진 역사적 과제인 내란 청산과 사회 대개혁을 성공적으로 완수할 수 있는 실질적 담보가 마련된다는 것입니다.

이제는 내란 청산과 사회 대개혁이 이루어지기를 기대하며 관망할 단계가 아닙니다. 지금이야말로 참다운 민의 정치 세력으로서의 등장을 준비하며 자기 깃발을 내걸고 나아가야 할 시점입니다. 그 출발점이 주권 회복과 주권 고수를 목표로 한 애민·애국의 연대·연합체를 구축하는 것입니다. 이 길로 나아갈 때, 비로소 여야나 진보와 보수의 대결이라는 허위의 틀에서 벗어나, 민 스스로의 발길로 정치 세력을 형성할 수 있고, 한국 사회의 대개혁을 실질적으로 추진할 수 있게 될 것입니다.

## 5. 애민시대의 흐름에 맞게 민을 중심에 두고 주권 확립의 기준 잣대부터 확립해야 한다

2025. 9. 1.

윤석열의 내란 범죄 이후 한국 사회에서는 내란 세력을 청산하고 사회 대개혁을 추진해야 한다는 일정한 합의가 이루어졌습니다. 아울러 사회 대개혁을 성공시키자면 무엇보다 주권부터 찾아야 한다는 사회적 공감대도 자연스럽게 형성되었습니다. 윤석열이 내란 범죄를 저지르게 된 근본 요인이 주권을 제대로 행사하지 못하는 데에 있었기에, 이를 해결하지 못하면 언제 또다시 내란 범죄가 일어날 가능성이 존재하기 때문입니다. 그뿐만 아니라 주권을 제대로 행사하지 못하면 사회 대개혁은 물 건너가면서 민이 주인의 권리를 누리기는커녕 민생도, 평화도, 조국통일도 불가능하게 됩니다. 그래서 내란 세력 청산과 사회 대개혁, 주권 회복은 한국 사회가 지금 당장 해결해 가야 하는 당면 과제로 자리 잡았습니다.

그런데 어찌 된 일인지, 이재명 정부가 등장한 지 90일도 채 지나지 않은 시점에서, 벌써 이상야릇한 현상이 발생하고 있습니다. 내란 범죄의 공범인 국민의힘을 위헌 정당으로 해산시키려고 하지는 않고 협치를 위해 대화를 해야 한다고 말하고, 또 주권 회복을 위해 불평등한 협정과 조약을 바로잡으려고 하기보다는 한미동맹을 강화해야 한다는 등의 얘기가 계속 흘러나오고 있습니다. 그 결과 한미 정상회담에서 트럼프의 압력에 사실상 굴복해 놓고도 선방했다는 식의 주장까지 등장하고 있습니다. 또 검찰개혁을 놓고도 그것을 참답게 실현하기 위한 전제조건부터 해결하는 게 가장 중요한 것일 터인데, 이것은 외면되고 검찰청의 폐지나 수사권과 기소권의 분리 같은 기능적인 측면만 놓고 얘기하고 있으니, 과연 검찰개혁이 제대로 될 것인지 의

문마저 일게 하고 있습니다.

이런 현상이 발생하는 이유는 어떻게 해야 사회 개혁이 가능하고, 민이 주인의 권리를 누릴 수 있는지 그 기준 잣대가 명확하게 확립되지 못하고 있기 때문입니다. 세상을 바라보는 데 있어서 여러 관점이 존재할 수 있고, 각자 자신의 관점에 따라 자유롭게 의견을 펼칠 수 있습니다. 하지만 여기에서 단 하나의 관점과 주장만은 허용되어서는 안 됩니다. 다른 사람을 억압하고 짓밟으려는 관점과 주장만은 용납되어서는 안 된다는 것입니다. 이것은 자유를 지키자면 남의 자유를 억압할 자유를 허용해서는 안 된다는 이치에서 비롯됩니다. 그 때문에 남의 자유를 억압하고 짓밟으려 하면, 그때로부터 그들은 자유의 파괴자이자 사회의 암적 존재로 됩니다. 그래서 이들을 응징하지 못하면 사회는 붕괴되고 민주주의는 무너질 수밖에 없다는 것입니다.

더욱이 지금 시기는 나라의 주인인 민이 개성을 가진 존재로서 집단을 구성하여 나라와 민족 단위로 살아가고 있기에, 이 모든 영역에서 주인의 권리를 누리고 살아야 하는 애민시대입니다. 그래서 애민시대에서는 그 누가 대신해 주거나 시혜를 베풀어 주는 방식으로 되어서는 안 되고, 민이 주인의 권리를 직접 누리고 행사하는 방식으로 되어야 합니다. 따라서 애민시대에서는 자주, 민주, 통일의 원칙을 견지함과 함께 일치와 입체, 통일의 방법론을 통해 풀어가야 합니다.

개인과 집단, 나라와 민족 단위의 모든 부분에서 주인의 권리를 누리자면 이를 보장하는 자주의 원칙이, 또 이를 실현하기 위한 제도와 질서 체계가 수립되어야 하기에 민주의 원칙이, 그리고 민의 정치적 역량이 확고하게 담보되어야 하기에 통일의 원칙이 견지되어야 하기 때문입니다. 아울러 개인과 집단, 나라와 민족 단위의 모든 부분이 서로 모순되거나 혼란됨이 없이 주인의 권리를 누릴 수 있도록 실현하자면 일치와 입체, 통일의 방법론으로 풀어가야 하기 때문입니다.

그런데 이렇게 풀어가자면 그리할 수 있는 조건부터 먼저 철저히 조성해 가야 합니다. 바로 여기서 다른 사람의 권리를 침해하려는 주장과 행위는 엄금되어야 한다는 것입니다. 그뿐만 아니라 어떠한 경우이든 주권부터 되찾고 제대로 행사해야 합니다. 주권을 되찾지 못하면 개인과 집단, 나라와 민족 단위의 권리 실현은 고사하고 그 어떤 것도 불가능하게 되기 때문입니다. 그래서 이 두 가지 원칙만큼은 애민시대에 맞게 사회를 개척하기 위한 전제조건이 되니만큼 확고한 입장으로 견지되어야 합니다.

그렇다면 이런 입장에서 내란 세력과 주권 문제, 검찰개혁을 바라보아야 할 것입니다. 그런데 이런 각도에서 바라보지 않는다는 것입니다.

물론 국민통합을 이루기 위해 협치하고 대화하자는 주장 자체가 잘못된 것은 아닙니다. 하지만 통합과 협치, 대화가 성립하자면 그리할 수 있는 조건이 맞아야 합니다. 애초에 통합의 대상이 될 수도 없고, 협치와 대화의 상대가 될 수 없는 세력과 무조건 대화하자고 하면 그것 자체가 사회 정의 실현을 방기하거나 사회 혼란을 가져오게 한다는 것입니다.

협치와 대화의 상대자가 될 수 있으려면 최소한 다른 상대방의 권리를 인정해야 합니다. 그런데 상대의 권리를 인정하지 않고 짓밟으려고 한다면 거기서 어떻게 대화가 가능하겠으며 협치가 이뤄질 수 있겠습니까? 여기서 상대방의 권리라는 것은, 자기가 소중하면 남도 소중하고, 그래서 자기의 기본적 권리가 보장되어야 한다면 당연히 타인의 기본적 권리도 보장되어야 한다는 의미입니다. 즉 상대방이 타인의 권리를 침해하는 주장을 펼쳤을 때조차 대화의 상대방이므로 존중되어야 한다는 의미가 아니라는 것입니다.

그런 식의 논리라면 강도가 집에 침입해서 귀중품을 내놓으라고 하는 행위도 상대방의 주장이니 대화 상대로 인정하고 합의를 도출하기 위해 노력해야 한다는 말이 될 것입니다. 이리된다면 정의는 사라지고 도리어 힘 있는 놈이 무조건 강도 같은 요구를 내세워 강탈을 합리화할 수 있게 될 것입니다. 이것이야말로 약육강식의 동물 같은 사회로 전락시키는 행위가 아니고 무엇이겠습니까?

더욱이 국민의힘이 주장하는 내용을 보면 내란 범죄를 합리화하는 것입니다. 나라의 주인인 민을 억압하고 짓밟아도 된다는 식의 주장입니다. 만약 이들의 주장이 용인되면 결국 민은 이들의 지배와 억압을 받고 살아야만 할 것입니다. 그런데 어떻게 이런 주장을 펼치는 자들을 협치의 상대로 인정하며 대화할 수 있겠느냐는 것입니다.

그런데도 대화하는 것이 필요하다고 계속 주장한다면, 그것은 나라의 주인인 민을 실질적으로는 나라의 주인으로 보지 않기 때문이라고 판단할 수밖에 없습니다. 한마디로 민을 통치의 대상으로만 바라보니, 그들의 사고방식에서는 주제인 민이 존재하지 않는다는 것입니다. 그래서 강도 같은 주장을 펼친다고 해도, 어차피 통치하는 세력의 한편이니만큼 끼리끼리 해 처먹기 위해 그들을 한편의 협상 상대자로 인정하며 대화하고 협치하겠다는 사고방식이 나온다는 것입니다. 왜냐하면 이것 말고는 민을 짓밟겠다고 주장하고 나온 자들을 어떻게 감히 대화의 상대자로 인정하겠다는 것인지 도무지 달리 설명할 길이 없기 때문입니다. 나라의 주인이 민인데, 그 민을 총칼로 짓밟는 행위가 정당하다고 주장하고 나오는데 어떻게 대화가 가능하다고 보는지 도무지 납득되지 않는다는 것입니다. 실상 통합과 협치도 민의 단결된 역량을 확대·강화할 필요성에 의해서 제기된 것이라고 볼 수 있습니다. 민의 힘은 다른 무엇이 아닌 통일, 단결력에서 나오기 때문입니다. 그런데 통합과 협치를 어떻게 민의 권리를 침해하는 행위를 정당화하는 수단으로 이용하게 할 수 있단 말입니까?

나라의 주인이 민이기에 민을 중심으로 사고하고 판단해야 하는데, 그렇지 않고 통치 세력인 정치권을 중심으로 바라보는 사고방식은 검찰개혁의 논의 과정에서도 드러나고 있습니다.

민을 중심으로 놓고 검찰개혁을 추진한다면 검찰이 어떻게 민에게 참답게 복무하게 할 것인지부터 먼저 고민해야 할 것입니다. 그런데 이런 문제의식은 쏙 빠져버리고 검찰청 폐지, 수사권과 기소권의 분리 같은 기능적·조직적 측면만 주되게 언급하며 다루고 있습니다.

물론 검찰청의 위상을 어떻게 설정할 것인지, 수사권과 기소권을 어떻게 처리할 것인지의 문제가 중요하지 않다는 것은 아닙니다. 하지만 이 문제는 주되게 법 집행의 처리 과정과 관련되어 있습니다. 게다가 법을 집행하는 검찰은 어떤 사회에서나 필수적으로 요구됩니다. 그렇다면 상식적인 이치로 봐서, 법 집행이 공정하게 이뤄지는 것이 무엇보다 중요하고, 그러면 그리할 수 있는 조건을 마련하는 문제가 급선무로 다뤄져야 할 것입니다. 단적으로 법 자체가 잘못되어 있거나 검찰이 권력자의 눈치를 보는 상황으로 되어 있다면, 검찰이 아무리 민을 위해 복무하려고 해도 그리할 수가 없을 것입니다.

물론 검찰이 그동안 제 역할을 다하지 못했다는 사실을 부정하자는 것이 아닙니다. 하지만 검찰개혁을 제대로 하자면 먼저 검찰이 똑바로 일할 수 있는 환경부터 조성하는 일이 우선적 논의 사항이라는 것입니다. 지금 한국 사회에서 애국 행위는 고무하고 매국 행위는 응징해야 하는데, 도리어 애국 행위는 탄압하고 매국 행위를 용인하는 국가보안법이 존재하고 있습니다. 이런 상황에서 검찰청을 해체하고 수사권과 기소권을 분리한다고 한들 검찰이 제대로 일을 할 수 있을 것이며, 제대로 된 법 집행이 가능하겠느냐는 것입니다. 그렇다면 이런 제반 악법부터 폐지하는 것이 우선이고, 사회적 요구에 맞게 애국법과 조국통일법을 제정하는 것이 급선무로 될 것입니다. 그래야 검찰이 제대로 일할 수 있다는 것입니다.

또 검찰이 권력자의 눈치를 봐야 하는 구조라면, 어떻게 소신을 갖고 일을 처리할 수 있겠습니까? 그렇다면 검찰이 권력자가 아니라 민 앞에 책임을 지도록 하는 (국)민 소환권을 비롯해 검찰청의 독립 방안을 마련해야 할 것입니다. 그런데 이렇게 검찰개혁의 수형에서 성패를 좌우하는 매우 중요한 영역에 대해서는 외면해 버리고 검찰개혁을 논한다면 과연 그게 제대로 된 개혁이 될 수 있겠느냐는 것입니다.(『한국 사회 대개혁을 위한 애민·애국의 담론』, "검수완박만 하면 검찰개혁이 가능할까?" 495~502p 참조)

민의 입장에서 철저히 사고하고 판단하지 못하는 태도는 주권 문제를 대하는 데서도 나타나고 있습니다. 주권 문제는 민이 개인과 집단, 나라와 민족 단위의 모든 부분에서 주인의 권리를 누리고 살아가는 데에 우선적으로 일치되는 지점이고, 그래서 가장 먼저 해결해야 할 과제입니다. 따라서 주권 문제만큼은 그 어떤 경우에도 양보하지 말고 해결하기 위해 노력해야 합니다. 그런데 이재명 대통령은 한미 정상회담을 진행하면서 주권을 확고히 되찾으려고 하지는 않고, 도리어 미국의 압력에 굴복해 한미동맹 현대화, 관세 압박, 방위비 분담금, 국방비 인상안을 사실상 다 수용했으면서도 선방했다고 주장합니다.

그러면 이런 이재명 정권의 모습을 보고 어떻게 판단해야 하겠습니까? 직설적으로 표현하자면 자신이 협상에 임하고 평가해야 하는 기준 자체가 없을 뿐만이 아니라, 트럼프의 강도 같은 협박에 놀아난 어리석은 모습을 보였다고 말하지 않을 수 없습니다.

그러면 트럼프가 만약 1,000조 달러를 요구했을 때 500조 달러로 줄이면 이것 또한 선방이라고 할 것입니까? 트럼프의 요구 자체가 터

무너없다는 것은 상식적인 이해입니다. 게다가 주권 행사는 누구도 부정할 수 없는 정당한 권리입니다. 그렇다면 한국 민의 입장에서 주권 행사는 결코 양보할 수 없기에 이런 각도에서 평가하고 판단해야 할 것입니다. 그런데 이런 기준은 어디 다 가버리고 트럼프의 강도 같은 압박을 조금 줄였으니, 잘된 협상이라고 보는 판단이 어떻게 옳은 태도냐는 것입니다.

물론 주권은 선언이나 희망만으로 회복될 수 없는 사안입니다. 주권을 실질적으로 회복하려면 이를 뒷받침할 힘이 구축되어야 합니다. 하지만 그렇다고 해서 주권 문제를 마냥 뒤로 미루거나 회피할 수는 없습니다. 주권 회복을 목표로 삼는다면 그에 상응하는 역량을 점차 구축해 나가는 방향으로 정책과 전략이 설계되어야 합니다. 미국이 경제, 정치, 군사적 압력을 가해올 것이 분명하기에 이를 이겨낼 수 있는 힘을 구축하려고 노력해야만 한다는 것입니다. 경제적 압력에서 벗어날 수 있는 방책을 준비해야 할 것이고, 군사적 압박에 대해서도 한반도의 전쟁 위험을 차단하며 평화와 안보를 지킬 수 있는 길을 확보해 두어야 하고, 또 미국이 앞잡이 매국노를 내세워 한국의 정치에 개입하려는 시도에 대해서도 철저히 대비해야 할 것입니다.

그런데 이재명 정권은 이를 준비하기는커녕, 도리어 미국의 압력에 굴복할 수밖에 없는 방향으로 나아갔습니다. 미국의 경제적 압박에 대비하기는커녕, 안미경중조차 더는 유지하기 어렵다며 미국에 대한 의존을 전면화하는 태도를 보였습니다. 또 한반도의 평화와 안보를 확보해 미국의 군사적 압박을 완화하기는커녕, 북을 적대로 한 한일·한미일 군사 동맹 강화로 나아가고 있습니다. 아울러 미국의 앞잡이 매국노를 철저히 청산해야만 미국의 정치 개입도 차단할 수 있을 것인데, 반드시 응징해야 할 내란 범죄 옹호 세력과도 대화와 협치를 언급하고 있으니, 이를 보고 어떻게 판단해야 하겠습니까?

이런 판단 착오의 모습이 이재명 정권에서 나타나는 것은, 지금 시대가 어떻게 흘러가고 있는지를 제대로 알지 못하기 때문이라고 볼 수밖에 없습니다. 지금 시기는 사회 역사의 대전환기에 들어선 애민시대입니다. 이제 민은 더 이상 누군가의 시혜를 기다리는 존재가 아니라, 직접 주인의 권리를 누리며 살고자 나서고 있습니다. 다시 말해 지금 시대의 민은 군사독재와 반동정권, 배신정권의 시기를 극복하고 헤쳐나온 사회적 재부를 이어받아, 당당히 개인과 집단, 나라와 민족 단위의 모든 부분에서 주인의 권리를 직접 누리며 행사하려고 나선 애민시대의 사람이라는 것입니다. 그래서 주권 회복을 더 이상 미루지 말고 당장 제대로 행사할 것을 요구하는 것입니다.

그런데 이런 도도한 시대의 흐름을 몰라보고 민을 기만하면서 권좌를 유지하겠다고 한다면 그것이 통용될 수 있겠습니까? 이재명 정부에게 요구하는 것은 분명합니다. 민과 함께하는 길로 방향을 전환하고, 지금까지의 잘못된 정책 기조를 수정하여 나라의 주인인 민을 중심에 놓고 주권 회복의 길로 나아가라는 것입니다. 만약 그렇지 않으면 민의 준엄한 심판을 피할 수 없게 될 것입니다. 돈키호테가 왜 사람들로부터 조롱을 받았겠습니까? 도도한 시대의 흐름을 몰라보고 철 지난 기사도 정신에만 매달려 있었기 때문입니다. 지금 시기는 배신세력과 반동세력이 민을 기만하며 번갈아 권력을 나눠 먹던 시기가 아니라, 사회 역사의 대전환기에 들어선 애민시대라는 것입니다. 그런데 이런 시대적 흐름을 몰라보고 지난날의 배신세력처럼 행동해도 권력이 유지될 것으로 생각한다면 그것은 오산이라는 것입니다.

이제 민은 시대의 흐름에 맞게 주인의 권리를 직접 누리고 행사하기 위해서 들고 일어서야 합니다. 이재명 정권이 민과 함께한다면 바람직하겠지만, 그렇지 않더라도 자신의 길을 가야 합니다. 거듭 강조하지만 지금 시대는 애민시대로서 민이 직접 주인의 권리를 누리고 행사해야 하는 시기입니다. 그래서 자신의 이해와 요구가 국가 정책에 직접 반영되도록 만들어 가야 합니다.

그런데 그렇게 하자면 왜 그래야 하는지 그 정당성부터 확보해야 합니다. 정당성이 확보되지 않으면 민을 짓밟으려는 세력과 협치 운운하는 엉뚱한 주장이 나오거나, 아니면 주권을 훼손당해 놓고도 선방했다는 식의 주장이 난무하게 됩니다. 그러면 이것은 배가 산으로 올라간 격인데, 그리해서 어떻게 민이 주인의 권리를 누리는 세상이 펼쳐질 수 있겠습니까? 그 때문에 이를 해결하자면 사회 역사의 대전환기에 들어선 애민시대의 흐름에 맞게 철두철미 민을 중심에 놓고 사고하고 판단해야 한다는 원칙과 함께, 일차적으로 주권부터 찾아야 한다는 기준 잣대를 확고하게 관철시켜 가야 합니다.

이런 기준 잣대가 확립되면 더욱 많은 사람들이 애민·애국의 기치에 공감하게 될 것이고, 그러면 그 힘을 기초로 애민·애국의 연대·연합이 확고하게 구축될 수 있을 것입니다. 반면에 민의 권리를 짓밟으려는 자들은 단호히 응징되어 점차 사라지게 될 것입니다. 그러면 민은 애민·애국의 연대·연합의 힘으로 마침내 애민시대에 맞게 직접 정권을 장악하는 길로 들어설 수 있게 될 것이고, 결국 그 정권의 힘으로 자주, 민주, 통일의 원칙을 견지하면서 일치, 입체, 통일의 방법론을 통해 개인과 집단, 나라와 민족 단위의 모든 부분에서 주인의 권리를 누리고 사는 애민시대를 확고하게 개척해 나가게 될 것입니다.

**5부**

선거와 민의 선택

# 8장 | 대선과 정치 노선

## 1. 시대의 높이에서 대선 정국을 바라보자!

2025. 5. 26.

대선 국면으로 접어들면서 각 정당은 승리하기 위해 다양한 논리를 제시하고 있습니다. 한편에서는 입법독재, 사법독재를 넘어 삼권독재, 나아가 총통제로 향하고 있다며 이를 저지하기 위해 반이재명 전선을 형성하려고 시도하고 있습니다. 반면에 다른 한편에서는 윤석열의 내란 범죄로 인해 치러지는 대선이라는 점을 부각하면서, 이번 선거를 헌정 수호 세력과 헌정 파괴 세력과의 대결로 규정하고 내란 종식을 통해 '진짜 대한민국'을 세워야 한다고 주장하고 있습니다.

허나 이런 주장만 놓고 보면 도대체 이번 대선의 쟁점이 무엇이고, 또 무엇이 올바른 것인지 판단하기가 쉽지 않습니다. 서로 바라보는 각도가 다른 데다, 겉보기에는 둘 다 그럴듯한 주장으로 보이기 때문입니다. 그 결과 여론 조사의 추이를 봐도, 처음엔 이번 대선이 내란 범죄로 촉발되었다는 점에서 내란 종식을 내세운 쪽이 우세를 보였지만, 시간이 지나면서 격차는 점차 줄어들고 있습니다. 그러면서 어느 한쪽도 압도적인 우세를 점하지 못하고 있습니다.

이러한 상황이 나타나는 근본 이유는, 이번 대선을 바라브는 기준 잣대가 명확히 확립되지 못했기 때문입니다. 무엇을 중심에 두고 판단해야 하는지가 분명하지 않다 보니, 각자의 관점과 기존의 정치 성향에 따라 판단되고, 결국 한국 사회의 정치 지형이 거대 양당제이니만큼 그런 방향으로 여론 추이가 연결되고 있다는 것입니다.

대선 구도가 이렇게 형성된다면, 내란 세력을 청산하고 사회 대개혁을 이루겠다고 하는데, 과연 실질적으로 그런 방향으로 나아갈 수 있을까요? 지금의 대선 정국을 보면 세상을 바꾸겠다는 개혁의 흐름이 압도적으로 형성되어 있지도 않고, 그저 작금의 현실을 인정하는 추세 또한 일정하게 조성되고 있는데, 대선이 끝났을 때 갑자기 사회를 대개혁하는 흐름으로 갈 수 있겠느냐는 것입니다. 이런 현상을 바로잡고 실질적으로 내란 세력 청산과 사회 대개혁을 현실화하자면 대선 정국을 바라보는 관점부터 똑바로 세워야 합니다.

그러면 어떻게 해야 대선의 정국을 바라보는 관점을 똑바로 세울 수 있을까요? 이에 대한 대답은 결국 기준 잣대를 어떻게 세울 것이냐에 달려 있습니다. 왜냐하면 그 기준 잣대를 아무렇게나 세워서도 안 되지만, 설사 세웠다고 하더라도 그것들이 똑같은 무게와 가치를 갖는 것은 아니기 때문입니다. 바로 여기서 모두가 공감할 수 있는 기준 잣대를 제시해야 할 것인데, 그것은 사회와 역사의 주체이자 나라의 주인인 민이 요구하는 시대적 높이라고 할 수 있습니다. 단순히 민이라고 하지 않고 시대의 높이라고 말하는 이유는, 시대의 높이에 따라 사회 역사의 발전 과정이 달라지기 때문입니다. 그래서 시대의 높이에 미치지 못하거나 벗어나는 주장은 시대의 발전에 기여하기는커녕 오히려 해악을 끼치게 된다는 것입니다.

그렇다면 오늘날의 시대적 높이는 무엇일까요? 민이 나라의 주인이라는 원칙 자체는 누구에게나 보편적으로 수용되고 있습니다. 그렇다면 그것이 형식적으로만 인정되는 데에서 멈춰서서는 안 되고 내용으로까지 확보되어야 할 것입니다. 즉 민이 직접적이고 실질적으로 주인의 권리를 행사하고 사는 것으로 되어야 합니다. 단지 투표할 때만 주인으로 호명되는 존재가 아니라, 사회 전반의 삶 영역에서 직접 주인의 권리를 누리고 행사해야 한다는 것입니다.

이런 시대적 높이와 요구로 볼 때 이번 대선 정국에서 제기되는 주장들을 어떻게 파악할 수 있을까요? 먼저 입법독재와 사법독재를 넘어 삼권독재, 총통제로 나아가고 있다는 비판은 형식적인 차원의 시각에서 하나도 벗어나지 못하고 있습니다. '자유와 평등', '민이 나라의 주인'임을 그저 형식적으로만 인정한 것은 이미 군사독재 시기에서도 이루어지고 있었습니다. 그렇지만 군사독재 세력은 입법과 사법, 행정 전반에 걸쳐 무소불위의 권력을 행사했습니다. 그래 놓고 민주주의 사회인 것처럼 기만하기 위해 삼권분립과 상호 견제적 역할이라는 식의 형식적인 측면만 강조했던 것입니다.

하지만 민이 주인의 권리를 직접적이고 실질적으로 누리고 행사해야 한다는 시대적 요구로 놓고 본다면, 입법과 사법, 행정이 서로 따로따로 노는 형식적인 요소가 중요하겠습니까? 그보다는 그 모든 부분이 주인의 권리 실현에 실질적 역할을 할 수 있도록 하는 점이 더 중요하게 다가올 것입니다. 그런데 서로 견제해야 한다는 형식적 원리만 거론하면서 나라의 주인인 민의 권리 실현에 복무하기는커녕, 도리어 자기 특권이자 권한 행사로 착각하며 민을 배신하는 행위를 한다면 어떻게 봐야 하겠습니까? 이런 자들은 입법과 사법, 행정 어느 부분에서든 다 퇴출시켜야 할 것입니다.

이것이 시대적 요구라고 한다면, 이번 윤석열의 내란 범죄는 반헌법적, 반국가적인 대역죄이기에 입법과 사법, 행정부는 즉각 내란 세력 일당을 단호히 법적 처벌하는 대로 나서야 했을 것입니다. 그런데 그렇게 하지 않고 내란 범죄를 옹호, 비호하고, 심지어 민에게 복무하라고 부여한 권한을 자기의 특권인 것처럼 행사해 내란 수괴를 풀어준다면, 이런 자들을 어떻게 봐야 하겠습니까? 이들이야말로 시대적 요구를 정면으로 가로막는 세력으로서 단호히 응징되어야 할 자들이라고 봐야 할 것입니다.

그런데도 입법과 사법, 행정의 형식적 독립만 주구장창 거론하며 이런 행위를 용인하려 한다면, 이것이야말로 시대에 뒤떨어진 주장이라고 볼 수밖에 없을 것입니다. 그래서 이런 주장을 펼치는 자들은 시대에 뒤떨어진 자신들의 한계를 감추기 위해 상대방을 비방, 모략하는 방식의 선거 운동을 진행하는 것입니다. 이렇게 되니 대선 정국이 정책 대결이 아닌 난장판으로 전락되면서, 세상이 더 좋게 바뀔 것이라는 희망 자체를 품지 못하게 되는 것입니다.

한편 내란을 종식시키고 한국 사회를 대개혁하여 '진짜 대한민국'을 세우자는 주장은 지금의 한국 사회를 바꿔야 한다는 점에서 매우 긍정적인 내용을 담고 있다고 볼 수 있습니다. 하지만 이 주장 또한 다른 한편에서 내란 종식과 사회 대개혁의 실질적인 내용 실현에 주안점을 두기보다는 형식적인 구호에 그치고 있는 부분이 여전히 상존하고 있습니다.

내란 종식만 살펴봐도 그렇습니다. 윤석열이 내란 범죄를 일으킨 데에는 분명 사적 욕망과 권력 유지를 위해 민을 억압한 독재적 측면이 존재합니다. 하지만 윤석열의 내란 범죄를 일으키게 된 근원적 원인은 주권을 제대로 행사할 수 없는 상황인데도 이를 고치려고 하지는 않고, 나라와 민족의 안위는 외면 한 채 미국의 압력에 굴복하고 추종해 온 매국 행위에 있었습니다. 그래서 내란 범죄를 정말로 종식시키자고 한다면 독재적 폭력을 행사하려고 했던 측면만이 아니라, 미국의 앞잡이 역할을 했던 매국 행위와 주권을 회복시키려는 부분까지 포함해야 할 것입니다.

이 근원적인 문제까지 해결해야 제반 내란 세력을 청산할 수 있을 것이고, 그래야 내란 범죄의 재발도 막을 수 있을 것입니다. 그런데 이 근원적인 문제를 외면한다면 어떻게 봐야 하겠습니까? 이것이 바로 형식적으로만 접근하는 모습이 아니고 무엇이겠습니까? 내란 범죄의 근원적인 부분까지 해결해야만 하는 이유는, 지금의 시대적 요구가 개인과 집단, 나라와 민족 단위의 모든 부분에서 주인의 권리를 누리고 사는 것이기 때문입니다. 그런데 주권도 제대로 행사하지 못하는 상태라면, 그 모든 부분에서 주인의 권리를 누리고 살 수 없다는 것은 너무도 뻔한 이치이기 때문입니다.

사회 대개혁의 과제도 마찬가지입니다. 지금껏 개혁이라는 단어는 수많이 사용되었습니다. 제기된 분야도 언론개혁, 검찰개혁, 사법개혁, 의료개혁 등에서 보이듯 사회 전반에 걸쳐 있었습니다. 하지만 개혁이라고 하면서 진행되는 양상을 보면 '되는 것도 없고, 안 되는 것도 없는' 방식이었습니다. 그러니 참다운 개혁이 진행될 수 없었습니다.

그러면 왜 이렇게 사회 대개혁이 수많이 주창되었는데도 형식적으로만 진행된 이유가 어디에 있었겠습니까? 그 이유는 지금의 시대적 높이가 민이 직접 개인과 집단, 나라와 민족 단위의 모든 차원에서 주인의 권리를 실질적으로 행사하는 것인데, 이에 어긋나게 대신해 주겠다는 방식으로 진행되었기 때문입니다.

물론 국민주권을 거론하고, 또 (국)민 소환제, (국)민 발안제, (국)민 투표제도 검토하며 도입하겠다고 하니 이것은 매우 진일보한 모습이라고 할 수 있습니다. 하지만 여기에만 그칠 것이 아니라, 사회 대개혁에 대해 민이 직접적이고 전면적으로 참여할 수 있는 길을 열어주어야 한다는 것입니다. 한마디로 지금의 시대적 높이는 그 어떤 사회 부분을 막론하고 그 누가 대신해 주겠다는 방식에서 벗어나야 합니다. 민이 직접 참여해서 실질적으로 주인의 권리를 누리고 행사하도록 하는 방식으로 되어야 한다는 것입니다. 그런데 그렇게 하자면 앞서 강조했듯이 무엇보다 주권부터 찾아야 합니다. 주권을 찾지 못하면 식민지 노예의 처지가 되는데 그런 상황에서 민이 사회의 전 분야에서 주인의 권리를 실질적으로 행사한다는 것은 허망한 소리에 불과하기 때문입니다.

이렇게 지금의 시대적 높이에서 바라보면 대선의 쟁점이 무엇이 되어야 하는지가 분명하게 다가옵니다. 아울러 어떤 세력이 시대적 요구에 미치지 못하는지, 또 어떤 세력은 어느 부분에 제한성이 있는지가 명확하게 드러나게 됩니다. 이런 한계들을 극복하자면 시대적 높이에 맞게 대선의 쟁점을 형성하면서 압도적인 역량을 구축해 가야 합니다.

이런 점에서 이번 대선의 기준 잣대는 형식적인 차원이 아니라 실질적인 내용으로 접근해 내란 세력을 청산하고 사회 대개혁을 이룩하는 것입니다. 그런데 그러기 위해서는 시대적 높이에 맞게 민이 개인과 집단, 나라와 민족 단위의 모든 부분에서 직접적이고 실질적으로 주인의 권리를 누리고 행사하는 방식으로 나아가야 하고, 이를 실현하기 위해서는 우선적으로 주권 문제부터 해결해야 한다는 것입니다. 그래야만 대선 정국의 쟁점이 명확하게 형성되면서 그에 맞게 압도적인 역량을 구축하여 승리를 이룩할 수 있고, 이후 주권을 명실상부하게 회복하면서 내란 세력 청산과 사회 대개혁을 성공적으로 추진할 수 있는 길이 열리게 된다는 것입니다.

## 2. 21대 대선에서 주권 문제 해결을 공약하는 단일 후보를 내세우자

2025. 4. 28.

윤석열이 반헌법적, 반국가적 내란 범죄를 일으킴으로써 21대 대선이 전개되고 있습니다. 하지만 내란 범죄의 수괴와 종범, 잔당, 공범들이 제대로 처벌되지 않고 대선이 진행됨으로써, 대선 이후의 한국 사회의 향방도 전혀 제시되지 못하고 있을 뿐만이 아니라, 여전히 갈등과 혼란 상황에 직면하게 될 것임을 보여주고 있습니다.

상식적인 이치로 볼 때, 내란 범죄에 의해 헌정 질서가 붕괴되고 사회적 갈등과 혼란이 이뤄졌다면, 이것부터 바로잡고 대선이 실시되어야 할 것입니다. 그래야 내란 범죄 청산을 기초로 이런 일이 재발하지 않도록 그 근원적인 문제까지 해결하면서, 한국 사회를 대개혁하는 방향으로 나아갈 수 있을 것입니다.

그런데 내란 범죄자들마저 제대로 처벌하지 못한 상황에서, 그것도 내란을 옹호하며 사실상 공범 역할을 자임한 세력까지 대선 후보를 선출하는 마당에, 이후에 내란범들을 어떻게 제대로 처벌할 수 있겠습니까? 이렇게 내란범들마저 제대로 처벌하지 못한 상황이라면 사회적 혼란과 갈등을 겪지 않을 방법이 있겠느냐 하는 것입니다.

실타래가 헝클어져 있으면 그 실타래를 풀 수 있는 구도부터 먼저 확립하면서 그 해결 방향을 제시해야 할 것입니다. 그런데 어떻게 해결할 것인지 대답하지 않고 외면한다면 어떻게 풀 수 있는 길이 열리겠느냐 하는 것입니다.

헝클어진 실타래를 풀려고 하지 않고 외면하고 있는 모습은 현재의 대선 구도가 어떻게 전개되고 있는가를 보면 알 수 있습니다. 한마디로 대선 구도가 잘못 형성되어 가고 있다는 것입니다. 국민의힘은 내란 공범임을 자임해 놓고도 전혀 반성하지 않고 반이저명의 기치를 내걸고 대선 후보를 선출하고 있습니다. 그것도 국민의힘 내부만이 아니라 이른바 빅텐트를 내세워 반이재명 기치에 동의만 하면 누구와도 연합하겠다는 태도로 나오고 있습니다. 반면에 더불어민주당의 대선 후보로 선출된 이재명은 국민 통합과 새로운 대한긴국이라는 야무진 꿈을 제시하고 있습니다. 또 다른 일부 세력은 평등 사회나 진보 정책을 전면에 내세우고 있습니다.

이런 대선 구도에서 과연 내란 범죄를 실질적으로 해결할 수 있는 길이 열릴 수 있겠습니까? 한쪽에서는 내란 범죄를 적극 옹호해 온 세력이 아무런 제재도 받지 않고 대선에 참여하고 있고, 다른 한쪽에서는 내란 세력을 단호히 청산하지 못한 채 단지 자신들이 바라고 있는 꿈과 전망만을 제시하고 있는 모습입니다. 이런 조건에서 어떻게 사회적 갈등과 혼란을 해결할 수 있는 길이 열리겠느냐 하는 것입니다.

아무리 급하다고 하더라도 바늘허리에 실을 꿰어 쓸 수는 없습니다. 사회 통합, 부강한 나라, 진보적 정책을 제시하고 시행하려고 해도 반헌법적, 반국가적 행위가 벌어지지 못하도록 한 다음에야 그게 가능하지, 내란과 같은 중대 범죄 행위조차 단죄하지 못하고 이를 방해하려는 세력이 준동하는 조건에서 어떻게 그런 꿈이 실현 가능하겠느냐는 것입니다. 그 때문에 이런 대선 구도로서는 위대한 대한민국의 건설은커녕 갈등과 혼란 상황에서 결코 벗어나지 못하게 될 것입니다.

그 때문에 대부분의 사람이 상식적인 이치로 생각하는 것처럼, 반헌법적·반국가적 내란 범죄부터 철저히 처벌하는 방향으로 나아가야 했고, 그 결과로 내란 범죄의 종범과 잔당, 공범들은 이번 대선에서 참여할 수 없게 만들어야 했습니다. 이것이 한국 사회의 혼란과 갈등을 해결하고 사회를 대개혁할 수 있는 방향으로 나아갈 수 있는 길이었던 것입니다.

그러면 이처럼 너무나 당연한 요구와 이치가 현실에서 관철되지 못한 이유가 어디에 있느냐는 것입니다. 법이 엄연히 존재하고 있는데도 그 법조차 지켜지지 않고 내란 범죄자들을 응징하지 못한다면, 한국 사회의 문제를 해결할 수 있는 길이 열릴 수 있겠느냐 하는 것입니다. 법질서가 확립되지 못한다면 사회 개혁은커녕 사회적 혼란과 갈등조차 수습할 길이 없다는 것은 너무도 뻔한 이치이기 때문입니다.

그렇다고 한다면 왜 법이 엄연히 존재하고 있는데도 지켜지지 않는 이유가 어디에 있는지를 명확히 밝히고, 아울러 한국의 법질서를 엄격히 세우자면 어떻게 해야 하는지에 대해 그 해답부터 제시해야 할 것입니다. 그래야만 법질서를 확립하여 내란 정국을 수습하고 한국 사회를 대개혁하는 방향으로 나아갈 수 있게 한다는 것입니다.

한국 사회에서 법질서가 제대로 지켜지지 않는 이유는 주권 문제를 해결하지 못하고 있기 때문입니다. 외세와의 불평등한 조약과 협정으로 주권을 제대로 행사하지 못하고 있기에, 한국의 법은 있으나 마나 사실상 사문화되고 있다는 것입니다. 단적으로 주권도 제대로 행사하지 못한 상태에서 민생 문제를 해결하고 민주주의의 가치를 실현하려고 한들 그게 가능하겠습니까? 주권을 행사하지 못하면 상갓집 개만도 못한 사실상 식민지 노예 취급을 당하는데 말입니다.

그렇다고 한다면 한국의 법을 명실상부하게 작동시키는 해결책은 주권 회복에 있음을 알 수 있습니다. 한마디로 말해 이번 대선을 통해 어떤 정권이 들어서든, 내란 정국을 수습하고 참다운 개혁의 길로 나아가기 위한 원칙적인 해결은 주권을 명실상부하게 되찾는 애국의 특성을 띤 애국정권을 세워내는 길에 있다는 것입니다.

애국정권의 성격을 띤다는 것은 주권 회복을 정책의 중심 과제로 삼는다는 것이고, 그래야만 한국의 법질서가 수호되며 민생 문제와 민주주의가 해결되는 방향으로 나아갈 수 있게 된다는 것입니다. 그래서 이번 대선에서 애국정권의 성격을 분명히 한 정권을 탄생시켜 내야 한다는 것입니다. 한마디로 말해 이번 21대 대선에서 주권 문제 해결을 공약으로 제시하는 후보를 단일 후보로 내세우기 위해 일차적으로 노력해야 한다는 것입니다. 바로 이것이 한국 사회의 혼란을 근본적으로 해결하고자 하는 민의 일치된 요구라는 것입니다.

이렇게 주권 문제의 해결이 민의 일치된 요구이자 지점으로 나타나고 있다면 이를 들고 나서면 될 것인데, 여기에 반대하는 이들은 주권 회복의 요구가 과도하게 높은 수준의 요구라는 식으로 받아들이는 경향이 있습니다. 그 때문에 일단 민주 영역에서 먼저 단결을 이루고, 그 이후에 주권 문제를 해결하는 단계로 나아가야 한다는 단계론적 사고방식을 전개합니다.

허나 주권을 찾지 못하면 민생 문제도 민주주의도 해결하지 못할 것이 명백한데, 왜 민주주의에 한정해서 단합해야 하는지 알 수 없습니다. 게다가 이런 접근방식은 민의 연대·연합을 정치적 술수 차원으로 받아들이는 잘못된 이해에서 기인하기도 합니다. 민의 단합을 이룩하는 데서 중요한 것은 민을 믿고 원칙적인 단결을 추구하는 것이지, 지금은 힘이 없기에 그 누구를 이용한다는 사고방식 자체를 가져서는 안 됩니다. 그런 사고방식 자체가 민을 믿지 못하고 자신은 우월한 위치에 있기에 지시해야 한다는 사고방식에 근거하고 있다는 것입니다.

민의 연대·연합과 단합은 민의 힘이 없기에 특정 세력을 이용하고자 정치적 술수를 벌이는 행위가 아닙니다. 그런 방식으로 접근하게 되면 절대 민의 단합을 이룩할 수 없습니다. 그 누구를 이용하려고 하는데, 이용당하는 사람이 그것을 모르겠습니까? 그런 어리석은 짓은 하지 말아야 합니다. 민의 단합은 민 자체가 하나의 운명공동체 집단으로 살아가고 있기 때문입니다. 다시 말해 민의 주체적 요구 자체가 단합을 요구하고 있기 때문이지, 다른 그 어떤 데에 원인이 있지 않습니다. 그 때문에 한번 단합한 세력은 계속 단합해 가야 하고, 그 수준을 계속 높여가는 방식으로 해결해 가야 합니다.

게다가 내란 범죄를 해결하고 한국 사회를 대개혁하는 방향으로 나아가게 하자면 주권 문제부터 해결하기 위해 노력해야 한다는 것은 너무도 명백한 이치가 아닙니까? 그 때문에 주권 문제의 해결을 회피하거나 외면하는 것은 민의 이해와 요구에 반할 뿐만이 아니라, 그런 행위들은 한편에선 한국 사회에서 청산의 대상으로 드러나거나, 그렇지 않으면 분파적 행위를 하는 것으로 나타나게 된다는 것입니다. 내란 범죄의 근원이 주권을 제대로 행사하지 못하는 데에 있는데도 이를 외면하고 내란 범죄를 옹호하거나 주권의 회복을 계속 방해한다면, 이들이야말로 매국노로서 청산되어야 할 대상이라고 말하지 않을 수 없습니다. 그리고 한국 사회를 통합하고 부강한 나라로 만들거나, 보수와 진보가 각자의 정책을 펴면서 선의의 경쟁을 벌이려고 해도 주권부터 찾아야 할 것입니다. 그런데 주권 문제의 해결을 외면한다면 실질적으로 자신들이 주장하는 것 자체가 실현되지 못할 뿐 아니라, 여전히 갈등과 혼란 속에 휩싸이게 하고 말 것입니다. 그렇다면 이런 행위들은 바로 자기 집단의 분파적 이해를 앞세움으로써 민의 이해와 요구를 가로막고 나서는 모습이 아니고 무엇이라고 말해야 하겠습니까?

물론 자신들이 바라는 바를 주장하지 말라는 것은 아닙니다. 하지만 자신들의 주장을 펼치더라도 주권 문제를 해결하는 일치된 지점에 대해서만큼은 함께해야 한다는 것입니다. 그렇지 않으면 한국 사회의 문제가 해결되지 않을뿐더러, 계속 혼란과 갈등을 겪게 될 수밖에 없다는 것입니다. 그리되면 자신들이 주장하는 바도 당연히 실현될 리 만무합니다. 그 때문에 주권 문제를 해결하는 데에 있어서는 여당과 야당, 진보와 보수를 막론하고 서로 단합해 가야 한다는 것입니다. 한마디로 말해 주권 문제를 해결하는 길에 함께하느냐, 함께하지 않느냐가 내란 문제를 해결하고 한국 사회를 진실로 대개혁하려고 하는지, 그렇지 않은지를 가르는 계선이 된다는 것입니다.

주권 문제를 해결하기 위해 일차적으로 애국정권을 수립을 목표로 단합해 가야 한다는 주장은 내란 정국을 수습하고 한국 사회를 대개혁할 수 있는 방향으로 나아가기 위한 당위적 차원에서만이 아니라, 지금의 시대사적 요구로 볼 때도 부합하는 기치라고 할 수 있습니다.

지금의 시대는 실질적인 자유와 평등을 누리고 사는 것을 요구하고 있습니다. 그런데 실질적인 자유와 평등을 누리게 하자면 자유와 평등과의 대립 구도로 접근해서는 풀리지 않습니다. 왜냐면 자유를 강조하게 되면 평등이 제약받는 것으로 나타나고, 평등을 강조하게 되면 자유가 제약받는 것으로 나타나기 때문입니다. 그 때문에 실질적인 자유와 평등을 누리고 살자면 자유와 평등의 균형이라는 시각으로 접근해서는 안 되고, 주인의 권리를 누리고 사는 차원의 문제로 전환되어야 합니다.

그런데 민은 개성을 가진 존재로서 집단을 구성하여 나라와 민족 단위로 살아가고 있기에 이 모든 영역에서 주인의 권리를 누리고 살아야 합니다. 바로 이런 시대적 추세를 반영하여 자주, 민주, 통일의 내용이 새롭게 풍부화되었고, 이를 기초로 애민·애국의 기치와 애국정권이 나오게 된 것입니다. 한마디로 애국정권은 자주, 민주, 통일의 총체적 반영의 일치된 표현으로 사용되고 있다는 것입니다. 게다가 주권 문제를 해결하자면 외세의 침략과 침탈에 대해 단호히 반대해서 싸워야 하고, 동시에 매국노 또한 단호히 응징해야 합니다. 바로 여기서 애국정권은 이 두 측면을 분명히 드러냄으로써 주권 문제를 명확히 해결해 나갈 수 있게 한다는 것입니다.

이런 각도로 놓고 볼 때 민족자주 정권은 자주는 포함하고 있지만 민주와 통일은 충분히 담아내지 못하고 있습니다. 또한 외세와의 투쟁은 밝히고 있지만 매국노에 대한 응징은 명확히 드러내지 못하고 있습니다. 민주 정권 또한 자주와 통일을 포괄하지 못하고 있습니다. 그뿐 아니라 외세와 매국노에 대한 투쟁을 명확히 드러내지 못하고 있습니다. 그 때문에 진정한 주권을 회복하여 실질적인 자유와 평등을 누려야 하는 시대적 요청을 받아안기 위해서는 정권의 기본적 성격 자체가 애국정권으로 규정되어야 한다는 것입니다.

민이 개인과 집단, 나라와 민족 단위로 살아가고 있는 조건에서 주권 문제를 해결하고 사회 대개혁을 추진하기 위해서는, 또한 다른 사람의 권리를 침해하거나 차별적 억압을 가하는 제반 악법 폐지와 보편적 권리 보장, 대중단체에 대한 국가적인 지원책과 이들의 요구를 국가 정책에 반영할 수 있는 제도와 질서의 구축, 그리고 빈부격차의 해소도 핵심 과제로 제기하고 풀어가야 합니다. 하지만 이 4대 핵심 과제 중에서도 무엇보다 우선적으로 힘을 기울여야 하는 것은 주권 문제를 해결하는 것입니다. 그래야 다른 사안들도 해결되는 방향으로 나아갈 수 있다는 것입니다. 그 때문에 이번 대선에서 무엇보다 중요한 과제는 주권 문제의 해결을 공약으로 제시하는 사람을 단일 후보로 만들어 가기 위해 우선적으로 최선을 다해 노력하는 것입니다.

# 3. 민이 주체로 서서 정권을 잡는 방향으로 나가야 한다

2025. 11. 3.

한국 사회의 제반 과제를 해결하려면 주권 고수와 회복을 본질적 문제로 제기하고 풀어가야 하는데, 왜 그렇지 못하는 것일까요? 그것은 바로 한국의 역대 정권이 그런 방향으로 나아가지 않았기 때문입니다. 이런 점은 지금까지 수차례의 정권 교체가 있었지만, 어느 정권이든 관계없이 주권 회복이라는 핵심 과제를 외면했다는 점에서 큰 차이가 없습니다. 이런 상황에서 한국 사회의 문제를 해결하기 위해서는 정권의 문제를 본격적으로 제기하고, 이제야말로 민이 그 누구에게 대신 맡길 것이 아니라 스스로 주체로 서서 정권을 장악하고 풀어가는 방향으로 나가는 수밖에 없습니다.

정권의 문제를 제기하니, 한편에서 한국의 주권 회복은 미국에 맞서 싸우는 것이 핵심이니만큼 여기에 힘을 집중해야 한다고 말하는 사람도 있을 것입니다. 물론 주권을 찾자면 미국과의 불평등한 협정과 조약을 파기해야 하니만큼 미국에 맞서 싸우는 것은 당연합니다. 하지만 미국만 비판하고, 정권이 주권을 찾는 길로 나아가지 않는 잘못된 행위에 대해 책임을 묻지 않는다면 주권을 찾는 것은 불가능할 수밖에 없습니다. 왜냐하면 외세의 압력에 반대해서 싸우느냐, 그렇지 않으냐는 정권이 담당해서 푸는 것이기 때문입니다.

한 나라를 대표하는 주체는 정권입니다. 그래서 정권은 마땅히 주권을 고수해서 민의 생명과 재산, 권리를 지켜내야 합니다. 그렇지 못할 것 같으면 정권을 내놓아야 합니다. 미국이 한국의 주권을 위협하고 농락하는 행위는 분명 부당합니다. 하지만 이것을 막아내느냐, 못 하느냐는 정권이 책임져야 합니다. 외세의 압력에 의해 주권이 위협받고 농락되어 민의 생명과 재산, 권리가 지켜지지 못해 고통을 겪고 있는데도, 정권이 이를 외면한다면 그 책임을 누구에게 물어야 하냐는 것입니다. 이에 대해 미국 탓만 한다면 이것이야말로 책임 방기이고 민을 기만하는 행위가 아니고 무엇이냐는 것입니다. 그 때문에 한국의 주권을 찾는 문제를 제기하는 이상 이를 해결하지 못하는 책임은 정권 담당자에게 물어야 한다는 것입니다.

한국의 정권에 책임을 물어야 하는 이유는, 또한 정권이 본질적인 투쟁을 외면함으로써 광범위하고 대중적인 투쟁이 전개되지 못하기 때문이기도 합니다. 외세로부터 주권을 찾기 위해서는 민이 하나같이 단결해 외세의 압력에 맞서 싸워 이겨내야 합니다. 그러자면 광범위하고 대중적인 투쟁이 벌어져야 합니다.

그런데 이러한 투쟁을 모아내고 동원할 수 있는 가장 핵심적인 위치에 있는 주체가 바로 정권입니다. 왜냐하면 정치라는 게 사람을 조직 동원하고 조절 통제하는 기능을 갖는데, 그것을 주되게 정권이 행사하기 때문입니다. 그런데 정권을 쥐고서도 주권을 찾고 통일 독립된 나라를 세우려는 길로 나가려고 하지 않으니, 어떻게 광범위하고 대중적인 투쟁이 전개될 수 있겠느냐 하는 것입니다. 이렇게 정권이 움직이지 않는 상황에서는 백날 가도 주권을 회복하고 통일 독립된 나라를 세울 수 없습니다. 그래서 외세의 압박에 대항하여 광범위한 대중적인 투쟁을 벌이기 위해서라도, 정권이 잘못하면 그 책임을 묻고 올바른 정권을 세우려고 하는 것이 핵심 문제가 된다는 것입니다. 그 때문에 이제라도 민은 정권의 문제를 명확히 제기하고, 스스로 정권을 쥐어 해결하는 방향으로 나아가야 합니다.

그런데 이런 주장에 대해, 그 취지는 이해하겠으나 한국의 정치 역량과 현실을 고려할 때, 도리어 더 극악한 세력에게 어부지리를 안겨주는 방안이 될 것이라고 우려하는 입장이 나올 수 있습니다. 하지만 이것은 구더기 무서워서 장 못 담그는 격이라고 볼 수 있습니다.

분명 한국 사회의 정치 지형은 매우 복잡합니다. 하지만 군사독재 세력이 더 이상 맥을 추지 못한 시대 이후의 정치 지형을 살펴보면, 크게 세 가지 정치 세력으로 구분할 수 있습니다. 하나는 군사독재의 잔재가 청산되어야 하는데, 그것을 가로막으면서 여전히 군사독재 시절처럼 민의 기본적 권리마저 제약하며 지배하려는 반동세력이고, 또 다른 하나는 그런 반동세력과는 달리 형식적인 자유와 평등은 인정하지만 실질적으로 누리는 것을 가로막는 배신세력이며, 마지막으로 한국 사회의 본질적인 문제를 해결하고 참다운 개혁을 추구하는 개혁세력입니다.

물론 본질적인 측면에서 정치 지형이 이렇게 되어 있다는 것이지, 현실 속에서 이렇게 명확하게 구분되어 정치 세력이 형성되어 있다는 뜻은 아닙니다. 각 당과 정치 세력을 구체적으로 살펴보면, 어떤 하나의 세력으로 되어 있는 것이 아니라 섞어찌개와 잡탕으로 뒤섞여 있습니다. 그래서 정치 지형이 매우 복잡하고, 분명한 정치적 입장으로 나누어 계선을 설정할 수 없을 지경입니다. 그런 관계로 이런 정치 지형으로 선거해 보았자, 이미 그 결과는 제1당과 제2당이 서로 돌아가며 정권을 장악하는 형태가 되어 버린 것입니다. 그러다 보니 세상이 근본적으로 바뀌지 않았던 것입니다.

여기서 손쉽게 생각하면, 사회 역사의 발전을 가로막는 반동세력을 다 청산하고 난 다음, 배신세력을 정리하는 방향으로 나가는 것이 매우 합리적이라고 판단할 수 있습니다. 그래서 반동세력이 의연히 존재하는 조건에서 배신세력을 공격하면 도리어 반동세력의 집권을 도와주는 꼴이 아니냐는 의문이 제기될 수 있습니다. 이런 입장에서 나왔던 것이 비판적 지지나 견인론이었습니다. 하지만 지금껏 그렇게 해오면서 정권은 바뀌었지만 한국 사회는 본질적으로 변화되지 않았습니다. 그 이유는 반동세력과 배신세력 모두 주권을 회복하고 고수해야 한다는 본질적 과제 앞에서는 차이가 없었기 때문입니다.

이것은 군사독재가 맥을 추지 못한 이후 김영삼, 김대중, 노무현, 문재인 배신정권 등으로 정권 교체가 이뤄졌는데도 아직껏 주권 문제가 풀리지 않고 있는 데에서 드러납니다. 실상 이들 배신정권의 정책은 주권을 고수하고 회복하려는 입장에 서지 않았습니다. 이것은 국가의 장벽조차도 무력화해 세계거대독점자본의 직접적이고 전면적인 지배와 착취를 가능하게 하는 세계화 정책을 김영삼 정권이 주창했고, 또 이를 실질적으로 집행한 것은 김대중 정권이었다는 것, 그리고 미국의 압력에 굴복해 이라크에 한국 군대를 파견한 것은 노무현 정권이었으며, 또 성주에 사드 배치를 계속 진행한 것도 문재인 정권이었다는 것에서 명확히 드러납니다.

이렇게 배신정권이 주권을 고수하고 회복하는 길로 나아가지 않아 개혁이 실패함으로써, 그 파급 효과는 도리어 더 악질적인 반동정권의 등장이었을 뿐입니다. 이것을 보면 반동정권과 배신정권의 차이가 없는 것은 아니나, 주권 회복과 조국통일을 풀어가는 원칙적 문제에 대해서는 본질적 차이가 없다는 사실을 명확히 말해줍니다.

그래서 배신정권이 반동세력 때문에 주권을 고수하는 입장을 견지하지 못했다고 말하는 것은 변명이 되지 못한다는 것입니다. 한 나라를 대표하는 정권을 쥐었다고 한다면 마땅히 주권을 고수해야 하는데, 미국 압박 때문에 주권을 수호하지 못했다고 핑계를 대는 것이 가당치 않듯이, 반동세력의 존재 때문에 주권을 고수하는 입장을 견지하지 못했다고 말하는 것 또한 자신의 책임을 남 탓으로 돌리는 치졸한 행위라는 것입니다. 도리어 반동세력을 탓하면서 주권을 찾으려고 노력할 듯한 태도로 자신의 본색을 숨기며 민을 기만하는 행위가 더 나쁘다는 것입니다.

이렇게 배신세력 또한 주권을 고수하고 회복하는 입장에서 풀어가려고 하지 않는 것이 명확한데, 이를 비판하고 극복하려고 하지 않는다면 어떻게 한국의 주권을 회복하고 통일 독립된 나라를 세울 수 있겠느냐 하는 것입니다. 바로 여기서 이를 해결하자면 한국 사회의 정치 지형을 보수나 진보로 구분할 것이 아니라, 애국과 매국의 관계로 계선을 그어야 한다는 것을 알 수 있습니다.

물론 애국과 매국의 기준으로 계선을 긋는 과정에서 초기에는 일정한 혼란이 일어날 수 있고, 또 배신세력을 비판하는 상황에서 반동세력이 일시적으로 어부지리를 얻는 현상이 발생할 수도 있습니다. 하지만 그것은 일시적인 현상일 뿐입니다. 왜냐하면 반동세력이야말로 매국 세력의 핵심이기 때문입니다. 다시 말해 주권을 고수하고 회복하려고 하지 않는 매국적 행위를 비판하는 것이기에, 반동세력 또한 그 정체가 분명하게 드러나면서 계속 살아남을 수 없게 될 것은 너무나 당연한 이치이기 때문입니다.

그 때문에 배신정권의 매국 행위를 비판하고 나서면 반동세력이 또다시 득세할 것이라고 두려워할 필요가 없습니다. 도리어 이 길로 나아가지 않는다면 지금껏 반동정권과 배신정권의 본질이 매국이라는 점이 명확하게 드러나지 않고 은폐된 관계로, 이들이 계속 권력을 나눠 먹게 되고 그 결과로 한국 사회가 본질적으로 변화되지 못한다는 것입니다.

더욱이 오늘날의 민은 지난날처럼 군사독재 세력의 지배와 억압을 숙명으로 받아들이지 않고, 이제야말로 개인과 집단, 나라와 민족 단위의 모든 부분에서 주인의 권리를 누리고 살기 위해 주체로 나서고 있습니다. 이것은 윤석열 반동정권이 내란 범죄를 일으키자 분연히 떨쳐 일어나 빛의혁명을 성공시켰던 데에서 확인됩니다. 시대의 발전 과정에서 민의 힘이 성장한 측면을 비롯해, 애국과 매국의 계선으로 문제를 풀어가야만 한국의 본질적 문제가 해결된다는 점에서, 이제야말로 반동세력만이 아니라 배신세력의 기만 행위에서도 벗어나 민이 스스로 정권을 장악해 문제를 해결하는 방향으로 나아갈 필요성이 절실히 요청되고 있다는 것입니다. 그래야만 한국의 주권을 회복하고 통일 독립된 나라를 세우는 길이 열린다는 것입니다.

**6부**

국제 정세와 한미동맹, 전쟁과 주권

# 9장 | 세계 정세와 주권 실현의 관계

## 1. 러시아·우크라이나 전쟁으로 바라보는 참다운 주권 행사의 모습

2025. 6. 16

2022년 2월 24일 러시아와 우크라이나 간의 전쟁이 발발한 이래 3년 4개월이 흘러가고 있는데, 여전히 전쟁이 해결될 실마리는 보이지 않고 있습니다. 이 전쟁으로 국토는 황폐화되었고 수많은 인명이 살상되었습니다. 그런 가운데 최근 5월 16일과 6월 2일 이스탄불에서 1, 2차 휴전 협상이 열렸지만, 역시 교착 상태에서 벗어나지 못했습니다. 양측은 단지 중상자와 환자, 25세 미만 젊은 병사들의 포로 교환, 전사자 유해만 교환하기로 합의했을 뿐, 전쟁 종식으로 나아갈 실질적인 합의에는 이르지 못했습니다.

휴전 협상이 교착 상태에 빠지게 된 이유는 두 나라의 핵심 요구가 근본적으로 충돌하기 때문입니다. 러시아는 점령지 반환 불가, 우크라이나에 대한 외국의 군사 지원 중단, 지난해 5월 기한으로 젤렌스키 대통령의 5년 임기가 끝났는데도 전쟁을 이유로 대선을 실시하고 있지 않는데 이의 시행 등을 휴전 조건으로 제시했습니다, 반면에 우크라이나 측은 러시아 점령지의 주권 주장 불인정, 유럽연합(EU)과 나토 가입에 대한 자유, 전쟁범죄 책임자 처벌 등을 요구했습니다.

그런데 실상 이런 요구의 핵심 내용은 이미 러시아와 우크라이나가 전쟁을 벌이기 전부터 쟁점이 되었던 사안입니다. 한마디로 나토의 팽창과 동진 정책에 대해 두 나라가 어떻게 대할 것인가의 문제였습니다. 여기서 러시아는 우크라이나가 중립적 지위를 유지해야지 나토 가입으로 러시아의 안보를 위협하는 국가로 되는 것을 절대 용인할 수 없다는 입장이었고, 우크라이나는 나토 가입을 통허 자국의 안보를 보장받겠다는 주장을 고수했습니다. 이런 차이로 해서 전쟁이 일어났는데, 그 근본 문제가 해결되지 않는 상황에서 서로 합의를 볼 수 있겠느냐 하는 것입니다.

이 문제가 본질적인 쟁점이었다고 한다면, 이의 해결 방법은 처음부터 두 가지 길밖에 없었던 것으로 추론할 수 있습니다. 하나는 힘으로 자신의 주장을 관철하는 길이고, 또 다른 하나는 처음부터 서로 타협할 수 있는 방안을 찾는 방식입니다.

그러면 여기서 우크라이나는 어떤 방법을 찾아야 했겠습니까? 바로 여기서 주권을 어떻게 참답게 행사해야 나라의 주인인 민의 생명과 재산, 권리를 지킬 수 있는가의 문제가 제기됩니다. 냉혹한 국제사회에서 무조건 주권을 행사했다고 해서 그것을 봐주는 것이 아니라, 잘못 대응했을 때 혹독한 후과를 겪기 때문입니다.

실상 우크라이나가 참혹한 상황을 겪고 있는 것도 엄밀히 파악해 보면, 젤렌스키의 잘못된 행보 때문에 기인한 측면이 많습니다. 국제적 환경을 비롯해 자기 나라가 처한 상황을 철저히 고려하여 주권을 제대로 행사해야만 그런 후과를 겪지 않는다는 것입니다. 한반도 분단 상황이 풀어지지 않는 것도 사실 따지고 보면 한국이 주권을 제대로 행사하지 못함으로 인해서 벌어진 측면이 많습니다. 그 때문에 우크라이나의 모습을 반면교사로 삼아, 어떻게 주권을 제대로 행사해야만, 한국 민의 이해와 요구에 기초해서 전쟁이 없이 평화적인 방법으로 조국통일을 이룩할 수 있는지에 대해 진지하게 모색해 보아야 합니다.

우크라이나 상황에서 먼저 한 가지 방안으로, 힘으로 자신의 주장을 관철하는 방법을 생각해 볼 수 있습니다. 허나 이것은 러시아와 우크라이나의 군사적 역량 관계를 살펴볼 때 매우 현실에 배치된 사고방식이라고 할 수 있습니다. 힘으로 자신의 주장을 관철하려고 할 때 그것은 필연코 전쟁으로 치달을 수밖에 없습니다. 그리고 그 귀결은 전쟁에 이긴 세력의 주장이 관철될 것입니다. 힘의 논리를 전제로 한 이상, 다른 고려는 배제되고 냉혹한 힘의 논리가 적용될 것입니다. 그 때문에 힘으로 관철시키는 방법은 자신이 상대방보다 힘이 강했을 때 취하는 방식입니다.

하지만 그렇다고 해도 힘을 행사하는 전쟁 그 자체가 너무나 큰 상처와 후과를 가져다줍니다. 게다가 러시아는 대국입니다. 그리고 이것은 우크라이나가 전쟁 과정에서 겪은 참혹한 상황을 통해 적나라하게 드러났습니다.

물론 힘이 약하다고 해서 침략군이 쳐들어올 때 맞서 싸우지 말라는 뜻은 아닙니다. 자기 땅을 침략해 오는데 싸우지 않는다는 것은 있을 수 없는 일입니다. 이런 경우는 다른 나라의 식민 지배를 받지 않기 위해 무조건 싸워야 합니다. 하지만 러시아가 우크라이나에 요구한 것은 식민 지배하기 위해서가 아니었습니다. 나토의 팽창과 동진 때문에 자국의 안보 위협을 느껴 중립화를 요구한 것입니다.

그러면 우크라이나에 있어서 이런 러시아의 중립화 요구를 어떻게 판단해야 하겠습니까? 물론 이에 대해 우크라이나의 입장에서는 내정 간섭으로 여길 수 있습니다. 하지만 국제사회는 냉혹한 힘의 논리가 작용한다는 것 또한 분명한 사실입니다. 그리고 러시아는 우크라이나가 끝내 나토에 가입해 중립화 요구를 외면한다면 자국의 안보를 이유로 실제로 힘을 행사할 가능성이 있고, 또 그만한 역량을 갖춘 나라라는 점입니다.

더욱이 러시아가 우크라이나에 대해 중립화를 요구할 만한 합당한 근거도 있습니다. 즉 독일 통일 당시 미국과 나토는 소련의 안보 이익을 해치지 않을 것이며, 나토의 관할권을 독일의 동쪽인 소련의 국경 쪽으로 단 1인치도 확장하지 않겠다고 약속했습니다. 하지만 이후 벌어진 과정은 예전의 바르샤바 조약 기구 소속이었던 폴란드, 헝가리, 체코, 불가리아, 슬로바키아, 루마니아 등을 속속 나토에 가입시키며 동진했고, 심지어 구소련 구성국인 발트 3국(에스토니아, 라트비아, 리투아니아)까지 나토에 편입시켰습니다. 이런 조건에서 우크라이나까지 나토에 가입할 경우, 러시아로서는 자신의 적대국인 나토와 직접 국경을 맞대게 되는 꼴이니 안보 위협을 느끼지 않을 수 없을 것입니다. 이런 상황이라면 러시아가 우크라이나에 대해 중립화를 요구하는 것은 어쩌면 당연한 요구라고 할 수 있을 것입니다.

그러면 이런 국제정세 속에서 우크라이나는 어떤 방식으로 주권을 행사하는 것이 맞겠습니까? 그것은 우크라이나가 국제 분정의 전쟁터가 되지 않도록 하는 데에 있을 것입니다. 그렇다면 결국 우크라이나를 중립 지역으로 설정하는 방안이 가장 현실적인 해법으로 자연스럽게 도출됩니다. 왜냐하면 나토의 가입이든, 러시아의 침략을 받아 사실상 식민 지배를 받든, 어느 한쪽 편에 서게 되면 그때로부터 우크라이나의 영토는 전쟁터로 될 수밖에 없기 때문입니다.

이런 측면으로 놓고 보면, 처음부터 그 해결책은 너무나 경백하게 우크라이나를 중립 지역으로 만드는 방안으로 될 수밖에 없었던 것입니다. 그것이 우크라이나가 자신의 주권을 제대로 행사해 전쟁을 피하고, 자국 민의 생명과 재산, 권리를 지킬 수 있는 방법이었다는 것입니다. 그렇다고 한다면 처음부터 전쟁의 방법을 통하지 않고 정치적, 외교적 해결책을 찾는 방향으로 갔어야 하는 것이 명백하거늘, 젤렌스키는 왜 그 길을 가지 않았냐 하는 것입니다. 한마디로 나토 가입만 주구장창 주장하면 전쟁으로 치닫게 될 것이 뻔하고, 또 전쟁이 일어난다고 해도 문제가 해결되기는커녕 앞으로도 계속 자국의 영토가 두 진영 간의 상시적 전쟁터로 화할 것이 뻔한데, 그런 어리석은 짓거리를 왜 저질렀느냐 하는 것입니다.

바로 여기서 참답게 주권 행사를 하자면 철저히 민의 이해와 요구에 기초해야 함을 알 수 있습니다. 그러면 왜 젤렌스키는 우크라이나가 국제 분쟁의 전쟁터로 화하지 않으려면 자기 나라를 중립화 지역으로 만들면 될 것이 너무도 명확한데, 그렇게 하지 않았던 원인이 무엇이었을까요? 그것은 젤렌스키가 우크라이나 민의 이해와 요구에 기초하지 않고, 자신의 권력을 유지하기 위한 목적으로 주권을 도용했기 때문이라는 것입니다.

이미 우크라이나 내부에서는 젤렌스키가 나토 가입을 추진하자, 이에 반대하며 러시아와의 동맹 내지 러시아로의 편입을 주장하는 입장이 제기되었습니다. 우크라이나의 동부 도네츠크주, 루간스크주가 분리·독립의 움직임을 보인 것이 바로 그것입니다. 그렇다면 이들의 요구를 조정하며 어떻게든지 단합시켜 가려는 노력을 보여야 했습니다. 하지만 젤렌스키는 이를 힘으로 억누르려 했으니 사실상 우크라이나는 내전으로 화하게 되었던 것입니다. 이런 상황이 되자 내전을 진압할 수 있는 힘이 요구되었습니다. 그것은 외부의 힘에 기대는 것이었고, 그것이 나토 가입을 집요하게 추진하는 것으로 나타났던 것입니다.

그러면 나토의 가입이 왜 젤렌스키의 권력 지배와 억압적 질서를 유지시켜 주는 근거가 되는 것일까요? 그것은 나토라는 조직이 무엇인가를 살펴보면 이해할 수 있습니다. 나토는 북미와 서유럽의 국가들을 하나로 묶어 만든 집단 방위조약 기구라고 하지만, 그 실상은 미국이 2차 세계대전 이후 현대제국주의의 우두머리 국가로 등극하면서 사회주의 국가와 민족해방 세력을 억누르고 제국주의적 지배와 침탈을 수행하고자 해서 만든 군사동맹 체제입니다.

그런데 문제는 이 군사동맹이 사회주의 국가와 자주독립국만을 봉쇄하고 붕괴시키는 것이 아니라, 여기에 가담한 나라들 내부의 지배와 억압 질서까지 공고화한다는 점입니다. 한마디로 이런 군사동맹 체제 자체가 국제적 카르텔을 형성해 미국을 위시한 가담한 나라들 내부 기득권 세력의 억압적 지배 질서를 공고히 해주고, 그로 인해 이들 소속 나라의 자주적 발전을 저해하면서 동시에 이들 나라 민의 정치적 진출을 가로막는 역할을 한다는 것입니다. 그뿐만 아니라 미국은 이런 군사동맹의 관계망을 이용해 자기의 국력 이상의 힘을 행사해 왔습니다.

실상 미국은 나토만이 아니라 아시아에서도 미일안전보장조약, 한미상호방위조약, 태평양안전보장조약(미, 호주, 뉴질랜드) 등 세계 곳곳에 거미줄 망처럼 군사동맹 체제를 구축해 압도적인 힘을 행사해 왔고, 결국 세계 유일의 패권국가로 등극하였습니다. 하지만 영원무궁할 것 같았던 유일 패권국의 지위도 자주적 발전의 길을 개척하려고 하는 세계 민의 투쟁 앞에 위기로 몰리고 있습니다. 이런 상황에서 트럼프는 그 위기 상황을 모면하고자 국익 우선주의를 내걸고 동맹국마저 수탈하는 방향으로 나오고 있습니다. 트럼프가 러시아와 우크라이나 간의 전쟁에 깊숙이 개입하는 것을 꺼리면서도, 어떻게든지 우크라이나의 광물을 빼앗는 모습으로 나오는 것도 그런 행위라고 할 수 있습니다.

하여튼 상식적으로 볼 때, 세계 유일의 패권국이었던 미국이 전쟁 개입을 꺼린다면, 유럽의 나토와 EU, 젤렌스키 또한 전쟁을 계속하기보다는 종전의 방향으로 나서는 것이 맞을 것인데, 지금의 상황은 이와 전혀 다른 양상이 펼쳐지고 있습니다. 도리어 나토와 EU, 젤렌스키가 러시아와의 전쟁을 지속·확대하는 방향으로 나오고 있다는 것입니다. 우두머리가 그만두면 멈춰야 할 것인데, 그렇지 않고 왜 그와 반대되는 현상들이 펼쳐지느냐 하는 것입니다.

그 이유는 미국의 유일 패권이 무너지면서 미국이 자신부터 먼저 살려고 하는 상황에서, 이들 또한 각자도생해서 살려는 방편을 찾고 있기 때문입니다. 한마디로 유럽의 나토와 EU 입장에서는 동맹 체제가 약화될 경우, 지금껏 유럽에서 지배와 억압 질서를 유지하며 기득권을 누리며 살아왔는데, 바로 그 구조가 무너지게 된다는 것입니다. 마찬가지로 젤렌스키 또한 나토 가입을 추진하지 않으면, 우크라이나에서 권좌를 유지해 왔던 억압적 지배 질서가 붕괴된다는 것입니다. 그 때문에 젤렌스키는 우크라이나 민의 이익을 희생시키면서 전쟁의 파국으로 치닫도록 만들었던 것입니다. 그러면서 미국과 나토, EU의 바짓가랑이를 한사코 붙잡으면서 자신의 살길만을 찾고 있다는 것입니다.

바로 여기서 미국과 유럽의 나토, 젤렌스키가 주권을 행사하는 데서 그들의 진면목이 드러납니다. 미국은 세계적인 차원에서 침략과 침탈을 추구하고 있기에 패권의 형태를 띠지만, 동시에 민에 반하는 방향에서 추진되기에 나라와 민족적 단위에서는 반민적이고 매국적인 특성을 지니게 된다는 것입니다. 유럽의 EU와 나토 또한 미국의 지배를 용인한 채 다른 약소국에 대한 침략과 침탈에 가담하고 있기에 패권의 형태가 나타나지만, 동시에 자국 민의 희생을 기반으로 추진하는 것이기에 나라와 민족 단위에서는 반민적이고 매국적인 특성을 띠게 됩니다. 하지만 젤렌스키는 다른 나라에 대한 패권의 추구가 아니라, 자국 민에 대한 탄압과 억압을 위해 주권을 도용하고 있다는 측면에서 철두철미 반민적이고 매국적인 모습만 띨 뿐입니다. 이런 점에서 젤렌스키의 모습은 자국 민에게 가장 극심한 해악을 준다는 점에서 결코 용서할 수 없는 행위라고 할 수 있습니다.

그러면 우크라이나가 이런 국제 분쟁의 전쟁터로 전락되지 않고 벗어날 길은 무엇이겠습니까? 그것은 바로 제국주의적 지배와 억압 질서를 강요하는 침략과 패권의 군사동맹 체제에서 벗어나는 것입니다. 침략과 패권의 군사동맹 체제에 가입해 보았자 얻을 수 있는 것은 자국의 영토가 전쟁터로 되는 것밖에 없기 때문입니다. 자국의 영토가 분쟁지역이자 전쟁터가 되지 않게 하자면 그러한 상황을 초래하는 원인을 차단해야 합니다. 그 때문에 국제 분쟁화할 수 있는 곳에서는 어느 한편에 서서는 안 됩니다. 바로 이것이 민의 이익을 철저히 중심에 놓고 주권을 참답게 행사하는 길이라는 것입니다.

물론 빌미를 주지 않는다고 해서 다른 나라가 침략해 오지 않는 것은 아닙니다. 그런 점에서 자기 조국의 안보를 자신의 힘으로 지키려고 하는 것은 너무나 당연한 요구입니다. 그러면서도 동시에 세계 평화애호 세력과 굳게 단결해야 합니다. 한마디로 나라와 민족 단위로 살아가는 민의 권리가 제약받는 주권 유린 현상이 발생하는 이유는 침략과 패권이 행해지기 때문이므로, 이에 반대하는 국제적인 연대를 강화해야 한다는 것입니다. 바로 이것이 세계 민이 연대해야 하는 이유이기도 합니다.

젤렌스키가 이렇게 민의 입장을 견지하고 주권을 제대로 행사하려고 했다면, 러시아와 전쟁을 치르지 않고도 해결할 수 있는 방안을 마련할 수 있었을 것이건만, 그 알량한 권력욕과 집권욕 때문에 우크라이나는 도저히 회복할 수 없는 참혹한 피해를 입게 되었던 것입니다.

　이런 우크라이나의 교훈은 한반도 상황에서 귀중한 교훈으로 된다고 할 수 있습니다. 한반도는 아시다시피 주변에 4대 강국이 도사리고 있습니다. 여기서 어느 한편에 서는 것 자체가 4대 열강의 전쟁터가 되게 만드는 길입니다. 그런 점에서 이를 피하자면 그러한 군사동맹 관계를 맺어서는 안 됩니다. 다른 한편을 적으로 삼는 군사동맹 관계를 맺는 것 자체가 또 다른 상대방에게 빌미를 주어 간섭할 여지를 주기 때문입니다. 그래서 침략적이고 패권적인 지배 체제를 강요하기 위해 형성된 군사적 동맹 관계를 청산하면서, 어느 한쪽에도 치우치지 않고 한국 민의 독자적인 발전의 길을 걸어가야 합니다. 한반도를 열강의 분쟁지역으로 만드는 것 자체가 우리 민족에게 고통만 가져줄 것이 뻔한데, 왜 그런 길을 걸어가야 한단 말입니까? 이렇게 어느 한편에 서지 않고 한국 민의 자주적인 발전의 길을 걸어갈 때, 국제 사회에서 한반도의 주권을 민의 이해와 요구에 맞게 더욱 철저하게 행사할 수 있을 것이고, 그러면 그 힘으로 한반도의 평화를 확고히 담보하면서 조국통일도 자연스럽게 이룩할 수 있는 길이 열리게 될 것입니다.

## 2. 세계 정세와 한국 정세는 원칙적·혁신적 전환을 요구 한다

2025. 11. 24.

민이 주인의 권리를 누리고 행사하기 위해서는 정세 파악이 매우 중요합니다. 주인의 권리 실현 과정은 다른 어디에서가 아니라 지금 이 시기, 이 땅에서 벌어지기 때문입니다. 그래서 정세를 어떻게 파악하고 대응해 가는가는 주인의 권리 실현에서 관건적 요인으로 작동합니다.

그런데 정세 인식에서 중요한 것은 대내적 측면만이 아니라 대외적 관계를 함께 파악하는 것입니다. 그 이유는 대외적 관계가 대내 정책에도 영향을 미치기 때문입니다. 단적으로 주권이 침탈되어 약탈과 수탈을 허용하게 되면, 그때로부터 그 사회는 기형성과 파행성을 띠게 됩니다. 이것은 한국이 대외적 관계에서 미국과의 불평등한 협정과 조약으로 인해 주권을 제대로 행사하지 못함으로써, 결국 한국 사회는 외세와 매국노가 주인 행세하는 식민성과 매국성의 특성을 띠게 되었다는 데에서 명확히 드러납니다.

이처럼 정세를 파악할 때 대내적 측면과 대외적 요소를 다 같이 고려해야 하는 것은 이 둘 간의 관계가 서로 밀접히 연결되어 영향을 주고받기 때문이기도 하지만, 또 한편으론 오늘날의 세계가 한 나라와 민족 단위로 국한되어 있지 않고, 서로 떨어질 수 없게 연계되어 이뤄지는 현실적 상황의 반영이기도 합니다.

이렇게 인류사가 서로 밀접히 연결되어 살아가게 된 것은, 미국이 소련과 동구권의 붕괴로 세계유일패권을 행사하게 되자, 이를 계기로 국가라는 장벽조차 무력화하며 세계를 직접적이고 전면적으로 약탈 수탈하기 위한 세계화 정책을 각국에 강요하며 집행하였기 때문입니다. 그로 인해 인류 사회의 관계는 지난날과 대비할 수 없을 정도로 거미줄 망이 형성되듯 서로 긴밀하게 연결되었습니다. 그래서 대외적 조건은 단순히 참작해야 할 요소가 아니라, 필수적으로 검토해야 할 상수로 자리 잡게 되었습니다.

그런데 아이러니하게도 이렇게 세계화 정책을 각국에 강요하며 밀어붙였던 미국이, 세계유일패권의 위기를 겪자 사실상 세계화 정책을 파기하고, 즉 국가라는 장벽을 내세워 국익 우선주의 정책을 추구하고 있습니다.

그렇다고 한다면 세계 정세 파악의 관건은 미국의 정책 흐름을 어떻게 이해하느냐에 달려 있다고 할 수 있습니다. 왜냐하면 세계화 정책은 미국의 강요에 의해 수립되었는데, 이를 미국이 파기한 조건에서 지난날과 같은 세계화 정책이 작동될 수 없을 것은 너무도 당연한 이치로 되기 때문입니다. 그런데도 여전히 세계화 정책이 작동될 것이라고 여긴다면, 이것은 수분을 공급받지 못하는 나무가 여전히 잘 자랄 것이라고 믿는 환상에 빠져 있다고 볼 수밖에 없을 것입니다.

그러면 지금 미국은 세계유일패권의 위기를 겪자 어떤 방향으로 나아가고 있습니까? 미국은 먼저 자신들의 패권을 위협한다고 여기는 중국을 견제·압살하는 데에 모든 힘을 기울였습니다. 그래서 자신의 동맹국들을 압박하고 수탈해서 자신의 힘을 키워 중국을 제압하고자 하였습니다. 미국이 동맹국들에 대한 관세 압박과 방위비 증액은 이런 전략의 직접적 산물이었습니다.

하지만 중요한 것은 미국이 이런 방식을 통해서까지 중국을 제압하려고 했지만 그리할 수가 없었다는 사실입니다. 도리어 미국의 관세 압박이 통하지 않고 중국에 밀리는 형국으로 전변되고 있습니다.

상황이 이렇게 되자 미국은 이런 기존 방식에 계속 머물러 있을 수 없게 되었습니다. 실상 동맹국을 약탈·수탈해서 중국과의 대결에서 승리하겠다는 발상 자체가 도덕적, 정치적 명분도 없는 행위라고 할 수 있습니다. 그런데 정치적, 군사적, 경제적 역량에서까지 밀린다면 어떻게 그런 현실적 상황을 유지할 수 있겠습니까? 그러니 그런 처지를 반영하여 새로운 정책 방향을 시도하는 것은 너무도 당연할 것입니다.

바로 여기서 미국이 취하고 나온 방향은 동맹국에 대한 약탈, 수탈을 넘어, 그들을 돌격대로 내세워 대리전을 치르게 하는 방식입니다. 유럽에서 나토를 내세워 러시아와 대결하게 하는 것, 동북아시아에서 한국과 일본을 내세워 중국과 대결하게 하는 것, 중동에서 이스라엘을 내세워 싸우게 하는 것 등이 바로 그것입니다. 반면에 미국은 자신들의 힘을 구축하기 위해 자기들 앞마당으로 간주하는 아메리카를 확실하게 자신들의 수중으로 장악하고자 하는 것입니다.

하지만 미국이 직접 나서서 싸워도 이길까 말까 하는데, 돌격대를 내세워 대리전을 치르게 해서 승리할 수 있겠습니까? 그리될 수 없다는 것은 이치적으로 따져볼 때 자명합니다. 이것은 단적으로 러시아와 우크라이나의 전쟁에서 러시아가 우위를 확보하고 있는 데에서 명확하게 확인됩니다. 동북아시아에서 일본이 지난날의 군국주의적 야망을 포기하지 못하고 대리전의 돌격대로 나서려고 하지만, 이 또한 실패의 길로 귀결된 것은 너무도 분명할 것입니다.

게다가 미국은 이렇게 대리전을 전개해 중국과 러시아의 힘을 소진시켜 어부지리를 보고, 정작 자신들은 힘을 축적하겠다는 계산 아래 베네수엘라와 콜롬비아 등에 대한 군사적 위협을 가하며 아메리카 대륙을 완전히 장악하려 하지만, 이 또한 점차 불가능한 상황으로 귀결될 것은 명확합니다. 그런데도 미국이 자신들의 허세만을 믿고, 만약 이들 나라에 대한 전쟁과 침략의 길을 가게 된다면, 그것은 미국을 수렁으로 빠지게 하면서 패권의 몰락을 더욱 재촉하게 될 것입니다.

이로부터 세계 정세의 흐름을 파악하면, 결국 미국의 패권 붕괴는 기정사실화되어 있다는 것입니다. 그렇다고 한다면 미국과 한배를 타게 될 경우 치명적 타격을 받게 될 것입니다. 그 피해를 줄이자면 미국과 거리를 두어야만 합니다.

이것이 상식적인 이치인데도, 미국의 동맹국 나라들은 왜 그 길로 가지 못한 채 약탈과 수탈을 허용하면서도 대리전의 돌격대로 나서는 것일까요? 바로 여기서 동맹국 지배층들의 속성을 알 수 있습니다. 한마디로 그들의 집권과 권력 유지는 미국과의 연계를 통한 과정에서만 가능하다는 것입니다. 그래서 불나방이 불에 들어가 타죽으면서도 그 길로 향하는 것처럼, 미국과 갈라서지 못하고 한배를 타는 방향으로 나아간다는 것입니다.

그렇다면 이런 세계 정세를 볼 때 답은 명확하다는 것입니다. 이렇게 미국과 한배를 타고 가려는 각국의 집권 세력들은, 각 나라와 민족의 주인인 민을 파멸로 몰아가는 세력이니만큼 반민적인 세력이자 매국노 집단으로 규정되고 단호히 응징되어야 한다는 것입니다. 한마디로 지금 세계 정세는 자기 나라의 주권을 행사해서 민의 생명과 재산, 권리를 지키려는 노력을 방기하는 각국의 집권 세력들이야말로 역사적 책임을 져야 할 대상임을 명확히 드러내고 있다는 것입니다.

물론 미국의 유일패권 붕괴가 시대적 흐름인 점은 분명하지만, 그렇다고 해서 인류 사회가 어떤 방향으로 나아갈지는 아직 명확하게 단정할 수는 없습니다. 그래서 일부에서는 다극화 시대라고 말하기도 합니다. 하지만 중요한 사실은, 세계유일패권의 붕괴는 세계 인류사적 측면에서 더 이상 침략과 패권이 허용되지 않아야 한다는 점을 의미해야 하기에, 철두철미 각 나라의 주권이 보장되는 방향으로 나아가야만 한다는 것입니다.

만약 미국의 유일 패권이 붕괴된 이후에도 세계적 차원에서 침략과 지배가 지속된다면, 이것은 참다운 의미에서 인류사의 발전 방향이 아니라는 것입니다. 그런 맥락에서 미국과 거리를 두면서도 세계적 차원에서 침략과 패권의 종지부를 찍기 위해, 어떤 나라든지 주권을 행사해서 자국 민의 생명과 재산, 권리를 지키는 방향으로 나아가야 합니다. 아울러 이를 가로막는 세력은 세계 인류의 평화와 안정을 해치는 세력이자, 자국 민의 권리를 팔아먹는 반민적인 매국노로 규정되고 응징되어야 한다는 것입니다.

세계 정세가 주권을 고수해서 민의 생명과 재산, 권리를 지키는 방향을 절실히 요구하고 있다면, 한국 정세의 흐름 또한 이를 명확히 보여주고 있습니다.

한국의 정치판을 거의 좌지우지하는 세력은 제1당과 제2당입니다. 지금껏 한국의 정치는 이들이 번갈아 집권하는 방식으로 전개되었습니다. 하지만 한국 사회는 실질적으로 개혁이 이루어지지 못했습니다. 정권 교체도 되고 탄핵도 이루어졌는데도 본질적으로 변화된 게 없다는 것입니다. 도리어 한국 사회는 빈부격차가 더욱 확대되면서, 절대다수 가난한 사람들은 좌절과 절망을 넘어 희망 자체를 포기하는 상황으로 전개되고 있습니다.

이렇게 된 이유는 제1당과 제2당 간에 차이가 없는 것은 아니지만, 한국 사회를 실질적으로 개혁해야 하는 측면에서 살펴볼 때 본질적으로 차별성이 없기 때문입니다.

군사독재 세력이 맥을 추지 못한 이후, 한국 사회의 정치 세력은 주되게 반동세력과 배신세력으로 양립되었습니다. 반동세력은 군사독재 세력이 맥을 추지 못하게 되었는데도, 여전히 민의 기본적 권리를 억압하며 독재 권력을 행사하고자 시대의 흐름을 반동적으로 되돌리려고 하는 세력입니다. 반면에 배신세력은 민의 기본적 권리를 형식적으로는 인정하는 척하며 반동세력과의 차별성을 내세우지만, 민의 실질적인 권리 실현을 가로막으로써 민을 배신하는 세력입니다. 그 때문에 이 두 세력은 민이 주인의 권리를 실질적으로 누리고 살아가는 길을 가로막는 시대의 퇴행 세력이라고 할 수 있습니다. 이런 그들이 상황에 따라 제1당과 제2당을 형성하며 번갈아 집권하는 형태로 되다 보니, 한국 사회는 본질적으로 바뀌지 않았던 것입니다.

반동세력과 배신세력이 시대의 퇴행 세력이라고 할 수 있는 이유는, 우선 이들이 나라의 주인인 민을 위해 복무한다는 입장을 견지하지 않기 때문입니다. 이들은 하나같이 자신의 존립 근거를 상대방에 대한 공격에서 그 정당성을 찾습니다.

정치의 본령은 나라의 주인인 민에게 복무하는 것입니다. 그렇다면 민이 주인의 권리를 적극 누리고 행사하도록 해야 할 것입니다. 그런데 이들은 민의 권리 실현에는 관심이 없고, 상대방을 무차별 공격하며 '저들이 잘못됐으니 우리를 지지하라'는 방식을 취합니다. 한국 사회에서 정치가 실종되고 정쟁만이 난무하는 현상이 벌어지게 된 데에는 이런 구조가 크게 작용하고 있습니다.

이것은 이번 윤석열의 내란 범죄를 놓고 반동세력과 배신세력이 어떻게 나왔는가를 보면 분명하게 드러납니다. 국민의힘이 민의 권리 실현을 조금이나마 염두에 두었다면, 반헌법적·반민적 내란 범죄를 결코 두둔할 수는 없었을 것입니다. 그런데 이들은 민의 권리 실현에 대해서는 아무런 관심이 없고, 어떻게 하면 자신들의 정치 세력 유지와 재집권 가능성만을 계산하며 내란 범죄마저도 두둔하고 나왔던 것입니다. 그래 놓고서는 이재명 정권의 독재에 맞서 자유와 민주를 지키기 위한 행위라고 뻔뻔스럽게 궤변을 늘어놓고 있습니다. 도대체 민의 기본적 권리를 짓밟기 위해 내란 범죄를 저질렀는데, 어떻게 그것을 옹호하는 것이 자유와 민주를 수호하는 행위가 될 수 있다는 것입니까? 그 때문에 국민의힘은 자유와 민주, 민의 권리 실현을 가로막는 반동세력으로 규정되고 해산의 대상이 되어야 합니다.

더불어민주당 또한 내란 범죄를 처리하는 방식에서 국민의힘과 본질적으로 큰 차이가 없습니다. 외형상으로는 내란 범죄와 선을 긋고 청산을 요구한 것처럼 보이지만, 실제로 그 처리 과정을 살펴보면 민의 권리 실현을 중심에 놓지 않았다는 점에서 국민의힘과 거의 오십보백보입니다.

더불어민주당은 분명 내란 범죄와 관련이 없고 이들의 청산을 요구했습니다. 그리고 이를 위해 노력했던 것도 사실입니다. 하지만 중요한 점은 여기서 민의 권리를 회복하기 위한 관점에서 다르었는가, 아니면 자신의 집권과 정치적 유리함을 유지하기 위한 수단으로 접근했는가는 천양지차라는 것입니다.

집권 유지의 관점으로 접근한다면 하루빨리 철저히 청산하기보다는 끊임없이 시간을 끌며 우려먹는 편이 유리할 것입니다. 그래야 국민의힘을 반대하는 세력의 지지를 끌어내기가 쉽기 때문입니다. 하지만 민의 권리 실현을 위한 각도라면 시간을 끌 것이 아니라, 단호하게 그것도 신속히 철저하게 처리하는 방식이 합당할 것입니다. 나라의 주인인 민을 짓밟고 독재 권력을 행사하고자 내란 범죄를 일으켰는데, 허송세월 시간을 보내며 이들을 단호하게 징벌하지 못한다면, 주인의 권리 실현은 고사하고 인간의 기본적 권리조차도 제대로 행사하지 못하게 될 것이 불을 보듯 뻔하기 때문입니다. 인간으로서의 기본적 권리조차도 명확히 확립되지 못한 상태라면, 거기서 어떻게 주인의 권리를 적극적으로 행사할 수 있는 길이 열리겠습니까?

그렇다면 더불어민주당이 정말 민을 생각하고 실질적인 개혁을 원했다면 내란 범죄의 부작용을 신속히 정리하고 정의로운 사회 질서 체계를 세워가야 했을 것입니다. 여기서 여건이 조성되지 않아 못했다면 일정한 핑곗거리가 성립할 수 있을 것입니다. 하지만 더불어민주당은 정권과 국회를 장악한 상황입니다. 게다가 자신들이 강력하게 밀고 나갔을 때 역효과가 우려되었다면 국민투표에 부쳐 민의 판단에 맡길 수도 있었을 것입니다. 그런데 더불어민주당은 그렇게 하지 않았습니다. 이것은 더불어민주당 또한 나라의 주인인 민보다 자신들의 정치적 이해와 세력 유지에 더 큰 비중을 두고 있었음을 증명해 준다고 할 수 있습니다.

이것은 더불어민주당이 내란 세력의 청산 문제를 즉각적이고 단호하게 해결하려고 하지 않고, 미국과의 관세·안보 협상과 교묘히 연계시켜 풀어가려 했던 모습에서도 확인됩니다. 내란 세력 청산을 단호하게 처리하려고 했다면 얼마든지 그리할 수 있는 여건을 갖추고 있었지만, 국민의힘을 비롯한 내란 세력의 반발을 이유로 시일을 질질 끌다가 미국과의 협상이 임박해지자, 갑자기 내란 범죄 세력에게 강경 태세로 돌아선 듯한 모양새를 취하는 것이 바로 그것입니다. 즉 주권을 고수하지 못해 미국으로부터 경제적 수탈과 약탈을 당하는 것은 물론이고, 한미동맹의 현대화란 미명하에 미국을 대리해서 중국과의 전쟁 돌격대로 나설 위험까지 떠안은 등의 매국적 협상을 벌여놓았으니, 이에 대해 민의 반발이 거세게 나올 것은 당연하게 예측될 것입니다. 바로 여기서 내란 세력에 동조한 국민의힘과 사법·검찰을 겨냥한 강경 이미지를 연출함으로써, 자신들을 반대하면 반동세력인 국민의힘이 어부지리를 볼 것이니, 개혁을 바라는 세력은 더불어민주당을 지지해야 한다는 구도로 이용해 먹는다는 것입니다.

바로 여기서 반동세력은 물론이고 배신세력 또한 주권을 고수해서 민의 생명과 재산, 권리를 지켜낼 수 없는 시대의 퇴행 세력이라는 점이 분명하게 드러납니다.

민이 주인의 권리를 누리고 행사하자면 어떤 경우에도 주권을 고수하고 행사해야 합니다. 그래야만 민의 생명과 재산, 권리를 지킬 수 있습니다. 그런데 반동세력과 배신세력 모두 주권을 고수하여 민의 생명과 재산, 권리를 지켜내지 못한다는 점에서 하등 차이가 없습니다. 윤석열 같은 반동세력이야 미국의 앞잡이 역할만 하다가 내란 범죄까지 저질렀으니 더 거론할 필요도 없겠지만, 배신세력 또한 여기에서 벗어나지 못하고 있다는 것입니다. 도리어 배신세력이 집권했을 때, 반동세력과의 형식적 차이를 내세우며 주권을 팔아먹는 매국노 짓거리를 더욱 극심하게 저지르고 나온 경우가 많았습니다.

이번 이재명 정권도 미국과의 관세와 안보 협상 과정에서 주권을 고수하지 못하고 민의 생명과 재산, 권리를 지켜내지 못했습니다. 한국 민의 이익을 위해서 돈을 사용해야 하는데, 미국에 매년 200억 달러를 강제적으로 우선해서 투자한다는 협상이 주권을 팔아먹는 매국 행위가 아니라면 도대체 이를 무엇이라고 말해야 하겠습니까?

이재명 정권은 또 핵잠수함의 연료 보급을 미국이 승인해 주었다며 국방의 자주를 이룬 것처럼 말하지만, 한미동맹의 현대화에 의거하여 한국 군대가 미국을 대신해 중국과의 대리전 역할을 하도록 전락된 상황에서, 핵잠수함의 건조가 어떻게 국방의 자주로 된다는 것입니까? 한미동맹의 현대화에 구속된다면 아무리 선진적인 무기를 만들고 방위비를 증액하더라도, 결국 미국의 돌격대 역할을 하게 된다는 것인데, 그것이 어떻게 국방에서의 자주적 입장이 될 수 있겠느냐는 것입니다. 도리어 한국을 중국과 북과의 대결 전쟁으로 끌어들여 민족의 생존마저 위기에 빠뜨린다는 점에서 더한 매국 행위가 아니고 무엇이겠습니까?

한국의 정치판이 이런 상황이라면, 기존의 반동세력과 배신세력에 의지하여 풀어가려고 하는 모습이 과연 합당하겠느냐 하는 것입니다.

결국 세계 정세와 한국 정세의 흐름을 볼 때, 지금 시기는 지난날과 같은 연장선상에서 미봉책을 반복할 것이 아니라 분명한 단절을 전제로 새로운 접근 방식이 요구된다는 것입니다. 다시 말해 주권을 고수하여 민의 생명과 재산, 권리를 지켜야 한다는 원칙적이고 혁신적인 입장을 분명히 세워야만 한국의 제반 문제를 해결할 수 있는 실질적 개혁의 길로 갈 수 있다는 것입니다.

물론 한국 사회가 오랫동안 외세와 매국노가 주인 행세하는 방식으로 굴러왔던 조건에서, 단번에 이런 원칙적이고 혁신적인 입장을 관철하기는 쉽지 않을 것입니다. 하지만 미국에 기대거나 반동세력과 배신세력에 맡겨서는 한국 사회의 난제가 풀리지 않는다는 것이 너무도 명백하게 밝혀진 조건에서 새로운 길을 개척해야만 합니다. 한마디로 주권을 고수하여 민의 생명과 재산, 권리를 지켜내는 세력을 형성하기 위해 새판을 짜야 한다는 것, 바로 이것이 지금의 세계 정세와 한국의 정세에 부합한다는 것입니다. 그것도 몇몇 사람의 각성에 그칠 것이 아니라 광범위한 대중적인 힘으로 추진되어야 합니다.

비록 이 길이 평탄하지는 않겠지만, 한국의 민은 빛의혁명을 성공시켰던 저력을 가지고 있고, 또 민이 모든 삶의 영역에서 직접 주인의 권리를 누리고 행사하는 것이 시대적 흐름으로 자리 잡은 조건에서, 이 방향을 인내성 있게 밀고 나간다면 그 승리의 길은 필연코 개척되고 말 것입니다.

# 10장 | 한미동맹과 전쟁 위험

## 1. 한미동맹의 현대화와 방위비 분담금 및 국방비 인상 요구에 어떻게 대처해야 할까?

2025. 8. 11.

한미 정상 간의 회담이 8월 25일 열릴 예정이라고 보도되고 있습니다. 이 회담에서 트럼프가 요구해 온 한미동맹의 현대화와 함께 방위비 분담금, 국방비 인상 문제가 핵심 의제로 다뤄질 것이라고 합니다. 그런데 이 사안들은 하나같이 한국의 정치·군사적 주권 문제와 맞닿아 있습니다. 그 때문에 지난번 관세 협상과는 달리 이번 정상회담은, 이재명 정부가 앞으로 나아갈 정치적 향방을 사실상 결정하는 첫 단추로 작동된다는 점에서 자신의 정치적 생명의 사활을 걸고 임해야 할 것입니다.

지난 관세 협상은 실제로 미국의 경제적 약탈과 수탈에 다름 아니었지만, 그렇더라도 아직 경제적 주권을 온전히 고수할 수 있는 경제적 기반을 확립하지 못한 상태에서 피치 못할 선택이라고 볼 수도 있었습니다. 당장 한국 경제의 파국을 막기 위한 불가피한 측면이 존재했다는 것입니다.

하지만 이번 정상회담에서 다뤄질 한미동맹 현대화, 방위비 분담금, 국방비 인상 문제는, 한국의 정치·군사적 주권 행사 여부와 관련되어 있습니다. 주권을 제대로 행사할 수 없는 조건에서 그 무엇을 하겠다고 말하는 것은 기만과 우롱에 지나지 않습니다. 그래서 이 문제를 어떻게 대하는가는 앞으로 이재명 정권이 어떤 방향으로 나아갈지를 결정하는 원칙적 입장과 직결될 수밖에 없습니다. 여기서 정치·군사적 주권을 확립하려는 입장을 분명히 견지한다면 한국 사회의 제반 문제를 해결하는 방향으로 나아가겠지만, 만약 그렇지 않고 미국의 압력에 굴복해 한미동맹의 현대화를 수용하고 방위비와 국방비 인상을 받아들인다면 그때로부터 이재명 정권에서의 사회 대개혁은 사실상 물 건너가게 될 것입니다.

한미동맹의 현대화란 미명하에 미국의 정치·군사적 압박을 받으며 주권도 행사하지 못한 채 방위비 분담금과 국방비 인상으로 미국에 돈을 갈취당하는데, 거기서 어떻게 민생과 민주주의, 평화, (국)민통합이라는 사회적 요구가 실현될 수 있겠느냐는 것입니다. 당장 재정 여력이 고갈되니 민생이 어려워질 것이고, 그 결과 사회적 갈등이 증폭될 것입니다. 그러면 결국 민의 요구를 짓밟는 방식으로 나오게 될 것이고, 이를 정당화하기 위해 한반도와 동북아의 평화가 아니라 대립과 대결, 전쟁 분위기가 고취될 것인데, 거기서 어떻게 민주주의가 실현되고 (국)민통합이 이뤄지겠습니까? 이것은 결국 한국 사회의 붕괴를 야기하고 말 것입니다. 이런 귀결이 뻔히 예상되는 상황이라면, 이재명 정부가 트럼프 정부의 요구에 대해 어떤 태도를 취하는가는 사실상 정권의 향방을 결정하는 첫 단추를 끼우는 시험대가 될 수밖에 없을 것입니다.

그러면 이재명 정부는 어떤 입장을 취해야 하겠습니까? 여기서 그 답은 명확합니다. 이재명 정권은 윤석열의 내란 범죄에 맞서 일어난 민의 촛불항쟁으로 탄생한 정부이기 때문입니다. 그래서 이재명 정부는 내란 세력 청산과 사회 대개혁을 성공시켜야 할 책무가 있습니다.

그런데 내란 세력 청산과 사회 대개혁은 동전의 양면 관계입니다. 물론 내란 세력 청산과 정치·군사적 주권을 찾는 문제는 표면적으로 보면 떨어진 문제처럼 보입니다. 내란 세력 청산은 한국 내부의 문제이고, 정치·군사적 주권을 찾는 문제는 미국과 관계된 문제이기 때문입니다. 하지만 미국의 정치·군사적 압박이 통용되는 이유는 한국 내부에서 미국의 앞잡이 역할을 하는 매국노가 있기 때문입니다. 그 때문에 그 앞잡이 역할을 하는 매국노를 청산하고 미국의 간섭과 압박을 차단시켜야 합니다. 그렇다면 그 핵심적 귀결은 미국의 정치·군사적 압박에서 벗어나 주권을 확립하는 방향으로 나아가는 데 있을 것입니다.

실상 한국 사회에서 내란 범죄가 일어나는 과정은 미국의 세계유일패권의 위기와 관련되어 있습니다. 미국은 세계유일패권 체제를 형성하기 위해 세계화 정책을 폈고, 그 과정에서 수직적 협력 체제인 국제카르텔을 형성시켰습니다. 그런데 자신들의 패권 체제가 위기에 처하자, 수직적 협력 체제를 맺고 있는 동맹국들을 약탈·수탈함으로써 돌파하고자 하고 있습니다.

이렇게 동맹국들을 약탈·수탈하는 방식으로 나오니 각 동맹국들의 민은 대항하지 않을 수 없습니다. 특히 식민지매국사회는 그 모순이 더욱 격화된 관계로 그 저항은 더욱 격렬하지 않을 수 없습니다. 바로 여기서 트럼프가 동맹국들을 강박해서 약탈하고 수탈하는 방식으로 그 위기를 벗어나고자 한 것처럼, 윤석열은 한국의 민을 짓밟으면서 자신의 권좌를 유지하려고 했던 것입니다. 트럼프의 동맹국에 대한 수탈·약탈 방식과 윤석열의 내란 범죄는 상관관계가 있다는 것입니다.

이것은 이재명 정부가 출범한 이후에도, 내란 세력의 반항이 여전히 지속되면서 트럼프의 강압적 약탈 방식이 서로 일맥상통하게 강화되어 전개된다는 측면에서도 확인할 수 있습니다.

박근혜가 국정농단을 저질렀을 당시에는 집권 여당이라고 해도 일부를 제외하고는 거의 대다수가 탄핵에 동참했습니다. 그런데 현재 국민의힘이 보이는 모습은 윤석열이 탄핵받고 구속되어 있는데도 반항하며 준동하고 있다는 것입니다. 나라의 주인인 민을 짓밟고자 했던 내란 행위가 정당했고, 조선과의 대립과 대결을 명분으로 한미동맹을 강화해야 한다며 미국의 지배와 간섭을 계속 받아야 한다고 주장하고 있다는 것입니다.

원래 상식적인 이치에서 볼 때, 자신들에게 불리한 정세가 조성된 시기에는 일단 전술적 후퇴를 취한 다음 조직을 재정비한 뒤 다시 진출하는 것이 일반적인 대응입니다. 그런데 이들은 이런 상식적인 이치마저 부정하고, 적반하장 격으로 자신들의 정당성을 강변하는 방식으로 나오고 있다는 것입니다.

그러면 왜 이들은 이렇게 무리하게 나오는 것일까요? 그것은 한국 사회가 전면적인 사회 대개혁이 이뤄질 것으로 예측되기 때문입니다. 이런 흐름이 형성되면 어차피 자신들의 기득권 유지가 불가능하다고 보고 있다는 것입니다. 이런 상황에서 마지막 발악이라도 해야만 사회 대개혁을 늦출 수 있다고 판단하고 있는 것입니다.

이런 이들의 모습은 트럼프의 행보와도 유사합니다. 트럼프는 1기 정부에서 국익우선주의 정책을 들고나왔다가 내외의 반대에 부닥쳐 결국 정권을 내주었습니다. 하지만 그 이후 등장한 바이든 정부 또한 미국의 유일 패권적 지배 체제의 위기를 극복할 방안을 마련하지 못했습니다.

이미 세계적 추세는 민이 개인과 집단, 나라와 민족 단위의 모든 영역에서 주인의 권리를 누리고 살아야 한다는 방향으로 자리 잡고 있으며, 그에 따라 각 나라와 민족은 이제 제국주의적 침략과 약탈을 받을 대상이 아니라, 자신의 독자적인 정치 경제 체제를 확립하여 주권을 행사하는 주체로 서야 한다는 요구가 보편화되고 있습니다. 그런데 이를 부정하고 유일패권적 지배 체제를 유지하고자 하니 그게 가능하겠냐는 것입니다. 그렇다면 서로의 주권을 존중하고 자주와 평화, 친선에 기초한 새로운 국제 질서를 수립하는 방향으로 나아가야 했을 터인데, 그렇지 않았으니 실패할 것은 당연했다는 것입니다. 그렇다면 응당 바이든 정부로부터 교훈을 되찾아야 하건만, 트럼프 정부는 여기에서 동맹국들을 향해 극단적인 약탈과 수탈 체제를 강박하지 않으면 결국 유일패권 체제가 무너지게 될 것이라는 판단 아래 무모한 도박을 벌이는 방향으로 나아가고 있습니다.

이것을 보면, 내란 세력이나 트럼프 정부의 모습은 하나같이 자신들의 지배 체제가 붕괴되는 위기 상황을 맞아 마지막 발악을 하고 있다는 점에서 서로 일맥상통하다는 것입니다. 하지만 마지막 발악은 허약성의 표현이지 강대성이 아닙니다.

이미 세계적 추세가 미국의 유일 패권적 지배 체제가 붕괴되는 상황으로 흘러가고 있고, 한국에서도 사회 대개혁이 대세로 되고 있는데, 마지막 발악을 한다고 해서 그것이 막아지겠습니까? 사마귀가 앞발을 들고 수레를 막는다고 해서 막을 수 있겠느냐는 것입니다. 그것은 자기 파멸을 재촉하는 꼴이 될 것입니다.

하여튼 이런 일맥상통성은 촛불항쟁으로 이재명 정부가 등장했는데도 내란 세력이 여전히 반항하며 준동을 이어가자, 미국이 한국에서 그 무슨 부정선거가 자행되었다느니, 윤석열에 대한 인권 침해가 있어서는 안 된다는 등 내란 세력의 주장을 거듭하며 내정간섭을 벌이는 모습에서 확인됩니다. 이뿐만 아니라 트럼프 정부가 직접 관세 압박을 비롯해 한미동맹의 현대화란 이름으로 방위비 분담금과 국방비 인상을 요구하며 정치·군사적 압박을 가하는 데서도 동일한 흐름이 드러나고 있습니다.

이렇게 내란 세력의 준동과 트럼프의 정치, 경제, 군사적 압박이 서로 긴밀하게 맞물려 진행되고 있는 조건에서, 결국 이를 해결하자면 내란 세력의 청산과 함께 미국의 간섭과 압박에서 벗어나 주권을 되찾는 문제를 하나의 과제로 연결해서 풀 수밖에 없다는 것입니다.

실상 내란 세력을 청산하고 난 이후에 미국과 대치 전선을 형성하면 얼마나 좋겠습니까? 하지만 미국의 패권주의 세력과 미국의 앞잡이 역할을 하는 매국노들은 한국 정부와 민이 제대로 처리할 시간을 주지 않고, 서로 일맥상통하게 움직이며 다시금 굴복을 강요하기 위한 각종 압박을 가해오고 있습니다. 이번 관세 인상에 대한 압박만 해도 그런 공모의 모습이 나타났습니다. 한국의 처지로서는 아직 준비가 제대로 되어 있지 않은 관계로 시간을 벌며 협상하는 방식이 유리했다고 할 수 있습니다. 그럼에도 미국의 관세 인상 압박이 들어오자, 미국의 앞잡이 역할을 하는 매국노들은 미국과의 관세 협상을 시급히 하기 위해 이재명 대통령이 직접 나서야 한다는 등의 헛소리를 늘어놓고 나왔습니다. 한마디로 미국과 한패가 되어 나섰다는 것입니다.

이런 상황에서 내란 세력 청산과 주권 회복 문제가 어떻게 떨어질 수 있겠느냐 하는 것입니다. 결국 서로 연결시켜서 풀어가야만 한다는 것입니다.

이것은 다름 아닌 트럼프 정부가 이번에 예정된 한미 정상회담에서 한미동맹의 현대화를 내세우며 방위비 분담금과 국방비 인상을 강력하게 요구하고 있는데, 그 내용이 도대체 무엇을 의미하고 있는가를 살펴보면 확연히 알 수 있습니다.

'한미동맹 현대화'라고 표현하니, 뒤떨어진 기존 동맹 관계를 변화된 현대적 상황에 맞게 고쳐가자는 것처럼 보이지만, 미국이 주장하는 현대화는 이런 것과 전혀 상관이 없습니다. 도리어 정치 군사적 측면에서 약탈적 성격을 한층 노골화한다는 점에서 근대적인 것보다 더 퇴락한 모습일 뿐입니다. 트럼프가 주장하는 현대화는 현재 미국의 유일 패권적 지배 체제가 위기에 처했으니, 동맹국들은 그 유지를 위해 무조건 복종해야 한다는 강박입니다. 그래서 자국의 방위는 자기 돈을 들여서 해결해야 하는 것은 당연하고, 거기에다가 미국의 위협이 되는 중국, 러시아, 조선과의 대결에서 미국이 이기도록 적극적으로 지원해야 한다는 것입니다. 그러니 방위비 분담금과 국방비를 인상해서 그 재원을 마련해 미국에 바쳐야 한다는 식입니다. 한마디로 미국의 패권 위기를 이유로 동맹국들이 몸과 재산을 바치라는 미국의 약탈적 요구에 무조건 복종하라는 것인데, 도대체 이런 깡패 같은 논리가 어떻게 통용될 수 있겠습니까?

그래도 예전에는 동맹이라는 명분 아래 미국이 지원을 좀 제공하고 있으니, 그에 상응한 대가를 지불해야 한다고 했을 때는 일정 정도 생각해 볼 점이라도 있었습니다. 그런데 이제는 자신들이 위기에 처하자 역할 분담론을 들고나오더니, 급기야 그마저도 집어치우고 무조건 미국을 위해 다 바치라고 강박하며 약탈하는 꼴이니, 이것을 어떻게 봐야 하겠습니까? 이건 마지막 발악이라고 표현하는 것 외에는 달리 설명할 길이 없습니다.

조폭 세계도 이런 식의 강탈을 하지 않습니다. 그렇게 하면 조직 자체가 얼마 못 가서 무너지고 말기 때문입니다. 이것을 보면 미국의 유일 패권적 지배 체제는 더는 지탱되지 못하고 붕괴될 것이 명확하다고 판단할 수 있습니다.

이렇게 얼마 가지도 못하고 붕괴될 나라를 보고 운명을 함께한다는 것은 대책 없는 미친 짓이라고 볼 수밖에 없을 것입니다.

그런데 여기서 트럼프의 강압에 굴복해 한미동맹의 현대화를 수용하고 방위비 분담금 인상과 국방비 인상을 받아들인다면, 단순히 대책 없는 짓거리만으로 그치지 않습니다. 트럼프의 강박은 정치·군사적 주권의 상실과 직결되어 있기 때문입니다. 다시 말해 한국은 미국으로부터 정치·군사적 주권을 행사하지 못하고 미국이 요구하는 대로 중국과 러시아, 조선과 싸워야만 합니다. 한국 민의 생명과 재산, 권리를 지키자면 주권을 제대로 행사해야 하는데 그런 길이 사실상 차단당한다는 것입니다. 그러니 국익을 추구하는 길은 사실상 불가능하게 됩니다. 국익을 추구하자면 중국과 러시아와의 경제 교류와 협력이 필수적이고, 조선과도 화해하고 단합하여 조국통일의 길로 나아가야 하는데, 그 길이 사실상 막히게 된다는 것입니다.

그뿐만 아니라 조선과 중국, 러시아까지 상대하는 꼴이 되어 한국의 안보는 더욱 불안해지게 될 것입니다. 안보가 취약해질수록 생존의 위협 앞에서 적대 세력과의 대립과 대결이 증폭되고, 그러면 그것이 서로 상승 작용을 일으켜 대립·대결을 위한 군사비가 늘어나게 됩니다. 군사비 증가는 곧 민생 파탄을 초래하고, 이를 억제하기 위한 통제와 탄압이 가해질 것입니다. 그러면 민주적 권리 또한 제약받게 될 것이고, 결국 한국 사회에서 목소리를 높이고 나타날 자는 미국의 앞잡이 역할을 하는 매국노일 수밖에 없게 될 것입니다. 다시 말해 내란 세력이 청산되는 것이 아니라 또다시 준동할 수밖에 없게 된다는 것입니다. 내란 범죄의 근원이 미국으로부터 주권을 제대로 행사하지 못하고 미국의 요구에 추종한 결과 발생하게 된 것인데, 다시 그런 세상이 재현되었다고 한다면, 거기서 내란 세력이 부활할 것은 불을 보듯 뻔하기 때문입니다. 그러면 이것은 결국 한국 사회가 윤석열 때나 배신정권의 시기로 회귀하는 것과 같은 상태가 발생하게 된다는 것입니다.

바로 이런 차원에서 트럼프가 한미동맹의 현대화란 명분으로 제기하는 방위비 분담금과 국방비 인상의 요구들은 절대 수용해서는 안 됩니다. 이것은 나라와 민족의 주권을 수호해야 한다는 측면에서 절대 양보할 수 없는 원칙적 입장의 문제라는 것입니다. 한마디로 트럼프의 정치·군사적 압박에 맞서서 주권을 찾는 방향으로 첫 단추를 끼워 나가지 못한다면, 내란 세력의 청산과 사회 대개혁의 과제는 좌초될 수밖에 없다는 것입니다.

그러면 트럼프의 정치·군사적 압박에 어떻게 대응해야 하겠습니까? 그것은 우선 한미동맹의 현대화가 아니라 한미동맹의 정상화를 요구해야 합니다. 정상적인 동맹이라면 당연히 주권을 행사해야 합니다. 주권도 행사하지 못하는 데 그게 제대로 된 동맹이라고 말할 수 있겠습니까? 그 때문에 한미동맹의 정상화를 위해 한국이 명실상부하게 주권을 행사할 수 있도록 그간 잘못 형성된 불평등한 협정과 조약을 개정하자고 주장해야 합니다. 만약 이를 받아들이지 않는다면 참다운 동맹을 바라지 않는다는 뜻이므로 그런 동맹은 원치 않으니 파기하겠다고 해야 합니다.

이렇게 주권을 제대로 행사하는 관계로 한미동맹의 정상화를 추진하면서 방위비 분담금 문제를 따져보아야 합니다. 여기서 국방비 인상 문제는 협상의 대상이 될 수 없습니다. 왜냐하면 국방비를 얼마나 설정할 것인가는 한 나라의 주권 행사와 관련된 문제이기 때문입니다. 단지 방위비 분담금 문제는 서로 동등한 조건에서 주권을 행사하는 가운데 공동의 이익을 추구하고 있다면, 바로 거기서 서로의 기여 부분에 대해 일정한 분담을 하는 것은 당연한 이치이기 때문입니다.

그러면 방위비 분담금 책정은 어떻게 하는 것이 합리적이겠습니까? 여기서 미국이 요구하는 '한미동맹의 현대화'의 실내용을 살펴보면, 조선과의 대결을 위한 방위는 철두철미 한국이 전담해서 처리하고, 나머지 중국과 러시아의 대결에 대해서도 일정 부분을 부담해야 한다고 요구하고 있다는 것입니다. 그런데 주한미군은 주되게 중국과의 군사적 대응을 위한 차원으로 운용하겠다고 하고 있습니다. 이것을 보면, 한국이 얻는 것은 거의 없고 오직 미국만이 이익을 취하고 있으니, 방위비 분담금을 전적으로 미국이 부담해야 한다는 것은 너무나 당연한 결론이라고 할 수밖에 없습니다. 그런 차원에서 방위비 분담금은 미국이 얼마를 부담하는 게 적절한가를 놓고 따져보는 것이 이치에 적합하고, 만약 이를 수용하지 않겠다면 그냥 나가라고 하는 것이 합당하다는 것입니다.

물론 이런 입장은 양보할 수 없는 원칙적인 요구이지만, 이를 관철시키자면 한반도와 동북아의 평화가 보장되든가, 그렇지 않으면 최소한 한국이 전쟁에 휘말리지 않을 대책을 마련해야만 가능합니다. 당장 전쟁이 일어날 것 같고 여기에 한국이 휘말릴 수밖에 없는 상황이라면, 아무리 원칙적인 요구라고 해도 안보와 생존의 위협 앞에서 관철하기가 힘들게 된다는 것입니다. 그래서 사실상 대책을 명확히 취하지 않는다면 원칙적 입장을 관철시킬 수 없다는 것이고, 동시에 주권을 회복할 의지가 없음을 보여주는 행위가 될 수밖에 없습니다. 바로 여기서 내란 세력 청산과 사회 대개혁이라는 역사적 책무를 완수하려고 한다면, 한반도와 동북아의 평화를 담보하거나 한국이 전쟁에 휘말리지 않을 방책을 취하는 것이 중대한 요구로 제기된다는 것을 알 수 있습니다.

그러면 한반도와 동북아의 평화를 담보하거나 한국이 전쟁에 휘말리지 않을 방책이 무엇이겠습니까? 그것은 상대방을 적대해서 침략하지 않겠다는 의사를 공공연하게 표명하는 것입니다. 물론 말로만 한다고 해서 믿을 나라는 없습니다. 그것을 행동으로 표출해야 합니다. 그것은 미, 일 등 외세와의 군사훈련을 중지하는 것입니다.

힘이 약한 나라들이 상호 동등한 주권을 전제로 군사훈련을 실시할 경우, 이것은 힘센 나라의 침입을 막기 위한 방어적 조치라고 일정 정도 수긍할 수 있습니다. 그런데 군사 주권도 행사하지 못하는 나라가 힘센 국가, 그것도 세계 유일패권을 행사하려고 하거나 옛 군국주의적 야망을 품고 있는 강대국과 공동 군사훈련을 한다면 도대체 어떤 나라가 그것을 침략 행위에 동참하지 않는 모습이라고 바라보겠습니까? 한국이 미국이나 일본과 공동 군사훈련을 벌인다면 조선과 중국, 러시아는 결코 한국 정부의 말을 믿지 않을 것입니다. 그러면 원치 않지만 한국은 전쟁에 휘말리지 않을 수 없습니다. 바로 여기서 전쟁에 휘말리지 않을 방법은 조선과 중국, 러시아와 적대하지 않고 침략 행위에 가담하지 않겠다는 입장을 분명하게 천명함과 동시에, 실질적으로 미국과 일본 등의 외세와의 군사훈련을 하지 않고 중지하는 것입니다. 이것이 한반도와 동북아의 전쟁에 한국이 휘말리지 않을 방안이라는 것입니다.

물론 한국이 그렇게 한다고 해서 곧바로 조선과 중국, 러시아가 한국과 보조를 맞춰서 나올 것이라고 단정 지어 말할 수는 없습니다. 하지만 조선과 중국, 러시아가 한국의 진정성 있는 모습을 보인다고 할 때, 무조건 반대하고 나올 이유도 없다는 것입니다. 왜냐하면 이들 나라가 정말 위협적으로 여기는 나라는 미국이지 한국이 아니기 때문입니다.

실제로 이재명 정부가 조선과의 관계가 경색된 상황을 완화하기 위해 먼저 대북방송을 중단하자 조선도 대남방송을 중단했고, 확성기를 철거하자 그에 상응하게 확성기를 철거하는 모습을 보이는 것은, 그런 길이 열릴 가능성이 있음을 보여주는 격이라고 할 수 있습니다. 이런 성과들을 토대로 한반도가 전쟁에 휘말리지 않을 방향을 찾는다면 못 찾을 것도 없다는 것입니다. 게다가 중국과 러시아는 대국으로서 한국의 침략을 걱정하는 것이 아니라, 미국의 침략에 한국이 놀아나는 걸 못마땅해하는 것이기에, 한국이 그런 군사적 행위에 가담하지 않겠다고 한다면 여기에 상반되게 나올 이유가 없다는 것입니다.

물론 한국이 적대 정책을 추구하지 않고 침략 행위에 동참하지 않는다고 해서, 외부의 침략 가능성이 완전히 사라진다고 장담할 수는 없습니다. 그 때문에 침략적인 형태의 외세와의 군사훈련을 하지 않는다고 하더라도, 자국 방위를 위해 자체의 군사력을 강화하고 군사훈련을 하는 것은 지극히 당연하다 할 것입니다. 이것은 한국의 방위는 한국 스스로 책임져야 한다는 미국의 주장과도 논리적으로 충돌하지도 않습니다. 그럼에도 왜 몸과 재정을 바쳐 중국과의 대결 구도에 휘말려 우리의 생존마저 위협받게 만들 이유가 어디에 있겠느냐는 것입니다.

바로 여기서 전쟁에 휘말릴 수 있는 공동의 군사훈련을 하지 않는 것이 불가피한 요구로 제기되는데, 그러자면 주한미군을 철수시키는 것밖에 없다는 것을 알 수 있습니다. 미국이라는 나라가 한국에 주한미군을 주둔시키는 근본 목적이 중국을 주되게 겨냥하여 세계유일패권을 유지하려는 것이니, 그 주둔 자체가 필연코 침략성을 드러낼 수밖에 없기 때문입니다. 그래서 한국이 전쟁에 휘말리지 않는 방법은 결국 미군이 주둔하는 경우에 주둔비와 방위비 분담금을 받는 수준으로는 해결되지 않고, 궁극적으로 철수시켜야만 된다는 결론이 나올 수밖에 없게 됩니다. 당연히 한국은 한반도와 동북아의 전쟁에 휘말리지 않겠다는 의사를 표명하고 또 진정성 있는 행동까지 보여주어야 하겠지만, 동시에 자체의 군사훈련을 진행하면서 자체의 군력을 키워가는 것은 필수적인 요구로 됩니다.

그러면 이러한 방향으로 나아갈 경우, 과연 미국은 한국의 요구를 순순히 들어줄까요? 그 대답은 그렇지 않을 것이라고 보는 게 명확할 것입니다.

한국의 내란 세력은 한국 민의 요구에 순순히 굴복하지 않았습니다. 내란 수괴가 구속되었는데도 지금도 반항하고 나오고 있지 않습니까? 그렇듯이 한국이 주권을 제대로 행사해서 잘못된 한미 관계를 바로잡으려고 나오면, 미국의 트럼프 정부 역시 더욱더 강압과 협박을 가하고 나올 것이 뻔합니다.

바로 여기서 방법은 맞서 싸우는 것밖에 없습니다. 내란 범죄가 일어났을 때 맞서 싸우지 않았다면, 많은 사람들은 윤석열의 내란 세력에 의해 불귀의 몸이 되고 말았을 것입니다. 마찬가지로 미국의 압력에 싸우지 않는다면 한국은 여전히 미국의 지배 아래에서 벗어나지 못할 것이고, 그런 관계로 해서 또다시 미국의 앞잡이 역할을 하는 매국노와 내란 세력이 득세하는 세상이 오게 될 것입니다. 그러면 한국 사회는 더 이상 회복 불능의 암흑천지로 변하게 될 것입니다.

이런 파국을 맞지 않으려면 미국과 당당하게 맞서 싸워야만 합니다. 그것도 전 민의 단합된 힘으로 싸워야 합니다. 결코 정부만의 힘으로 이겨낼 수는 없습니다. 오직 민의 힘을 믿고 민과 함께했을 때 내란 세력을 제압할 수 있었듯이, 전 민의 단합된 힘을 믿고 싸워간다면 미국으로부터 주권 회복 또한 가능하다는 것입니다.

그렇다면 이재명 정부는 민을 믿고 민과 함께 미국과의 한판 싸움을 준비해야 할 것입니다. 바로 이것이 첫 단추를 제대로 끼우는 공정이 된다는 것입니다. 그러자면 한미 간의 논의를 투명하게 공개해야 합니다. 정보가 투명하게 공개되지 않으면 민이 나설 수가 없습니다. 게다가 협상 과정에서 누가 민의 요구를 배신하고 미국의 앞잡이 역할을 하는지도 알 수 없습니다. 그러면 결코 이길 수 없다는 것입니다.

내란 범죄를 이겨냈던 힘도 민을 믿고 함께 나섰을 때 가능했던 것처럼, 미국과의 모든 협상 과정을 투명하게 공개하고 민과 함께 나아가는 길만이 이겨낼 수 있는 유일한 방도라는 것입니다. 이 세상에서 한국 사회의 문제를 해결할 수 있는 실질적 힘은 그 누구도 아닌 한국 민밖에 없기 때문입니다.

내란 세력이 여전히 준동하고 있는 조건에서, 미국의 강압과 압력이 가해지면 이에 호응해 내란 세력과 매국노들은 이재명 정부와 한국 민을 굴복시키기 위해 온갖 짓거리를 다하고 나올 것이 불을 보듯 뻔합니다. 한마디로 외세와 매국노들이 한통속이 되어 한국의 참다운 사회 대개혁을 가로막기 위해 혈안이 되어 날뛸 것이 명확하다는 것입니다.

이렇게 외세와 매국노들이 한 패거리가 되어 나올 것이 자명한 상황에서, 여기서 민이 굳게 단합하지 못한다면 어떻게 그들의 방해 책동을 극복할 수 있겠습니까? 진정 이재명 정부가 내란 청산과 사회 대개혁의 역사적 소임을 다하겠다고 한다면, 진정으로 민을 믿고 민과 함께하는 길로 나아가야 합니다.

이제 방향은 분명해졌습니다. 이번 한미 정상회담을 계기로 이재명 정부가 첫 단추를 어떻게 끼우는가에 따라 한국 사회의 향방이 어느 방향으로 결정될 것인지 가늠할 수 있게 된다는 것입니다. 그렇다면 이런 절체절명의 시기에 이재명 정부만 넋 놓고 쳐다보고 있을 수만은 없습니다. 사회와 역사의 주체이자 나라의 주인인 민이 들고일어서야 합니다. 내란 세력 청산과 사회 대개혁을 실현하고 미국으로부터 정치·군사적 강압과 압박에서 벗어나 주권을 되찾기 위해 일어서야 합니다. 그러자면 애민·애국의 기치에 근거해 내란 세력 청산과 미국으로부터 정치·군사적 주권 수호를 위한 범(국)민적 연대·연합체를 결성해 가야 합니다.

여기서 애민·애국의 기치로 단합해야 하는 이유는, 내란 세력과 한국의 정치·군사적 주권을 유린하는 세력이 다름 아닌 외세와 매국노이기 때문입니다. 그래서 이들을 반대해야만 미국의 정치·군사적 압박에서 벗어나 주권을 찾을 수 있고, 내란 세력을 철저히 청산할 수 있다는 것입니다.

애민·애국의 기치로 내란 세력 청산과 미국으로부터 정치·군사적 주권 수호를 위한 범(국)민적 연대·연합체를 결성해 나간다면 이재명 정부가 미국과의 협상에서 주권정부로서 당당하게 임할 수 있도록 고무해 줄 것입니다. 설사 이재명 정부가 그 길로 나아가지 않는다고 해도, 민이 단합해 행동하는 한 내란 세력 청산과 주권 수호, 그리고 사회 대개혁의 과제는 중단되지 않고 시대적 추세로 형성될 것입니다. 바로 여기서 내란 세력 청산과 미국으로부터 주권 수호를 위한 범(국)민 연대·연합체를 전국적으로 결성해 나갈 과제가 절실히 제기되고 있으며, 이 과제의 해결을 위해 적극 노력해 간다면 민의 단합은 더욱 굳건해질 것입니다. 그러면 이재명 정부가 한미 정상회담에서 첫 단추를 옳게 끼울 수 있도록 고무하면서도, 끝내 내란 청산과 사회 대개혁을 한국 민의 손으로 완수하는 길로 나아가게 할 것입니다.

## 2. 이재명 정부의 한미 관세 협상 결과를 보고 무엇을 생각해야 하는가?

2025. 8. 4.

이재명 정부와 트럼프 정부가 관세 협상을 전개하였습니다. 구두 협약인 관계로 서로 다른 주장이 나오고 있기는 하지만, 협상의 개략적 틀은 잡혔다고 볼 수 있습니다. 그것은 상호 관세를 25%에서 15%로 조정하는 대신, 한국이 미국에 3,500억 달러를 투자한다는 것입니다. 여기에서 1,500억 달러는 조선업계에, 나머지 2,000억 달러는 펀드 형식으로 반도체, 원전, 2차전지, 바이오 등에 투입하겠다는 것입니다. 거기에 더해 1,000억 달러 규모의 미국산 LNG를 수입하기로 하였으며, 다만 철강, 구리, 알루미늄은 예외적으로 50%의 고율 관세가 적용된다는 것입니다. 쌀과 소고기 문제에 대해서는 한국은 수입하지 않기로 했다고 주장하지만, 미국은 향후 검역 조건의 완화 등을 통해 전면적 개방을 추진하겠다는 뜻을 밝히고 있습니다. 그리고 미국 내 투자 수익의 귀속을 두고서는, 미국은 자신들이 90%를 가져가겠다고 하고, 반면에 한국은 재투자 개념으로 이해해야 한다고 설명하고 있습니다.

하여튼 서로 달리 주장하는 부분은 제쳐두고라도 서로 대략 합의한 측면만을 놓고 판단할 때, 이를 어떻게 평가하느냐는 매우 중요하다고 할 수 있습니다. 이 평가에 따라 향후 대외정책의 향방이 결정되기 때문입니다.

그런데 이재명 정부는 이번 관세 협상이 매우 성공적이었다고 자평하고 있습니다. 일본은 5,500억 달러, EU는 6,000억 달러를 투자한 것과 비교할 때, 한국은 4,500억 달러 수준의 투자로 관세를 똑같이 25%에서 15%로 인하했고, 쌀과 소고기는 수입하지 않겠다는 요구를 관철시켰으며, 의약품과 반도체는 품목 관세가 부과되어도 최혜국 대우를 받게 되었기 때문이라는 것입니다. 그런데 한국이 일본과 EU와 똑같이 미국으로부터 흑자를 냈다고 하더라도 GDP 등의 경제 규모가 이들 나라보다 현저히 적다는 사실입니다. 그러니 4.500억 달러의 투자는 한국의 처지에서 볼 때 과중한 부담이 될 수밖에 없습니다. 게다가 일본과 EU는 2.5%의 관세를 적용받고 있었지만, 한미 관계는 FTA 체결로 무관세가 적용된 상태였습니다. 그런데 이에 대해 전혀 인정을 받지 못했다는 사실입니다. 아울러 말로야 상호 관세라고 하지만, 한국은 FTA에 따라 0%이고, 미국만 15%를 적용하므로 실질적으로는 일방적인 15% 관세 부과라고 봐야 할 것입니다.

상황이 이러한데도 선방했다고 보는 이재명 정부의 현실 인식을 어떻게 바라봐야 하겠느냐는 것입니다. 상황적 현실 인식을 문제 삼는 이유는, 바로 그것이 앞으로 국가 정책을 어떻게 풀어갈 것인지를 가늠할 수 있게 하는 푯대가 되기 때문입니다.

물론 이재명 정부가 들어선 지 얼마 안 되는 상황에서, 모든 문제를 정의에 기초해 올바르게 풀어가기를 요구하려는 것은 아닙니다. 어차피 국가 간의 문제는 현실적 역량 관계에 근거해서 해결해 갈 수밖에 없는데, 아직 그 기반이 충분히 갖춰지지 못한 조건에서 제약을 받게 될 것은 너무나 당연한 이치이기 때문입니다. 하지만 잘못된 결과를 잘못되지 않은 것처럼 인식하거나, 부당한 결과를 정당화하는 태도는 전혀 다른 차원의 문제입니다. 그것은 잘못된 것을 고치려고 하지 않겠다는 뜻이고, 그러니 앞으로도 그런 현실에 근거해 정책을 운영하겠다는 모습에 다름 아니기 때문입니다. 이런 입장이라면 이재명 정부에 대해 더 이상 기대할 게 없다는 것이 당연한 이치로 될 것입니다.

이렇게 볼 수밖에 없는 이유는 과거 한국 사회에서 반복되어 나타났던 배신정권의 모습에서 적나라하게 드러났기 때문입니다. 김영삼, 김대중, 노무현 정권은 군사독재 세력이 더 이상 맥을 추지 못한 이후, 자유와 평등을 실질적으로 누리는 방향으로 나아가야 했습니다. 그러자면 민이 개성을 가진 존재로서 집단을 구성하여 나라와 민족 단위로 살아가고 있기에, 이 모든 부분에서 주인의 권리를 누리고 살 수 있도록 제도와 질서 체계를 수립해 가야 했습니다. 그렇다면 이를 실현하는 기본 바탕으로 각종 대중단체의 이해와 요구가 국가 정책에 반영되도록 해야 했을 뿐만 아니라, 민의 삶에 결정적 영향을 미치는 핵심 영역은 국가적 소유로 관리하며 물질 경제적 혜택을 담보하는 방향으로 나아가야 했습니다. 아울러 이러한 과제를 실현하자면 주권을 제대로 행사해야 가능하기에 미국과의 불평등한 협정과 조약을 수정하여 주권을 되찾는 과정으로 나가야 했습니다.

하지만 이들 정권은 군사정권과의 차별성만을 내세웠을 뿐 이런 방향으로 나아가지 않았습니다. 도리어 외세의 세계거대독점자본과 이에 편승한 매국 세력들의 이해와 요구에 맞는 정책을 집행하여 나갔습니다. 그 대표적인 모습이 세계화 정책의 추진이었습니다.

세계화 정책의 추진으로 각종 대중단체의 이해와 요구는 짓밟히게 되었으며, 경제 주권도 현저히 약화되기에 이르렀고, 그 결과 미국으로부터 여전히 주권조차도 제대로 행사하지 못하는 상황에서 벗어나지 못했습니다. 한마디로 참답게 개혁하는 길로 나아가야 할 시점에서 잘못된 정치 경제적 구조를 바로잡기는커녕, 도리어 그 모순을 심화시키는 방향으로 나아갔던 것입니다.

그러니 배신정권이 민으로부터 지지를 받지 못하게 되는 것은 물론이고, 외세의 세계거대독점자본과 이에 편승한 매국 세력들의 힘이 더욱 커지는 것은 당연한 결과였습니다. 이로 인해 개혁은 실패로 돌아가고 반동정권인 이명박과 박근혜 정권이 등장하게 되었습니다.

이명박과 박근혜 정권은 김영삼, 김대중, 노무현 정권의 노선을 계속 이어받아 세계화 정책의 연장선상에서 세계거대독점자본과 매국 세력들의 이해와 요구를 더욱 철저히 추구하였습니다. 그뿐만 아니라 민의 삶에 결정적 영향을 미치는 영역마저 더욱 민영화하는 길로 나아갔고, 그 결과 경제적 주권을 지키기 위한 기반은 더욱더 약화되었습니다. 게다가 군사적 주권을 회복하기 위해 노력하기는커녕 이전 정권에서 추진했던 전시작전권의 반환마저 사실상 무기한 연장시켰고, 도리어 미국이 중국을 견제하기 위한 용도로 사용할 수 있는 사드까지 배치하는 길로 나아갔습니다. 더욱이 이들은 반동정권답게 형식적인 자유와 평등마저 사실상 불인정하는 군사독재 시절로 회귀하는 듯한 방향으로 나아갔습니다. 이런 과정에서 자기 패거리들의 이익을 추구하기 위해 국정농단까지 벌이게 되었던 것입니다. 그것이 바로 최순실의 국정농단 사건이었습니다.

이에 민은 촛불항쟁을 통해 박근혜를 탄핵하였고 문재인 정부를 세웠습니다. 그렇다면 문재인 정부는 지금까지의 잘못된 정치, 경제, 사회 구조를 철저히 개혁하여야 했을 것입니다. 하지만 문재인 정부는 말만 검찰개혁이요, 언론개혁이요 하며 수많은 개혁 담론을 들먹였지만 제대로 개혁한 것이 없었습니다. 도리어 그 기본 정책은 세계화 정책의 연장선상에서 외세의 세계거대독점자본과 매국 세력의 이해를 대변하는 정책을 그대로 집행하였습니다. 각종 대중단체의 이해와 요구를 국가 정책에 반영하려고 하지 않았을 뿐만이 아니라, 경제적 주권을 확립하기 위한 노력도 기울이지 않았고, 미국과의 불평등한 조약과 협정을 실질적으로 고치려고도 하지 않았습니다. 그러니 문재인 정권의 기만행위에 민은 분노하지 않을 수 없었습니다. 이런 기회를 틈타 또다시 반동정권인 윤석열 매국파쇼정권이 등장하게 되었던 것입니다.

그런데 윤석열 정권의 등장 시기는 국제질서에서 미묘한 변화가 일어나고 있었던 때였습니다. 세계화 정책의 추진으로 영원할 것 같았던 미국의 유일 패권 체제가 위기에 봉착하게 되었다는 사실입니다. 여기서 미국은 그 위기 탈출을 국익 우선주의라는 미명하에 동맹국에 부담을 전가시키고 약탈·수탈을 강화하는 방식으로 위기를 돌파하려고 하였습니다. 이를 정당화하기 위해 동맹국들을 추동시켜 세계적 차원에서 대립·대결을 불러일으키는 것이었습니다. 하지만 정작 자신들은 직접적으로 전쟁에 참여하려고 하지는 않았습니다. 이런 방식으로 되어야 동맹국들이 대결 구조에서 빠져나오지 못하고, 그로 인해 미국의 요구를 거부할 수 없게 만들 수 있었기 때문입니다.

유럽에서 우크라이나와 러시아와의 전쟁이 일어남으로써 EU가 러시아와의 대립·대결을 벌이게 되고, 결국 그런 관계로 EU는 미국의 약탈적 요구에도 제대로 대응할 수 없게 되었던 것입니다. 이런 형태는 동북아에서도 진행되었습니다. 대만 문제와 조선을 고리로 하여 중국·조선과의 대립을 격화시키며 일본, 한국, 호주 등을 여기에 결부시켜 빠져나가지 못하게 하는 방식이 전개되었던 것입니다.

미국이 이렇게 세계유일패권을 유지해 자기만 살겠다고 동맹국들에게 부담을 지우며 약탈·수탈에 의거하여 풀어가려고 한다면 어떻게 되겠습니까? 각 동맹국들의 경제적 위기는 가중될 것이고, 민생도 더욱 어려울 것이기에 그에 따라 민의 반발이 격화될 것은 당연할 것입니다. 결국 이것을 푸는 길은 미국과의 유착 관계를 끊어내야만 풀어진다는 것을 알 수 있습니다.

하지만 이들의 기반은 미국과의 유착 관계에 있는지라 그리할 수 없었습니다. 그러니 그 방법은 민의 반항을 짓누르는 방식으로 나올 수밖에 없게 됩니다. 그래서 이를 정당화하기 위해 더욱 대립·대결로 나아가게 되고, 그 극단은 전쟁으로 치닫는 것이었습니다. 우크라이나에서의 전쟁, 이스라엘의 팔레스타인 및 이란 침공, 그리고 한국에서 윤석열이 조선과의 대립을 고조시키며 전쟁 위기를 조성했던 것이 바로 그런 모습입니다.

하지만 한반도에서는 조선이 윤석열 정권의 대결적 행동에 군사적 대응을 자제한 관계로 전쟁은 불발되었습니다. 그러자 윤석열은 민을 억압하는 내란 범죄의 길로 나왔습니다. 하지만 그 범죄적 행위는 민의 항쟁으로 저지되었고, 결국 그 처벌을 받기에 이르렀습니다. 그리고 민은 윤석열의 내란 범죄에 대한 철저한 청산과 함께 사회 대개혁을 이룩하기 위해 이재명 정권을 탄생시키게 된 것입니다.

그렇다고 한다면 이재명 정부는 바로 내란 세력의 철저한 청산과 함께 사회 대개혁을 완수해야 할 것입니다. 그런데 여기에서 중요한 것은 내란 범죄와 사회 대개혁이 동떨어진 문제가 아닐뿐더러, 그 배경 자체가 바로 미국의 유일패권체제에 근거해서 수립된 한국의 정치, 경제, 군사 정책 구조와 관련되어 있다는 점입니다. 다시 말해 윤석열의 내란 범죄는 미국의 세계거대독점자본 세력이 자신들의 이익을 관철시키기 위해 한국에 강압적으로 요구할 때, 이를 거부하지 않고 편승한 정책이 누적됨으로써 한국 사회의 모순이 격화된 결과로 발생했다는 것입니다.

그렇다고 한다면 그 해결책은 미국의 유일패권적 지배 치제와 결탁되어 있는 구조적 고리를 끊어내야만 가능하다는 것을 알 수 있습니다. 그렇지 않으면 개혁이 실패할 수밖에 없다는 것입니다. 이것은 김영삼·김대중·노무현 정권에서 개혁이 실패하고 그 반동으로 이명박·박근혜의 반동정권이 등장했다는 사실, 그리고 박근혜를 촛불항쟁의 힘으로 탄핵시켜 문재정 정권을 출범시켰지만, 문재인 정부 역시 미국의 세계유일패권적 체제와의 결합 고리를 끊지 않음으로써 실패하고, 급기야 윤석열이라는 반동정권의 재등장을 허용했던 역사적 경험으로부터 명확히 증명되고 있습니다. 한마디로 미국의 유일패권적 지배가 관철된 형태로 형성되어 있는 한국의 정치적, 경제적, 군사적 구조를 근본적으로 고치지 않는 한 개혁은 성공할 수 없고, 그 개혁이 실패하게 되면 어김없이 반동정권이 재등장하였다는 점에서 명확히 알 수 있다는 것입니다.

바로 여기서 이번 이재명 정권이 미국과 전개했던 관세 협상에 대한 평가를 어떻게 하느냐가 중대한 문제로 제기된다는 것을 알 수 있습니다. 여기에서 어떻게 평가하느냐를 따지는 것은 지금 당장 벌어진 관세 협상을 놓고 잘했느냐, 못했느냐를 따지자는 것이 아닙니다. 어차피 협상은 말을 잘한다고 해서 되는 것이 아니라 힘의 역관계에서 결정됩니다. 그 때문에 협상 전략이 아주 잘못된 경우가 아니라면 거의 대부분 힘의 역관계를 반영하고 있다고 보아야 합니다. 벼랑 끝 전술을 구사하려고 해도 그만한 배짱과 담력을 가져야 하겠지만, 중요한 사실은 철저한 힘의 뒷받침이 없고서는 불가능하다는 것입니다.

그렇다고 한다면 그런 힘의 역관계 상황을 맞아 이를 어떻게 인식하고, 앞으로 어떤 방향으로 풀어가려고 하느냐는 중요한 의미를 갖게 됩니다. 지금은 비록 불리한 협상을 했지만, 추후에는 결코 그런 협상을 하지 않겠다는 방향성을 견지할 것인지, 아니면 앞으로도 기존과 같은 방식으로 계속 협상할 것인지를 가늠해 주기 때문입니다. 그런 의미에서 냉정한 현실 인식이 명확하게 확립되어야 합니다. 냉정한 현실 인식에 기반하지 않는다면 거의 기대할 것이 없기 때문입니다. 현실 인식이 잘못되어 있는데, 거기에서 그것을 고치기 위한 정책적 노력이 제대로 진행될 리 만무하기 때문입니다.

물론 이재명 정부가 관세 협상을 두고 선방했다고 평가한 것만으로 그 현실 인식의 성격을 명확하게 진단할 수는 없습니다. 선방했다는 의미가 양면적이기 때문입니다. 분명 잘못된 협상이지만, 지금 상황에선 넘어갈 정도는 된다는 뜻일 수 있어 앞으로는 불리한 협상을 하지 않기 위한 준비를 해나가겠다는 의지를 담고 있을 수도 있고, 다른 한편으로는 지금의 현실을 인정한 상태에서 합당한 선택이었고, 그래서 앞으로도 이런 연장선상에서 협상하겠다는 뜻으로 간주될 수도 있기 때문입니다.

　그렇다고 한다면 이번 협상에서 선방 여부를 따지는 것보다 관세 협상을 둘러싼 지금의 현실 인식이 어떠한가가 더 중요하다는 것을 알 수 있습니다. 지금 미국과의 관세 협상을 전개하는 현실을 어떻게 놓고 바라보느냐에 따라 향후 대응이 달라지기 때문입니다.

　그러면 지금 미국과의 관세 협상 방식을 어떻게 봐야 하겠습니까? 이것은 어떻게 보더라도 관세 인상을 통해 미국이 동맹국들에게 경제적 수탈과 약탈을 자행하기 위한 것이라고 볼 수밖에 없습니다. 그럴 수밖에 없는 이유는 미국이 지금껏 세계화 정책의 집행을 강요하며 세계거대독점자본의 이익을 맘껏 추구해 놓고, 이제 와서 그 유일패권적 지배 체제가 위기에 처하자 동맹국에 대한 수탈·약탈을 통해서 풀어가고자 하고 있기 때문입니다.

　그러면 EU와 일본, 한국 같은 동맹국들은 그 부당한 요구에 대해 따지며 반대해서 싸워야 할 것인데, 왜 그렇게 하지 못하고 굴복하느냐 하는 것입니다. 그 이유는 국제카르텔이 미국의 유일패권적 지배 체제를 근거로 해서 형성되었기에 미국의 세계거대독점자본의 힘이 없이는 국제카르텔 구조가 제대로 유지·작동될 수 없기 때문입니다. 바로 여기에서 미국과 EU, 일본, 한국과의 관계에서 힘의 역관계와 위상이 명확하게 드러납니다. 그래서 국제카르텔 체제 속에서는 미국과 어떤 협상을 벌이더라도, 그 결과는 미국의 강박과 압박이 통하는 방식으로 귀결된다는 것입니다. 따라서 그 강압과 압박을 받지 않으려면 미국의 유일패권적 지배 체제와 연결되어 형성된 국제카르텔 구조에서 벗어나야만 가능하다는 것입니다.

여기서 왜 김영삼, 김대중, 노무현, 문재인 정권이 개혁한다고 그토록 소리높여 외쳤으나 실패하고, 이명박, 박근혜, 윤석열 같은 반동정권이 등장하는 상황으로 귀결되었는지 이해할 수 있습니다. 미국의 유일패권적 체제라는 연결 고리를 끊지 않고 결부되어 진행된다면 사실상 개혁이 물 건너가게 된다는 것입니다. 한마디로 한국 민의 이해와 요구에 기반한 독자적인 정치, 경제적 노선을 확립하고 추진하지 않는 이상, 개혁은 사실상 실패할 수밖에 없다는 것입니다.

게다가 지금까지 미국은 세계유일패권적 지배 체제를 형성하기 위해 직접적이고 전면적으로 수탈하기 위해 세계화라는 보편적인 정책을 밀어붙였습니다. 그런데 지금 트럼프 정권은 그런 보편적 원리도 다 파기하고, 오직 자국과 특정 세력에게만 유리한 불공정한 패권 정책을 강박하고 있습니다. 그러면 그 후과는 더욱 가중될 수밖에 없을 것입니다.

여기서 곰곰이 따져볼 때, 세계화 정책이라는 보편적 방식을 통해 국제카르텔까지 형성하며 구축한 세계유일패권 체제조차 오래 지속되지 못하고 붕괴되는 위기 상황에 직면했습니다. 그런데 이를 해결하기 위해 나온 방식이 어떤 보편적 원리에 근거한 것도 아니고, 오직 강압을 동반한 불평등한 약탈을 통해 해결하겠다고 한다면 과연 그게 가능하겠느냐는 것입니다. 아마 이런 체제는 얼마 가지도 못해 모순이 격화되어 붕괴되고 말 것입니다. 그렇다면 이렇게 머지않아 붕괴될 게 뻔한데, 거기에 기초해 경제적 문제를 풀어가려는 모습이 맞겠느냐는 것입니다.

그렇다면 결국 그 해결 방식이 어떻게 되어야 하냐는 것입니다. 여기서 트럼프가 들고나온 방식을 유심히 살펴볼 필요가 있습니다. 분명 트럼프가 자국의 국익 우선주의를 내세워 다른 나라를 압박하고 약탈을 통해 해결하려는 방식은 잘못된 것입니다. 하지만 그것을 사상하고 나면 한 나라의 경제적 문제는 결국 국가 단위의 주권적 대응을 통해서만 풀어진다는 것을 역설적으로 말해주고 있습니다.

세계유일패권 국가였던 미국마저 대외 관계에 의존하는 경제 체제로서는 민생 악화와 경제적 위기를 풀 수 없다면, 다른 나라는 볼 것도 없이 대외적 관계에 의존하는 경제 정책으로서는 민생 파탄과 경제적 위기를 극복할 수 없다는 것이 자명한 이치로 되기 때문입니다. 여기서 각국의 민생 문제와 경제적 위기는 나라와 민족 단위로 풀어가야만 해결된다는 것을 알 수 있습니다. 그런 점에서 각국은 주권을 실질적으로 행사해야 할 뿐만이 아니라, 경제 정책 또한 자국 민의 이해와 요구에 기반한 독자적 경제 체제를 형성해야 합니다.

물론 자국 중심의 독자적 경제 체제를 형성해야 한다는 것이 국가 간의 교역 자체를 부정하는 것은 아닙니다. 하지만 중요한 것은 국제 교역이 자국 민의 이해와 요구를 실현하기 위한 방향에서 상호 이익을 도모하는 수단으로 이뤄져야 한다는 점입니다.

이런 차원에서 놓고 보면 세계 경제와 개별 국가의 경제 문제를 풀어가는 데에서 확고한 원칙이 발견됩니다. 그것은 바로 세계 각국은 주권의 행사가 철저히 보장되어야 하고, 경제도 자국 민의 이해와 요구를 실현하는 독자적인 경제 체제로 운영되어야 한다는 것입니다.

그렇다고 한다면 이번 미국과의 관세 협상을 통해 무엇을 준비하고 추구하여야 하는지가 명확하게 밝혀집니다. 주권을 명확히 확보하고, 경제 정책도 한국 민의 이해와 요구에 기반한 독자적인 경제 체제를 구축하기 위한 방향으로 준비해 가야 한다는 것입니다. 이런 과제를 외면한다면 지난날 김영삼, 김대중, 노무현, 문재인 정권에서 반복되었던 것처럼 참다운 개혁은 실패할 수밖에 없고, 민생과 민주주의도 해결되지 않는다는 것입니다. 더욱이나 트럼프식 강압과 압박은 당장은 통할지 몰라도 구조적으로 붕괴가 예견된 상황에서, 미국의 요구를 맹목적으로 추종하는 경제 정책의 추진은 한마디로 대책 없는 모습이라고 볼 수밖에 없을 것입니다.

그렇다고 한다면 가장 먼저 요구되는 것은 미국으로부터 주권을 실질적으로 행사하는 길로 나아가는 것입니다. 이것은 트럼프가 불평등한 한미상호방위조약과 한미행정협정을 근거로 방위비 분담금을 10배, 국방비를 전체 예산의 5%를 요구하고 있는 상황에서 더 이상 물러설 수 없는 원칙적인 문제입니다. 이렇게 미국에게 천문학적인 돈을 강탈당한다면 도대체 무슨 재원으로 민생을 위한 정책을 펼수 있겠으며, 한국의 경제 위기를 극복할 수 있는 길이 어떻게 열리겠느냐는 것입니다. 그 때문에 주권 문제에서만큼은 결코 양보할 수 없으며, 미국이 주한미군을 근거로 주권을 제약하려 든다면, 미군보고 차라리 나가라고 해야 할 것입니다. 그뿐만 아니라 불평등한 한미상호방위조약과 한미행정협정으로 인해 주권을 제약받고 있으니, 이번 기회에 이를 시정하는 방향으로 나아갈 것을 명확히 해야 합니다.

그다음으로는 한국 민의 이해와 요구에 근거한 독자적인 경제 체제를 구축해 가야 합니다. 실상 이번 관세 협상에서 강압적인 약탈과 수탈에 굴복하게 된 이유는 미국과의 경제 관계를 끊고서는 한국의 경제가 독자적으로 돌아갈 수 없게 되어 있기 때문입니다. 사실상 아무런 준비가 되어 있지 못한 상황에서 관세 폭탄을 맞게 되면, 한국의 경제는 거의 파국으로 치닫게 될 것은 뻔합니다. 그래서 현시점의 대응에서는 어찌 보면 불가피한 측면도 있다고 할 것입니다. 하지만 언제까지 이러한 상태를 허용할 수는 없습니다. 그러자면 그에 대한 대비를 해나가야 합니다.

그 대비를 하는 데 있어서 중요한 점은 민의 삶에 결정적 영향을 끼치는 영역에 대해서는 국가가 책임지고 소유·관리해서 독자적인 경제 체제를 꾸려갈 수 있도록 확고한 토대를 마련하는 것입니다. 독자적인 경제 체제를 구축하려고 하는데 민의 삶을 국가가 담보하지 못하고 파탄에 처하게 된다면, 아무리 자기 맘대로 경제 정책을 펴고 싶어도 그리할 수가 없습니다. 금융과 은행, 전력, 에너지, 기본적인 먹거리 등은 민의 삶을 유지하는 데에서 결코 양보할 수 없는 영역입니다. 돈이 다 해외로 빠져나간다거나 전력이나 에너지 등에서 수급이 제대로 되지 않는다면 민의 삶은 파탄지경에 이르게 될 것입니다. 이런 상황에서 독자적인 경제 정책의 추진은 거의 불가능에 가까울 것입니다. 그 때문에 민의 이해와 요구에 근거해 독자적인 경제 체제를 꾸려가자면, 민의 삶에 결정적 영향을 끼치는 영역만큼은 국가적으로 소유하고 관리해서 확고히 담보해 가야 한다는 것입니다.

이에 대해 국가 소유는 자본주의적 경쟁 방식이 허용되지 않기에 비효율성을 초래할 것이라고 주장하는 이들이 있습니다. 하지만 이런 주장은 거대독점자본이 자신들의 독점이윤을 정당화하기 위해 내세우는 헛소리에 지나지 않습니다. 자본은 눈이 없지만 자본을 소유한 자는 눈이 있기 때문입니다. 그래서 자본은 자본을 소유한 자의 이해와 요구에 따라 움직입니다. 실상 민에게 결정적 영향을 미치는 영역은 어차피 그 덩치가 큰 관계로 자본주의적 자유 경쟁이 벌어지는 것이 아니라 거대독점자본이 장악하게 됩니다. 사실상 국가적 소유가 아니라 민영화하는 방식으로 나아가면 독점이윤이 추구되는 형태로 귀결된다는 것입니다. 이것이 바로 국가적 소유가 비효율적이라는 주장 자체가 결국 거대독점자본이 자신들의 독점적 이윤을 얻기 위한 수작임을 보여주는 것이 아니고 뭐겠습니까?

게다가 현시대는 민이 개인과 집단, 나라와 민족 단위의 모든 부분에서 주인의 권리를 누리고 사는 시대로 진입하고 있습니다. 그렇다고 한다면 자본의 법칙이자 가치법칙을 인간의 요구에 맞게 이용하는 것이 필연적으로 요청됩니다. 인간의 이익에 맞게 이용하지 못하고, 도리어 자본의 노예가 된다면 어떻게 주인의 권리를 누리고 살 수 있겠느냐 하는 것입니다. 그 때문에 자본의 법칙에 굴복하는 것이 아니라 인간의 요구에 맞게 이용하는 것은 너무나 당연한 시대적 요구로 제기된다는 것입니다. 만약 이런 길로 나아가지 못한다면 결국 민이 주인의 권리를 누리고 사는 세상은 결코 실현될 수 없다는 뜻이 되기 때문입니다.

민의 삶에 결정적 영향을 끼치는 핵심 산업을 국가적 소유로 해야 할 요구가 중요하게 대두되는 이유는, 또한 빈부격차를 해소하기 위한 방향으로 나아가는 데 있어서 국가적 소유가 필수적으로 요청되기 때문입니다. 빈부격차의 해소는 단지 소망만으로 해결되는 문제가 아니라 실질적인 재원이 있어야 합니다. 바로 여기서 민에게 결정적 영향을 미치는 부분을 국가적으로 소유하고 관리해야만, 그 성과물을 기반으로 빈부격차를 해소할 수 있는 실질적인 재원으로 사용할 수 있다는 것입니다.

이렇게 나라의 주권을 실질적으로 행사하고, 민의 이해와 요구에 의거해 독자적인 경제 체제를 구축하려면, 강력한 지지 기반이 마련되어야 합니다. 강력한 지지 기반이 없다면 트럼프의 막무가내식 압박을 이겨낼 수 없을 것이며, 또한 이에 편승한 매국 세력들의 방해 책동도 극복할 수 없을 것입니다. 그 때문에 이를 극복하자면 민의 강력한 지지를 조직적으로 구축해야 할 것입니다.

그런데 그 지지 기반의 구축은 민을 개혁의 객체가 아니라 주체로 세우는 데서 출발합니다. 민이 주체로 나설 때 단결은 굳건해지고,

그 단합된 힘으로 트럼프의 압박도, 이에 편승한 매국 세력의 방해 책동도 극복할 수 있습니다.

그러면 민을 주체로 내세우기 위해서는 어떻게 해야 하겠습니까? 그것은 민의 이해와 요구를 국가 정책에 반영할 수 있는 제도와 질서 체계를 세우면 될 것입니다. 그 방식이 바로 각종 대중단체의 요구를 국가 정책에 제도적으로 반영할 수 있도록 구조와 질서 체계를 세우는 것입니다. 이것은 민이 개인과 집단, 나라와 민족 단위의 모든 차원에서 주인의 권리를 누리고 살아야 하는 시대적 요구로 볼 때 당연한 이치이기도 합니다.

결국, 관세 협상을 계기로 이재명 정권이 무엇을 준비해야 하는지가 명백해졌다는 것입니다. 그것은 주권을 되찾는 방향으로 나아가면서 한국 민의 이해와 요구에 근거한 독자적인 경제 체제를 구축하는 것과 함께, 민을 주체로 세우기 위해 각종 대중단체의 이해와 요구를 국가 정책에 반영할 수 있도록 제도와 질서 체계를 수립해 가는 것이라고 할 수 있습니다. 그런데 이 모든 과제는 결국 나라의 주인인 민의 이익을 절대시하는 애민·애국의 기치에 근거해서 나온 것이라고 볼 수 있습니다.

그렇다고 한다면 이재명 정부는 애민·애국의 기치에 의거해 이 과제들을 풀어가야 합니다. 그렇게 할 때 민의 확고한 지지를 받으며 내란 청산과 사회 대개혁이라는 시대적 소명을 완수할 수 있을 것입니다. 하지만 이를 준비하지 않고 방기한다면 그 시대적 소명을 완수하지 못하게 될 것은 불을 보듯 뻔합니다.

그렇다고 한다면 이런 상황에서 어떻게 대응해야 하겠습니까? 앞서 제기된 시대적 요구들을 분명히 내걸고 싸워야 하며, 여기에 뜻을 같이하는 모든 세력이 애민·애국의 기치로 연대·연합하여 정권을 장악하는 길로 나서야 합니다. 민의를 배신한 정권들이 어떤 후과를 낳

았는지는 이미 김영삼, 김대중, 노무현, 문재인 정권의 경험을 통해 충분히 확인되었습니다. 민의 파탄 난 삶을 해결하지도 못하고 악화시킬 뿐만이 아니라, 도리어 반동세력이 득세하는 현상을 가져왔고, 궁극적으로 트럼프의 무자비한 막무가내식 압박과 강박 속에서 더한 고통을 겪게 하였을 뿐입니다. 이런 과오를 또다시 되풀이해야 하겠습니까? 민의 이해와 요구에 근거하여 국가 정책을 펴지 않겠다고 한다면, 그 해결책이 될 수 없음이 명확히 밝혀진 조건에서, 이제 민이 직접 나서서 애민·애국의 기치로 연대·연합하여 직접 정권을 장악하는 길로 나가는 것 외에 다른 선택지가 없기 때문입니다.

이런 시대적 요청 앞에서, 이재명 정권이 지난날의 김영삼, 김대중, 노무현, 문재인 정권의 전철을 밟지 말고 내란 청산과 사회 대개혁을 완수하는 성공적인 정부가 되기를 기대합니다. 그 길은 여러 갈래가 있을 수 있겠지만, 그 핵심은 결국 미국으로부터 주권을 되찾는 것, 한국 민의 이해와 요구에 근거한 독자적인 경제 체제를 구축하여 나가는 것, 그리고 각종 대중단체의 이해와 요구를 국가 정책에 반영할 수 있는 제도와 질서 체계를 세워가는 것에 있다는 것입니다. 이 길에 이재명 정부가 민을 믿고 민과 함께 나아간다면, 시대와 역사적 책무를 수행할 수 있게 됨으로써 성공적인 대통령으로서 기억될 수 있을 것입니다. 여기서 어떤 길을 갈 것인지는 이재명 정부의 선택에 달려 있습니다. 하지만 어떤 길을 선택하든지 간에 궁극적으로 사회역사의 주체이자 나라의 주인인 민이 승리할 것이라는 데에는 변함이 없다는 점을 명심해야 할 것입니다.

## 3. 한국과 한반도가 전쟁 참화에서 벗어나자면 정치·군사적 주권을 찾으면서 한미동맹을 파기하고 주한미군을 철수시키는 길밖에 없다

2025. 8. 18.

한미동맹을 생각할 때 흔히 미국이 한국을 도와주기 위해 맺는 관계라고 받아들이는 경향이 있습니다. 그리 여기는 이유는 동맹은 주로 힘이 약한 나라가 힘센 나라의 보호가 필요하기에 맺는다고 바라보기 때문입니다. 그래서 한미 관계에서 미국이 힘이 세니 한미동맹은 미국이 한국을 지원해 주기 위해서인 양 그냥 단순하게 생각합니다.

하지만 영원한 적도 없고 동지도 없는 냉혹한 국제 사회에서 자기 이익도 없고 손해만 보는데 동맹을 맺는다는 것은 있을 수 없는 일입니다. 이것이 국제 사회의 냉혹한 법칙이라고 한다면 이런 입장에서 한미동맹의 실체를 따져보아야 합니다.

그러면 미국이라는 나라는 왜 한미동맹을 맺었을까요? 이것을 파악하자면 미국이라는 나라가 어떤 나라인지를 살펴보아야 합니다. 미국은 단순히 힘센 나라가 아닙니다. 2차 세계대전 이후 현대제국주의 국가로 등장해서 그 우두머리가 된 나라입니다. 그래서 미국은 그 위치에 걸맞게 사회주의 세력과 민족해방 세력의 확산을 막기 위한 봉쇄정책을 추구하였습니다. 그것이 유럽에서 나토이고, 동아시아에서 일본을 거점으로 삼은 미일동맹 구축입니다. 그런데 일본을 거점으로 삼는 데 있어서 한국은 그 방파제 역할을 하게 됩니다. 그래서 한국이 무너지면 동아시아의 핵심 거점인 일본의 안전이 위협받게 됩니다. 이런 요인으로 해서 지금껏 미국의 한국 정책은 미일 정책에 종속된 형태로 전개되었던 것입니다. 미국이 한일 간에 일제의 식민 지배로 인한 역사적 분쟁을 겪고 서로 간에 불편한 감정이 있음에도 계속 한미일 군사동맹을 구축하려고 시도했던 배경에는 이런 맥락이 놓여 있었습니다.

그런데 미일 정책에 종속된다고 해서 미국이 한국을 쉽사리 포기하거나 방기하는 일은 일어날 수 없습니다. 도리어 미일 정책에 종속된 관계로 더 악랄한 역할을 요구하는 정책이 추진될 수밖에 없습니다. 일본의 거점을 안전하게 유지하기 위해서는 최전방 전초기지로서 역할을 다해야 하기 때문입니다. 그 때문에 지금껏 한국은 남북 간의 대립·대결과 함께 대소, 대중 전진기지로서 역할을 다해야 했습니다.

물론 한국이 이런 역할을 한다고 해서 미국은 자신들이 조금이라도 손해를 본다면 그렇게 하지도 않습니다. 미국의 이익을 위해서 동맹을 맺었는데, 미국의 군대가 자신의 이익이 아니라 다른 나라를 위해 움직인다는 것은, 애초 미 제국주의적 군사 사고방식에서는 있을 수가 없다는 것입니다. 그러니 동맹 군대의 지휘권은 당연히 미국이 행사해야 합니다. 한국에서 주한미군사령관이 한미연합사령관과 유엔군사령관(유엔의 탈을 쓴 미국의 연합군대)을 겸직하도록 세 개의 모자를 씌워 한국 군대에 대한 작전 지휘권을 행사하는 게 바로 그런 모습입니다. 지금 한국이 평시작전권을 행사하고 있다고 하나, 군대란 게 전쟁을 대비하기 위함인데 전시작전권을 행사하지 못한다면, 군대가 제 역할을 다하지 못하는 것과 다름없기에 실상은 작전 지휘권을 행사하지 못하고 있다고 봐야 합니다.

이렇게 자국의 이익을 위한 지휘 체계를 촘촘히 취해 놓고도, 미국은 자신들의 이익을 관철시키기 위해 주둔군 운용의 최종 결정 권한을 미국의 국내법에 의해 처리하도록 하고 있습니다. 한마디로 미국은 자신의 국내법이 우선하지 국제법이나 다른 나라와 맺는 협약과 조약이 우선하지 않다는 것입니다. 그래서 한반도에서 전쟁이 일어날 경우에도 미군이 무조건 참전한다고 담보할 수도 없습니다. 미 행정부가 주한미군에 대해 비상조치를 취해 대응할 수는 있으나, 결국 90일 이내에 의회의 승인을 받지 못하면 주한미군은 계속 그리 움직일 수 없습니다. 이것은 한미상호방위조약에 의하면 미국은 자신의 국내법적 절차를 따르게 되어 있는데, 그러자면 의회의 비준을 받아야 한다는 것에서 명확히 확인됩니다.

물론 주한미군이 사실상 인계 철선 역할을 하기에 주둔 자체가 자동 참전을 유도하게 된다고 말하지만, 중요한 것은 미국이라는 나라는 한마디로 철저히 자신의 이익에 따라 움직인다는 사실입니다. 6·25 전쟁이 일어났을 때 이미 그전에 애치슨 라인의 선언으로 한국은 미국의 방어선에서 제외된 나라로 발표해 놓고도 참전했던 것은 미국의 국익에서 손익계산을 따져본 결과였습니다. 바로 동아시아에서 사회주의 세력과 민족해방 세력의 확산을 막기 위한 봉쇄정책을 추구하는 데에서 한국이 포기될 수 없었기 때문입니다.

이렇게 한미동맹을 맺는 내막은 철두철미 미국의 이익을 위한 방식으로 진행되었습니다. 그러면 그로 인해 한국의 처지는 어떠했습니까?

여기에서 주한미군이 주둔함으로써 한국이 경제 발전에 전념하게 되어 그 성과를 내는 데에 큰 도움을 준 것처럼 주장하기도 합니다. 허나 이것은 매우 잘못된 이해입니다. 만약 이것이 성립하려면 미국이 한국을 선의로 도와주었다는 전제가 필요합니다. 하지만 앞서 살펴보았듯 미국은 선의로 도와주지 않았고, 철저히 자신들의 이익을 관철시키고자 한미동맹을 강요했습니다.

강요했다고 하니, 이것은 사실이 아니고 이승만이 강력하게 주장해서 맺어진 것이라고 또 반문할 수도 있습니다. 하지만 이것 또한 역사적 진실을 외면한 일면적 인식에 불과합니다. 미국이 한국을 그렇게 선의로 도와주려고 했다면, 1945년 해방 이후에 한반도에서 모든 외국군의 철수가 거론되었을 때 조선인의 요구를 받아들여 미군을 철수시켰으면 되었을 것이고, 또 6·25 전쟁 이후 정전협정을 맺은 이후에도 모든 외국군의 철수가 거론되었으니 이때에도 그 합의에 따라 철수했으면 되었을 것입니다. 그런데 미국은 끝내 주한미군을 철수시키지 않았습니다. 이것은 미국이 1945년 한반도 남단을 점령했을 때부터 지배하려는 야심을 품고 있었기 때문이라고 봐야 합니다. 그래서 해방 이후 한국인이 그토록 친일 매국노를 단죄하고 처벌하고자 했는데도 이를 가로막고 그 친일 부역자들을 미군정의 친미 매국노로 등용하였던 것입니다.

그러면 친일 매국노에서 친미 매국노로 변신한 자들이 미군의 주둔을 원하겠습니까, 아니면 원하지 않겠습니까? 한국 민의 이해와 요구에 따르면 매국노들은 당연히 응징되는 것이 정의이고 상식일 터이지만, 반대로 이들 매국노가 살아남을 수 있는 길은 미국의 바짓가랑이를 부여잡고 미군의 주둔을 애걸하는 모습으로 나타나야 했을 것입니다. 이승만이 한미상호방위조약을 강력히 주장해서 맺게 되었다는 것은 겉으로야 이승만이 애걸복걸해서 된 것으로 보이지만, 실질적인 내막은 이리 행동하도록 미국이 추동했다고 보는 것이 사태의 본질이라는 것입니다.

그러면 1905년 이완용 등이 일제에 나라를 팔아먹은 을사늑약을 맺었을 때도, 단지 을사오적이 서명했으니 당시 대한제국이 이를 원했다고 봐야 하겠습니까? 일제의 강박이 기본적 본질이고, 여기에 을사오적은 매국노로서 나라를 팔아먹는 행위에 동참해 자신의 사욕을 챙겼다고 보는 것이 올바른 이해 방식일 것입니다. 이처럼 한미동맹의 기본적 추진자는 미국이고, 여기에 이승만은 미국에 빌붙어 정치·

군사적 주권을 내주고 자신의 독재 집권 욕망을 추구했다고 보는 것이 역사적 사실에 가깝다고 봐야 한다는 것입니다.

이승만이 미국에 빌붙어 정치·군사적 주권을 내주고서는 자신의 사적 욕망을 추구했는데, 그러면 거기서 주한미군의 주둔이 한국의 경제 발전에 도움을 주었다고 보는 것이 이치에 맞는 이해겠습니까? 주권을 제대로 행사하지 못하면 자기의 독자적인 정책을 추진할 수 없다는 것은 상식입니다. 그래서 주권을 잃은 속에서의 경제 발전은 독자적인 경제 체제를 형성하지 못하고 식민지 종주국과의 불가분적 관계를 맺어가는 형태로 전개되어 기형성을 띠게 됩니다.

물론 그렇다고 해서 경제 성장이 이루어지지 않았다는 것은 아닙니다. 이뤄지기는 하는데, 그것이 철두철미 민의 희생 속에서 진행된다는 것입니다. 원래 주권을 제대로 행사했다고 한다면 더 온전하게 발전할 수 있었을 것인데, 그렇게 되지 못하고, 설사 성장이 이뤄지더라도 철저하게 민의 희생을 기반으로 한 왜곡된 형태로 전개된다는 것입니다. 그런데 그렇게 이해하지 못하니 경제 발전의 주역을 민이 아니라 그 무슨 미국의 도움으로 된 것처럼 바라보는 잘못된 인식이 성립되는 것입니다. 그런 인식은 여기서 그치지 않고 한국의 경제 발전의 주역이 박정희 군사독재 정권에 있는 것처럼 말하는 데서도 드러납니다.

하지만 한국의 경제 발전은 박정희가 아니라 노동자, 농민 등의 피땀과 희생으로 이뤄졌다는 것입니다. 게다가 그런 희생이 치러졌는데도 외세와의 경제 관계를 맺어야만 돌아가는 기형적인 반신불수의 경제구조가 형성된 것입니다. 그런 관계로 외세의 경제적 침탈과 약탈에도 취약성을 갖게 되었습니다. 이것은 지금 트럼프가 관세 압박을 강요해도 사실상 강력하게 대항할 수 없는 경제구조를 갖고 있는 데에서 확인됩니다. 한국 경제가 이만큼 발전한 원동력은 철두철미 한국 민의 희생으로 이뤄졌다는 것이고, 주한미군의 주둔 때문에 한국 경제가 그 혜택을 받았던 것이 아니라, 도리어 경제구조의 기형성과 취약성을 갖게 되었다는 것이 본질이라는 것입니다. 바로 여기서 그런 악조건을 뚫고 극복해 온 한국 민의 저력과 위대성을 알 수 있습니다.

그런데 이런 진실이 외면되다 보니, 일제 식민 시기에 이룩된 경제적 성과마저도 일제 지배가 한국 근대화에 기여했다는 식의 터무니없는 주장이 나오게 되는 것입니다. 이런 주장이 바로 나라와 민족의 주인이 민이라는 사실을 철저히 부정하는 반민적 매국노 역사관이 아니고 무엇이겠습니까?

미국과 한미동맹을 맺어 정치·군사적 주권을 온전히 행사하지 못함으로써 경제적 측면만 고통을 겪은 것은 아닙니다. 그로 인해 겪는 가장 불행한 사태는 사회가 올바르게 돌아갈 수 있는 정의의 근간 자체가 허물어져 버렸다는 데 있습니다.

사회 역사의 주체인 민은 개성을 가진 존재로서 집단을 구성해서 살아가지만 또한 나라와 민족 단위로 살아갑니다. 그것도 나라와 민족 단위에서 운명공동체 집단으로 살아갑니다. 생사고락을 함께한다는 것입니다. 이것은 국제 사회에서 주권 행사가 나라와 민족 단위로 이뤄지는 조건에서 불가피한 측면입니다. 그래서 같은 민족이 분단되어 있다면 서로 단합해서 통일을 지향하는 것이 가장 기초적인 인륜이자 도리가 될 것입니다.

그런데 한미동맹은 반공 노선을 기초로 대소, 대중 전진기지 역할을 담당하게 하면서 대북 적대와 대결 의식을 강제합니다. 인간으로서 최소한 지켜야 할 천륜까지 어기게 하면서 서로 싸우는 행위가 정의이고 진리라는 식으로 강박한다는 것입니다.

사회가 올바로 돌아가려면 기본적으로 정의가 바로 서야 합니다.

그런데 이렇게 인간으로서 지켜야 할 천륜마저 부정당하는 곳에서 그무엇으로 정의가 설 수 있겠느냐는 것입니다. 이렇게 천륜마저 부정되니 오로지 외세와 매국노의 이익만이 정의요 진리라는 왜곡된 인식이 성립되는 것입니다.

윤석열이 자기 집권을 위해서라면 나라의 주인인 민을 짓밟아도 된다고 여기고 내란 범죄를 저질렀던 행태, 자기 끼리끼리 헤쳐 먹을 수 있다면 민생은 뒷전이고 부자 감세나 자행하고, 자기 집권 유지에 도움이 된다면 나라와 민족은 어떻게 되든지 안중에 두지 않는 채 남북 대결을 고취하며 전쟁과 핵 재앙의 위협으로 민족의 생존마저 위태롭게 만들었던 모습들은, 바로 민족이 하나의 운명공동체 집단으로서 삶을 살아가는 인간의 천륜 자체를 부정하는 행위 속에서 나오는 작태가 아니고 뭐겠습니까?

결국 미국으로부터 정치·군사적 주권을 회복하지 못하면, 사회가 돌아가는 정의의 근간이 무너지게 됨으로써 사회의 존립 자체가 위협받게 된다는 것입니다. 바로 여기에서 한미동맹을 맺는 것 자체가 한국에 얼마나 가혹한 피해를 주었는지를 알 수 있을 것입니다. 그 때문에 한국 사회를 바로 잡는 그 핵심은 미국으로부터 정치·군사적 주권을 찾아야만 한다는 것이고, 바로 그것이 한국의 제반 문제를 풀 수 있는 열쇠가 된다는 것입니다.

하지만 지금 미국이 주장하는 한미동맹의 현대화는 단순히 정치·군사적 주권만 찾아서는 안 된다는 것을 보여줍니다. 즉 정치·군사적 주권을 실질적으로 행사해서 한미동맹을 파기하는 단계로 나아가 주한미군을 철수시켜야만 한다는 것입니다. 그래야만 한국과 한반도의 생존이 담보된다는 것입니다.

한미동맹의 현대화는 미국이 세계유일패권의 지위가 위기에 처하자 자신을 가장 위협할 수 있다고 여기는 중국을 겨냥해 동맹체제를 재편해서 막아내자는 것입니다. 물론 미국은 한미동맹을 맺은 그때로부터 한국을 대소, 대중 전진기지로 활용하고자 하였고, 또 실제로 그리 이용하였습니다. 이런 측면에서는 본질적 차이가 없습니다.

그런데 문제는 현시기에 한국과 북은 물론이고 그 주변 국가들 사이에서 경제적, 군사적 발전에서의 역량 관계의 전변이 일어나고 있다는 것입니다. 한국만 해도 한국 민의 피땀으로 경제적 성장을 이루면서 세계 5위의 군사력을 가졌다고 합니다. 북은 핵과 대륙간탄도미사일을 보유함으로써 지난날 미국으로부터 일방적인 수세로 몰렸던 상황에서 벗어나 이제는 미국 본토를 공략할 수 있는 전략국가로 등극하였습니다. 중국과 러시아 또한 원래 대국이었지만, 이제는 미국의 군사력을 넘볼 수 있는 경지에 이르렀고, 특히 중국은 군사적 측면만이 아니라 경제적으로도 미국을 점차 추월하는 상황으로 나아가고 있습니다. 일본 또한 군국주의적 야망을 품고 계속 군사력을 강화하고 있습니다.

세월이 흘러가면서 경제적, 군사적 발전이 이뤄지는 것이야 당연한 이치이지만, 여기서 중요한 것은 상대적 역량 관계의 변화입니다. 지난날에는 미국이 경제적, 군사적 역량 관계에서 압도적 우위를 점하였지만, 이제는 상대적 우위에 지나지 않고 이것 또한 점차 역전되어 가고 있다는 사실입니다. 그러면 이런 상황을 받아들이면 될 것이건만 자신의 패권적 지위를 유지하겠다고 하니 문제가 발생하는 것입니다.

여기서 미국은 자신의 패권적 지배 체제를 넘볼 수 있다고 여기는 나라가 중국이라고 보고 여기에 과녁을 맞추고 있습니다. 한마디로 대중국 포위 봉쇄 전략을 구축하고자 한다는 것입니다. 그것도 중국과의 대결에서 밀리지 않기 위해 일전을 불사하는 형태로 추진하고 있습니다. 여기에서 밀리면 미국의 유일패권이 무너진다는 위기의식을 갖고 있다는 것입니다.

이렇게 미국이 위기의식을 느꼈다는 것은 그만큼 중국의 힘이 커졌다는 것을 의미할 것입니다. 그러면 그렇게 힘이 성장한 중국이 지난날처럼 미국에 순순히 굴복하는 모습을 보이겠습니까? 그렇지 않을 것은 불을 보듯 뻔합니다. 실제 중국은 국가의 핵심 이익 사항과 관련해서는 결코 양보하지 않겠다고 선언하고 미국에 당당히 맞서고 있습니다.

그러면 현재 국제 사회에서 가장 위험한 파국적 상황으로 치달을 수 있는 관계는 중국과 미국 간의 대결이라고 할 수 있고, 잘못하면 3차 대전 같은 국제적 전쟁으로 비화될 위험성이 상존한다고 볼 수 있을 것입니다. 여기서 한국은 미중 간의 싸움에 끼어들 필요가 없을 것입니다. 어느 한편에 서는 것 자체가 한국의 피해로 귀결되기 때문입니다. 한마디로 지금 시기에 있어서 미중 간의 싸움이 전정의 도화선이 될 가능성이 매우 높고, 거기서 잘못하면 한국이 미국을 대신한 대리전의 전쟁터가 될 수 있다는 것입니다.

다시 말해 지난날에는 미국이 한국을 대소, 대중 전진기지로 사용했다고 해도 핵 균형 속에서 미중, 미러가 직접 대결하는 방식은 상정되지 않았습니다. 반면에 지난날 한반도는 미국의 본토가 북으로부터 공략되지 않는 상황에서, 미국이 북을 일방적으로 위협할 수 있는 위치에 있었기에 미국에 의해 전쟁이 일어날 가능성이 매우 높았습니다. 그런 측면에서 주한미군은 사실상 북을 압박하는 가장 위협적 존재였던 것입니다. 그 때문에 북이 핵과 대륙간탄도미사일로 무장하지 못했을 때 주한미군의 역할은 대소, 대중 전진기지이기도 했지만, 그 주된 기능은 한반도에 초점을 두고 활동하는 것으로 이해되었고 받아들여졌습니다. 한미상호방위조약에 의하면 한미동맹의 활동 영역은 한반도로 제한되지 않고 태평양까지 포함되어 있었는데도, 그 기능은 주되게 한반도를 범위로 상정해서 활동하는 것으로 이해되었다는 것입니다.

하지만 이런 상황은 북이 핵과 대륙간탄도미사일을 보유한 전략국가로 등극하면서 완전히 변하게 되었습니다. 북은 이제 미국으로부터 일방적 공격을 받아야만 하는 수세적 입장에서 벗어나 미국 본토를 공략할 수 있게 되었습니다. 그리고 북은 미국의 공격을 받으면 미 본토를 직접 타격하겠다고 선언하고 있습니다. 세계에서 여러 강국이 있지만 미국 본토를 직접 공략하겠다고 선언한 나라는 북밖에 없습니다.

하여튼 이렇게 북미 간에 전쟁이 발발하면 미 본토를 타격하겠다고 선언하고, 또 실제 그리할 가능성이 높은 상황에서 미국에 의해 실제로 한반도 전쟁이 일어날 수 있을까요? 미 국익의 입장에서 따져볼 때 자국의 피해를 보는 전쟁을 하지 않는다는 것은 익히 알려진 사실입니다. 그렇다면 북미 간의 직접적 충돌로 인한 한반도의 전쟁은 사실상 막아졌다고 볼 수 있을 것입니다.

그러면 한반도에서 전쟁은 완전히 막아졌다고 볼 수 있을까요? 그렇지는 않습니다. 한반도에서 남북 간의 대립·대결만이 자신들이 살 길이라고 여기는 매국노들이 있기 때문입니다. 이들이 한국에서의 기득권을 유지하고 지배하기 위해 남북 간의 적대 의식을 고취하고 전쟁 위기를 조성하려 한다는 것입니다. 이것은 바로 윤석열이 내란 범죄를 정당화하기 위해 외환을 일으키려 했던 모습에서 증명되었습니다.

바로 여기서 북은 남북 간의 관계를 적대적 국가로 상정하여 서로 간섭하지 말고 살자고 밝히고 있습니다. 그래서 남북 간의 관계를 차단하고 있습니다. 간섭하고 싸울 바에야 아예 관계를 끊고 살자고 말하는 격입니다. 이것은 한반도에서 전쟁이 일어날 경우, 매국노들의 대립·대결적 행동에 의해 촉발될 가능성이 높다는 점에서 깊이 따져 보아야 할 대목입니다. 매국노들에 의해서이든, 아니면 다른 요인에 의해서든 어쨌든 전쟁이 한반도에서 일어나는 것 자체가 민족의 파멸을 불러일으킬 수 있습니다. 그 때문에 전쟁을 막는 것은 매우 중차대한 요구로 제기됩니다.

실상 통일을 이룩하려면 다른 것 떠나 적대 정책부터 바꿔야 합니다. 서로 적대하는데 거기서 무슨 통일을 논한다는 것입니까? 적대 정책을 바꿔야 하는데, 그러자면 적대적 관계에 놓여 있는 현실부터 인정해야 합니다. 적대적 관계가 현실인데 이를 부정하고서는 계속 적대 정책을 취하면서 통일을 논한다는 것 자체가 모순이고, 그것은 필연코 남북 대결을 불러일으켜 전쟁을 일으키는 빌미가 될 수 있습니다. 더욱이 국제 정세가 미중 간의 싸움이 격화되어 가는 상황에서, 한 줌의 불꽃이라도 튀면 그것이 전쟁으로 확산될 위험이 있기에, 그런 것 자체를 차단할 필요가 적극적으로 요구된다는 것입니다. 그래서 이것을 해결하자면 적대적 관계에 놓여 있는 현실부터 인정하고, 이것을 바꿔나가는 것이 요구된다는 것입니다. 이런 의미에서 매국노들이 자기 살길을 찾기 위해 한반도 전쟁을 일으킬 수 있는 부분을 차단하기 위해서라도, 남북 관계가 적대 관계로 되어 있다는 현실을 인정하고 이를 철회하도록 하는 것이 우선적 해결 과제로 제기되고 있다는 것입니다.

실상 일반적인 다른 국가 관계보다도 못한 상황에서 그 무슨 통일을 논한다는 게 어불성설입니다. 최소한 적대적 관계가 청산되고, 일반적인 국가 관계나 상호 우호적인 관계가 되었을 때 통일을 논하는 것이 이치에 맞다는 것입니다. 그렇지 않고 적대적 관계에 있는데도 이를 인정하지 않고, 그러면서 계속 상대방의 내정을 간섭하며 적대 정책을 편다면, 이것이야말로 한반도 전쟁을 촉발하는 원인이 될 수 있다는 것입니다.

한반도 전쟁 발생 원인 중 가장 유력한 형태의 하나가 매국노들에 의해 일어날 가능성이라고 한다면, 또 다른 하나는 앞서 지적했듯 미중 간의 대결이 격화되면서 그 대리전 양상으로 한국이 그 전쟁터가 되는 것입니다.

물론 미중 간의 싸움은 극단적으로 치닫지 않는 한 양국 본토 간의 싸움으로 비화될 가능성은 낮습니다. 그리되면 두 나라 모두 치명적 파멸을 겪을 것이기 때문입니다. 그렇다면 결국 두 나라가 치열하게 싸우는 방식은 중국의 주변부, 즉 대만이나 한반도에서 전개될 가능성이 높다는 것입니다.

그러면 이런 상황은 무엇을 의미하는 것입니까? 미국은 대립·대결을 격화시켜 전쟁을 고조시키되, 정작 자신의 본토는 싸움에 빠지지 않게 하고, 대신에 그 모든 희생과 전비는 동맹국들이 치르게 하겠다는 것입니다. 한마디로 미국은 이제 주변국 나라의 군사적 역량 관계의 전변 때문에 자신의 힘으로 해결하지 못하고 그 탈출구를 자기 동맹국들을 약탈함으로써 풀고자 한다는 것입니다. 즉 동맹국들에게 용병 역할과 함께 돈까지 바치도록 강요한다는 것입니다. 트럼프가 동맹국들에게 방위비 분담금과 국방비 인상을 강력히 압박하고 있는 것이 바로 그것입니다.

그러면 도대체 한국은 무엇 때문에 미국의 이익을 위해 그리하면서까지 전쟁의 위험을 감수해야 하냐는 것입니다. 바로 여기서 정치·군사적 주권을 확보하고 행사하는 것은 너무 당연한 원칙이기도 하지만, 현시기 상황은 더 이상 미룰 수 없는 절박한 요구로 된다는 것을 알 수 있습니다. 정치·군사적 주권을 찾고 올바로 행사하지 않으면, 돈 바치면서도 용병으로 전락해 결국 전쟁의 참화를 겪으며 민족의 생존이 위협받게 된다는 것입니다. 이를 피하는 길은 정치·군사적 주권을 되찾고 제대로 행사하여 방위비 분담금과 국방비 인상의 압력을 이겨내야 한다는 것입니다.

그러면 군사적 주권을 행사하며 방위비 분담금과 국방비 인상의 압력을 이겨내면 모든 문제가 다 해결되는 것일까요? 그렇지는 않습니다. 그것은 지금 전시작전권 반환이나 주한미군 철수(본질적 의미는 감축)와 관련하여 전략적 유연화가 거론되는 것을 보면 알 수 있습니다. 즉 한미동맹의 현대화란 명분하에 전시작전권과 주한미군 철수(감축)를 재조정하려고 시도하고 있다는 것입니다.

전시작전권은 주권 국가로서 당연히 확보해야 합니다. 그래서 노무현 정부 때 전시작전권 반환을 위한 합의가 진행되었습니다. 그런데 이명박과 박근혜 정부는 이를 이어받지 않고 결국 무기한 연기시켰습니다.

그런데 여기서 따져보아야 할 것은 전시작전권 반환에 있어 여러 부대조건이 붙을 수 있다는 점입니다. 박근혜 정부가 무기한 연기시킬 때 결정적인 군사능력이 갖춰지고 역내 안보 환경이 전작권 전환에 부합할 때까지로 했듯이 말입니다. 이런 부대조건이 붙게 되면 사실상 전시작전권의 반환은 어렵습니다. 왜냐하면 부대조건은 곧 전작권을 반환하지 않을 여러 핑계를 댈 수 있는 길을 열어놓는 꼴이 되기 때문입니다.

실상 주권을 행사하는 것은 당연한 권리인 것이지 그 무슨 조건이 달성되어야 그리하는 것은 아닙니다. 그 무슨 조건을 다는 것 자체가 주권을 보장하지 않겠다는 강도적 논리에 지나지 않습니다. 이런 측면에서 정치·군사적 주권을 찾는 데에 있어서 어떤 부대조건과 관계없이 즉각 반환되어야 합니다. 전시작전권을 찾는 데 있어서 부대조건을 다는 것은 용납되어서는 안 된다는 것입니다.

하지만 지금 현시기에 한국이 정치·군사적 주권을 회복하는 데 있어서 부대조건을 다는 것에만 문제가 있지 않습니다. 분명 미국은 중국과의 대결에 한국을 끌어들이기 위해 전시작전권을 자신들이 가지고 있다면 더 유리하기에 여러 부대조건을 달고 나올 가능성이 높습니다. 하지만 미국은 설사 부대조건을 달지 않고 전시작전권을 반환하는 방식을 취하더라도 자신들의 소기 목적을 달성하는 방식을 찾고 있다는 것입니다. 그게 바로 한미동맹의 현대화라는 것입니다. 한미동맹 현대화가 미국이 사실상 한국군을 자기 맘대로 요리해 먹을 수 있는 또 다른 부대조건으로 작용하고 있다는 것입니다.

한미동맹 현대화는 한미동맹의 활동 범위를 인도 태평양으로 확대하자는 것입니다. 미국의 패권 지배를 유지하기 위해 중국에 대항하는 군사동맹으로 전환시켜 한국이 사실상 미국의 군사기지와 동맹군의 역할을 하게 만든다는 것입니다. 실상 미국은 한국이 그런 역할을 하도록 만들기 위해 한미일 군사동맹을 추진해 왔으며, 그 밖의 다른 역외의 각종 연합군사훈련에 참여하도록 강제하였습니다. 사실 한미상호방위조약에 의하면 한미동맹의 활동 범위는 한반도로 제한되어 있지 않고 태평양 지역까지 연관되어 있습니다.

여기서 주한미군이 한국에 주둔하고 있는 의미의 실체가 드러납니다. 한미동맹을 맺고 주한미군이 주둔한 상황에서는 필연코 중국에 대항하는 미국의 전초기지 역할을 할 수밖에 없다는 것입니다. 주한미군 사령관 제이비어 브런슨이 한국을 "일본과 중국 사이 떠 있는 항공모함"에 비유한 것은 바로 이런 맥락을 말해주는 것입니다.

이를 보면 한미동맹을 맺고 있는 한, 주한미군이 한국에 주둔하는 것은 새로운 의미의 인계 철선이 되었다는 것을 말해줍니다. 지난날에는 주한미군의 주둔이 남북 간에 전쟁이 일어났을 때 미국이 개입하게 하는 인계 철선이 되었다고 한다면, 이제는 한국이 미중 간의 싸움에 피치 못하게 빠져들게 만드는 인계 철선의 역할을 하게 된다는 것입니다.

그렇다고 한다면 한국이 여기에서 벗어나는 방법은 이 인계 철선을 제거하는 것밖에 없습니다. 바로 주권을 행사해서 한미동맹을 파기하고 주한미군을 완전히 철수시켜야 한다는 것입니다. 그렇지 않으면 중국은 한국이 그들에 적대하는 나라인 미군의 기지 역할을 하고 있다고 여길 것이기에 한국을 겨냥하지 않을 수 없게 된다는 것입니다.

바로 여기서 주한미군 감축 문제에 대해서도 따져보지 않을 수 없습니다. 다시 말해 한미동맹 현대화로 한국이 미국의 대중극 전진기지 역할을 하는 조건에서 주한미군이 많이 주둔할 필요가 없게 될 것입니다. 미국 입장에서 주한미군이 주둔하고 있다는 것 자체가 중요하지, 그 규모가 얼마나 되는가는 별반 의미가 없다는 것입니다. 한미동맹의 현대화로 한국이 돈 바치면서 용병으로 전락해 있는데, 많이 주둔한다고 해서 한국의 피땀을 더 뽑아내는 데에 별반 달라질 것이 없다는 것입니다. 도리어 더 적게 주둔하면서 대중국 군사적 대응의 효율성을 극대화하는 방식으로 활용한다면 비용을 적게 들이면서도 더 많이 빨아대는 길이 될 것입니다.

바로 이를 위해서 미국은 지금껏 주한미군에 대해 전략적 유연성이라는 명목으로 주한미군의 감축 필요성을 제기해 왔습니다. 주한미군을 감축시켜 최소의 비용으로 한국의 피땀을 최대한 빨아먹으려고 하면서, 그것을 주한미군 철수라는 말로 교묘히 위장했던 것입니다. 이를 보면 한미동맹 현대화 속에서 전개되는 주한미군의 감축은, 미중 간의 전쟁 관계에서 한반도의 전쟁 참화를 막는 데 있어 별반 의미가 없고 완전히 철수시켜야만 가능하다는 것을 알 수 있습니다.

결국 한미동맹의 현대화를 받아들이면 미국의 유일패권을 유지하기 위한 대중국 전초기지의 역할에서 벗어날 수 없고, 미중 간의 대결 전쟁에서 한국이 전쟁 참화를 겪을 수 있다는 것입니다. 그 때문에 이를 해결하자면 한미동맹 현대화를 수용해서는 안 되고, 철저히 정치·군사적 주권을 행사해서 한미동맹의 근거가 되는 한미상호방위조약을 파기하고 주한미군을 완전히 철수시켜야만 한다는 것입니다. 이것이 한반도가 전쟁 참화를 겪지 않고 한국 민의 생명과 재산, 권리를 지키는 길이라는 것입니다. 그 때문에 여기에는 그 어떤 부대조건이 있을 수 없고, 이런 원칙적 입장을 일관되게 견지해 가야 합니다.

# 7부
## 민족적 과제와 애국법, 조국통일법

# 11장 | 민족 과제와 자주, 민주, 통일

## 1. 자주·민주·통일의 과제와 주권 회복, 매국노 청산과의 관계

2025. 7. 7.

한국 사회는 외세와 매국노가 주인 행세하고 있습니다. 그래서 한국의 민은 이런 사회에서 벗어나고자 오랫동안 민족 민주적 과제를 실현하기 위해 싸워 왔습니다. 그리고 마침내 1980년 광주민주항쟁을 거치면서 민족 민주적 과제는 자주·민주·통일로 정식화되었습니다. 한마디로 말해 나라와 민족 차원에서 자주권을 확립하고, 군사독재 정권의 억압적 지배로부터 벗어나 민주화를 이룩하며, 분단을 극복해 조국을 통일하자는 것이었습니다.

이렇게 한국의 민족 민주적 과제를 자주·민주·통일로 정식화시킨 것은 한국 민의 권리 실현에 획기적인 진전을 가져왔습니다. 그것은 우선 자주·민주·통일을 실현하는 투쟁 과정에서 군사독재 세력을 더 이상 맥을 추지 못하게 만듦으로써 역사의 무대에서 퇴장시켰다는 것입니다.

군사독재 세력을 퇴장시킨 것은 자유와 평등이라는 인간의 기본적 권리조차 인정하지 않고 무자비하게 짓밟았던 세력을 청산했다는 의미이고, 그래서 인간이라면 누구나 자유와 평등을 누리고 사는 것을 보편적 권리로 인정할 수밖에 없게 만들었다는 것입니다.

군사독재 정권의 청산은 나라와 민족적 차원의 자주권 문제에서도 일정한 변화를 불러왔습니다. 예전에는 외세와 매국노들이 나라와 민족 단위에서의 주권 행사를 사실상 부정하며 외세의 침략과 침탈 그 자체를 그대로 수용하고 굴복하게 하는 형태로 진행되었다면, 그 이후엔 어떤 형태이든 간에 한 나라와 민족을 대변하는 정권을 매개로 해서 수행되어야만 한다는 것이 보편적 권리로 공인되기에 이르렀다는 것입니다. 다시 말해 한 나라와 민족을 대변하는 정권이라는 매개를 통하지 않고서는 주권을 무자비하게 유린하는 현상이 사실상 통용되지 못하게 만들었다는 것입니다.

군사독재 정권의 청산은 통일에 대해서도 큰 진전을 가져왔습니다. 지난날에는 남북 간의 통일 논의 자체가 사실상 금기시되었다고 한다면, 그 이후엔 평화적인 방법으로 조국을 통일하기 위한 논의가 활발하게 이뤄지게 되었다는 것입니다. 그리하여 7·4공동성명과 남북기본합의서가 휴지 조각으로 전락해 있던 상황에서 벗어나 6·15 공동선언, 10·4선언, 4·27 판문점선언, 9·19 평양공동선언 등이 합의되기에 이르렀습니다.

이처럼 자주·민주·통일의 정식화는 한국 사회의 개혁과 변혁 운동에 큰 발전을 가져왔습니다. 그런데 어찌된 일인지 자주·민즈·통일의 과제는 아직껏 실현되지 못하고 있습니다. 분명 자주·민주·통일 운동이 풍부하게 활성화되었다고 한다면, 그 목표가 실현되는 방향으로 나아가고 그 전망성이 확고히 보장되어야 할 것인데, 왜 그렇게 되지 못하고 여전히 정체된 상황에서 벗어나지 못하고 있느냐 하는 것입니다. 바로 여기서 그 이유가 어디에 있는지를 분명하게 파악해야 합니다. 그래야 그 원인에 대한 대책을 세워 자주·민주·통일의 과제를 실현할 수 있기 때문입니다.

그 원인은 자유와 평등을 형식적으로만 인정할 뿐 실질적으로 누리는 단계로 나아가지 않았기 때문입니다. 형식적으로 인정받고 실질적으로 누리지 못하면 아무런 의미가 없습니다. 실질적으로 누리지 못하면 자유와 평등을 누리지 못하는 것과 똑같기 때문입니다.

그런데 자유와 평등을 실질적으로 누리고 살자면 주인의 권리를 누리고 사느냐, 그렇지 못하느냐의 문제로 접근해야만 풀어집니다. 실상 인간관계로만 놓고 파악하면, 누구나 평등한 존재로서 자유를 누리고 살아야 한다는 것 이상의 해결책은 나올 수 없습니다. 그런데 말로야 인간관계가 자유롭고 평등하다고 하면 다 해결되는 것처럼 보이지만, 외부 조건이 이를 뒷받침해 주지 못한다면 자유와 평등은 형식적으로만 인정받는 것으로 그치게 됩니다. 여기에서 벗어나자면 외부 조건의 문제를 풀어야 하는데, 그것은 결국 외부 조건에 대해 인간이 주인의 권리를 누리느냐, 그렇지 못하느냐의 문제로 접근해야만 풀어지게 됩니다.

물론 외부 조건은 인간의 주관적 사고와 관계없이 그 자체의 합법칙적인 변화 발전 과정을 밟게 됩니다. 예를 들어 자본의 가치 법칙은 인간의 주관적 사고와는 관계없이 자체의 법칙 과정에 따라 돌아갑니다. 하지만 자본의 가치 법칙과 경제 법칙을 모든 인간에게 이롭도록 이용할 것인가, 그렇지 않고 자본을 가진 자들만 한정시켜 이익이 돌아가도록 할 것인가는 인간의 주체적 요구에 달려 있습니다. 바로 여기서 모든 인간에게 이롭게 돌아가도록 이용하자면 모든 인간이 주인의 권리를 누리고 행사하는 방식으로 접근해서 풀어가야만 해결된다는 것입니다. 여기서 주인의 권리를 행사하는 방식으로 된다면 인간관계에서도 실질적으로 자유와 평등을 누리고 살게 된다는 것입니다.

　주인의 권리를 누리고 사느냐, 그렇지 못하느냐의 문제로 접근해야 실질적인 자유와 평등을 누리고 살게 되는 이유는, 그런 입장으로 접근해야 자유와 평등의 관계를 합리적으로 설정할 수 있게 해주기 때문입니다. 실상 인간이 누구나 평등하게 자유를 누리고 살아야 한다는 것은 너무 당연한 이치인데, 그렇게 살려면 어느 정도의 자유와 평등을 누리고 살아야 하는지의 관계 문제가 제기됩니다.

　그런데 여기서 자유와 평등 관계를 대립 구도로 놓고 접근하면 그 합리적인 관계를 설정할 수가 없습니다. 진정한 자유의 실현은 무조건 자유를 전면적으로 보장해야 한다는 주장만으로 해결되지 않기 때문입니다. 남의 자유를 억압하게 되면 진정한 자유를 누리고 살 수 없습니다. 그래서 자유에도 일정한 제약이 따르게 됩니다. 무한한 자유를 강조하게 되면 극단적인 개인주의, 이기주의로 흘러 다른 사람의 자유는 물론 평등이 제약받게 됩니다. 반면에 평등을 극단적으로 강조하게 되면 내용적 평등은 물론이고 자유도 제약받게 됩니다. 이것은 자유와 평등의 관계를 합리적으로 설정해 줄 근거가 있어야 한다는 것을 말해줍니다. 바로 그 근거가 주인의 권리를 누리고 살아야 한다는 방식으로 접근하는 것입니다.

　주인의 권리를 누리고 사는 방식으로 접근해야만 실질적인 자유와 평등을 누리고 살게 되는데, 이를 전면적으로 실현하기 위해서는 인간이 삶을 살아가는 존재 방식의 모든 면에서 관철되어야 합니다. 여기서 인간이 어떤 방식으로 삶을 살아가는 존재인가의 문제가 제기됩니다. 그런데 인간은 누구나 개성을 가진 존재로서 집단을 구성하여 나라와 민족 단위로 살아가고 있습니다. 그렇다면 인간이 주인의 권리를 누리고 살자면 개인과 집단, 나라와 민족 단위의 모든 차원에서 그 권리가 관철되어야 한다는 것입니다.

민이 개인과 집단, 나라와 민족 단위의 모든 부분에서 주인의 권리를 누리고 행사해야만 실질적인 자유와 평등을 누리고 살 수 있다고 한다면 이제 자주·민주·통일의 내용도 이에 맞게 더욱 풍부화시켜야 합니다. 그렇지 않으면 자주·민주·통일의 과제를 실현할 수 없기 때문입니다. 지금껏 자주·민주·통일의 과제가 제기되었으면서도 자주화, 민주화, 조국통일의 과제가 실현되지 못했던 것은 이처럼 실질적으로 누리게 하는 것이 아니라 형식적인 차원의 인정에만 머물러 있었기 때문입니다.

이런 관점에서 보면 자주는 민족의 자주권 확립만이 아니라 개인과 집단, 나라와 민족 단위의 모든 차원에서 주인의 권리를 실현하기 위한 내용으로 확장되고, 민주는 군사독재로부터의 벗어난 형식적 민주화만이 아니라 그 모든 차원에서 주인의 권리를 실현하기 위한 제도와 질서 체계를 세우는 것으로 풍부화되고, 통일은 이 모든 것을 실현하기 위한 통일·단결된 정치 역량을 마련하는 것으로 그 내용을 갖추게 되었다고 볼 수 있습니다. 물론 통일은 한국 사회의 과제만이 아니라 남북이 분단된 상황을 극복해야 하니만큼 한반도 차원에서 민이 주인의 권리를 누리고 사는 문제로 확대된 측면도 동시에 갖게 됩니다.

그러면 자주·민주·통일이 이렇게 풍부화된 조건에서 이를 실현하자면 어떻게 해야 하겠습니까? 그것은 개인과 집단, 나라와 민족 단위의 모든 부분에서 주인의 권리를 실현하기 위한 일치된 지점을 찾는 것입니다. 그런데 각 부분에서 주인의 권리를 가로막는 최대의 방해 세력은 각각 외세와 매국노로 일치하고, 마찬가지로 각 부분에서 주인의 권리를 실현하기 위한 주체도 각각 민으로 일치합니다. 그래서 이를 실현하기 위한 기치가 애민·애국으로 되고, 정권 문제는 애국정권을 세우는 것으로 귀결됩니다. 아울러 주체와 대상이 동일하다는 데로부터 애민·애국의 기치와 애국정권의 수립은, 단순히 민족적 과제만을 해결하는 것이 아니라, 개성의 실현과 집단의 권리를 누리는 과제도 담보하게 된다는 것입니다.

애민·애국의 기치에 의해 애국정권을 세우는 것이 현 시기 자주·민주·통일의 과제를 실현하기 위한 핵심적 내용이자 일치된 지점으로 된다고 한다면, 바로 이의 해결이 주권 문제를 푸는 길도 된다는 것을 의미합니다. 주권을 회복하자면 외세의 침략과 침탈에 대해 반대해야 할 뿐만이 아니라, 외세의 요구에 추종·굴복하여 외세의 앞잡이 역할을 하는 매국노를 응징해야 하기 때문입니다. 다시 말해 주권 회복의 내용과 애민·애국의 기치에 의해 애국정권을 세우는 것은 사실상 동일한 측면으로 된다는 것입니다.

그러면 주권을 회복하고 애국정권을 세우자면 어떤 문제들을 해결해야 하고, 또 어디에 주안점을 두어야 하겠습니까? 바로 여기서 외세의 침략과 침탈에 대해 단호히 반대하면서도 매국노 청산에 주안점을 두어야 한다는 것이 명확하게 드러납니다. 한국에서 애국정권을 세우자면 한국 민의 이해와 요구에 근거해 이루어져야 하고, 그러자면 매국노를 응징해야만 수립될 수 있기 때문입니다. 그뿐단 아니라 외세의 침략과 침탈이 매국노를 매개로 해서 자행되는 조건에서, 매국노를 응징하지 않고서는 외세의 침략과 침탈에 대해서도 한국 민이 단합해서 단호히 막아낼 수 없기 때문입니다.

결국 자주·민주·통일의 과제와 주권 회복, 매국노 청산과의 관계를 따져볼 때, 자주·민주·통일의 과제를 수행하자면 우선적으로 애민·애국의 기치에 의해 애국정권을 수립해 주권을 회복해야 하고, 주권을 회복하자면 필연코 매국노를 응징해야만 하는 관계라는 것을 알 수 있습니다. 다시 말해 매국노를 응징해야만 애국정권을 세워 주권을 고수할 수 있고, 그래야 외세의 침략과 침탈 또한 단호히 막아낼 수 있다는 것입니다.

그렇다고 한다면 한국 사회에서 자주·민주·통일의 과제와 애국정권을 세워 주권을 회복하기 위한 핵심적 기초는, 매국노를 응징하는 것이니만큼 여기에 화력을 집중해야 한다는 것을 알 수 있습니다. 즉 매국노를 응징하지 않고서는 주권을 회복하기 위한 애국정권을 세울 수 없고, 그러면 외세의 침략과 침탈을 막아낼 수 없을 뿐만이 아니라, 더욱 풍부화된 자주·민주·통일의 과제도 실현할 수 없다는 것입니다. 바로 여기에서 애민·애국의 연대·연합체를 굳건히 건설하는 것이 한국 사회의 개혁과 변혁 운동의 핵심적 과제로 등장한다는 것을 알 수 있습니다.

통일 단결된 애민·애국의 연대·연합체를 굳건히 건설해야만 외세의 침략과 침탈에 대해 단호히 반대해 나설 수 있을 뿐만이 아니라, 그 힘으로 매국노를 응징하고 애국정권을 수립할 수 있다는 것입니다.

자주·민주·통일을 실현하기 위한 핵심적 과제가 한국 사회에서 애민·애국의 기치에 의해 애국정권의 수립으로 나타나는 조건에서, 통일의 방식과 진행 과정 또한 일정한 변화를 수반하게 되었습니다. 지난날에는 통일의 방식에서 전쟁의 방법이 통용될 수 있었습니다. 이 것은 전쟁의 방법을 선호해서가 아니라 외세와 매국노들이 자신들의 억압적 통치 질서를 유지하기 위한 방법으로 전쟁 방식을 동원할 수 있었기 때문입니다. 그래서 외세와 매국노들이 전쟁을 일으킨 상황이라면 피치 못해 통일의 방식으로 전쟁을 상정하지 않을 수 없었습니다.

하지만 이제 한반도의 역량 관계는 전쟁을 동원하는 방식은 사실상 막아지게 되었습니다. 그 이유는 북이 핵과 대륙간탄도미사일을 보유함으로써 미 본토를 타격할 수 있는 상황으로 전변되었기 때문입니다. 미국의 본토가 공략될 수 있기에 미국이 함부로 침략전쟁을 일으키지 못하게 되었다는 것입니다. 이것은 지금껏 미국이 침략전쟁을 일으킨 나라를 보면 자국의 본토가 공략받지 않을 상대만 골라 실행했다는 데에서 확인됩니다. 미국이 사실상 침략전쟁을 일으키지 못하게 만들었다면 이제 조국통일의 방식으로 전쟁을 상정할 필요가 없게 되었다는 것을 말해줍니다.

실상 한반도 민이 조국을 통일하는 데 있어서 서로가 상처를 입게 되는 전쟁 방식을 선택해야 할 아무런 이유도 정당성도 없습니다. 더욱이 지금의 전쟁 양상은 핵전쟁으로 비화될 가능성이 높아 민족의 생존마저 담보할 수 없습니다. 그런데 거기서 전쟁을 통한 방식으로 조국통일을 상정한다는 것 자체가 터무니없는 짓이라고 볼 수밖에 없습니다.

그래서 전쟁이 아닌 방식으로 조국통일을 이루어가자면 무엇보다 한국에서 매국노를 응징하는 것이 매우 중요한 과제로 등장하게 됩니다. 미국에 의해 전쟁이 일어날 가능성이 사실상 힘들어지는 조건으로 나아가고 있다면, 한반도에서 전쟁이 발발할 가장 우려스러운 상황은 매국노들의 획책으로 발생하는 경우일 수밖에 없기 때문입니다. 즉 매국노들이 자기 살길만 찾고자 나라와 민족의 안위도 생각하지 않고 한반도에서 전쟁의 불길을 댕기고자 하기 때문입니다. 윤석열이 평양에 무인기를 보내 전쟁의 발발을 유도하는 것이 바로 그런 모습입니다. 그 때문에 한반도의 전쟁을 확고히 막으면서 조국통일을 이루고자 한다면 우선적으로 한국 사회에서 매국노의 응징을 확고히 틀어쥐고 나가야 합니다.

매국노의 응징이 이뤄지면 전쟁의 방식은 더 이상 통용될 수 없을 것인데, 그러면 조국통일은 전쟁의 방식이 아니라 남북이 서로 합의해서 이뤄져야 할 것입니다. 그러자면 한반도 전체 민이 애민·애국의 기치로 통일·단결된 정치 역량을 형성해서 자주적 입장에 의해 민주적이고 평화적인 방법으로 수행되어야 할 것입니다.

통일의 방식이 이렇게 전쟁의 방식이 아니고 남북이 합의하여 이룩하는 과정으로 전환되어 가고 있다면 주권을 회복하여 애국정권을 수립할 과제가 더욱 필수적으로 요구될 것입니다. 바로 여기서 한국 사회의 매국노 응징이 핵심적 요구이자 선차적인 과제로 등장할 수밖에 없다는 것이 더더욱 명확해짐을 알 수 있습니다. 그 때문에 자주·민주·통일의 과제를 수행하자면 애민·애국의 연대·연합체를 구축하는 것을 중심고리로 틀어쥐고 나가면서 매국노를 기필코 응징하는 길로 나아가야 합니다.

애민·애국의 연대·연합체로 단합해서 매국노를 응징하는 것을 핵심 과제로 놓고 풀어간다면 바로 그 힘으로 애국정권을 수립할 수 있을 것이며, 그러면 그 애국정권에 의거해서 외세의 침략과 침탈을 막아내면서 한국 사회의 자주·민주·통일 과제는 물론, 한반도 차원의 과업도 실현할 수 있게 될 것입니다.

# 2. 한국의 민족적 과제와 조국통일의 원칙적 문제

2025. 9. 29.

## 1) 민이 사회 역사의 주체라는 참뜻

무릇 세상일을 풀어가려면 그 주체가 있어야 합니다. 그래서 어떤 문제를 해결하려고 하면 그 일을 풀어갈 수 있는 담당자, 즉 주체를 등장시킵니다. 예를 들어 사회적 문제를 풀려고 할 경우, 자기의 필요와 요구에 따라 정당을 만들기도 하고, 아니면 어떤 연대·연합의 전선체를 구성하기도 하고, 그도 아니면 그 뜻에 공감하는 사람들을 중심으로 각종 단체를 꾸리기도 합니다.

이런 현상은 주체 형성의 문제에 대해 본질적으로 접근해서 이해할 것을 요구합니다. 단순히 어떤 객관적 조건에 부합하기만 하면 주체가 되는 것이 아니라, 각기 자신의 지향과 요구를 가진 사람이 의지를 발휘하여 움직여야만 주체가 될 수 있다는 것입니다. 아무리 똑같은 상황과 조건에 처해 있더라도, 사람 자신이 지향과 요구, 의지를 가지고 활동하지 않으면 참다운 주체가 될 수 없다는 뜻입니다. 그 때문에 주체 형성의 본질적 관건은 주체의 지향과 요구, 의지의 문제라는 것입니다.

물론 주체의 지향과 요구, 의지가 주체 형성의 핵심적인 요건으로 자리 잡게 된 것은 저절로 그리된 것이 아니라, 사회와 역사를 전진시켜 온 민의 투쟁에 의해 이루어진 것입니다. 그렇게 봐야 하는 이유는, 인간이 인간으로서 누구나 평등하게 자유를 누리고 살아야한다는 원칙이 사회적으로 공인된 조건을 갖춰야만 주체의 지향과 요구, 의지가 적극적으로 발현될 수 있기 때문입니다.

단적으로 인간이 노예로 취급되거나 신분적으로 차별받게 되면 인간으로서 대접받지 못하는데, 거기서 어떻게 주체의 지향과 요구, 의지가 제대로 발현될 수 있겠습니까? 그래서 자유와 평등 사상의 확립은 민이 사회와 역사를 발전시키고 주체의 요구를 실현하는 데에 획기적 전환으로 되었습니다.

하지만 자유와 평등은 형식적으로만 인정되면 별반 의미가 없고, 실질적으로 누려야 합니다. 그런데 실질적으로 누리자면 인간 외적인 문제에 대해 주인의 권리를 행사하는 방식으로 되어야 합니다. 여기서 인간 외적이라는 것은 인간 자체 문제를 뺀 사회와 물질세계 전반을 말합니다. 그런데 사회와 물질세계는 아무렇게나 변화하는 것이 아니라 그 자체의 발전 법칙에 의해 전개됩니다.

그렇다면 결국 인간이 인간 외적 조건에 대해 주인의 권리를 행사한다는 것은 사회와 물질세계의 법칙을 인간에게 이롭게 이용한다는 것을 의미하게 됩니다. 실재하는 객관적인 법칙을 부정하는 것이 아니라, 그것을 이해하고 인간의 삶에 이롭게 이용하는 것과 관련된다는 것입니다. 바로 여기서 사회를 발전시키자면 객관적 현실이나 법칙에 굴복하는 것이 아니라, 인간의 주체적인 지향과 요구가 제기되고 그에 맞게 풀어가는 것이 중요하게 대두된다는 것을 알 수 있습니다.

그렇다면 사회 역사의 주체라고 할 때 그 의미는 단순히 객관적 처지를 반영하는 선에서 멈출 것이 아니라, 주체의 지향과 요구, 의지를 더 중시하는 것으로 되어야 할 것입니다. 한마디로 어느 계급 계층에 소속해 있다는 측면보다는 사회 발전에 이바지하려고 하는가, 그렇지 않은가를 참다운 주체 형성의 기준선으로 삼는 것이 더 적합하다는 것입니다. 이를 반영해서 사회 역사의 주체인 민을 정의한다면 사회와 역사 발전에 조금이라도 기여하려고 노력하는 모든 사람이라고 할 수 있습니다. 객관적인 처지에서 노동자 계급이라고 해도 반동적인 사상이나 매국적 사상에 빠져 사회와 역사의 발전을 저해한다면 주체가 될 수 없고, 반면에 비록 자본가 계급이라고 하더라도 사회와 역사의 발전에 기여하기 위해 실질적으로 노력하고 있다면 사회 역사의 주체라고 말할 수 있다는 것입니다.

이렇게 주체적 측면을 위주로 놓고 주체 형성을 살펴보면 더욱더 주체 자신의 지향과 요구, 의지를 더 중시할 수밖에 없을 것입니다. 그래서 이 부분을 더욱 면밀히 살펴보는 것이 요구되는데, 그러자면 삶 속에서 주체적 특징이 얼마나 견지되고 있는가를 놓고 따져보지 않을 수 없게 됩니다. 자유와 평등이 형식적으로만이 아니라 실질적으로 누리느냐가 중요한 것처럼, 주체의 지향과 요구, 의지가 삶 속에서 진짜 얼마나 구현되고 있는가를 명확히 살펴보아야 하기 때문입니다. 바로 여기서 인간이 삶을 살아가는 존재방식과 활동방식의 전부분을 따져보지 않을 수 없습니다.

그런데 인간은 누구나 개성을 가진 존재로서 집단을 구성하여 나라와 민족 단위로 살아갑니다. 여기에서 예외가 있을 수는 없습니다. 물론 아직 개성을 참답게 실현하지 못하고 있거나 집단적인 권리를 누리지 못하고, 심지어 주권조차도 제대로 행사하지 못하는 경우가 있을 수 있습니다. 하지만 그렇다고 해서 인간이 살아가는 삶의 존재방식과 활동방식이 바뀌는 것은 아닙니다. 그 때문에 인간의 주체적인 지향과 요구, 의지는 개인과 집단, 나라와 민족 단위의 전 영역에서 관철되어야 하고, 그것도 주인의 권리를 누리고 행사하는 방식으로 실현되어야 합니다.

주체적 징표가 개인과 집단, 나라와 민족 단위의 모든 차원에서 주인의 권리를 누리고 행사하는 방식으로 되어야 한다는 것의 정당성은, 한국의 현실이 이를 명확하게 증명해 줍니다. 먼저 나라와 민족 단위와 관련된 주체적 요구입니다. 한국 사회에서 모든 개혁의 출발점은 나라의 주권부터 찾는 것입니다. 주권을 찾지 못하면 자주와 민주, 민생, 평화, 통일은 물론 모든 개혁이 사실상 불가능한데, 거기서 주인의 권리를 실현한다는 것이 가당키나 하겠습니까? 그래서 미국과의 불평등한 조약과 협정을 파기하고 주권부터 되찾아야 합니다.

다음으로 집단과 관련된 주체적 요구입니다. 주권을 제대로 행사하지 못하고 있다면 주권부터 찾기 위해 나서야 할 것인데, 도리어 미국과의 동맹이 필요하다면서 미국의 식민 지배를 계속 받아야 한다고 하는 집단이 존속하고 있다면 어떻게 되겠습니까? 그뿐만 아니라 자신들의 독재 체제를 형성하기 위해 민을 억압·지배해도 된다고 주장하고 내란 범죄까지 저지르고 나온다면 어찌 되겠습니까? 이런 집단이 존재해서는 결국 사회는 혼란에 빠지고 민은 주인의 권리를 누리고 살 수 없게 될 것입니다. 그 때문에 이런 집단은 단호히 법적으로 응징해서 처벌해야 할 것입니다. 지금 한국 사회에서 내란 범죄 집단의 공범 역할을 자임했던 국민의힘에 대한 해산 요구가 광범위하게 빗발치는 것은 이를 반영하고 있다고 볼 수 있습니다.

그다음은 개성의 실현과 관련된 주체적 요구입니다. 사회를 개혁하기 위해 정당과 단체를 조직하고 활동한다면, 그 내부의 운영과 관계 또한 사회 개혁적 측면에 맞게 전개되어야 할 것입니다. 그런데 도리어 내부에서 갑질이나 성폭행을 가한다면 어떻게 되겠습니까? 그것은 사실상 그들의 주장이 빈말에 지나지 않는 것이라고 볼수밖에 없고, 그런 모습 속에서는 사실상 개혁은 불가능하게 될 것입니다. 그래서 오늘날 한국 사회에서는 어떤 정당이나 단체에 소속되었느냐에 관계없이 갑질이나 성폭행이 저질러진다면 당연히 처벌되고 있습니다. 그 때문에 진짜 사회를 개혁하려고 하는 단체나 정당이라면 그 내부 관계에서도 개성의 존중과 실현이라는 주체적 요구가 보장되어야 한다는 것입니다.

이것은 결국 인간이 개성을 가진 존재로서 집단을 구성하여 나라와 민족 단위로 살아가고 있는 조건에서 이 모든 영역에 걸쳐 주인의 권리를 누리고 살아가는 방식으로 풀어져야 한다는 것이고, 바로 이런 지향과 요구, 의지를 가지고 활동하는 사람들이 참다운 주체라는 의미가 됩니다. 지금의 시대사적 발전 속에서 사회 역사의 주체라는 의미는 단순히 객관적 처지에 의해 규정되는 존재가 아니라 철저히 주체적 징표에서 찾아야 한다는 것을 말해주고 있다는 것입니다.

## 2) 반민적이고 매국적인 주장은 주체적 요구와 정면으로 배치되는 반동사상

민이 주체적인 지향과 요구, 의지를 갖게 되는 것은 다름 아닌 인간으로 태어나서 살아가야 하는 운명 때문입니다. 인간으로 태어났는데, 인간이 아닌 존재로 살아갈 수는 없는 것 아니겠습니까? 그래서 인간인 이상 인간으로서 주체적 요구를 갖게 되는 것은 필연적 요구입니다.

그러면 그런 필연적 요구 속에서 어떤 것이 참다운 주체적 요구로 되겠습니까? 그 답은 세계 속에서 자기 삶을 주인답게 살아가는 것입니다. 그 이유는 세계 속에서 삶을 살아가고자 할 때 주인답게 삶을 살아가는 것보다 더 높은 경지가 없기 때문입니다. 인간의 입장에서는 주인답게 산다는 것이 최상의 경지로 된다는 것입니다.

물론 세계 속에서 사람이 주인답게 살아간다는 것은 사람이 세계의 주인이라든가 중심이라는 뜻도 아니고, 물질세계가 합법칙적으로 변화 발전한다는 것을 부정하는 것도 아닙니다. 당연히 이 세상의 주인은 있을 수 없고, 중심도 있을 수 없습니다. 그리고 물질세계는 인간의 주관적 사고에 따라 달라지는 것도 아닙니다. 물질세계는 그저 자신의 합법칙적인 발전 법칙에 따라 움직일 뿐입니다.

하지만 앞에서 말했듯이 인간이 자신의 주체적 요구에 따라 대응하는 것은 자연스러운 일입니다. 게다가 주체적 요구는 인간이 자신의 삶을 주인답게 풀어가자고 할 때 필연적으로 부딪쳐야 할 문제입니다. 인간의 주체적 요구는 인간이 주인답게 자신의 삶을 살기 위한 합법칙적 과정에서 자연스럽게 도출되는 것이지, 그 어떤 자의적인 관념을 억지로 꿰어맞추어서 등장시킨 개념이 아니라는 것입니다.

인간의 역사를 살펴볼 때, 인간의 주체적 요구는 노예제와 신분제 사회에서 직접적으로 제기될 수 없었습니다. 하지만 자본주의 사회에 들어와 인간은 누구나 평등하게 자유를 누리고 살아야 한다는 것이 공인되기에 이르렀습니다. 그런데 자본의 법칙에 제약받아 자유와 평등을 실질적으로 누리지 못하게 되자, 이 문제를 해결하자면 인간 외적 문제에 대해 주체적 요구에 맞게 접근해야만 풀어진다는 것이 밝혀지게 되었습니다.

그런데 인간이 외적 조건에 대해 주인답게 삶을 살려고 하는 것이 주체적 요구에서 최상의 경지라고 한다면, 인간이 살아가는 삶의 방식 전 부분에서 관철되어야 할 것입니다. 즉 개인과 집단, 나라와 민족 단위의 모든 부분에서 주인의 권리를 누리고 행사해야 한다는 것입니다.

이로부터 자주, 민주, 통일의 원칙을 견지하는 것이 필요하다는 것을 알 수 있습니다. 개인과 집단, 나라와 민족 단위로 살아가고 있는 조건에서 주체적 요구를 실현하자면, 바로 이 모든 부분에서 주인의 권리를 누리고 살아야 한다는 자주의 원칙이 요구될 것이고, 그 권리를 실현하기 위한 제도와 질서 체계를 세워야 할 것이니 민주의 원칙이 요구될 것입니다. 그리고 이를 사회 속에서 관철하자면 정치적 역량이 담보되어야 할 것이니 통일·단결의 원칙이 요구될 것입니다.

이런 자주, 민주, 통일의 원칙을 견지하며 실현해 가자면 그에 맞는 방법론이 마련되어야 할 것입니다. 왜냐하면 누구나 주인의 권리를 누리고 살아야 하는데, 여기에는 한 개인이나 집단만이 아니라 수많은 개인과 집단이 존재하고 있고, 또 그런 관계로 나라와 민족적 문제에 대해서도 수많은 견해와 입장이 나올 수 있기 때문입니다. 이런 상황에서 혼란되거나 모순됨이 없이 풀어가는 방법은, 서로 일치시켜 입체적으로 존중하여 전망성 있게 통일적으로 풀어가는 것이 요구될 것입니다(『한국 사회 대개혁을 위한 애민·애국의 담론』, "개혁을 실현하는 데서 일치와 입체, 통일성을 보장하기 위하여", 304~312p 참조)

이렇게 민의 주체적 요구에 따라 자주·민주·통일의 원칙을 견지하면서 일치·입체·통일의 방법론으로 풀어간다면, 사회 역사의 주체인 민은 자연스럽게 개인과 집단, 나라와 민족 단위의 모든 부분에서 주인의 권리를 누리고 살 수 있게 될 것입니다. 하지만 사회 역사의 전진을 가로막으려는 세력은 이를 두고 보지 않고 가로막고 나옵니다. 지금 상황에서 그 대표적인 주장과 입장이 바로 패권 추구와 매국적 사상입니다.

그러면 왜 민의 주체적 이해와 요구를 가로막는 대표적 형태가 패권 추구와 매국적 사상으로 나타나는 것일까요? 그것은 주체의 이해와 요구를 부정해야 하겠는데, 그렇게 하는 데에서 가장 효과적인 방식이 바로 주체 자체를 왜곡시키는 데에 있기 때문입니다. 주체를 왜곡해 놓고 주인 행세하면서 나머지 사람을 지배하고 억압하는 것이 정당하다고 주장합니다. 이를 사상적으로 표현하는 것이 패권 추구와 노예적 굴종 사상입니다.

주체의 왜곡 현상이 왜 나타나는가는 지금의 시대적 발전상을 놓고 살펴보면 쉽게 이해할 수 있습니다. 지금 시대는 노예제 사회도 아니고 신분제 사회도 아닙니다. 누구나 자유를 누리고 평등하게 살아야 한다는 것이 공인되고 있습니다. 그런데 형식적으로 그칠 것이 아니라 실질적으로 누리고 사는 단계로 나아가야 할 것입니다. 그러려면 주체적 이해와 요구가 전면에 등장할 수밖에 없습니다. 주체적 요구가 적극적으로 제기되는 방향으로 나아가면 주체가 수행하는 측면이 전면적으로 부각될 수밖에 없게 된다는 것입니다.

그런데 인간이 사회를 구성하여 살아가고 있는 측면을 볼 때, 각기 사람들이 사회 속에서 차지하는 위치는 물론 역할 수행에서 일정한 차이가 존재합니다. 사회적 위치와 수행하는 역할에 따라 그만한 대접을 받는 것은 어쩌면 당연하다 할 것입니다. 하지만 그렇다고 해서 누구는 주인의 권리를 행사하지만, 다른 누구는 행사하지 못하는 관계로 되어서는 안 됩니다. 사회에서 차지하는 위치와 역할에는 차이가 있을 수는 있으나, 주인의 권리를 누리고 행사해야 한다는 측면에서는 차별이 있어서는 안 된다는 것입니다.

그런데 사회 속에서 우월적 위치에 있는 기득권 세력들은 바로 그 직위를 이용해 자신들만 사회의 주인이고, 나머지 사람들은 그들의 지배와 억압을 받고 살아야 한다고 주장하고 나옵니다. 바로 사회 역사의 주체인 민을 부정하고 자신들만이 주인이라는 식으로 왜곡시킨다는 것입니다. 바로 그것이 한편에서의 패권 추구이고, 다른 한편에서의 노예적 굴종 사상의 유포입니다. 여기서 민이 주인의 권리를 누리고 살자면 패권 추구와 노예적 굴종 사상을 필연코 극복해야만 한다는 것을 알 수 있습니다.

패권 추구와 노예적 굴종 사상은 그 본질적 특성상 반민적이고 매국적인 특성을 띠게 됩니다. 자기들만이 패권을 행사해서 주인 행세하려고 한다면 당연히 사회와 역사의 주체이자 나라의 주인인 민을 부정해야 하는 것으로 귀결되기 때문입니다. 그뿐만 아니라 패권 추구가 인정되면 힘 있는 자 앞에서는 굴복하고, 힘없는 자는 지배해야 한다는 억압적 차별 질서가 정당화될 것입니다. 패권을 추구하고 노예적 굴종 사상을 요구하는 자들이 반민적이고 매국적인 주장을 펼치면서 힘없는 약자들을 차별하고 억압하려는 방향으로 나오는 모습도 이런 이유 때문입니다.

이렇게 차별적 억압 질서가 형성되면 민은 단합하지 못하고 패권 추구와 매국 세력에 의해 각개 격파되고 말 것입니다. 사회 역사의 주체인 민이 자신의 주체적 요구를 실현하자면 자주·민주·통일의 원칙을 견지하면서 일치·입체·통일의 방법론으로 풀어가야 하는데, 패권 추구와 매국적 입장은 이를 정면에서 부정하고 나오는 반동적인 사상과 입장이라는 것입니다. 그 때문에 패권 추구와 매국적 주장은 민의 주체적 요구를 본질적으로 부정하고 배치되는 관계에 있기에 필연코 극복해 가야 합니다.

### 3) 한국의 민족적 과제

사회 역사의 주체인 민이 주체적 요구를 풀어가자면 자주·민주·통일의 원칙을 견지하고 일치·입체·통일의 방법론으로 풀어가야 하는데, 여기에서 나라와 민족적 과제를 어떻게 해결해 가느냐는 매우 중대한 문제라고 할 수 있습니다. 왜냐하면 나라와 민족의 문제 중에서 주권 회복은 민의 가장 일치된 지점이자 기본적 권리로 되기 때문입니다. 주권 문제 해결이 다른 모든 과제들을 풀 수 있는 고리로 될 뿐만이 아니라, 그 해결 자체가 사실상 자주·민주·통일의 원칙 발현이자 일치·입체·통일이라는 방법론의 적용으로 되기 때문입니다.

그런데 여기서 먼저 따져보아야 할 것은, 패권의 추구가 애국적인 주장이 되는 것처럼 잘못 이해하는 경향이 존재한다는 것입니다. 그 이유는 나치즘이 자신들의 파시즘 체제를 정당화하기 위해 애국을 도용했기 때문입니다. 하지만 애국을 참칭하고 도용했다고 해서 애국적인 주장으로 되는 것은 아닙니다. 애국적인 입장으로 되려면 나라와 민족을 위한 실질적인 내용과 실체를 담보하고 있어야 합니다.

이런 입장에서 놓고 살펴보면, 히틀러의 나치즘과 일본의 군국주의는 애국적 주장으로 될 수 없습니다. 그 이유는 첫째 나치즘과 군국주의는 다른 민족을 차별하고 비하하면서 억압하고 지배하려는 사상이기 때문입니다.

참다운 애국적 입장이라고 한다면 다른 민족에 대한 차별은 물론 억압하고 지배하려고 하지 않아야 합니다. 자유를 참답게 누리자면 남의 자유를 억압할 자유를 허용해서는 안 되듯, 자기 나라와 민족이 소중하다면 다른 나라와 민족 또한 소중하기 때문입니다. 그래서 다른 나라와 민족을 비하하거나 차별하면서 억압하고 지배하려는 사상은 참다운 애국적 입장으로 될 수 없습니다.

나치즘과 군국주의 사상이 참다운 애국적 입장으로 될 수 없는 것은 또한 민을 부정하고 있기 때문입니다. 나라와 민족의 주인은 민입니다. 나라와 민족은 그 무슨 특별한 존재가 있어서 그들이 주체가 되는 것이 아니라 민이 주체라는 것입니다. 즉 민이 나라와 민족 단위로 살아가고 있기에 그 주체 또한 민이 될 수밖에 없다는 것입니다. 이렇게 민이 나라와 민족 단위로 살아가게 되는 이유는, 인류사의 발전 과정에서 주권 행사가 나라와 민족 단위로 이루어지고 있기 때문입니다.

민이 나라와 민족의 주체라고 한다면 광범위한 사람들의 이해와 요구를 모아내어 누구나 주인의 권리를 누리고 행사할 수 있도록 해야 할 것입니다. 그런데 다른 민족을 차별하고 억압, 지배하려는 주장과 입장은 그리할 수가 없습니다. 왜냐하면 다른 나라에 대한 차별적 질서를 정당화하는 주장을 펼쳤을 때, 바로 그때로부터 자국 내에서도 차별적 질서가 형성되어야 하기 때문입니다.

이런 차별적 질서가 형성되었다는 것은 나치즘과 군국주의 세력이 노동자를 포함한 자국 민의 권리를 철저히 짓밟고 억압하였다는 것에서 증명됩니다. 나치즘과 군국주의 사상의 본질은 소수의 패권 세력만 주인 행세하고, 나머지는 노예적 굴종 사상을 수용하고 지배받아야 한다는 것입니다. 결국 이렇게 놓고 보면 나치즘과 군국주의는 애국을 참칭했지만, 실상은 나라와 민족의 주인인 민을 배신한 반민적이고 매국적인 주장에 다름 아닙니다.

트럼프의 극우 정책과 관련해서도 이런 이치는 똑같이 적용됩니다. 트럼프가 동맹국들을 상대로 약탈과 수탈을 감행하는 모습은 겉으로는 애국적인 행위처럼 포장되지만, 그 실상의 내막은 반민적이고 매국적인 행위에 지나지 않습니다.

이것은 트럼프가 그런 정책을 폄으로써 누가 이익을 보고 손해를 보는가를 살펴보면 명확히 이해할 수 있습니다. 트럼프가 관세 인상 정책을 펴자 당장 물가가 올라 서민의 삶은 더욱 어려운 상황으로 빠지게 되었습니다. 반면에 세계 패권을 추구하는 세력은 어차피 관세 인상으로 인해 벌어들인 돈을 그들을 위해 쓰게 되니 당연히 그 이득을 보게 될 것입니다. 그뿐만 아니라 이렇게 동맹국들을 약탈·수탈하게 되면 필연코 세계 각국 민의 저항에 직면하게 될 것이니, 그것은 결국 장기적으로 미국의 경제 자체를 돌이킬 수 없는 파국으로 치닫게 할 것입니다. 결국 세계거대독점자본 세력만 이득을 보고 나머지 대다수 사람의 삶을 곤경에 빠뜨리는 꼴이니, 바로 이것이 반민적·매국적 특성이 아니고 무엇이겠습니까?

이런 반민적·매국적인 입장 때문에 미국 내에서도 반발이 나오는 것은 당연한 이치입니다. 그래서 트럼프 정권은 이를 막고자 힘없는 약자들을 희생양으로 삼아 자신들의 패권 추구를 정당화하는 방식으로 나오게 됩니다.

사회에서 힘없는 약자들이 대거 발생하는 이유는 사회적으로 창출된 부를 공평하게 재분배하지 않았기 때문입니다. 그래서 빈익빈 부익부가 더욱 심화되어 사회적 활동을 하지 못하고 결국 탈락하는 자가 부지불식간에 늘어나게 됩니다. 그렇다면 사회적으로 창출된 부를 공평하게 재분배하는 방식으로 나아가야 해결될 것입니다. 그런데 그러기는커녕 사회적 활동에서 탈락하는 자들이나 힘없는 약자들에게 쓸데없이 나랏돈이 사용되기 때문에 민의 삶이 어려워졌다고 호도하며 이들을 공격하는 양상으로 나옵니다. 미국에서 이민자들이나 성소수자, 여성에 대한 비하와 폄훼 등이 급속하게 퍼지면서 차별을 정당화하는 주장이 나타나는 것은 이런 모습들입니다.

그런데 이렇게 힘없는 자들을 차별하고 억압하는 것이 정당화되면, 그때로부터 민의 단합은 물 건너가고 차별적 억압 질서가 세워지게 됩니다. 미국에서 힘없는 약자들에 대한 공격이 비일비재하게 발생하는 이유는 바로 여기에 기인합니다. 지금 미국에서 전문 직종의 비자 문제를 허용하느냐, 그렇지 않으냐를 놓고 논쟁이 벌어지고 있지만, 이것 또한 사회의 본질적 문제의 해결과는 별반 관련이 없습니다. 미국 사회의 본질적 문제는 사회적 부의 공평한 재분배에 있는데 이를 외면하고 있기 때문입니다. 한마디로 전문 직종의 비자 허용 문제는 차별을 가하는 데 있어서 어느 정도 선에서 전개하는 것이 적당한가를 놓고 벌이는 논쟁에 불과하다는 것입니다.

결국 트럼프의 정책은 애국적인 주장이 아니라 철두철미 미국 민의 이익에 반하는 반민적·매국적인 행위에 다름 아니라는 것입니다.

이런 미국의 반민적·매국적인 정책은 세계 각국 나라에 큰 영향을 미쳤습니다. 패권 추구이자 노예적 굴종 사상의 확산이고, 힘없는 약자를 공격하여 차별적 억압 질서를 정당화합니다. 이에 근거하여 힘 있는 자 앞에서는 굴복하고, 힘없는 자들은 억압하고 지배하는 것이 당연하다는 주장입니다.

　바로 이런 이유로 해서 국제적인 카르텔이 형성되기에 이르렀습니다. 한국도 여기에서 예외로 되지 않았고, 도리어 더 급속하게 확산되었습니다. 그게 바로 미국이나 일본과 같이 힘 있는 나라의 식민 지배를 받는 것은 당연하고, 대신에 한국 사회에서는 자신들이 다른 사람을 억압하고 지배해야 한다는 것입니다. 한국 사회에서 한미일 동맹의 강화라는 미명하에 미국의 식민 지배를 계속 받아야 한다면서, 나라와 민족의 주인인 민을 억압·지배하려는 반민적·매국적인 주장이 급속하게 확산된 것도 바로 이런 배경 때문이었습니다. 지금 한국 사회에서 사회적 약자인 여성이나 장애인들을 폄훼하는 것은 물론, 반중 혐오나 반북 대결적 주장이 공공연하게 거론되고 있는 것도 이런 모습의 일환이라고 할 수 있습니다.

　그렇다면 이런 조건에서 한국 사회의 민족적 과제를 해결하자면 어떻게 해야 하겠습니까? 이것은 결국 민족적 문제가 풀리지 않는 이유가 어디에 있는가와 관련되어 있습니다. 반민적이고 매국적인 주장이 유포되면서 민족적 문제의 해결을 가로막고 있다는 것입니다. 그렇다면 결국 반민적이고 매국적인 주장이 유포되지 않게 만들어야 할 것입니다.

　그러자면 반민적·매국적인 주장이 어디에서 근거해 나오는지를 명확히 살펴보아야 할 것입니다. 바로 여기서 반민적·매국적인 주장을 펼치는 자들이 주체에 대한 설정과 함께 주체의 요구를 교묘히 변질시키고 있다는 것을 확인할 수 있습니다. 이 잘못된 근거를 바로잡아야만 반민적·매국적인 주장이 사회에 설 땅이 없어지게 될 것입니다.

　실상 주체의 설정과 주체의 요구는 떨어진 문제가 아닙니다. 주체는 단순히 객관적 처지를 반영하는 것으로 그치지 않고, 주체의 지향과 요구, 의지까지 갖추고 실질적으로 행동해야만 하기 때문입니다. 더 정확히 말하면 주체인가 아닌가의 잣대는 객관적 처지의 반영보다는 주체적 이해와 요구, 즉 주체적 징표가 더 중요하다는 것입니다.

예를 들어 민족의 객관적 징표는 핏줄과 언어, 지역과 문화의 공통성이라고 설정할 수 있습니다. 하지만 이런 객관적 징표만으로 주체를 설정할 수 없습니다. 왜냐하면 한국 사회에서 검은머리 미국인들은 객관적 징표를 가지고 있지만 주체가 될 수 없기 때문입니다. 민족 문제를 풀자면 이런 매국노를 단죄해야만 가능합니다. 그렇다면 결국 객관적 징표에서 머물지 말고 나라와 민족 단위에서 공고한 운명공동체 집단으로 살아가고자 하느냐, 그렇지 않으냐 하는 주체적 징표가 더욱 중시되어야 합니다. 즉 운명공동체 집단의 성원으로서 생사고락을 같이하려고 하느냐, 그렇지 않으냐가 중요한 판단 척도로 작용한다는 것입니다. 이것은 참다운 주체는 객관적 처지의 반영으로 저절로 형성되는 것이 아니라, 주체의 지향과 요구, 의지를 가지고 활동해야만 한다는 데에서 자연스럽게 도출됩니다. 주체로서 책임과 의무를 이행하는 것은 물론 자신의 권리를 제대로 행사해야만 참다운 주체로서 대접받게 된다는 것입니다.

이렇듯 주체적 지향과 요구, 의지와 같은 주체적 징표가 주체로 대접받느냐, 받지 못하느냐의 관건적 요소로 작용하는 조건에서, 반민족적이고 매국적 세력은 오히려 이러한 주체 개념을 의도적으로 왜곡하고 나왔던 것입니다. 다른 사람을 지배하고 억압하는 것도 주체의 지향과 요구, 의지인 것처럼 포장하면서 그들만이 주체인 것처럼 변질시켰다는 것입니다. 이것은 노상원의 수첩에서 드러난 바와 같이, 윤석열의 내란 범죄 세력들이 자기들만이 한국 사회의 지배자가 되어야 한다고 여기며 그들을 반대하는 제반 세력들을 가차 없이 제거하려는 음모를 획책했던 모습에서 명확히 확인되고 있습니다.

하지만 주체의 요구는 나라의 주인인 민의 요구이지, 민을 지배하고 억압하려는 행위가 주체의 요구로 될 수는 없습니다. 그 때문에 민을 지배하고 억압하려는 사상과 주장은 필연코 반민적이고 매국적인 성격으로 귀결됩니다.

그렇다면 결국 반민적·매국적 주장은 한국 사회에서 민족 문제를 풀어가는 주체적 요구가 될 수 없을 뿐만이 아니라, 도리어 민의 주체적 요구를 왜곡하고 가로막고 있다는 점에서 철두철미 반대하는 것을 기본 원칙으로 삼아야 한다는 것을 알 수 있습니다.

물론 한국 사회에서 민족적 과제를 해결하자면 반민적·매국적 주장에 반대하는 데에서 그쳐서는 안 됩니다. 민이 나라와 민족 단위에서 주인의 권리를 누리고 행사할 수 있도록 만들어 가야 합니다. 그러자면 외세의 침략과 침탈에 단호히 반대하면서 주권부터 확고히 행사할 수 있어야 할 것입니다. 그래서 나라의 주인인 민을 주체로 세워 애민·애국의 기치로 연대 연합해서 애국정권을 세우는 것부터 풀어가야 합니다. 그래야 이 애국정권의 힘으로 반민적·매국적 행위를 저지른 자들을 엄히 처벌하고 외세의 침략과 침탈을 막아낼 수 있습니다. 애국정권을 세워 이런 문제를 해결하여야, 이후 나라와 민족 단위의 모든 부분에서 민이 주인의 권리를 전면적으로 누리고 행사하는 방향으로 나아갈 수 있다는 것입니다.

### 4) 조국통일의 원칙적 문제

한국 사회의 민족적 과제가 민이 주인의 권리를 누리고 행사할 수 있도록 애민·애국의 기치로 연대·연합하여 애국정권을 수립하고, 반민적·매국적 행위를 저지를 자들을 단호히 응징함과 함께 외세의 침략과 침탈에서 벗어나 주권을 제대로 행사하는 것이라고 한다면, 조국통일의 과제는 이를 한반도 차원에서 해결하는 것이라고 할 수 있습니다. 그 때문에 조국통일의 문제는 한국의 민족적 과제 해결의 연장선상에 놓여 있다고 할 수 있습니다.

물론 한국의 민족적 과제는 하나의 국가 내에서의 문제이고, 조국통일의 과제는 서로 다른 사회 체제와 제도 속에 살아가고 있는 남과 북을 하나로 합쳐가는 과정이라는 점에서 일정한 차이가 있습니다. 하지만 조국통일 또한 한반도 차원이긴 하지만 민족적 과제의 해결이라는 점에서 이를 풀어가는 원칙적인 입장은 자연스레 동일할 수밖에 없습니다.

그것은 우선, 반민적·매국적 행위를 저지르는 세력은 민족적 과제 해결의 주체가 될 수 없듯, 조국통일에 있어서도 주체가 될 수 없습니다. 아울러 조국통일 또한 한반도 차원에서 외세의 침략과 침탈로부터 벗어나 주권을 온전히 행사할 수 있는 방향으로 나아가야지, 그렇지 못한 조국통일의 형태는 진정한 의미에서의 민족적 과제의 해결이 아니라는 것입니다.

한국 사회에서 민족적 과제를 해결하는 원칙이 조국통일의 영역에서도 의연히 견지되어야 한다는 점은, 지금까지 조국통일을 이룩하기 위해 합의했던 노력이 처음에는 곧 통일로 연결될 것처럼 보였지만, 어느 순간에 이르면 사실상 제자리걸음으로 되돌아왔다는 것에서 드러납니다.

물론 지금까지의 통일운동 과정에서 합의되었던 7·4 남북공동성명, 남북기본합의서, 6·15 공동선언, 10·4 선언, 판문점 선언, 평양공동선언 등이 전혀 성과가 없었다는 뜻은 아닙니다. 이것은 귀중한 성과이고 앞으로도 구속력 있게 견지되어야 합니다. 하지만 이 성과들이 진짜 결실로 이어지려면 반민적·매국적 주장이 통용되거나 외세의 침략과 침탈이 허용되어서는 안 된다는 것입니다. 이것은 남북이 어떤 방식의 통일을 논의하고 합의했다고 하더라도, 민족적 과제 해결의 원칙적 입장이 견지되지 못했을 때 남북 관계는 어김없이 파국으로 치달았다는 데에서 확인됩니다. 한반도 차원에서의 민족적 과제를 해결하는 조국통일 또한 우리 민족끼리라는 객관적 측면의 반영으로 멈출 것이 아니라, 민족적 과제를 해결하려는 주체적 요구의 징표가 더 중시되어야 한다는 것입니다.

그러면 주체적 요구를 중시한다면 남북 관계의 통일은 어떻게 추진되어야 할까요? 주체적 요구가 중시되는 조건에서는, 조국통일을 이룩하려면 우선 주체적 요구의 공통점부터 찾아야 할 것입니다. 공통점이 없는 조건에서는 백날 통일을 논의해 보았자 통일의 길로 나아갈 수 없습니다. 공통점이 없는데 그 무엇으로 통일을 이룩할 수 있느냐 하는 것입니다. 도리어 공통점이 없는 조건에서는 서로 자기 요구를 강박하게 될 것이 뻔하기에 서로 적대하며 싸움이나 하는 방식으로 귀결될 것입니다.

그런데 문제는 이렇게 싸우다가 전쟁으로 비화될 경우, 그 파국은 민족의 생존조차 담보할 수 없게 된다는 것입니다. 한반도에서 전쟁이 발생한다면 재래식 무기의 파괴력만 보아도 엄청난데, 거기에서 그치지 않고 핵전쟁으로 확대될 가능성도 존재하기 때문입니다. 그렇다고 한다면 한반도에서 전쟁을 겪지 않고 평화적으로 해결하는 방법은 남북 관계에 있어서 공통점을 찾느냐, 못 찾느냐에 달려 있다는 것을 알 수 있습니다.

그러면 남북 관계에 있어서 주체적 요구의 공통점은 무엇이겠습니까? 그것은 나라와 민족의 주인이 민이라는 데에서 찾을 수밖에 없습니다. 다시 말해 조국통일은 한반도 차원에서 민이 주인의 권리를 누리고 행사하는 것이고, 그래서 우선적으로 애민·애국의 기치를 공통점으로 놓고 풀어가야 한다는 것입니다.

물론 애민·애국의 기치로 공통점을 마련했다고 해서 곧바로 조국통일을 이룩할 수는 없을 것입니다. 서로 다른 체제와 제도 속에서 살아온 관계로 서로 합의되는 영역을 계속 확대해 가야 할 것입니다. 그런데 그 과정은 결국 민이 한반도 차원에서 주인의 권리를 실현하는 이상, 조국통일 또한 자주·민주·통일의 원칙을 견지하면서 일치·입체·통일의 방법론을 통해 풀어가야 할 것입니다.

　그렇다면 결국 전쟁을 겪지 않고 평화적으로 조국통일의 과제를 해결하려면 한국에서 민족적 과제를 우선해서 풀어야 한다는 것을 알 수 있습니다. 한국 사회에서 애국정권을 세워 반민적·매국적 행위를 하는 자들이 주인 행세하지 못하도록 철저히 응징하고, 외세의 침략과 침탈에서 벗어나 주권을 제대로 행사하게 되었을 때, 한반도 차원에서 조국통일을 전면적으로 실현하는 길로 나아갈 수 있다는 것입니다.

　따라서 진정 조국통일을 이룩하려면 한국의 민족적 과제부터 해결하기 위해 적극 노력해야 합니다. 한국의 주권 문제를 해결하기 위해 외세의 침략과 침탈에 반대하고 반민적·매국적 행위를 응징해 나가는 것 자체가 조국통일을 어떻게 이루어야 하는지에 대한 정당성의 확보 과정으로 될 것입니다. 그러면 남북 관계는 분단국가로 살 것이 아니라, 민의 주체적 요구인 애민·애국의 기치에 따른 통일이라는 원칙적 입장이 명확히 확립되면서 자연스레 그 길로 나아가게 될 것입니다.

# 3. 조국통일과 반미반제, 주권 회복 투쟁의 상호 연관성

2025. 12. 1.

한 사회의 복잡한 제반 문제를 푸는 데 있어서 저마다 각자 중요하게 여기는 부분이 있을 수 있습니다. 그래서 왜 그 문제가 중요한지 자기주장을 적극적으로 개진하고, 그에 따라 어떤 부분에 힘을 집중해 가기를 요구할 수 있습니다. 여기서 제기한 주장 자체를 왜곡, 반대하고 나온다면 원칙적인 입장에 서서 비판할 수 있습니다. 하지만 주장 자체에는 반대하지는 않지만, 그와 다른 영역을 더 중요하게 여길 수 있고, 또 거기에 힘을 집중할 수 있습니다.

그런데 다른 사람이 자신이 중요하게 여기는 부분에 대해 힘을 집중하지 않거나 자기주장에 적극 호응하지 않는다고 해서 비판한다면 이것은 옳은 모습이라고 할 수 없습니다. 일치된 계선이 견지되는 조건이라면 비록 서로 입장 차이가 있다고 하더라도 상대방의 주장을 존중해야만 하기 때문입니다. 그래야만 서로 통일 단결할 수 있는 길이 열리기 때문입니다.

그런데 문제는 이렇게 각기 자신들이 중시하는 부분에 힘을 집중하는 방식으로 나아간다면 분산된 형태로 싸울 수밖에 없고, 그러면 역량이 분산되기에 결코 세상을 바꿀 수 없고, 그 결과 자신들이 중대하게 취급하는 과제 또한 해결할 수 없게 된다는 것입니다.

그렇다면 이를 해결하는 방법은, 사회를 개혁·변혁하려는 공통의 지향이 존재한다면, 각기 자신이 중요하게 여기는 과제를 중심에 놓고 싸워가는 것을 고무하면서도, 사회를 실질적으로 바꿔 가는 일치된 계선에서만큼은 서로 단결하는 방향으로 나아가게 하는 것입니다. 그래야만 광범위한 사람들을 모아낸 압도적인 힘으로 사회를 개혁·변혁해 가면서 각자의 과제 또한 해결하는 방향으로 나아갈 수 있기 때문입니다.

이런 각도에서 볼 때, 지금 한국 사회의 개혁·변혁 과정에서 제기되는 조국통일, 반미반제, 주권회복의 투쟁들이 어떤 상관관계에 있는지를 명확히 이해하는 것은 매우 중대한 문제라고 할 수 있습니다. 왜냐하면 이것들은 다 풀어가야 할 과제이지 어느 하나만 해결해야 할 문제가 아니기 때문입니다. 게다가 이들의 상관관계가 어떠한지를 명확히 밝히지 못하면, 서로의 입장 차이가 매우 큰 듯이 여기게 되어 서로 통일·단결하는 데에 큰 제약이 될 수 있기 때문입니다. 한마디로 각기 주장하는 부분이 어떤 각도에서 정당성이 있고, 그 때문에 그 주장을 서로 존중하고 고무하는 가운데, 한국 사회를 실질적으로 개혁·변혁할 수 있는 공통의 계선에서는 모두가 단결하는 방향으로 나아가야만 한다는 것입니다.

조국통일과 반미반제, 주권회복 투쟁이 어떤 상관관계를 지니고 있는가를 살펴보기 위해서는 먼저 오늘날 시대적 흐름이 어떤 높이에서 발전하고 있는가를 파악해야 합니다. 개혁과 변혁 운동은 고정불변한 상태에서 전개되는 것이 아니라 시대와 사회가 발전함에 따라 그에 맞춰 전개되어야 하기 때문입니다.

이것은 한국의 변혁 운동사를 보면 쉽게 이해됩니다. 한국의 변혁 운동은 미국으로부터 주권도 제대로 행사하지 못하는 사실상 식민지적 처지와 남북이 분단된 상황을 극복하기 위해 오랫동안 투쟁해 왔습니다. 그 과정에서 한국의 개혁·변혁 운동은 거듭 질적 전환을 이룩하며 발전해 왔습니다.

다시 말해 광주민주항쟁을 계기로 민족 민주적 과제는 반미자주화, 반독재민주화, 조국통일로 명확하게 정리되었으며, 이 자주·민주·통일 운동은 이후 6월항쟁, 촛불항쟁, 빛의혁명의 과정을 겪으며 애민시대의 흐름에 맞게 개인과 집단, 나라와 민족 단위의 모든 부분에서 주인의 권리를 누리고 사는 것으로 더욱 풍부화되고 심화되었습니다. 즉 자주는 이 모든 부분에서 주인의 권리를 보장하는 것으로 확장되었고, 민주도 이를 실현하기 위한 제도와 질서 체계를 수립하는 것으로 확대되었고, 통일도 한국 내에서의 통일·단결된 정치적 역량을 마련하는 것만이 아니라 한반도 차원에서 민의 권리를 실현하는 것으로 확장되었습니다.

그러면 이렇게 자주, 민주, 통일의 내용이 풍부화된 조건에서, 조국통일은 어떤 의미를 갖게 될까요? 물론 이것은 한반도 통일을 어떻게 바라보느냐의 입장에 따라 여러 의견이 나올 수 있습니다.

하지만 자주와 민주가 주인의 권리를 보장하고 이를 실현하기 위한 제도와 질서 체계를 세우는 것으로 풍부화되었다고 한다면, 조국통일은 이 자주와 민주의 내용들이 한반도 차원에서 실현된 모습으로 되어야 할 것입니다. 만약 그렇지 않고 조국통일이 이뤄졌는데도, 한국에서와 똑같이 민이 주인의 권리를 누리지 못하고 여전히 한반도 차원에서 외세와 매국노가 주인 행세하는 꼴이라면, 이것은 자주와 민주의 실질적 내용이 사실상 부정된 형태라고 할 수 있을 것입니다. 그런 점에서 이런 방식의 조국통일은 올바르다고 할 수 없을 것입니다. 그 때문에 지금 시기의 시대적 흐름을 반영한 조국통일이라고 한다면 자주와 민주의 실내용이 한반도 차원에서 실현된 것으로 되어야 하기에 조국통일의 상은 사실상 자주와 민주의 완성이자 실현을 의미한다고 볼 수 있다는 것입니다.

물론 자주와 민주, 통일단결은 완성되는 것이 아니라, 시대 흐름과 사회 발전에 맞게 계속 높여 가야 합니다. 그래서 조국통일이 이루어졌다고 해서 한반도 전체 민이 주인의 권리를 실현하기 위한 투쟁을 멈출 수는 없습니다.

하지만 현시기 최대 억압 세력인 외세와 매국노들이 주인 행세하고 있는 조건에서, 이들을 응징해서 청산하는 것은 주인의 권리를 실현하기 위한 사회 역사의 발전 단계에서 새로운 질적 전환을 이룩하는 것이라고 볼 수 있습니다. 이런 질적 전환의 측면에서 보면 조국통일은 사실상 자주와 민주의 완성이자 실현을 의미하는 것으로 볼 수 있다는 것입니다.

이런 점에서 조국통일을 강조하는 입장은 한국 사회의 개혁과 변혁이 중도반단 되지 않고 끝까지 완성되어야 한다는 측면을 중시한다는 것을 알 수 있습니다. 그 때문에 조국통일을 이룩해야 한다는 주장은 이런 측면에서 그 정당성을 인정받고, 그 과제를 해결하기 위한 활동은 적극 고무되어야 할 것입니다.

하지만 완성적 측면에서 조국통일로의 지향을 인정하는 것과, 자주·민주·통일의 과제를 해결하기 위해 어디에 힘을 집중해야 할 것인가에 대한 문제는 서로 다른 차원의 질문이라고 할 수 있습니다. 한마디로 자주, 민주, 통일의 과제를 해결해야 하겠는데, 그러자면 주되게 어디를 공략해야 하느냐 하는 차원의 문제 제기입니다. 바로 여기서 자주, 민주, 통일을 가로막는 핵심 세력이 미국, 즉 미 제국주의 세력이기에 반미반제의 기치를 내걸고 싸워야 한다는 것입니다.

이를 놓고 보면 조국통일의 과제를 제기하는 입장과 반미반제를 제기하는 입장은 서로 모순되는 관계가 아님을 알 수 있습니다. 조국통일 중시는 자주와 민주의 완성적 측면을 강조하고, 반미반제 중시는 어디를 주되게 공략해야 자주, 민주, 통일의 과제를 실현할 수 있느냐 하는 차원의 문제 제기인 만큼 서로 배척해야 할 이유가 없다는 것입니다. 그렇다면 자신들이 주장하는 바를 적극 실현하기 위해 노력하면 될 것입니다.

하지만 앞서 지적했듯이 자신들이 주장하는 바를 실현하고자 각기 분산된 형태로 투쟁을 전개한다면 압도적인 역량을 형성할 수 없고,

그러면 사회를 실질적으로 개혁·변혁할 수 없다는 것입니다. 바로 여기서 광범위한 사람들을 하나로 모아내어 압도적인 역량을 형성하면서도, 사회를 실질적인 개혁과 변혁의 길로 나아갈 수 있는 계선을 확보해야 합니다. 바로 그것이 주권 회복의 문제입니다.

주권 회복은 광범위한 사람들을 하나로 모아내어 개혁과 변혁을 실질적으로 이룩할 수 있게 하는 계선입니다. 주권 회복은 우선 그 자체가 광범위한 세력들의 연대 연합을 요구합니다. 주권을 고수·회복하자면 외세의 침략과 침탈에 반대하면서 외세의 앞잡이 역할을 하는 매국노를 응징해야 합니다. 그 때문에 주권의 고수와 회복 투쟁은 외세와 매국노를 반대하고 애민·애국의 기치에 공감한다면 모든 세력을 하나로 모아낼 수 있는 토대가 됩니다.

그뿐만 아니라 주권의 고수·회복은 정권에 대한 싸움을 전개하고 애민·애국정권을 세워야 한다는 것을 명확히 제기합니다.

주권을 고수하고 회복하는 과제는 개인이나 단체가 해결할 수 없습니다. 오로지 한 나라를 대표하는 정권에 의해서만 해결할 수 있습니다. 그런데 한국의 정권이 주권을 고수·회복하려고 하는 것이 아니라, 매국 행위를 계속 저지른다면 어떻게 주권을 찾을 수 있겠습니까? 주권을 찾을 수 없는 것은 물론, 한국 사회의 개혁과 변혁도 물 건너가게 될 것입니다. 바로 여기서 주권 회복의 입장은 필연코 정권의 문제를 제기하고 매국정권이 아닌 애민·애국정권을 세울 것을 요구하게 됩니다. 이렇게 애민·애국의 정권 수립을 요구하는 길로 나아간다면 필연코 매국정권이 아닌 애민·애국정권을 세워 주권을 회복할 수 있고, 그러면 그 힘으로 한국 사회를 실질적으로 개혁하고 변혁하는 길로 나아갈 수 있습니다.

여기서 흔히 정권에 대한 투쟁을 벌이면 광범위한 세력을 단합시키지 못하거나 대중적인 투쟁이 벌어지지 못할 것처럼 여기는 경향이 존재합니다. 하지만 이는 사실과 다릅니다. 도리어 정권에 대한 투쟁이야말로 가장 광범위한 세력들을 하나로 모아내고 대중적인 투쟁을 전개하는 기초가 됩니다. 정권이라는 본질적 속성 자체가 가장 광범위한 사람들을 하나로 모아낸 통일전선 조직체에 다름 아니기 때문입니다.

이런 이치 때문에 한국 사회의 제1당과 제2당의 기득권 세력들은, 자신들의 정치 세력을 유지하며 권력을 잡기 위해 정권에 대한 반대투쟁을 적극 벌여가면서도 국민통합을 강조합니다. 하지만 이들의 정권 반대 투쟁과 국민통합 주장은 실질적인 주권을 찾아 한국 민의 생명과 재산, 권리를 지키기 위해서가 아니라, 그저 자신들의 집권을 위한 용도로 이용해 먹은 것에 불과합니다. 그 때문에 아무리 정권교체가 이루어져도 세상이 바뀌지 않았던 것입니다.

이를 해결하자면 애민·애국의 기치 아래 광범위한 세력을 모아 내어 외세의 침략·침탈에 반대하면서 외세의 앞잡이 역할을 하는 매국노를 응징하는 계선을 견지하는 가운데 애민·애국정권을 세우기 위해 나서야 합니다. 그리한다면 매국 세력의 또 다른 양태에 불과했던 반동세력과 배신세력이 서로 번갈아 권력을 잡았던 데에서 벗어나, 참다운 의미에서 주권을 고수하고 회복하는 애민·애국정권을 세울 수 있습니다. 그래서 주권의 고수·회복 투쟁은 한국 사회를 실질적으로 개혁·변혁할 수 있는 일치 계선이자 통일단결의 계선이라고 할 수 있습니다.

주권의 고수·회복 투쟁이 한국 사회를 실질적으로 개혁·변혁할 수 있는 일치 계선이자 통일단결의 계선으로 되는 것은, 이 입장을 견지해야 반미반제 투쟁 또한 힘 있게 전개할 수 있다는 데에서도 드러납니다.

물론 반미반제 투쟁은 그 자체가 목적이 될 수는 없습니다. 한국 민이 투쟁에 나서는 목적은 주권을 고수해서 민의 생명과 재산, 권리를 지키기 위해서입니다. 하지만 미국이 한국의 주권 행사를 인정하는 것이 아니라, 한사코 한국의 주권을 유린하고 약탈하려 한다면 이를 용납할 수 없습니다. 바로 여기서 반미반제 투쟁을 거국적으로 전개해야만 합니다.

그런데 반미반제 투쟁이 거국적으로 힘 있게 벌어지지 못하는 이유는 매국노들이 이를 가로막으며 훼방을 놓고 있기 때문입니다. 그래서 반미반제 투쟁을 적극적으로 펼쳐가기 위해서라도 기필코 매국노들을 응징해야 합니다. 그런데 이들 매국노가 정권까지 장악하고 있다면 반미반제 투쟁이 방해받고 힘 있게 전개되지 못하게 될 것은 명약관화할 것입니다. 바로 여기서 매국노들을 기필코 응징해야 할 것인데, 이 과제는 주권 회복을 기치로 외세의 침략·침탈 반대와 외세의 앞잡이 매국노 응징의 문제를 적극 제기하고 풀어가려고 해야만 해결된다는 것입니다. 그리하여 매국노들이 응징된다면 방해 세력이 청산되었으니만큼 더욱 광범위한 사람들의 단합된 힘으로 반미반제 투쟁을 거국적으로 전개할 수 있게 될 것입니다.

마찬가지로 남북이 서로 대립·대결의 상황에서 벗어나지 못하고 조국통일의 길로 힘 있게 나아가지 못하는 것 또한 외세와 매국노들의 방해 책동 때문입니다. 그래서 이들을 응징하여 애민·애국의 정권을 세워 주권을 고수하고 회복한다면, 조국통일도 한반도 차원의 민 자체의 힘으로, 다시 말해 한반도 차원의 애민·애국의 기치와 의지로 풀어갈 수 있게 될 것입니다.

이상에서 보는 것처럼 조국통일과 반미반제, 주권 고수와 회복 투쟁은 서로 배타적인 관계가 아니라 각기 제기하는 문제 영역이 서로 다릅니다. 그 때문에 각기 주장하는 바를 배척하려고 할 것이 아니라 서로 옹호해 주면서 적극 실현할 수 있도록 고무해 주어야 합니다. 하지만 거기에 멈춰서는 안 되고, 주권의 고수와 회복 문제만큼은 이 모든 문제를 실질적으로 해결할 수 있도록 하는 일치 계선이자 통일단결의 계선이 되기에, 여기에 모든 세력이 서로 단합해 가야 합니다. 그래야만 한국 사회를 실질적으로 개혁, 변혁하는 길로 나아갈 수 있으며, 반미반제 투쟁도 더욱 힘 있게 전개할 수 있고, 궁극적으로 전쟁이 아닌 평화적이고 민주적인 방법으로 조국통일 또한 달성할 수 있다는 것입니다.

## 4. 내란 세력 청산과 사회 대개혁을 완수하자면 애국법과 조국통일법을 제정해야 한다

2025. 5. 27.

애국법과 조국통일법을 제정해야 하는 이유는, 바로 이것이 주권을 확고히 보장하는 방안이 되기 때문입니다. 주권을 행사할 수 없다면 사실상 식민지 노예의 처지에 빠지기에 나라와 민족의 문제를 자기 의사와 요구에 맞게 풀어갈 수 없습니다. 한마디로 내란 세력 청산과 사회 대개혁을 완수하자면 주권부터 제대로 행사해야 한다는 것입니다.

실상 윤석열이 내란 범죄를 일으키게 된 근원은 자신의 사적 욕망과 집권 유지만을 추구하며 미국의 앞잡이 역할을 했던 매국 행위로부터 비롯되었습니다. 이렇게 내란 범죄를 저질렀고 매국 행위를 범했다고 한다면 단호히 응징되어야 할 것입니다. 하지만 주권을 행사하지 못한다면 이 또한 제대로 처벌할 수 없습니다. 한마디로 한국민의 이해와 요구가 아니라 미국의 이익이 애국인 것처럼 잘못 받아들이는 현상이 발생하고 있는 조건에서, 한국의 사법 체계대로 법 집행이 엄정히 이뤄지도록 하자면 주권을 회복해야만 가능하다는 것입니다.

주권을 회복해야 하는 이유는 또한 주권을 행사하지 못하던 한국의 사회 대개혁을 온전히 수행할 수 없기 때문입니다. 대외관계가 불평등하게 형성되어 지배와 억압을 받게 되면 대내 정책도 그에 영향받아 자국 민에 대해서도 지배와 억압이 이뤄지는 방식으로 전개될 수밖에 없습니다.

미국이 한국과의 불평등한 관계를 이용해 한국의 대기업 보고 자국에 투자하도록 강요하고 주한미군의 주둔비를 대폭 올리겠다고 하는 조건에서, 이들의 압력에 굴복한다면 민생 문제를 해결할 수 없습니다. 또 반북, 반중, 반러를 강요하는 조건에서 한반도의 평화와 통일도 불가능할 것입니다. 그 때문에 한국 사회의 민주와 민생, 평화와 통일을 이룩하기 위한 대개혁을 완수하기 위해서도 주권부터 찾아야 합니다.

그러면 주권을 찾자면 어떻게 해야 하겠습니까? 외세와 불평등한 관계를 맺고 있는 조약과 협정부터 파기해야 합니다. 미국과의 관계에서 군사적 주권을 제약받고 있는 한미상호방위조약과 한미행정협정을 파기해야 하고, 아울러 일본이 식민 지배를 사과하지 않고 군국주의 야망을 품으며 한반도를 재침할 수 있도록 하는 데 근원이 되는 한일기본조약을 파기해야 합니다.

그런데 이런 불평등한 조약과 협정을 파기하자면 그 근거와 토대가 있어야 할 것입니다. 그것이 바로 애국법과 조국통일법입니다(『한국 사회 대개혁을 위한 애민·애국의 담론』, "애국법과 조국통일법은 어떤 내용을 담아야 할까?" 572~592p 참조). 한마디로 주권을 고수하자면 외세의 침략과 침탈에 대해 단호히 대응해야 할 뿐만이 아니라, 애국 행위는 적극 고무하고 매국 행위는 단호히 응징해야 할 것입니다. 바로 이것을 담보하는 것이 애국법이라는 것입니다.

애국법에는 주권을 고수해야 하는 이유와 목적, 방향을 비롯해 상벌 체계가 명확히 포함되어야 하기 때문입니다. 그래서 여기에는 외세의 침략과 패권에 반대하는 것만이 아니라, 외세에 추종해 매국적 행위를 저지른 자들을 철저히 응징하는 내용은 물론이고, 영토를 고수해서 민의 생명과 재산, 권리를 수호하는 것과, 애민·애국의 기풍을 세워 나라와 민족의 존엄을 지키고 빛내는 내용들이 망라되게 됩니다. 이렇게 애국법이 제정되면 이를 근거로 나라의 주권을 제대로 행사할 수 있게 되고, 그로 인해 한국 민의 이해와 요구에 맞게 한국의 법질서를 확고하게 집행할 수 있게 된다는 것입니다.

하지만 애국법의 제정으로만 그쳐서는 안 됩니다. 외세와 매국노들이 분단된 상황을 이용해 주권을 제약하고 있는 조건에서, 이를 해결하자면 애민·애국의 기치가 조국통일의 영역에서도 스며들도록 해야 합니다. 바로 이의 해결이 조국통일법의 제정입니다. 조국통일법에는 애민·애국의 기치에 의한 조국통일의 상뿐만이 아니라, 그 원칙과 방도 및 상벌 체계가 명확히 포함될 수밖에 없기 때문입니다. 그 때문에 조국통일법이 제정되면 외세와 매국노들이 분단을 이용해 주권을 농락하는 현상을 막을 수 있고, 애민·애국의 기치에 의해 조국통일을 수행할 수 있는 길을 열어주게 됩니다.

지금 한국 사회는 애국법과 조국통일법의 제정을 더 이상 미룰 수 없는 상황입니다. 주권 문제가 제대로 해결되지 못함으로써 외세의 침략과 침탈이 이루어지는 데도 용인되고 있으며, 외세의 앞잡이 역할을 하는 매국노가 애국적 행위를 탄압하는 기가 막힌 상황이 벌어지고 있기 때문입니다. 이런 상황이 지속되는 한 한국 사회의 전망은 어두울 수밖에 없습니다.

여기에서 벗어나는 길은 애국법과 조국통일법을 제정하는 것입니다. 애국법과 조국통일법이 제정되면 애국적 기풍이 세워지면서 주권을 제대로 행사할 수 있고, 그러면 한국 민의 의사에 맞게 제반 내란 세력을 청산하면서 사회 대개혁을 철저히 수행할 수 있게 될 것입니다.

# 한국 사회의 총체적 개혁의 상을 정립하자

2025. 11. 10.

**한국 사회를 총체적으로 개혁하자면 지금까지의 사회 역사적 발전 과정을 계승하고, 시대사적 요구를 반영하여 7대 정책적 과제를 실현 해야 한다.**

한국 사회의 제반 문제를 풀려고 한다면 주권을 고수, 회복하고 통 일 독립된 나라를 세워야 한다는 입장을 분명하게 견지해야 합니다. 그런데 한국 사회의 주된 정치 세력으로 나타난 반동세력과 배신세력 은 그렇지 않고 있습니다. 이런 조건에서 이를 실현하자면 민이 주체 로 나서야 합니다.

물론 그렇다고 해서 한국 사회의 문제가 이 핵심 과제만 있다는 것 도 아니고, 이것만 견지하면 다 해결된다는 것도 아닙니다. 게다가 한국 사회를 개혁하려는 목적은 민이 사회의 제반 부분에서 주인의 권리를 참답게 행사하면서 유복하게 살기 위해서입니다. 그 때문에 개혁의 목표를 단순히 주권 회복과 통일 독립된 나라를 세우는 문제 로만 한정할 수는 없습니다. 더욱이 정책 전반은 상호 밀접히 연결되 어 진행되기에 서로 영향을 주고받게 됩니다.

그렇다면 민이 주체로 나서서 정권을 잡아 한국 사회의 제반 개혁을 성공시켜 나가자면, 핵심 과제를 견지함과 동시에 제반의 문제를 풀기 위한 총체적인 개혁의 상이 제시되어야 합니다. 핵심 고리와 제반 개혁의 상이 서로 맞물려 전개되어야 총체적 개혁이 성공적으로 추진될 수 있다는 것입니다. 그렇지 않으면 서로 혼란되고 모순된 상황이 벌어지면서 해결되지 않는다는 것입니다.

한마디로 미국으로부터 주권을 찾으려는 과제 역시 한국의 제반 문제를 풀기 위한 것이지, 주권 회복 그 자체에만 한정을 두고 있지 않다는 것입니다. 주권 회복 그 자체에만 한정을 두게 되면 조건 타령을 하게 됩니다. 이것은 이번 이재명 정권이 미국과 관세 협상 및 한미동맹 현대화 등의 협상을 벌이는 과정에서 드러났습니다. 이재명 정권은 말로는 국익이 침해받는 사안에 대해서는 결코 양보하지 않을 것이라고 공언하며, 주권을 고수하고 회복할 것처럼 말해 왔습니다. 하지만 미국과의 협상 결과를 보면, 현실적 조건을 거론하면서 피해를 줄였으니 선방했다는 식입니다.

이런 식의 주장이 나오는 것은 주권 회복의 원칙을 왜 고수해야 하며, 그러지 못했을 때 한국의 총체적인 개혁에 어떤 영향을 미치는지를 고려하지 않기 때문입니다. 말로는 국방의 자주를 언급했지만 실제로는 한미동맹현대화라는 큰 틀거리로 국방 문제를 접근하게 된 결과 어떻게 되었습니까? 핵잠수함을 만들든지, 국방 예산을 늘린다고 해도 한국의 자주적 국방에 도움이 되지 못하고, 결국 미국의 대외 국방 정책에 종속되어 미국의 이익에 복무하는 형태로 귀결될 수밖에 없게 되었습니다. 이것은 주권을 행사해서 한국 민의 이익을 고수하는 것과는 한참 거리가 멀게 됩니다.

그러면 이의 영향으로 한국의 국방 정책은 자체의 필요성에 의해 추진되지 못하고, 국방 무기 체계도 자신의 요구에 의해 풀어가는 데에 지장을 받게 됩니다. 이런 국방 정책의 뒤틀어짐은 국방 문제로만 끝나지 않고, 애국적 문화와 정서 함양에도 부정적 영향을 미치게 됩니다. 자체 필요성이 아니라 미국의 부당한 압력에 굴복해서 국가 정책이 시행되고 있는 조건에서는, 한국 민의 애국적인 감정과 정서가 고양될 수 없다는 것입니다. 이런 조건에서는 군사적 주권도 고수되지 못할 뿐만이 아니라 나라의 주권도 영영 회복하지 못하는 길로 빠지게 될 것입니다. 주권을 고수하겠다고 말장난할 것이 아니라 실질적으로 주권을 고수하는 길로 나아가느냐, 그렇지 않으냐가 중요하다는 것입니다.

마찬가지로 관세 협상 또한 단지 조건 문제를 거론하며 선방했다는 식으로 접근하면 어떤 결과가 초래되겠습니까? 미국에 매년 200억 달러를 현금으로 투자하게 된다면 한국 자체의 경제 정책을 추구하는 데 제약을 받게 될 것입니다. 그러면 한국 경제에서 제기되는 문제에 대해 적극적으로 대응하지 못하고 빈부격차도 더욱 확대될 것입니다. 지금껏 한국 경제가 제 발로 걸어가지 못하고 빈부격차가 확대되었던 것은, 한국 자체의 필요성보다는 미국과의 관계 속에서 풀어가는 방식으로 진행되어 왔기 때문입니다. 그런데 이를 고치겠다는 것이 아니라 그 연장선상에서 전개하겠다는 것이니, 한국 경제의 파행성을 바로잡는 것이 아니고 더욱 왜곡되고 반신불수의 경제 구조로 고착화시킬 것입니다. 그러면 어떻게 경제적 주권을 확립하고 빈부격차를 해소하는 방향으로 나아갈 수 있겠습니까? 아마 그 길은 요원하게 될 것입니다.

어떤 정책을 살펴볼 때 주권을 고수하고 회복해야 한다는 핵심 과제를 정말 견지했는가의 측면과 함께, 그 해당 정책을 독립적으로 떨어뜨려 보지 말고 다른 부분의 개혁에 어떤 영향을 미치는 것까지 따져보며 살펴보아야 한다는 것입니다. 그래야 상황적 조건 때문에 어쩔 수 없이 핵심적 과제를 확고히 고수하지 못했다는 주장은, 사실상 개혁하지 않겠다는 입장이나 다름없다는 것을 알 수 있습니다. 주권을 확고히 고수하지 않으면서 조건 타령을 하는 태도는 허두맹랑한 핑계에 불과하다는 것입니다.

더 명확하게 표현하자면 한국 사회를 진실로 개혁할 의지가 있다면 조건을 탓하며 굴복할 것이 아니라, 어떻게 미국의 압력을 극복할 수 있는 조건을 창출할 것인가에 초점을 맞춰야만 한다는 것입니다. 실상 조건을 창출하려고 노력하지 않는다면 어떻게 갑자기 해결할 수 있는 여건이 만들어지겠습니까? 조건을 조성하려고 하지 않는다면 한국 사회를 참답게 개혁할 의사가 없음을 보여준다는 것입니다.

그런 의미에서 조건을 창출해 한국의 제반 과제를 해결하려고 한다면, 주권을 고수하면서 통일 독립된 나라를 세워야 한다는 핵심 고리를 견지함과 동시에, 제반 부분에 대한 개혁의 상 또한 명확히 제시하여야 합니다. 그렇지 않으면 주권 회복과 통일 독립된 나라를 세우는 과제 자체도 혼란되고 지장을 초래 받게 됩니다. 한마디로 총체적인 개혁의 상이 제시되어야 혼란되거나 모순되는 현상이 없이 주권을 찾으면서 참답게 개혁할 수 있는 길로 갈 수 있다는 것입니다. 그 때문에 민이 스스로 주체로 서서 정권을 장악하자면 한국 사회의 총체적인 개혁의 상이 무엇인지를 밝히는 것은 매우 중대한 과제로 제기된다고 할 수 있습니다. 이 문제가 풀려야만 한국 민이 확신성 있게 정권을 장악해 개혁하는 길로 힘차게 전진해 갈 수 있습니다.

그러면 한국 사회의 총체적인 개혁의 상은 무엇이겠습니까? 그것은 총체적으로 보았을 때, 지금껏 한국 사회가 주권을 고수하고 통일 독립된 나라를 세우려고 노력해 왔던 역사적 과정을 계승하는 것으로 되어야 할 것입니다. 계승의 과정을 분명히 밝히지 않는다면 앞으로 한국 사회를 어떤 방향으로 개혁해 나갈 것인지에 대해 혼란을 겪을 수 있습니다. 이런 측면에서 주권을 고수하고 통일 독립된 나라를 건설하려고 노력해 왔던 역사적 맥락을 확고히 이어받고 계승한다는 측면을 명확히 해야 합니다.

이로 놓고 보면 한국 사회는 갑오농민전쟁, 3·1운동, 자주독립 투쟁과 민족해방운동, 4·3민중항쟁, 반민특위, 4·19혁명, 5·18광주민주항쟁, 6월항쟁과 노동자대투쟁, 촛불항쟁, 빛의혁명 등은 물론이고, 7·4공동성명, 남북기본합의서, 6·15공동선언, 10·4남북공동선언, 4·27판문점선언, 9·19 평양공동선언 등은 계승되어야 합니다.

또한 총체적인 개혁의 상은 역사의 계승 측면만이 아니라 현시기의 시대사적 요청 또한 반영하여야 합니다. 개혁은 현시기의 한국 사회에서 진행될 수밖에 없습니다. 그렇다면 현시기의 시대사적 요구를 반영하는 것은 당연한 이치로 될 것입니다.

지금의 시대적 요구와 흐름은 애민시대로서, 그 누가 대신해 주거나 시혜를 베풀어주는 방식이 아니라 민이 직접 주인의 권리를 누리고 사는 것입니다. 그것도 개인과 집단, 나라와 민족 단위로 살아가고 있는 조건에서 이 모든 차원에서 주인의 권리를 누리고 사는 것입니다. 그래서 이 모든 차원에서 주인의 권리 실현을 보장하는 자주, 이를 실현하기 위한 제도와 질서 체계를 세우는 민주, 그리고 통일단결된 정치적 역량으로 이를 담보해 가는 통일의 원칙이 견지되어야 합니다.

또한 이 모든 차원에서 주인의 권리를 누리고 살자면 서로의 이해를 일치시켜 입체적으로 존중하여 혼란되거나 모순됨이 없이 통일적으로 풀어가야 한다는 점에서 일치, 입체, 통일의 방법론으로 풀어가야 합니다.

이런 총체적인 개혁의 상에 따라 한국의 사회 역사적 과제를 풀어 가자면 첫째, 정권의 문제를 해결하여야 합니다. 정권은 주권을 회복·고수하고 통일 독립된 나라를 건설해야 한다는 점에서 그 성격은 애민·애국정권으로 되어야 할 것입니다.

애민·애국정권으로서 제 역할을 다하자면 외세의 침략과 침탈에 대해서 반대해야 할 뿐만이 아니라 외세의 앞잡이 역할을 하는 매국노들을 응징해야 할 것입니다. 그 때문에 주권을 제약하는 한미상호방위조약과 한일기본조약을 파기해야 할 뿐만이 아니라, 이렇게 주권을 팔아먹었던 세력들을 처벌하는 매국행위처벌특별법을 제정하고, 나아가 주권을 고수하고 조국통일을 이루어야 한다는 점에서 이에 저해되는 국가보안법은 폐지하고 대신에 애국법과 조국통일법을 제정해야 할 것입니다. 아울러 애민·애국정권의 성격에 맞게 제반의 국가 기구를 정비해 가야 합니다.

둘째, 국가적 차원에서 물질 경제적 기반을 구축하여야 합니다. 물질 경제적 기반을 구축하지 않으면 주권을 고수하면서 민의 생명과 재산, 권리를 지키려고 해도 그리할 수가 없습니다. 그 때문에 국가적 차원에서 그 기반을 구축하는 것을 분명한 정책으로 견지하여야 합니다.

물질 경제적 기반을 구축하기 위해서는 민의 삶에 결정적 영향을 미치는 은행, 전력, 에너지, 기간산업 등은 국·공유화해야 합니다. 또한 민의 이익을 위한 경제 체제를 형성하기 위해서는 다른 나라와의 불평등한 경제 협정은 개정, 폐지하고 제 발로 걸어가는 경제 체제를 구축해 가야 합니다. 아울러 외세와의 경제 주권의 양도로 인해 민에게 돌아와야 할 재부가 재벌 등에게 돌아갔던 부분은 환수 조치하여 국가의 물질 경제적 기반을 구축하는 데에 이용하여야 합니다.

그리고 식량은 민의 먹거리에 관계된 만큼 식량 주권의 확립을 기본 원칙으로 놓고 농업과 농민 정책을 풀어가야 합니다. 아울러 나라의 물질 경제적 기반을 확고히 구축하자면 국토를 종합적이고 균형적으로 발전시켜 가야 합니다. 수도권만 비대해지고 나머지 지방이 붕괴되어 가는 상황으로는 한국의 경제를 원만히 발전시켜 나갈 수 없습니다. 그래서 국토를 몇 개의 핵심 권역으로 나누어 지방 또한 수도권만큼 발전할 수 있도록 균형적 발전 전략을 수립해 가야 합니다.

셋째, 개혁의 주체를 세워야 합니다. 개혁은 민이 주인의 권리를 누리고 사는 제도와 질서 체계를 세우는 문제입니다. 그래서 국가 제도가 더욱 민주화되어야 하고, 지방자치제도 적극적으로 보장되고 실현되도록 해야 합니다. 그런데 이것을 확고히 수행하자면 주체가 마련되어야 합니다. 그렇지 않으면 중도반단 될 수 있습니다. 게다가 민의 이해와 요구가 국가 정책에 반영되지 않는다면 민이 주인의 권리를 누리고 살 수 있는 방법이 없습니다. 그 때문에 민의 이해와 요구가 국가 정책에 반영될 수 있는 제도와 질서를 세워가는 것은 개혁의 핵심 과제 중의 하나라고 할 수 있습니다.

민의 이해와 요구가 국가 정책에 반영될 수 있도록 하는 가장 효과적인 방법은 각종 대중단체에 대해 국가적, 지방적 지원 정책을 펴면서 그 요구가 국가 정책에 반영될 수 있는 제도와 질서 체계를 세우는 것입니다. 특히 청년은 나라의 미래를 담보한다는 점에서, 청년 대중단체의 조직과 활동을 적극 보장하고 이에 대한 국가적 지원책을 확대하며 이들의 이해와 요구가 정책에 반영되도록 하는 것은 매우 중요합니다.

각종 대중단체에 대한 이해와 요구는 행정부뿐만이 아니라 입법부, 사법부 등에도 적용되어야 합니다. 행정부의 정책 시행뿐만이 아니라 입법부의 예산과 법의 제정에도 각종 대중단체의 이해와 요구가 반영될 수 있어야 한다는 것입니다.

특히 지금 대통령과 국회의원은 선거를 통해 일정한 통제와 심판을 받고 있지만 검찰과 사법부 등은 전혀 그런 견제를 받고 있지 않습니다. 그래서 검찰과 사법부의 기소권과 재판권의 독점에 대해서도 각종 대중단체의 이해와 요구가 반영될 수 있는 제도와 질서 체계를 세워가는 것은 매우 중요하다고 할 수 있습니다. 검찰과 사법부가 전혀 견제도 받지 않고 민의 눈치도 보지 않으면서 자신들만의 권력을 독점하고 농단하는 형태가 지속되게 해서는 안 된다는 것입니다.

그런데 이렇게 각종 대중단체의 이해와 요구가 국가 정책에 반영되게 하자면 이를 실현할 근거가 있어야 할 것입니다. 이런 측면에서 (국)민소환권, (국)민발안권, (국)민투표권이 실현되어야 합니다. 그뿐만 아니라 대중단체의 이해와 요구가 국가 정책에 반영될 수 있도록 하자면 정치 활동의 자유가 전면적으로 보장되고 활성화되어야 합니다. 그런데 지금의 한국 정치는 제1당과 제2당만이 유리한 구조로 형성되어 민의를 왜곡시키고 있습니다. 그래서 민의를 제대로 반영하도록 결선투표제를 도입하는 등 정당법을 개정해서 누구나 정치 활동을 전면적으로 전개할 수 있도록 불합리한 제도들을 바꿔야 합니다.

넷째, 빈부격차를 해소해 가야 합니다. 개혁을 실질적으로 추진하는 데에서 중요한 것은 그 성과가 실질적으로 나타나도록 하는 것입니다. 그렇지 못하면 왜 개혁해야 하는지 그 이유를 알지 못하게 되어 동력이 떨어지게 됩니다. 그뿐 아니라 빈부격차가 해소되지 않으면 생존권 자체가 위협받게 됩니다. 그러면 목구멍이 포도청이라고 그로 인해 다른 제반의 사회적 문제에도 관심을 기울일 수 없게 됩니다. 그런데 생존권 위협의 주된 요인은 빈부격차의 심화로 발생합니다. 이런 점에서 빈부격차의 해소는 개혁을 실질적으로 추진하는 동력 문제와 관련해 매우 중요한 요소로 작용합니다.

빈부격차를 해소하는 데에서 중요한 핵심 요소는 일하지 않는다면 몰라도 일하는 사람이라면 누구나 자신의 노동으로 사회의 평균적인 물질 문화적 수준의 삶을 살 수 있게 하는 것입니다. 그러자면 최저임금의 수준을 질적으로 상향시켜야 합니다. 그리고 동일노동에는 동일임금의 원칙을 견지하는 것입니다.

여기서 최저임금의 수준을 질적으로 상향시키는 데에서 중요한 것은, 대통령이나 국회의원 등 선출직 공직자의 경우 그 활동에 소요되는 비용은 국가적으로 보조해 주기에 이들의 임금은 가급적 최저임금의 수준에 맞추는 것입니다. 이것은 부와 명예를 함께 걸머쥐게 하는 것은 결코 옳은 결과를 가져다주지 않는다는 측면에서뿐만이 아니라, 이들이 최저임금의 수준에 버금가게 월급을 받게 해야만 왜 최저임금이 상향되어야 하는지를 실감하고, 그런 방향으로 나아갈 수 있게 하는 지름길이 되기 때문입니다. 이것은 또한 민의 충복이자 머슴으로서 제 역할을 다하려고 하지 않으려면 감히 선출직 공직에 나서지 말라는 지침이기도 합니다.

이렇게 동일노동, 동일임금의 원칙을 적용하고 최저임금을 질적으로 상향하면 중소기업과 영세업체 등은 매우 어려운 상황에 빠질 수 있습니다. 그 때문에 이 문제를 해결하고 최저임금을 질적으로 상향시키기 위해서는 일정 시기 동안 중소기업과 영세업체 등에 대해 국가적인 지원책이 필요합니다.

아울러 빈부격차를 위한 방향으로 나아가자면 국가 재정이 확보되어야 할 것인데, 이를 위한 조세 정책은 부자 감세가 아니라 누진 과세를 기본 원칙으로 삼아야 하고, 불로소득과 투기를 통한 부의 축적에 대해서는 최저생활을 보장하는 정도 이상의 소득은 높은 세율을 부과하여 추징하여야 합니다.

특히 토지와 주택 등 부동산 투기에 의한 소득은 엄히 추징하여야 합니다. 왜냐하면 이런 투기적 요소에 의해 불로소득이 정당화되면, 일하는 사람들은 누구나 평균적인 물질·문화적 수준의 삶을 살아야 하는 사회적 기풍을 저해할 뿐만이 아니라, 한 사람이 너무 많은 부동산을 소유함으로써 그 외의 사람이 주택을 소유하지 못해 생존의 위협을 받게 되기 때문입니다. 지금 한국 사회에서 주택 문제가 큰 문젯거리로 제기되는 주된 원인은 집이 절대적으로 부족해서라기보다는 소수가 부동산을 대거 독점 소유하고 있기 때문에 발생하고 있습니다.

그 때문에 부동산 소유에 대해 실수요의 필요, 여기서 실수요라는 것은 유효수요를 말하는 것이 아니라 실질적으로 집이 없는 사람이 집을 정말 필요로 하는 수요를 말하는 것이기에, 1인 1주택을 기본 원칙으로 삼으면서도 얼마 정도 이상의 고액 주택 재산은 물론 실수요에 필요하지 않은 과다한 토지, 주택 소유에 대해서도 세금으로 추징하여야 합니다. 그리하여 투기를 위해 소유하는 것 자체가 손해가 되는 방향으로 정책을 추진해 가야 합니다. 아울러 주택이 투기적 요소가 아니라 인간이 삶을 살아가는 데 있어서 필수적 요소로 되어야 한다는 점에서, 주택이 없는 사람의 경우 누구나 안락한 주택에서 살아갈 수 있도록 국가적 차원에서 대책을 세워가야 합니다.

다섯째, 공정성 확보 차원에서 차별 정책을 폐지하고 복지제도를 보편적으로 적용해 그 수준을 향상시켜 가야 합니다. 개혁을 추진하는 중요 원칙의 하나는 공정성을 확보하는 것입니다. 공정하지 않고 차별을 가하는 현상이 발생하면 개혁은 정당성을 잃게 됩니다. 그러면 개혁을 힘 있게 추진할 수 없습니다.

그런 점에서 한국 사회에서 만연된 차별 정책을 폐지하기 위해 차별금지법을 제정해야 합니다. 그리하여 여성, 장애인, 성소수자 등이 차별받지 않도록 하고, 아울러 비정규직, 플랫폼 노동자들은 물론 교사와 공무원 등의 노동3권을 철저히 보장해야 합니다. 특히 노동자들의 경우에 있어서는 각종 대중단체의 이해와 요구가 국가 정책에 반영되는 제도 구축을 기본으로 놓고 풀어가야 하는 조건에서, 자신들의 이해와 관련된 경영 활동에 대해서는 참여가 보장되어야 합니다.

공정성을 확보하는 데서 또한 중요한 것은 복지정책을 보편적으로 적용해 그 수준을 계속 높여 가는 것입니다. 복지정책이 시혜적이나 선별적인 방식으로 추진된다면 복지제도를 사회 일반에 적용해 향상시키는 데에 일정한 제약이 따르게 됩니다. 그런데 복지 수준이 보편적으로 향상되지 않으면 지금껏 능력에 맞게 세금을 부과하였는데, 왜 그렇게 부담해야 하는지에 대해 불만이 제기될 수 있습니다.

그 때문에 건강할 때 자신이 일하는 동안에 그 능력에 맞게 세금을 내게 하는 조건에서는, 삶을 살아가는 데에 필수적으로 제기되는 측면, 즉 출산, 돌봄, 보육, 교육, 실업, 산재, 의료, 노후, 장례 등을 보편적 복지정책의 차원으로 전개하여 그 수준의 질을 계속 높여 가야 합니다. 그러면 빈부격차의 해소를 위해 누진 세제 시행은 물론 투기적 요소에 높은 세율을 부과하는 과세 제도에 대한 반발을 무마할 수 있습니다.

실상 누진 과세와 투기 소득에 중과세하는 정책에 대한 반발이 나오는 가장 큰 이유는, 사회 복지적 측면을 국가적 차원에서 해결하는 것이 아니라 개인에게 그 책임을 전가하기 때문입니다. 그런데 그렇게 하지 않고 국가적 차원에서 보편적 복지제도 수준의 질을 높여 해결하겠다고 한다면 그에 대한 반발은 크게 줄어들 것입니다. 이런 이치에서 연금제도에 대해서도 노후에 평균적인 삶을 실질적으로 영위할 수 있도록 그 수준을 상향시켜 가야 합니다.

　여섯째, 애민·애국적인 문화, 교육 정책을 펴나가면서 과학기술을 발전시키고 쾌적한 생태 환경을 조성시켜 가야 합니다. 개혁을 실질적으로 추진하는 데 있어서 중요한 것은 또한 사회 문화적 기풍과 정서를 옳게 확립하는 것입니다. 사회 문화적 기풍과 정서가 돈 중심으로 굴러가 살인도 마다하지 않는 상태라면 거기서 개혁은 성공할 수 없습니다. 그 때문에 사회 문화적 기풍과 정서를 옳게 세우는 데에 관심을 돌려야 합니다.

　사회 문화적 기풍과 정서를 옳게 확립하기 위해서는 애민·애국적인 교육과 문화 정책을 펴나가야 합니다. 여기서 교육 정책은 매우 중요합니다. 애민·애국적인 교육 정책이 이루어지기 위해서는 교과서 자체를 애민·애국적인 내용으로 새롭게 정립하여야 합니다.

　그뿐만 아니라 임금 지급에 있어서 학력의 차이가 아니라 실질적인 능력의 차이에 따라 받는 체계로 바꿔야 합니다. 돈 중심의 사회가 형성되면 건전한 문화 기풍이 확립될 수 없는 것처럼, 학력에 대한 차별이 이루어지면 아무리 입시제도를 바꾼다고 한들 건전한 교육 문화가 확립될 수 없습니다. 학력 차별을 없애가는 사회적 조건을 마련하는 가운데, 대학 교육도 무료화해 가면서 지덕체를 겸비하는 전인적인 인간으로 키워 가야 합니다. 그래야 취직을 위해 대학을 가는 것이 아니라 자신의 꿈을 실현하기 위한 과정으로 대학을 선택할 수 있습니다.

　애민·애국적인 문화 기풍과 정서를 확립하는 데에서 중요한 것은 또한 방송과 언론이 제 역할을 다할 수 있도록 하는 것입니다. 그런데 여기서 핵심적인 요소는 언론과 방송이 애민·애국적인 기치에 벗어나는 활동을 하면 규제하는 것입니다. 민족을 비하하거나 민의 기본적 권리를 유린하고 짓밟아도 된다는 식의 주장은 물론, 정보를 왜곡 조작해 사회의 건전한 기풍을 해치는 행위는 언론과 표현의 자유가 될 수 없습니다. 이런 행위를 그대로 놔두게 되면 사회가 붕괴되고 혼란에 빠지게 됩니다. 그 때문에 이런 반민적·매국적인 언론과 방송 행위는 철저히 규제해야 합니다. 반면에 애민·애국적인 문화 기풍을 확립하기 위한 언론과 방송 활동은 물론 다양한 문예 창작, 예술 활동은 적극 장려하여야 합니다.

애민·애국적인 문화 기풍과 정서의 확립 과정은 풍부한 문화 정서를 함유하게 하고 사람을 더욱 힘 있는 존재로 키우는 과정입니다. 사람이 힘 있는 존재로 되면 사회 문화적 기풍과 정서가 더욱 풍요로워지면서 더욱 사회의 발전을 추동할 수 있습니다. 더욱이 현시기에서 사회 발전을 추동하는 힘은 과학기술에 있느니만큼 과학기술 인재를 적극적으로 양성해 가야 합니다. 그뿐만 아니라 삶 자체를 더욱 풍요롭게 해 가야 하니만큼 자연 친화적이고 생태 환경적 측면을 적극적으로 고려하여 도시 문화를 건설해 가야 합니다.

일곱째, 국방과 외교, 통일에서 주권을 고수하고 조국통일 정책을 확고히 견지해 가야 합니다. 주권을 고수하고 민의 생명과 재산, 권리를 지켜내기 위해서는 국방에서 자위력을 확보해야 합니다. 다른 나라가 선의로 도와주면 좋겠지만 그렇지 않더라도 자신의 힘으로 방위할 수 있도록 국방력을 구축해야 한다는 것입니다.

그런데 동맹이라는 미명하에 주권을 제약하고 한국 민의 생명과 재산, 권리를 침해한다면 그것은 허용될 수 없습니다. 이것은 주권을 고수해 민의 생명과 재산, 권리를 지키기 위해서 동맹을 맺는 것인데, 도리어 그 목적과 수단이 거꾸로 뒤바뀌어 있기 때문입니다.

이런 차원에서 한국의 자위적 국방력을 위해서는 미국으로부터 군사적 주권부터 찾아야 합니다. 특히 미국이 동맹이라는 미명하에 한미동맹현대화를 요구하며 미국의 대중국 전초기지 역할을 강요하는 행위는, 한국의 주권을 심히 훼손하는 것은 물론 한반도가 중국 및 북과의 전쟁 위기로 빠지게 하여 전쟁 참화를 겪게 할 수 있습니다. 그 때문에 이 문제를 해결하기 위해서는 한미동맹 자체를 파기하고 아예 주한미군을 철수시켜야 합니다.

자주국방을 이룩하기 위해서는 또한 자위적 무장력을 구축하여야 합니다. 여기서 선진 무기의 도입이 필요할 수도 있습니다. 하지만 그것을 미끼로 한국 자체로 자위적 군사 무장 체계를 갖추는 원칙을 제약한다면 그런 식의 거래는 성립될 수 없습니다. 그 때문에 국방의 자위적 무장력을 갖추는 데에 있어서 자체의 힘으로 해결·확립하는 방식을 기본 원칙으로 삼고 풀어가야 합니다.

국방이 자위적 무장력으로 주권을 고수하고 민의 생명과 재산, 권리를 지키려고 하듯이, 외교는 국제적 무대에서 이 입장을 견지하는 차원에서 전개되어야 합니다. 그 때문에 국제 외교 무대에서 활동하는 기본 원칙은 패권과 침략을 반대하고 자주와 평화, 친선의 연대를 강화하는 차원에서 풀어가는 것입니다.

그런데 우리 민족은 분단되어 있습니다. 그 때문에 국방과 외교 정책은 조국통일을 이룩하는 부분으로까지 확장되어야 합니다. 바로 그것이 한반도 차원에서 주권을 고수하고 민의 생명과 재산, 권리를 지키는 길이 되기 때문입니다. 그래서 지금까지 남북이 합의했던 사항을 국회의 동의를 얻어 실질적인 법적 구속력을 갖게 해야 합니다. 그리고 애민·애국의 기치에 입각하여 제정된 애국법과 조국통일법에 근거하여 조국통일을 이룩하는 방향으로 나아가야 합니다.

물론 총체적 개혁의 상이 한국 사회의 역사적 발전 과정을 계승하고 시대사적 요구를 반영하면서 7대 정책적 과제를 실현하는 내용만으로 한정될 수는 없습니다. 민이 주인의 권리를 누리고 살자면 시대의 발전과 요구에 맞게 더욱 풍부화되고 구체화되어야 합니다. 하지만 중요한 것은 민이 스스로 나서서 정권을 잡아 개혁을 수립하자면, 대략적이나마 개혁의 총체적 상이 정립되어야 한다는 것입니다. 그러면 그에 의거해 풀어갈 수 있는 고리가 열리게 될 것입니다.

그런 점에서 여러 부분이 빠져 있고 명확하지 못한 점이 있더라도 총체적인 개혁의 상이 무엇인지 정립하는 과제가 매우 중요하게 대두됩니다. 더욱이 반동정권과 배신정권이 말로만 개혁을 내세우고 실질적으로는 민을 기만하며 개혁하려고 하지 않는 조건에서, 이들과 어떤 부분에서 차이가 있는가를 명확히 밝혀야 합니다. 그래야만 한국 사회의 개혁이 왜 필요한지를 명확히 인식하면서 민이 스스로 정권을 잡아 개혁을 힘 있게 추진해 갈 수 있습니다. 비록 많은 부분에서 부족할 수 있지만, 이 글이 마중물이 되어 총체적 개혁의 상을 더욱 풍부화하고 구체적으로 정립하는 방향으로 나아가 한국 사회의 실질적인 개혁을 성공시키는 데에 도움이 되었으면 좋겠습니다.